방언기도의 은혜와 능력 2

정원 지음

영성의 숲

서문

처음에 이 책은 한권으로 쓸 예정이었고, 이렇게 길어지리라고는 예상하지 못했습니다. 나의 경험을 통해서 깨닫게 된 것들을 간증하고 나누고, 간단한 주의 사항에 대해서 이야기하고, 그래서 200쪽 정도로 쓸 생각이었습니다.

그런데 기도하면서 글을 쓰는 가운데 조금씩 내용이 늘어났고 도저히 한권으로 감당할 수 없어 두 권이 되었다가 내용이 1000쪽을 넘어서는 바람에 나중에는 세권이 되었습니다. 방언 자체에 대한 것뿐 아니라 방언에 관련된 신앙생활과 영성의 전반적인 원리들을 다루다보니 내용이 많아지게 되었습니다.

내용들이 각 장마다 독립되어 있기 때문에 중간에서부터 읽어도 상관이 없기는 하지만 1권부터 차례로 읽는 것이 논리 전개의 이해에 나을 것입니다.

주님은 우리와 너무나 가까이 계시며 그분을 갈망하고 사모하는 사람들에게 무한한 자비와 풍성함을 베풀어주십니다. 그 귀한 은혜를 갈망하십시오. 사모하십시오.

이 책이 여러분들과 주님과의 아름다운 동행에 도움이 되기를 기도합니다. 부디 이 책을 주님께서 사용해 주시기를!

사랑합니다. 감사합니다.

     2012. 1. 정원 드림.

2권 목차

서문

24. 통역의 발전을 위하여 · 8
25. 두려움과 의심, 자기 점검의 중요성 · 52
26. 통역이 동반되지 않는 방언 자체의 풍성함에 대하여 · 86
27. 마땅히 빌 바를 알지 못할 때 · 119
28. 새로운 감각을 보호하고 관리하라 · 144
29. 새 감각의 즐거움과 고통과 승리 · 192
30. 연약함을 회복시키는 방언 · 212
31. 부르짖는 방언기도의 능력과 자유 · 255
32. 천상으로 인도하는 찬양의 방언 · 299
33. 더 깊은 경험이 필요한가? · 357

3권 목차

서문
34. 방언에 대한 부정적인 견해와 원인들 · 8
35. 방언에서 부흥이 시작된다 · 117
36. 방언기도 사용을 위한 요약정리 · 165
37. 은사는 열매를 위한 도구이다 · 206
38. 사랑의 임재, 동행 · 261
39. 방언기도 경험자들의 소감과 간증 · 302

1권 목차

서문

1. 기도산보 중의 메시지 · 10
2. 방언은 회복의 은사이다 · 14
3. 오직 나만 받을 수 없었다 · 24
4. 고초 끝에 경험한 방언의 은사 · 32
5. 무엇이 하나님을 제한하는가? · 46
6. 능력에 대한 책임과 위험 · 68
7. 또 하나의 힌트 · 78
8. 방언의 발전 · 90
9. 변화들 · 102
10. 은총을 나누는 기쁨 · 126
11. 갈등들 · 138

12. 또 다른 갈등들 · 156
13. 방언이 나타나는 스타일 · 170
14. 사역자와 방언 · 180
15. 집회에서 방언이 임할 때 · 198
16. 방언에 대한 여러 오해들 · 214
17. 발성기도와 표현의 중요성 · 240
18. 방언으로 기도하기 · 256
19. 방언의 내용과 발전과정 · 290
20. 방언과 영의 정화 · 314
21. 방언 기도의 내용과 통역 · 334
22. 방언 통역의 원리와 과정 · 356
23. 방언 통역의 훈련과 간증 · 402

24. 통역의 발전을 위하여

　방언의 내용에 대해서, 통역의 내용에 대해서 성경에 대략적인 언급은 있지만 명확한 기록이 있는 것은 아니기 때문에 통역에 대한 부분은 실제적인 경험에 많이 의지할 수밖에 없습니다. 어떤 통역이 있었을 때 그것이 완전한 것인가? 하는 의문에 대해서는 100% 그렇다고 단정할 수는 없습니다.

　오히려 어느 정도 오류의 가능성을 열어두고 있는 것이 안전하다고 할 수 있을 것입니다. 전혀 오류의 가능성을 인정하지 않고 통역을 완전한 것으로 믿는다면 그것은 자칫 성경과 비슷한 수준의 권위가 부여될 수도 있습니다. 그것은 위험합니다. 통역이든 예언이든 지식의 말씀의 은사이든 그 모든 은사들은 성경을 적용하는 도구로 사용되는 것입니다.

　성령의 역사와 감동들은 새로운 성경을 쓰는 것이 아니라 이미 기록되어 있는 성경의 메시지들을 상황에 맞게 구체적으로 우리에게 전달하고 적용시켜줍니다. 은사들도 그와 같이 말씀에 나타나는 하나님의 마음과 메시지를 부분적으로 적용해줍니다. 그러므로 통역의 내용이 성경의 메시지와 정신과 부합되지 않는다면 그것은 바른 통역이 아닙니다. 우리가 방언 통역에 대한 여러 가지 훈련들을 하고 시도하는 중에 많은 이들이 기쁨과 위로를 얻었지만 그 모든 내용들이 100% 완전한 것이라고 할 수는 없습니다. 아마 어느 정도는 오류가 있었을지 모릅니다.

오류의 원인은 인간적인 것의 개입이다

만약 어느 정도 오류가 생겼다면, 그 원인은 무엇일까요? 은사는 영에 속한 것이며 성령으로부터 오는 것입니다. 그런데 거기에 혼적인 것, 인간적인 것이 개입될 수 있습니다. 하나님으로부터 온 것이 아닌 사람에게서 온 것이 있을 수 있습니다. 100%가 잘못된 것이거나, 100%가 맞는다거나 하기 보다는, 거의 다 맞는다고 하더라도 인간적인 것이 약간이라도 거기 끼어들 수 있는 것입니다.

물론 인간적이고 혼적인 것이 어느 정도 끼어들었다고 해서 그 통역의 메시지나 가치가 현저하게 떨어진다고 할 수는 없습니다. 사역자들이 말씀을 가지고 설교를 할 때 그 재료인 말씀 자체는 완전한 것이지만 그것을 해석하고 전달하는 데 있어서 인간적인 것이 전혀 끼어들어있지 않다고 할 수는 없습니다. 거기에는 오류가 있을 수도 있고, 개인적인 성향이나 취향이 섞여있을 수도 있습니다. 하지만 설교가 100% 완전하지 않다고 해서 그 설교의 가치가 전면 부정되지는 않습니다.

복음을 전할 때도 우리는 성령의 인도와 감동을 구하지 않고 자기 마음대로 말씀을 전하고 그 결과 별로 열매를 맺지 못할 수도 있습니다. 항상 문제가 되는 것은 하나님의 일에 인간적인 것이 자꾸 끼어드는 것입니다. 그것이 우리의 삶과 사역에 효율적인 열매를 맺는 것을 방해합니다. 그러나 효율적이고 성령 안에서 완전하게 사역하지 못했다고 해서 복음을 전하는 일이 가치 없는 일이라고 부정될 수는 없습니다. 우리는 좀 더 온전함을 향해서 나아가야 하지만 부족하다고 해서 쓰임 받을 수 없다거나 완전해질 때까지 기다리고 있을 수는 없습니다.

하나님의 일에 있어서 항상 문제가 되는 것은 인간에 속한 것들이 끼어드는 것입니다. 영의 일에 혼에 속한 것이 끼어드는 것입니다. 그것이 순결도를 떨어뜨립니다.

구체적으로 혼은 어떻게 영의 일에 끼어들어서 그 순도를 떨어뜨리는 것일까요?

그것은 혼의 지, 정, 의의 개입입니다. 영적인 경험이 증가될수록 혼에 속한 것과 영에 속한 것들의 차이를 느끼게 됩니다. 영의 감동은 성령으로부터 오지만 혼의 생각이나 감정은 사람에게서 옵니다. 예언에서도 그렇고, 통역에 있어서도 이러한 인간적인 개입이 있을 수 있습니다.

선입견, 자기 생각의 개입

지적인 개입은 생각의 개입이며 선입견의 개입입니다. 통역이나 예언을 할 때에 온전히 하나님으로부터, 성령으로부터 오는 메시지를 받기 위해서 자기 생각을 내려놓고 기다려야 하는데, 생각과 선입견이 움직이는 것입니다. '아, 이 사람은 얼굴에 수심이 가득해. 무슨 근심이 있는 모양이군. 그러면 위로의 말씀이 오지 않을까..' 이런 생각이 움직이는 것이 선입견입니다.

상대방에 대해서 어떤 정보가 있을 때도 이 선입견이 방해할 수 있습니다. '아, 이 사람은 얼마 전에 아주 억울한 일을 당했어. 그러니 힘을 주는 메시지가 필요할 거야.', '이 사람은 너무 교만해. 그러므로 그것을 내려놓는 메시지가 필요할 거야.' 이런 생각들이 선입견입니다. 나의 개인적인 경험으로는 예언사역에 있어서 이런 식의 선입견이 작용한다고 느껴지는 경우를 더러 겪은 적이 있습니다.

목회 초기에 어떤 부흥회에 참석한 적이 있었습니다. 외국의 사역자가 와서 치유사역을 하고 있었습니다. 그는 여러 사람들에게 예언사역도 해주었습니다. 목회자들이 예언을 받을 때 나도 줄을 서서 예언을 받았는데, 그는 나를 보더니 통역하는 분에게 "Pastor?" 하고 물어보았습니다. 목사들이 예언을 받는 자리였는데, 내가 목사 맞느냐고 확인한 것입니다.

줄지어 서 있는 다른 목사님들에 비해서 나는 젊은 편이었습니다. 나는 겉보기에는 나이에 비해서 젊어 보인다는 이야기를 듣는 편이었습니다. 그래서 그 사역자는 내가 젊은데, 목사가 맞나 싶었던 모양입니다. 외국인 사역자는 바로 내게 예언을 하면서 "너의 연소함을 걱정하지 말아라. 네가 어린 나이에 부르심을 받았느니라"고 말했습니다. 그 한마디 예언을 받았습니다.

나는 의아스러웠습니다. 그것은 나에게 있어서는 정확하게 반대의 메시지였기 때문이었습니다. 나는 겉으로 보기에는 나이가 적어 보였지만, 실제로 다른 이들에 비해서 신학을 늦게 시작했습니다. 대학에 들어갔을 때 나는 제 나이에 들어온 학생들보다 8살이 많았습니다. 33개월의 군 복무를 마쳤으니까 아마 4년 정도 늦었을 것입니다. 4년이야 별 것이 아니었겠지만 나는 그래도 내가 너무 늦게 부름을 받고 늦은 나이에 시작했다고 생각하고 있었습니다.

그런데 예언은 거꾸로 네가 어린 나이에 부름을 받았지만 나이가 적은 것에 대해서 걱정하지 말라는 것입니다. 나이가 많다고 서운해 하는 사람에게 말입니다.

어쩌면 내가 알지 못하는 어떤 다른 의미가 있을지는 모르지만, 나의 생각으로는 그분의 메시지가 하나님으로부터 온 것이 아니라 그분의 선입견으로부터 온 것이 아닐까 싶습니다. 나는 겉으로 보기에 어려 보였습니다. 그러므로 그는 그것에 대해서 위로하려고 한 것 같았습니다.

나는 이와 비슷한 예언이 많이 있을 수 있다고 생각합니다. 더러 그러한 느낌을 접한 적도 있었습니다. 아마 비슷한 경험을 하신 분들도 있으리라고 생각합니다. 그러므로 모든 예언이나 통역이 다 하나님께로부터 왔다고 신뢰할 필요는 없을 것입니다.

누구나 예언이나 통역을 시도할 때 그런 실수를 할 수 있습니다. 자기의 생각이 개입되어 나타날 수 있습니다. 그러므로 순수한 바른 예언이나 통역을 하기 위해서는 자신의 선입견이나 지식, 정보를 내려놓고 순수하게 영으로부터, 주님으로부터 오는 메시지를 받을 수 있도록 조심하고 훈련해야 합니다.

자신이 느끼는 것이 영으로부터, 하나님으로부터 오는 것인지, 아니면 단순히 자기의 선입견에 불과한지.. 그것을 확인하고 점검하는 훈련이 있어야 합니다.

감정과 소원의 개입

감정적인 개입은 인간적인 감정이나 소원, 욕망에 의한 개입입니다. 개인적인 감정이 없이 온전히 자신을 비우고 성령으로부터 오는 메시지를 기다려야 하는데, '아, 이랬으면 좋겠다..' 하는 마음이 올라오는 것입니다.

어떤 사람이 아프거나 심한 어려움 중에 있을 때 '이 사람이 치유되면 얼마나 좋을까.. 이 사람이 회복되면 좋을 텐데..' 하는 마음이 너무 강한 나머지, 하나님이 약속하지 않으신 부도수표를 마구 남발할 수도 있습니다. "이 병은 죽을 병이 아니라.. 하나님의 영광을 드러내기 위한 것이니라.." 이런 식으로 자기 마음대로 치유를 선언하고 복을 선언할 수 있습니다.

하지만 아무리 좋은 말이라고 해도, 하나님으로부터 오지 않은 것에는 생명이 없습니다. 성경에 있는 말씀이라고 해도 그것을 자기 마음대로 아무 때나 적용할 수는 없습니다. 말씀을 적용하게 하시는 분은 오직 주님이십니다. 그러므로 우리는 주님께로부터 감동을 받을 수 있을 뿐입니다.

우리에게는 수표를 발행할 권리가 없습니다. 그러한 것은 일시적인 위안과 헛된 소망을 줄 뿐입니다. 그러므로 그러한 위로와 축복은 이루어지지 않으며 오히려 더 큰 좌절과 고통을 줄 수 있습니다. 우리가 우리의 생각과 말로 위로를 할 수는 있지만 그것을 하나님이 주신 말씀으로 포장하여 선언하는 것은 전혀 다른 것입니다. 그것은 잘못된 것입니다.

그렇기 때문에 주님의 통로가 되기 원하는 사람은 자기의 생각, 선입견 뿐 아니라 개인적인 감정, 소원도 내려놓아야 합니다. 그것이 쉬운 일은 아니지만, 적어도 그렇게 하기 위하여 힘써야 합니다.

의지의 개입

의지적인 개입도 비슷한 원리입니다. 예언이나 통역은 주님으로부터 오는 것이며 우리의 의지로 할 수 없는 것입니다. 주도권은 오직 주님께 있습니다. 어떻게 말씀하실지, 대답하실지의 여부는 오직 주님께 달려 있습니다. 우리의 의지는 단순히 순종할 수 있을 뿐입니다. 우리는 주님이 원하실 때 그 통로로 쓰이기를 기대할 수 있습니다. 그런데 우리의 쓰임 받고 싶다는 의지가 너무 강하면 주님과 상관없이 우리 스스로 움직일 수 있습니다.

예를 들어 주님께서 말씀하시지 않는 경우가 있을 수 있습니다. 주님은 우리에게 대답하시지 않을 수도 있습니다. 예언도, 감동도, 통역도.. 아무 것도 주시지 않을 수 있습니다. 그럴 때 우리는 순종하여 "아무런 감동도 오지 않습니다." 하고 말해야 합니다.

그러나 통역하겠다는 의지가 너무 강하면 주님이 주시지 않은 것을 스스로 만들어낼 수도 있습니다. 이러한 것이 의지의 개입입니다. 그러므로 예언이나 통역이나 음성듣기를 기다릴 때 우리의 지, 정, 의가 온전히 굴복되어져야 합니다. 우리의 생각, 선입견, 성향, 소원, 의지.. 이러한 요소들이 온전히 주님께 드려져야 합니다.

이러한 인간적인 요소들이 얼마나 주님께 드려졌는가, 혼의 섞임이 얼마나 적은가에 따라서 예언이나 통역의 순결도가 형성될 수 있는 것이며 주님의 성숙한 통로가 될 수 있는 것입니다. 그러므로 예언이나 통역은 온전한 것이 아니며 그 사람의 영적 성숙도, 헌신도, 주님께 의하여 얼마나 개인적인 생각이나 감정이나 의지가 처리되었는 가에 따라서 온전함에 가까이 갈 수 있는 것입니다.

온전하지 않아도 쓰일 수 있다

아마 이러한 원칙이나 철저함에 대하여 인식하게 되면 예언이나 하나님 음성 듣기나 통역에 있어서 아주 두려워하게 될지도 모르겠습니다. 그러나 그리 두려워할 필요는 없습니다. 이것은 온전함으로 나아가는 방향을 제시한 것뿐이며 주님께서는 어리고 연약한 도구를 많이 사용하십니다. 세 살짜리 아이라고 해서 부모를 기쁘게 할 수 없는 것은 아닙니다.

부족하고 연약할수록, 어릴수록 주님은 우리를 긍휼히 여기시며 낮은 마음을 가지고 주님의 은총을 갈구하며 주의 도구가 되기를 원하는 이들을 사용하십니다. 우리의 성숙함이 아니라, 주님의 필요에 의해서, 긍휼에 의하여 우리는 사용될 수 있습니다. 우리는 온전하지 않고 제한적으로 사용될 뿐이지만, 어쨌든 주님은 우리를 사용하시며 우리에게 영감을 주십니다.

우리가 시도했던 훈련의 경우 100여명이 과제를 훈련하고 통역을 했지만 자기가 받은 메시지가 별로 맞지 않는 것 같다는 인상을 받은 이들은 불과 몇 명에 불과했습니다. 통역을 시도했던 몇 사람은 아무 것도 떠오르지 않는다고 대답했습니다. 본인이 느꼈던 내용이 통역한 사람의 상태가 아니고 자신의 상태인 것 같이 느껴지는 이들도 몇 명 있었습니다.

그러나 이러한 경우는 일부에 불과했고 거의 90% 이상의 사람들이 메시지를 받고 놀라고 감격했으며 주님의 사랑의 마음을 느끼고 기쁨과 위안을 느꼈습니다. 우리의 전체적인 영적 수준이나 상태가 결코 깊은 것은 아니었지만 주님은 우리를 충분히 사용하시고 영감을 주셨던 것입니다.

시도를 통하여 자신감을 얻음

훈련에 참여했던 사람들 중에 자신감과 확신을 가지고 통역에 임했던 이들은 많지 않았습니다. 대부분 자신에 대해서 별로 영적으로 깊은 사람이라고 느끼지 않았으며 단순히 주님을 사랑하기 원하는 이들이었습니다. 많은 이들이 '과연 내가 잘 할 수 있을까?' 하는 마음으로 약간은 두려운 마음으로 통역에 임했습니다.

그러나 일단 시작하자, 방언으로 기도하며 메시지를 기다리는 가운데 대부분 놀라움을 느꼈습니다. 어떻게 속에서 예상하지 않았던 메시지가 떠오르는지, 전혀 모르는 사람이고 통역을 하는 대상이 누구인지도 모르며 단순히 번호만을 놓고 했을 뿐인데 어떻게 자기 방언을 통역할 때와 전혀 다른 새로운 느낌과 이미지가 일어나는지.. 그리고 상대방을 향한 주님의 마음과 긍휼이 올라오는지.. 그들은 느끼고 놀랐습니다.

그러면서 '아, 이게 통역이구나.. 나 같이 부족한 사람도 주님의 도구가 될 수 있으며 주님의 마음을 느낄 수 있는 것이구나..' 하고 신선한 충격과 자신감을 가지게 되었습니다.

그러한 느낌이 통역을 하는 사람의 느낌이었다면, 받는 사람의 느낌은 이러했습니다. '주님이 내 마음을 아시는구나.. 내가 혼자서 몸부림치고 기도했던 것을 주님은 듣고 계셨구나.' 하는 느낌을 받으며 자신의 마음이 그대로 노출된 것을 느꼈습니다. 겉으로 보기에는 통역의 내용들이 그리 특별한 것들이 없었고 지극히 평범하며 비슷비슷한 내용이었는데도 말입니다.

통역의 내용이 전체적으로 흡사한 이유

전체적으로 통역의 내용과 그 흐름을 보면 어느 정도 흡사하다는 느낌을 받을 것입니다. 그리고 그것에 대해서는 여러 이유가 있을 것입니다.

우선, 영의 감동은 대부분 흡사한 면이 있다는 것입니다. 각 사람의 영적인 수준과 상태는 차이가 있습니다. 그러나 성숙도와 헌신도와 신앙연륜과 상관없이 각 사람의 가장 깊은 부분에 있는 영의 소원은 비슷하다는 것입니다. 각 사람의 영은 오직 하나님을 갈망하고 원했습니다. 각 사람의 육적 특성이나 혼의 특성에 따라 좋아하는 것과 싫어하는 것이 다르겠지만 영의 소원은 같은 것입니다.

영의 소원과 갈망은 다 같다

겉으로 육적으로 보이는 사람도 그의 깊은 곳에 있는 영은 하나님을 그리워하며 하나님과의 교제와 만남을 갈구하는 것입니다. 그러므로 방언을 통역할 때 가장 많이 나타나는 통역은 시편 42편의 저자가 "하나님이여 사슴이 시냇물을 찾기에 갈급함같이 내 영혼이 주를 찾기에 갈급하니이다" 라고 기도한 것처럼 '주님.. 사모합니다.. 갈급합니다.. 나의 영혼이 주를 갈망합니다..' 하는 내용이었습니다. 실제로 그런 시편의 구절이 눈물과 함께 떠오르는 이들도 있었고 대부분 이런 통역을 해주면 받는 이들은 엉엉 울었습니다. 그런 통역을 받으면서 자기 안의 깊은 영이 '아멘! 그렇습니다!' 하는 동조와 감동의 흐느낌을 느꼈기 때문입니다.

평소에 자신에게 그다지 사모함이 많지 않다고 느꼈던 이들도 "내 안의 영이 이렇게 주님을 사모하고 갈망하는지 몰랐어요.. 이제 알았으니 내 영을 더 말씀으로, 주님의 임재로 충만하게 채워야 하겠어요.." 하면서 눈물을 닦곤 했습니다.

그것은 우리의 생각이, 이성이 주님을 찾는 것이 아니라 우리 인격의 가장 깊은 곳에 있는 영이 하나님을 찾는 갈망이었습니다. 그러나 우리의 마음과 이성은 현실과 환경에 시달리느라 자기 안의 깊은 영의 갈망에 대해서 잘 감지하지 못하고 살아가는 경우가 많이 있는 것입니다.

방언의 통역 내용이 영의 갈망만을 표현한 것은 아니었습니다. 혼이 가지고 있는 근심, 염려, 낙심.. 등의 의식이 영을 누르고 방해하기 때문에 혼의 회복과 치유에 대한 메시지도 많이 나왔습니다. 그것은 주님이 주시는 메시지의 형태로 나타났는데, "왜 두려워하느냐, 왜 근심하느냐.. 내가 너를 인도하고 있다.. 슬퍼하지 말아라.." 이런 형식의 위로와 권면으로 주어졌습니다. 메시지의 내용은 사람마다 다소 차이가 있었는데 그것은 각 사람이 처한 환경이나 입장이 달랐기 때문일 것입니다. 그럼에도 권면과 위로라는 점에서 흡사한 면도 있었습니다.

한 교회나 모임 구성원의 전체 영적 수준은 비슷하다

모임에서 훈련된 이들이 받은 메시지와 흐름이 비슷한 또 하나의 이유는 영적 수준이나 상태와 관련이 있는 것으로 보입니다. 어느 한 교회나 단체에 속해있는 이들의 평균적인 영적 수준이나 상태는 일반적으로 비슷한 수준이라고 할 수 있습니다. 하나의 교회나 단체는 전체적으로 비슷한 영적 수준을 가지고 있습니다. 그것은 한 교회나 영적 단체를 인도하는 사역자의 사역방향이나 스타일에 공감하는 비슷한 사람들이 모이기 때문일 것입니다.

사역자가 열정적이면 구성원들도 대체로 열정적입니다. 사역자가 차분한 스타일이면 구성원들도 전체적으로 차분합니다. 영적 헌신도에 있어서도 사역자가 강렬하고 철저한 헌신을 강조하고 있으면 전체적으로 헌신의 분위기가 많을 것입니다. 사역자가 깊은 헌신 자체보다는 좀 더 포괄적인 사역을 맡은 사람이라면 역시 모임에서도 비슷한 성향이 나타날 것입니다.

그러므로 모임이나 교회는 전체적으로 영적 수준이나 상태가 비슷합니다. 모임 안에서 서로를 비교해보면 영적 성숙도나 스타일이 차이가 있겠지만 바깥에서 보면 전체가 비슷하게 보입니다. 한국 사람은 서로 비슷하게 생겼습니다. 비슷한 외형을 가지고 있습니다. 한국 내에서 서로를 비교해보면 많이 다르지만 바깥에서 외국 사람이 보면 아주 비슷하게 보입니다. 한국 사람이 흑인을 보면 다 비슷하게 생긴 것 같습니다. 물론 흑인 사회에서 서로를 보면 아주 다르게 느껴질 것입니다.

그렇게 어떤 구성원이든 안에서는 차이가 있지만 바깥에서 전체적인 시각으로 보면 비슷한 부분이 많습니다. 교회나 모임도 부분적으로 차이가 있지만 전체적인 구성원의 영적 상태는 비슷합니다. 만약 그 수준이나 상태가 너무 현저하게 다르면 서로 간에 고통스럽게 됩니다. 구성원은 사역자를 판단하게 되고 다른 구성원과도 거리감을 느끼게 됩니다. 그래서 사역자도 괴롭고 구성원도 괴롭습니다. 그런 경우에 언젠가는 서로 헤어지게 될 가능성이 높습니다.

한 교회나 단체의 구성원에게는 비슷한 메시지가 주어진다

그러므로 한 교회나 단체에 주어지는 메시지는 비슷할 가능성이 많이 있습니다. 주님께서 계시록에서 각 교회마다 말씀을 주셨는데, 각 교회마다 말씀이 다 틀렸지만 같은 교회의 사람들에게는 동일한 메시지가 주어졌습니다.

예를 들어서 에베소 교회에는 칭찬도 있었지만 그들이 처음 사랑을 잃었다고 경고를 받았는데, 에베소 교회에 다니는 모든 성도가 다 처음 사랑을 잃어버린 것은 아닐 것입니다. 다만 그것이 에베소 교회의 전체적인 상태였기 때문에 에베소 교회의 사람들에게는 동일한 메시지가 주어졌습니다.

그러므로 한 교회나 한 단체에 주어지는 메시지는 비슷할 가능성이 많습니다. 만일 어떤 교회나 모임에 어려움이 많이 있다면 위로와 용기를 주는 메시지가 많을 것입니다. 주님을 깊이 사랑하는 헌신도가 높은 곳이라면 칭찬과 격려가 있을 것입니다. 만일 주님을 깊이 사랑하지만 자기만족에 빠져서 다른 이들이나 교회나 주님의 나라를 돌아보지 않는다면 그것에 대해서 책망이 있을 수도 있을 것입니다.

만일 헌신도가 부족해서 전체적으로 세상을 사랑하고 죄를 즐기는 부분이 있다면 그러한 모임이나 교회에는 책망의 메시지나 주님의 안타까워하시는 슬픔의 메시지가 전달될 수 있을 것입니다.

그러므로 똑같이 방언을 하고 방언통역을 통해서 메시지가 주어져도 그 내용은, 그 교회나 모임의 전체적인 영적 수준과 상태가 비슷하기 때문에 비슷할 가능성이 많이 있습니다. 만약에 전혀 다른 대상에 대해서 통역을 하고 메시지를 받아서 전하게 된다면 아마 다른 메시지나 통역을 얻게 될 가능성이 높을 것입니다.

통역의 내용은 평이하지만 당사자에게는 충격이 된다

통역을 처음 접하는 이들은 통역의 내용이 아주 극적이며 비밀스러운 것이고 신기한 내용일 것으로 여기는 경향이 있습니다. 그러나 통역을 하거나 받아보면 얼핏 듣기에 그 내용은 별로 특이한 것이 없어 보입니다. 이미 많이 들어왔던 말씀이거나 잘 알고 있는, 익숙한 내용이 더 많다고 할 수 있습니다. 예를 들어 '두려워하지 말아라'

라든지, '내가 너를 사랑하노라' 하는 말을 모르는 사람은 없을 것입니다.

성경을 통해서, 설교를 통해서 우리는 이러한 메시지를 수없이 접합니다. 그러나 통역을 통해서 그러한 메시지를 접할 때 그것은 전혀 다른 감동을 받게 됩니다.

통역을 나눌 때의 영적 분위기와도 관련이 있겠지만, 어느 정도 영의 흐름을 알고 있는 사람을 통하여 자기 방언의 내용에 대하여 해석을 받으며 주님이 주시는 위로와 권면의 메시지를 받을 때, 자신이 영의 언어인 방언을 말하면서 영이 열려있는 상태이며 통역자가 말할 때 흐르는 영적인 감동이 더해지면서, 또한 크고 높으신 주님께서 자신에게 직접 주시는 말씀을 접할 때 단순한 메시지라고 하더라도 심령 깊은 곳에 충격을 받게 되는 것입니다.

제 3자의 입장에서는 대수롭지 않게 여겨질 수 있습니다. '저건 다 아는 말씀이지 않은가?' 하고 느껴질 수 있습니다. 그러나 직접 메시지를 받는 사람은 그렇지 않습니다. 당사자의 입장에서는 작은 위로와 권면의 말씀에도 큰 감동과 힘을 얻게 됩니다. "네가 잠을 이루지 못하고 걱정하고 있는 것을 내가 안다. 그러나 이제 두려워하지 말아라. 너는 내 안에 있다." 이런 메시지를 받으면 '아, 주님이 정말 나를 보고 계시는구나..' 하고 감동을 받으며 눈물이 솟구치게 되는 것입니다.

통역에는 깊이의 수준이 있다

통역에는 수준이 있습니다. 통역은 영감으로 메시지를 느끼는 것인데 그 영감의 발달 수준에 따라 대략적으로 느끼기도 하고 좀 더 섬세하게 깊고 세밀한 부분을 느끼기도 합니다. 통역의 메시지는 정확하게 문구까지 전달되는 것이 아닙니다. 보통은 어떤 이미지가 전달됩니다. 그것을 대강 느끼는 이들도 있고 좀 더 미세한 부분까지 느끼는 이들도 있습니다. 영어 본문을 해석할 때 어휘나 문법 실력에 따라 50% 정도 해석이 가능한 사람이 있고 90% 정도 해석이 되는 사람이 있습니다. 같은 본문을 보아도 그것을 감지하는 능력은 다 다릅니다. 통역도 그와 같습니다.

어떤 이는 통역을 하면서 상대방의 마음에 있는 고통을 느낍니다. 그런데 주님께서 그것을 치유해주시겠다는 메시지를 느낍니다. 그는 이렇게 통역을 합니다. "네가 마음에 깊은 고통이 있도다." 또 다른 사람은 비슷하게 그것을 느끼지만 좀 더 섬세하게 느낍니다. 그는 이런 식으로 메시지를 전합니다. "네 안에 오랫동안 자리 잡고 있는 슬픔과 외로움이 있다. 네 안에 깊은 채워지지 않는 외로움이 있었다. 왜 나는 무엇을 해도 채워지지 않을까 낙담하는 마음이 있었다. 그러나 이제 너는 새로워질 것이다. 내가 너를 채울 것이다. 너는 다시 외롭지 않게 될 것이며 슬프지 않게 될 것이며 내 안에서 평강과 기쁨을 누리게 될 것이다. 내가 너를 채우고 치유할 것이다."

이 경우에, 두 번째의 통역은 받는 사람의 심령에 좀 더 깊은 충격과 감동을 일으키게 될 것입니다.

통역의 수준은 통역자의
영적 성숙도, 경험, 겉사람의 정화와 관련이 있다

이렇게 통역은 통역하는 사람의 영적 수준이나 경험에 따라서 내용이 전체적으로는 비슷하지만 섬세함이나 깊이에 있어서 차이가 있습니다. 그것은 통역자가 얼마나 성숙되었는가, 경험을 많이 가지고 있는가, 그의 영이 주님과 어느 정도 동조되고 연합되었는가, 얼마나 사람들의 영을 느끼는 감수성이 증가되었는가.. 등에 의해서 결정될 것입니다.

또한 메시지 내용의 정확도와 구체적인 정도와 함께 통역자가 말할 때 흘러나오는 영에도 차이가 있습니다. 단순한 몇 마디에도 주님의 사랑의 영, 평강의 영이 충만하게 흐르는 사람도 있고, 그다지 충만하지 않은 이들도 있습니다. 그것은 그의 처리되지 않은 겉사람의 흔적이 영의 흐름을 제한하기 때문입니다.

어떤 이들은 일반적이고 평범한 메시지를 반복합니다. 어떤 이들은 좀 더 깊고 섬세한 부분을 건드립니다. 물론 일반적이고 평범한 메시지라고 해서 그 가치가 떨어진다고 할 수는 없습니다. 그러한 메시지도 분명히 상대방에게는 힘이 됩니다. 그러나 경험이 쌓일수록 좀 더 구체적인 것을 느끼고 전달할 수 있습니다.

전장에 통역 소감을 밝힌 한 집사님은 자신의 방언을 자기가 통역할 때는 전체적인 내용의 흐름만을 대강 느낄 수 있어서 단순하게 통역을 했는데, 다른 분에게 자기 방언을 통역 받을 때는 내용은 비슷했지만 자기 마음속 깊은 곳을 터치하고 끌어올리는 느낌을 받았다고, 몹시 놀랐다고 하였습니다.

이처럼 통역에도 여러 차원이 있고 통역자에 따라 좀 더 섬세하고 깊은 메시지가 나타날 수도 있으며 경험의 축적에 따라 발전해갈 수 있는 것입니다. 우리는 할 수 있는 한 좀 더 깊은 영을 소유하고 좀 더 주님의 아름답고 풍성한 통로가 될 수 있도록 기도하고 훈련할 필요가 있습니다.

본인만이 알 수 있는 부분이 드러나는 경우가 많다

통역을 통해서 감동을 받는 중요한 포인트는 본인 자신만이 알 수 있는 어떤 부분이 표현되고 나타나는 것입니다. 통역자는 자기가 말을 하면서도 그것이 무엇인지, 어떤 의미인지 모르지만 받는 사람은 그것을 알게 됩니다. 그래서 감격을 하게 되는 것입니다.

이것은 아마 성령께서 확증을 주시기 위하여 받는 사람 본인만 알 수 있는 어떤 정보를 전달하시는 것 같습니다. 어떤 메시지나 단어가 본인에게는 큰 의미가 있기 때문에 그것을 주시는 것입니다. 경험이 많을수록, 영적으로 민감해질수록 통역자는 그것을 캐치합니다. 그러므로 주님의 효율적인 통로가 되어가는 것입니다.

통역 훈련을 할 때 어떤 사람은 아무런 느낌이 떠오르지 않았습니다. 자신도 없었고 감동도 없었습니다. 그런데 한 단어인 '기쁨'이 떠올랐습니다. 기뻐하라는 건지, 주님께서 기쁨을 주시겠다는 건지 도무지 알 수 없었습니다. 그래서 그냥 통역을 기록하는 메모지에 '기쁨'이라고 적었습니다. 그리고 이건 너무 단순하니까 아무런 도움이 되지 않을 것이라고 생각했습니다.

하지만 그 메모를 받은 본인은 아주 기뻐했습니다. 그는 최근에 자기에게 기쁨이 필요하다고, 기쁨을 달라고 계속 기도했기 때문입니다. 그는 한 단어가 쓰인 이 단순한 메모를 보고 주님이 자기의 기도를 보시고 들으셨다고 여겼습니다.

이처럼 다른 사람에게는 아무 것도 아니지만, 본인에게는 힘이 되는, 본인만 알 수 있는 어떤 부분이 있습니다. 성령께서는 그러한 부분들을 전달자에게 알려주십니다. 그것은 예언이나 통역에 있어서 그 메시지를 확증하는 중요한 요소이기도 합니다.

"그러나 다 예언을 하면 믿지 아니하는 자들이나 알지 못하는 자들이 들어와서 모든 사람에게 책망을 들으며 모든 사람에게 판단을 받고 그 마음의 숨은 일들이 드러나게 되므로 엎드리어 하나님께 경배하며 하나님이 참으로 너희 가운데 계신다 전파하리라" (고전14:24-25)

예언은 사람의 마음을 드러냅니다. 방언을 통역하면 예언적 메시지가 되기도 하므로 역시 사람의 마음이 드러납니다. 그래서 받은 사람들은 자기 마음이 드러나므로 감격하고 엎드리게 됩니다. 그러므로 통역이 발전할수록 일반적인 메시지에서 속마음을 드러내는 메시지가 나타나게 됩니다. 다른 사람들은 그 내용을 들어도 무슨 말인지 모르지만 본인은 자기 마음이 벌거벗은 것처럼 드러나는 것을 느끼게 됩니다. 그래서 눈물이 동반되는 것입니다.

어느 나무의 이야기

이해를 위하여 이러한 사례를 몇 가지 들어본다면, 한번은 모임의 한 자매가 다른 자매에게 기도를 해주며 기도 중에 떠오르는 주님의 말씀을 전달한 적이 있었습니다. 그런데 그 메시지 중의 한 문장에서 기도를 받던 자매가 통곡을 하고 말았습니다. 그 메시지는 이것이었습니다.
"그 나무를 기억하느냐.. 그 때 내가 네 옆에 있었다.."
기도를 받던 자매는 그 당시 선교사 훈련을 위하여 외국에 나가 있었습니다. 그러나 자매에게 그 기간은 너무나 혹독한 기간이었습니다. 자매는 훈련을 받으면서 선교사의 보조도 하고 있었는데, 그 모든 일은 자매에게 의외로 아주 버겁게 여겨졌습니다. 자매는 너무나 지치고 힘들었으며 황량한 벌판에 혼자 던져진 것 같은 외로운 마음으로 가득 차 있었습니다.

그 때 자매가 머물고 있던 숙소의 창문 앞에 큰 나무가 있었습니다. 자매는 너무나 쓸쓸하고 슬픈 마음으로 오랫동안 큰 나무를 물끄러미 바라보면서 고국으로 돌아가고 싶다고, 자유롭고 싶다고 생각하곤 했습니다.

기도자가 그 나무에 대한 이야기를 하자 기도를 받던 자매는 갑자기 그 시절의 외로움과 슬픔이 생각났고, 자기의 가장 외롭고 절망스러운 순간에 주님이 바로 곁에서 자기를 보고 계셨다는 메시지에 새삼 충격을 받고 그 사랑에 눈물이 났던 것입니다.

기도자는 주님이 주신 감동을 따라 메시지나 단어를 전하지만 자신은 그 의미를 알 수 없습니다. 그러나 받는 이의 입장은 다릅니다. 자신을 아시고 돌보시는 주님의 사랑에 다시 한 번 감격하게 됩니다.

주님이 바로 곁에서 보고 계시는 것을 느낌

나의 경우도 이런 사례를 더러 접하곤 합니다. 나는 아무런 의미도 모르고 그저 감동이 오는 어떤 말을 전달했을 뿐인데 상대방이 통곡을 하는 경우 말입니다.

언젠가 어느 교회에서 집회를 마치고 집회 장소를 떠나기 전에 어느 여집사님이 엎드려서 기도하는 것을 보고 기도해주고 싶은 감동이 와서 몇 마디를 해주었는데, 그녀는 바로 통곡을 시작하는 것이었습니다. 바깥으로 나오는데, 담임목사님이 내게 와서 묻는 것이었습니다.

"목사님께서 기도하시고 나서 저렇게 통곡을 하는데, 주님이 무슨 말씀을 주셨습니까?"

나는 그저 평범한 말이었다고, 여러 말을 했지만 내용은 잘 기억이 나지 않는다고 했더니 조금만 기억을 해보라는 것이었습니다.

"음.. '너는 네가 혼자라고 생각하지만, 내가 너의 남편이다' 라고 한 것 같아요."

"아.. 그녀는 과부입니다. 그리고 또 다른 말씀은요?"

"음.. '네가 머리를 두 손으로 붙잡고 고통하고 신음하고 있었을 때, 내가 네 곁에 있었다.' 이런 말씀을 주셔서 한 것 같아요."

목사님은 고개를 끄덕였습니다.

"아.. 그녀가 얼마 전에 뇌수술을 했습니다. 통곡을 하는 것이 당연하군요."

기도해주는 사람은 기도 받는 이의 사정을 알 수 없습니다. 그러므로 어떻게 도와야할지, 무슨 말을 해야 할지 모릅니다. 그러나 주님은 각 사람의 사정을 아십니다. 그러므로 자신과 주님만 알 수 있는 어떤 메시지를 접하게 될 때 사람들은 '이것은 주님의 메시지다. 주님은 나를 아신다. 보신다. 그리고 사랑하신다' 는 확신을 가지며 힘을 얻게 되는 것입니다.

사람들은 주님의 마음을 많이 오해합니다. 주님께서 우리를 얼마나 사랑하시는지 실감하지 못합니다. 자신은 죄를 많이 지었고 주님의 마음을 많이 아프게 했으며 헌신과 열심이 부족하므로 주님이 자신을 싫어하실 것이라고 생각합니다. 그러므로 전달자를 통해서 주님이 당신을 사랑하시며 불쌍히 여기시며 함께 하신다고 할 때 위로와 용기를 얻으며 자신의 사정에 대해서 위로의 메시지를 주시는 주님께 감사와 사랑을 느끼게 됩니다.

통역자는 통역을 훈련하면서 단순한 개략적인 통역에 머물지 말고 좀 더 깊은 것을 붙잡을 수 있도록 해야 합니다. 좀 더 섬세하고 깊이 사람의 심령을 캐치하고 깊은 메시지를 전달할 수 있는 도구가 될 수 있기를 사모해야 합니다.

통역자를 대단하게 여기지 말라

한 가지 반드시 언급해야 할 부분이 있는데, 그것은 통역자나 예언을 하는 사람이 각 사람의 깊은 속에 있는 비밀이나 어떤 부분을 끄집어내서 이야기할 때에 그 통역자를 결코 대단한 존재로 여겨서는 안 된다는 것입니다.

사람들은 대체로 다른 사람이 자기의 깊은 숨겨진 부분에 대해서 언급하면, 그 사람이 자기의 모든 것을 안다고 생각합니다. 그래서 좀 더 자세하게 이야기해달라고 조르기도 합니다. 상대방이 초자연적인 지식을 가지고 있어서 자신에 대한 모든 것을 아는 줄로 생각합니다.

내게도 그런 경험이 여러 번 있습니다. 어떤 메시지를 전달했는데, 나중에 찾아와서는 자세하게 모든 것을 말해달라는 것입니다. 나는 집회를 하는 중에 감동이 와서 어떤 메시지를 전달할 때가 있지만, 그 단어를 말할 뿐, 그것이 상대방에게 어떤 의미가 있는지 전혀 모릅니다. 나는 어처구니가 없어서 묻습니다.

"뭘 말해달라는 거죠? 무슨 일이 있나요?"

상대의 말이 재미있습니다.

"다 아시지 않습니까."

아마 이런 오해를 받는 사람들이 많이 있을 것입니다. 또한 그렇게 오해를 하고 있는 이들도 꽤 있을 것입니다. 나도 전에는 그렇게 생각했었습니다. 어떤 사람이 지나가다가 내 기도응답을 다 말해버린 것입니다. 그래서 나는 그가 나의 문제와 상황을 다 알고 있다고 생각했었습니다.

그러나 이것을 알아야 합니다. 예언자든, 통역자든.. 그들은 기도하는 사람의 사정을 하나도 모릅니다. 아시는 분은 오직 주님이십니다. 전달자는 주님으로부터 한 부분을 받습니다. 그래서 그것을 전달합니다. 그런데 그 의미가 무엇인지 전혀 모릅니다. 어떤 단어나 메시지가 떠오르는데 그게 맞는지 틀리는지 사실인지 아닌지도 전혀 모릅니다. 다만 메시지를 받으면 전달할 뿐입니다. 그러므로 자세한 것을 알고 싶으면 하나님께 나아가 기도를 해야지 전달자에게 물어도 소용이 없는 것입니다.

하나님은 결코 사역자나 전달자에게, 도움을 구하는 사람에 대한 완전한 정보와 메시지를 주시지 않습니다. 하나님은 사람들이 너무 쉽게 우상숭배에 빠지는 것을 잘 알고 계십니다. 어떤 이가 조금만 영적이라고 보이면 그를 신처럼 숭배하는 경향이 있음을 잘 아십니다. 그러므로 결코 온전하고 충분한 정보를 주시지 않습니다. 부분적으로 조금 주실 뿐입니다. 그래서 그가 하나님의 자리를 대치할 수 있는 위험에 빠지지 않게 하십니다.

주님을 붙들도록 돕는 것이 바른 사역이다

사역자든 인도자든 우리는 영혼에게 직접적이고 주도적인 권위를 행사할 수 없습니다. 우리는 주님이 허락하시고 인도하신 부분 안에서 조금 도우며 약간의 힌트를 줄 수 있습니다.

우리는 사람들이 오직 주님께로 가도록 도와야하지 우리 자신이 답을 주어서는 안 됩니다. 또한 도움을 받는 사람도 상대방이 하나의 전달자 역할을 하는 것으로 인식해야 하며 지나치게 의존해서는 안 됩니다.

나의 경우도 나에게 자기의 기도 응답을 받아달라고 하는 부탁에 많이 시달리곤 하였는데 그것은 어처구니없는 일입니다. 응답은 오직 주님이 주실 수 있으며 조언자나 멘토는 간접적인 도움을 주고 그가 주님께로 나아갈 수 있도록 도와야 합니다.

그러므로 부디 이것을 이해해야 합니다. 누구나 영감을 받고 다른 사람의 방언을 통역할 수 있고 적절한 메시지를 전달해줄 수 있으나 그들은 다만 도구일 뿐 대단한 존재가 아닌 것을 이해해야 합니다. 그러므로 그들을 높이거나 의존해서는 안 됩니다.

그리고 그러한 메시지에서 다소의 도움을 얻을 수 있지만 지나치게 의존적이 되어서는 안 됩니다. 주님의 음성을 듣고 그 뜻을 알아가는 것은 본인이 기도와 말씀을 통해서 경험해가야 합니다.

본인이 직접 시도하지 않고 영적이라고 여겨지는 다른 사람들에게만 의지하는 것은 본인의 영적 성숙을 오히려 방해합니다. 그러므로 예언중독증과 같은 상태가 되지 않도록 조심할 필요가 있습니다. 은사는 필요하고 좋은 것이지만 그것은 적절한 분별과 사용을 통해서 유익을 얻을 수 있는 것입니다.

통역이든 예언이든 간에, 어떤 사역을 통해서 그가 주님을 간절하게 붙들며 나아가게 된다면 그것은 좋은 사역입니다. 그러나 그가 주님께 나아가는 것이 아니라 계속 사역자에게 의존하며 사역자에게 물으러 온다면, 그것은 좋은 사역이 아닙니다.

그는 사람을 주님께로 인도한 것이 아니라 자기에게로 인도한 것입니다. 그것은 결코 좋은 열매를 맺을 수 없습니다.

통역의 발전을 위한 몇 가지 원리

통역은 누구에게나 있습니다. 누구나 원하면 이 은사를 발전시킬 수 있습니다. 믿음으로 담대하게 시도해본다면 말입니다. 앞에서 통역의 나타남에 대하여 몇 가지 방법을 제시하였지만 이제 조금 더 성숙된 통역을 위하여, 발전할 수 있는 원리를 몇 가지 요약해서 정리하기로 하겠습니다.

1. 방언을 하면서 조용히 내면을 관찰하고 느껴라

첫째로, 일단 기계적으로 방언을 하거나 통역을 하지 말고 부드럽게, 조심스럽게 관찰을 하면서 방언을 하고 통역을 하는 것이 필요합니다.

처음에 방언이 터질 때는 강력하고 크게 하는 것이 좋습니다. 마음을 쏟아서 간절하게 하는 것이 좋습니다. 그러면 방언이 더욱 강력해지고 활성화됩니다.

통역을 처음 시도할 때도 마음속에 떠오르는 단어나 문장을 힘을 다하여 감정을 쏟아서 외치듯이 하는 것이 좋습니다. 그러면 자기가 말을 하는 것이 아니라 속에서 언어가 쏟아지듯이 튀어나오게 되고 자신은 그저 입만 빌려주는 상태가 됩니다. 이것이 자연스러운 통역입니다.

그러나 그러한 상태가 한없이 계속되어서는 안 됩니다. 그것은 기계적인 통역입니다. 방언도 거기에서 좀 더 발전해야 합니다. 그렇게 기계적으로만 하면 차츰 은사들이 인격적인 것이 되지 않고 기능적인 것이 되어 버립니다. 그리고 매너리즘에 빠져서 감동을 잃어버리게 됩니다.

그렇게 되면 은사를 주님과의 인격적이고 섬세한 교제의 도구로 사용하기가 어렵습니다. 방언기도가 하나의 습관이나 기능처럼 되어버리는 것입니다. 그러므로 방언이나 통역을 시작한 지 어느 정도의 기간이 지나면, 그 다음부터는 조용히 잔잔하게 자신의 내면을 들여다보면서 방언을 듣고 느끼려고 해야 합니다.

방언은 영의 표현이며 그것은 우리가 익숙해져 있는 혼과 다릅니다. 우리가 흔히 우리 자신이라고 여기는 것은 우리의 혼입니다. 우리의 인격이며 감정이며 생각입니다. 이것을 우리는 자신이라고 여깁니다.

영은 겉사람이 아닌 속사람이며 진정한 나이지만, 평소에 영은 우리 안에 깊이 감추어져 있습니다. 우리의 마음과 혼이 바깥 일에 몰두하고 있을 때 영은 내면에 잠잠히 숨어서 움직이지 않고 있으므로 우리는 영의 느낌을 알 수 없습니다.

영은 바깥이 잠잠할 때 활동한다

하지만 영은 숨어있기만 하지는 않습니다. 그것은 가끔씩 자신을 드러냅니다. 깊은 밤, 모처럼 바쁜 일을 마치고 한숨을 돌리게 되었을 때, 주위에는 아무도 없습니다. 잠은 오지 않습니다. 창밖을 바라보는데 갑자기 가슴이 뭉클합니다. 이상하게도 갑자기 서러움이 올라옵니다. '아.. 허무하다. 외롭다.. 사는 것이 왜 이렇게 외로울까..' 그럴 때가 있습니다.

그것이 바로 영의 소리입니다. 평소에 깊이 숨겨져 있는 영이 자신을 드러내는 것입니다. 영은 하나님을 항상 갈망하기 때문에 겉사람이 세상적인 삶을 살 때 고통을 느끼지만 자신의 상태를 드러내지 않습니다. 그러다가 겉사람이 잠시 휴식을 하고 있을 때, 의식 활동이 잠잠한 상태에서 자신의 슬픔과 곤고함을 표현하는 것입니다.

안타깝게도 사람들은 이 때 그 허전함을 메우려고 술을 마시거나 TV를 보거나 게임을 하거나 친구를 찾습니다. 그러나 그것은 진정한 해결책이 아닙니다. 그 영의 허전함은 주님 앞에 무릎을 꿇고 나아갈 때 비로소 사라지는 것이며 천국의 평화와 기쁨으로 채워지는 것입니다.

내면의 감동, 내면의 영을 표현할 수 있는 섬세한 언어를 찾으라

방언은 영의 소리입니다. 그것은 평소에 표현되지 않는 깊은 속의 움직임입니다. 그것은 진정한 나이지만, 내가 잘 모르는 나입니다. 그러므로 조용히 그 움직임을 관찰해야 합니다. 그 속에서 일어나는 슬픔, 서러움, 외로움, 갈망, 눈물, 낙담, 사모함, 아름다움, 부드러움.. 들을 조용히 관찰해야 합니다. 그리고 표현해야 합니다.

처음에는 강하게 표현하는 것이 좋지만 차츰 시를 읊듯이 부드럽게, 아름답게 통역을 하는 것이 좋습니다. 표현을 하면 할수록, 통역을 하면 할수록 점점 통역은 구체적이고 섬세해지며 기쁨과 자유함을 느끼게 됩니다.

만약 표현이 적당하지 않으면 내면의 기름부음은 약해집니다. 그럴 경우에는 다시 적절한 표현을 찾아보십시오. 그러한 과정을 통해서 표현과 영감은 점점 더 섬세해집니다.

점차로 방언을 통해서 주님께 대한 아름다운 사랑의 언어, 고백과 감사와 경배가 나오는 것을 느끼게 됩니다. 초기에는 주로 치유가 이루어지지만 방언이 깊이 진행될수록 경배와 찬양과 사랑의 고백과 헌신의 고백이 아름답게 이루어져갑니다.

통역의 발전을 위하여 일단 이렇게 자기의 방언을 충분히 하면서 방언을 통해서 자기 영을 활성화시키고 표현하며 주님과의 교제의 도구로 사용해야 합니다. 그러면 점차적으로 방언에 대한 이해가 발전하게 됩니다.

2. 다른 이들을 위하여 중보기도하라

둘째로, 처음에는 주로 자신의 방언을 통역하기를 시도하는 것이 좋지만 통역의 발전을 위해서는 차츰 다른 이의 방언을 통역하는 것이 좋습니다.

통역이 서투른 중요한 이유는 통역을 시도해보지 않기 때문이며 다른 이의 방언 통역을 시도할 기회가 현실적으로 거의 없기 때문입니다. 사역자들, 예를 들어 기도원의 원장님이나 은사를 통하여 사람들을 돕는 전도사님들과 같은 경우에는 상담을 요청하는 이들도 많고 다른 이들을 위하여 기도사역을 할 기회가 많이 있을 것입니다. 은사는 이렇게 실제적인 경험을 통해서 발전해가는 것입니다.

그러나 일반적인 성도들은 이렇게 통역을 시도하거나 훈련하거나 할 기회가 별로 없습니다. 은사가 없는 것이 아니라 시도하고 훈련할 기회가 없어서 나타나지 않고 발전하지 못하는 것입니다.

어떤 사람이 고향을 떠나 타지방에서 오래 살면서 고향사람을 만날 일이 없다면, 자기 안에 모국어는 여전히 있지만 사용할 수가 없으며 발전시키기도 어려울 것입니다. 그런 상태로 한참의 시간이 지나면 나중에는 자기 고향언어라고 하더라도 많이 잊어버릴 수도 있습니다. 그와 같이 은사를 활성화시키려면 기회를 만들어야하고 자주 사용해야 합니다.

그렇게 기회를 얻기 위하여 가장 좋은 것은 다른 이를 위하여 중보기도를 드리는 것입니다. 가까운 지인이나, 어려움을 겪고 있는 이들을 위하여 중보기도를 드리는 것입니다. 방언기도는 중보기도에 유익하며 특히 상대방의 사정을 모르는 경우에 아주 유익합니다. 우리의 의식, 혼은 그의 사정을 모르지만 우리의 영은 그의 영을 알며 그의 사정을 알기 때문입니다.

"사람의 일을 사람의 속에 있는 영 외에 누가 알리요 이와 같이 하나님의 일도 하나님의 영 외에는 아무도 알지 못하느니라" (고전2:11)

하나님의 일, 진리와 깨우침을 얻기 위해서는 공부와 연구도 필요하지만 무엇보다 성령으로 충만해야 합니다. 오직 성령께서 우리에게 깨달음을 주시고 알게 하십니다. 또한 사람의 사정을 아는 것도 영을 통해서입니다.

사람의 혼, 지식은 여러 정보를 통해서 사람의 사정을 알지만 그 정보는 온전한 것이 아닙니다. 그러므로 우리가 중보기도를 드릴 때 상대방의 사정을 몰라도 영으로 기도를 드리면 적절하고 필요한 기도를 드릴 수 있습니다.

영으로 기도를 드리는 가운데 영의 감동을 따라 때로는 아파하며, 때로는 분노하여 악의 세력을 결박하고, 때로는 중보회개하며 때로는 찬양합니다. 영으로부터 오는 정보를 의지해서 성령의 감동과 인도를 따라 적절한 기도를 드리게 되는 것입니다.

다른 이들을 도울 때 영적으로 성장한다

다른 이를 위하여 중보기도를 드리는 것이 단순히 자기 은사의 발전만을 위한 것은 아닙니다.

사실, 영적으로 어린 아이는 모든 관심이 자기에게 집중되어 있습니다. 오직 자기의 유익을 위하고 자기에게 이익이 없는 일을 잘 하려고 하지 않습니다. 은사를 경험해도 이것을 통해서 어떤 이득을 얻을까 생각합니다. 그래서 은사를 통해서 자꾸 자기를 드러내며 영광을 받으려고 하고 자랑하고 싶어 합니다.

그러나 영이 자랄수록 점차 자신에 대한 관심이 줄어들게 됩니다. 주님을 가까이 누리고 경험할수록 자신이 주목받는 것이 싫어지며 자신을 위한 일보다 다른 이들을 돕는 것에 더 기쁨을 느끼게 됩니다. 자신을 위할 때보다 남을 돕고 섬길 때 더 주님의 은혜와 능력이 임하는 것을 알게 됩니다.

모든 은사들은 방언 한 가지만 빼놓고는 다 교회의 덕을 세우기 위하여 주어진 것입니다. 방언 한 가지만 자기의 영을 풍성하게 합니다. 그것은 기본적인 은사입니다.

그러나 방언통역과 예언과 신유와 모든 다른 은사들은 자기의 유익을 위한 것이 아닙니다. 다 다른 사람들을 돕기 위한 것입니다. 그러므로 통역의 은사도 남을 돕는 데 사용할 때 발전하게 되는 것은 당연한 일입니다.

주님께서 우리에게 어떤 능력과 은사를 주셨다면, 그것은 다른 사람을 위해서 사용하며 하나님께 영광을 돌리게 하시기 위한 것입니다. 개인이 높아지고 혼자서 잘 간직하고 있도록 주신 것이 아닙니다.

그러므로 다른 이들을 돕는 것을 원하지 않는 이들은 은사가 발전하기 어렵습니다. 부족한 은사지만, 다른 이들을 돕고 섬기는 데에 열심을 기울인다면 그 은사는 발전하게 됩니다.

3. 중보하면서 방언을 하고 통역과 메시지를 받는 훈련을 하라

셋째로, 다른 사람을 위하여 중보기도를 드리면서 방언을 많이 사용하십시오. 그리고 상대를 위하여 방언으로 기도하면서 상대의 영과 사정을 감지해보십시오. 상대를 위하여 기도할 때 어떤 감동이 일어나는지 조용히 관찰해보십시오.

기도를 드릴 때는 무엇보다도, 주님의 마음으로 상대방을 보게 해달라고, 주님의 마음과 시선으로 상대방을 보게 해달라고 구해야 합니다. 또한 나의 영이 상대의 영에 잘 접촉하며 부드러운 교제가 이루어지게 해달라고 구해야 합니다.

어떤 이를 위하여 중보기도를 하게 되면 이상하게 그 사람과 친밀감이 생기게 됩니다. 우리가 그 사람을 위하여 기도한다는 사실을 상대방이 전혀 모른다고 하더라도, 그의 영은 알고 있기 때문에 이상하게 상대방과 좋은 관계가 형성됩니다. 평소에 상대방이 우리를 적대시하는 사람이라고 하더라도 그를 위해서 기도하면 그의 영이 그것을 느끼게 되기 때문에 이상하게도 관계의 변화가 이루어지게 됩니다.

사람은 다 영적인 존재입니다. 우리가 상대방이 옆에 없다고 어떤 사람의 험담을 뒤에서 한다고 합시다. 상대의 의식, 혼은 그것을 알 수 없지만 그의 영은 그것을 알고 있습니다. 그러므로 이상하게도 상대방의 앞에 가면 싸늘한 분위기가 형성됩니다. 서로의 영이 부딪치기 때문입니다.

그렇기 때문에 우리는 싫어하는 사람을 위해서 중보하는 것은 어렵습니다. 우리가 누군가를 싫어하면 우리는 마귀의 통로가 될 수는 있어도 주님의 통로가 될 수는 없습니다. 그러므로 우리는 기도하기 전에 먼저 주님의 마음으로 그를 보게 해달라고 구해야 합니다. 우리가 그렇게 기도하면서 방언을 하면 이상하게도 상대방이 사랑스럽게 느껴지게 됩니다.

우리의 혼, 피조물의 시각으로 보면 상대방이 아름답게 여겨지지 않습니다. 그러나 주님의 성령이 오시면 그분은 상대방도 창조하신 분이므로 아버지의 마음으로 그를 보시는 시선을 우리는 느끼게 됩니다. 그러므로 상대방을 불쌍히 여기는 마음을 갖게 됩니다.

물론 우리는 기도를 마치고 나면 다시 우리의 입장으로 돌아와 상대방이 싫어질지도 모릅니다. 그러나 적어도 기도하는 순간만큼은 우리는 주의 마음으로, 아버지의 마음으로 기도할 수 있습니다. 그것이 바른 중보입니다.

상대방을 미워하면서, 원수 마귀 사탄이라고 하면서 기도하는 사람들이 있는데 그러한 기도는 시간 낭비입니다. 사람의 배후에서 마귀가 공격할 수는 있지만 사람은 마귀가 아닙니다. 그러므로 우리의 마음을 바꾸어야 기도할 수 있습니다.

중보기도하면서 우리는 주님의 마음으로 기도하게 해달라고, 그를 향한 주님의 시선을 달라고 기도합니다. 그리고 우리 영이 상대의 영을 느끼게 해달라고 기도합니다. 그렇게 기도하면서 방언을 하고 영에서 오는 느낌을 감지해보십시오.

　우리는 각자 자기가 자주 사용하는 익숙한 언어가 있습니다. 익숙한 단어와 문장이 있습니다. 그러나 다른 이를 위하여 중보하고 통역을 원할 때, 우리는 우리에게 익숙한 단어나 문장을 내려놓아야 합니다. 우리는 상대방을 느껴야 하기 때문입니다. 그러므로 항상 하던 식으로 기도하지 말고 새로운 느낌, 새로운 언어, 새로운 인상을 받으려고 해야 합니다.

　조용히 방언으로 기도하면서 내부에 집중하며 자기가 평소에 사용하던 단어로만 표현하지 말고 새로운 마음, 새로운 영을 느끼려고 하십시오. 그리고 새로운 언어로, 자기가 평소에 사용하지 않은 언어로 표현하려고 해보십시오. 이 때 상대방의 마음이나 기도하는 것이나 사정에 대한 메시지나 상황을 느끼게 됩니다.

　다른 이를 위하여 기도할 때는 자기 자신을 위하여 기도할 때와 분명히 다릅니다. 그러므로 그 차이를 잘 감지해서 언어를 선택해야 합니다. 익숙해지면 곧 상대를 위한 메시지, 언어를 받을 수 있습니다.

전달할 것이 있을 때는 겸손하게 하라

　어느 정도 기도해서 메시지를 얻었을 때는 확인하는 것도 필요합니다. 앞에서 언급했지만 예언자인양 고고한 자세로, 과시하고 가르치려는 자세로 말을 해서는 안 됩니다. 영적 세계는 아주 위험한 세계이며 조금만 잘난 척을 하고 자기를 높이면 바로 마귀 밥이 되는 곳입니다.

그러므로 조심스럽게, 겸손하게, 사랑과 온유한 자세로, 당신을 위해서 기도하다가 이런 인상을 받았는데 어떠냐고 묻거나, 아니면 기도하는 티를 내지 않고 무례하지 않게 상대의 사정에 대해서 물을 수 있습니다.

자칫 잘못하면 예언자 취급을 받을 수 있기 때문에 조심해야 합니다. 그러면 시도 때도 없이 사람들이 이상한 것을 물으려고 올 수 있습니다. 한국에는 그런 분들, 신기한 것을 좋아하는 분들이 아주 많습니다. 우리의 목적은 주님을 알아가고 그분을 기쁘시게 하며 그분의 뜻을 구하는 것이지 신기한 것을 찾는 것이 아닙니다.

물론 우리가 기도하다가 받는 인상이나 메시지가 정확하지 않을 수 있습니다. 틀릴 수 있습니다. 우리의 영과 혼의 감각은 정확하지 않습니다. 분별력이 틀릴 수도 있습니다.

하지만 두려워할 필요는 없습니다. 틀린 것은 수정하면 됩니다. 그리고 왜 틀렸는지, 어떤 부분에서 오류가 있었는지, 그것이 자기의 선입견 때문이었는지, 다른 이유가 있었는지 분별하면 됩니다. 자기반성을 하는 것은 발전을 위하여 좋은 일입니다.

만약 당신이 전달한 메시지가 덕을 세웠다면, 상대방이 위로와 힘을 얻고 기뻐했다면 당신은 모든 영광을 주님께 돌려야 합니다. 작은 승리에 도취해서 자신을 자랑스럽게 생각하거나 높여서는 안 됩니다.

혹시라도 상대방이 당신을 대단하게 여기며 감사한다고 해서 당신이 함부로 칭찬의 자리, 영광의 자리에 앉아 있으려고 해서는 안 됩니다. 그럴 경우 당신은 고백하기를 자신은 아무 것도 아니며 다만 주님이 당신을 사랑하시기 때문에 부족한 나를 사용하셨다고 대답하면 됩니다.

결코 자신을 영적인 사람이라고 여겨서는 안 됩니다. 주님께서 자신을 도구로 써주시는 것은 감사한 일이지만 결코 자신을 특별한 존재로 여겨서는 안 됩니다. 주님은 돌멩이들도 도구로 사용하실 수 있습니다.

4. 자신의 생각과 감정을 내려놓는 훈련을 하라

넷째로, 평소에 자주 자신의 생각과 감정을 내려놓고 주님께 굴복시키는 훈련을 해야 합니다.

주님께 말씀을 받는 것, 예언이나 통역에 오류가 생기는 주원인은 주님의 말씀에 인간적인 것을 섞기 때문입니다. 성령은 우리 안에 거하시며 우리는 우리의 깊은 곳에서 말씀하시고 감동하시는 주의 영의 메시지를 받아야 하는데, 거기에 정화되지 않은 겉사람의 혼이 자꾸 개입을 하는 것입니다.

사람의 감정이나 생각은 하나님의 뜻을 알 수 없습니다. 그러므로 자신의 인간적인 생각과 감정을 내려놓고 오직 주님의 마음, 주님의 원하심에 집중하는 것.. 이 훈련이 몹시 중요하며 평소에도 항상 그렇게 사는 습관이 되어야 합니다.

흔히 주님의 메시지를 공급하는 사람이 자기의 생각과 기분을 섞습니다. 자기가 좋게 보는 사람에게는 좋은 메시지를 주고 자기 마음에 안 드는 사람에게는 질책의 메시지를 주는 경우가 많이 있습니다. 이것은 바른 자세가 아니며 이렇게 하는 사람은 주님의 바른 전달자가 아닙니다.

주님의 말씀을 받기 전에 이미 자기 생각이 정해져있는 경우도 있습니다. 어떤 사람의 외모만 보고 '저 사람은 세상적이고 육신적으로 보여.. 그러니까 이런 메시지가 필요해..' 하는 식으로 혼의 생각이 개입되는 것입니다. 이러한 것은 개인적인 권면이지 주님의 메시지는 아닙니다.

우리는 범사에 자신의 생각이나 감정을 내려놓고 주님의 메시지를 받는 훈련을 해야 합니다 그것이 진정한 그리스도인의 삶입니다. 그리스도인의 주인은 주님이시며 그리스도인들은 결코 자기 마음대로 살아서는 안 됩니다. 우리는 다 그리스도의 종입니다.

인간은 타락한 이후 주님의 감동과 인도를 따라 살지 않고 자기 생각을 따라 멋대로 사는 것이 습관이 되었습니다. 오늘날 주님을 믿고 거듭난 신자들도 이러한 삶이 죄인 것을 모릅니다. 그래서 자기 생각과 감정이 자기의 주인이 되어 자기 이성과 기분을 만족시키려고 애를 씁니다.

그러나 그것은 근본적으로 잘못된 삶입니다. 그리스도인들은 범사에 주님의 인도를 받아 살아야 하며 생각의 높아진 것도, 감정도 주님의 손 안에 굴복되어야 합니다.

주님의 마음과 우리의 마음은 다르다

우리는 누군가를 권면해야 할 일이 있으면 어떻게 말해야 하는지, 권해야 하는지 주님께 묻고 응답을 기다려야 합니다. 자녀를 가르칠 때도 마찬가지입니다. 우리는 자신의 지식과 성향을 가르치지 말고 주님의 원하시는 것을 가르쳐야 합니다.

많은 신자들이 자녀들을 권면하려고 할 때 주님의 말씀하시는 것을 기다리지 않고 자기 생각대로 말합니다. 그 결과 자녀들은 순종하지 않고 부모들은 기분이 나빠집니다. 우리가 주님께 순복하지 않는데 자녀들이 우리에게 순복할 리는 없습니다.

우리는 자신의 감정을 주님께 굴복시키는 데 익숙하지 않습니다. 누군가가 우리를 불쾌하게 했다고 합시다. 우리는 불쾌한 감정을 느낄 때 주님 앞에 나아가 그 감정이 올바른 것인지 묻지 않습니다. 이것이 바로 제멋대로 사는 삶입니다. 이것이 말로만 주를 주인이라고 부르며 실제적으로는 자신의 생각과 감정과 취향과 기분이 주인 된 삶입니다.

그러한 멋대로의 생각, 감정들이 처리되어야 합니다. 그래야 내 생각과 감정이 아닌 주님의 마음을 받고 영으로 사는 것에 익숙해집니다. 이러한 기초 위에서 통역도 영감도 발전해가는 것입니다.

나는 언젠가 어떤 집사님을 놓고 주님께 기도를 드린 적이 있습니다. 별로 주님께 메시지를 받기 위해서 기도한 것은 아니고 그가 참 힘들게 하기 때문에 주님께 하소연 비슷하게 기도한 것 같습니다. 그런데 그중에 선명한 주님의 음성을 듣게 되었습니다. 그것은 "내가 그를 얼마나 사랑하는지 아니?" 하는 메시지였습니다.

나는 그 때 아주 많이 놀랐습니다. 주님이 모든 사람들을 사랑하신다는 것은 기본적으로 알고 있는 것이지만, 구체적인 현실의 상황에서, 게다가 상대방으로 인하여 심한 고통을 겪고 있을 때는 그 사실을 인식하고 실감하기가 어려운 것이 사실입니다.

그러나 그 음성을 듣자마자 나의 마음은 바뀌게 되었고, 상대를 불쌍히 여기고 사랑하는 마음이 일어나게 되었습니다. 주님의 말씀과 감동이 올 때, 그것은 사람의 마음에 변화를 일으키는 힘이 있습니다.

이것을 통하여 분명히 깨닫게 된 것은 주님의 감동과 나의 감동은 전혀 다르다는 것입니다. 우리가 알고 있는 것, 생각하는 것과 주님이 주신 것은 전혀 다릅니다. 그러므로 주님의 감동을 받을 때, 놀라고 또한 힘을 얻게 됩니다.

나는 자기의 생각과 마음을 주님을 빙자해서 말하는 이들을 많이 보았습니다. 자신이 하고 싶은 말을 주님의 말씀이라고 하면서 말하는 이들을 많이 보았습니다. 그것은 잘못된 것입니다. 그리고 그것은 위험한 일이며 책임이 따르는 것입니다.

우리의 생각과 주님의 생각은 다릅니다. 우리의 감정과 주님의 감정은 다릅니다. 그러므로 주님의 감동을 받을 때 우리는 놀라며 변화됩니다. 그리고 상대를 도울 수 있는 영적인 힘을 얻게 됩니다.

자기 생각을 내려놓을수록 주님의 통로가 된다

주님으로부터 오는 메시지를 제대로 받기 위해서는 기본적으로 자기 자신을 내려놓고 점검하고 주님의 빛, 말씀의 빛으로 항상 점검해야 합니다. 주님의 손아래 굴복되는 것이 많아질수록 우리의 지성과 감정은 주님 앞에 합당한 것이 되어 우리는 자신의 생각이나 감정을 말하지 않고 주님의 원하심을 전할 수 있는 합당한 통로가 될 수 있습니다.

그러므로 평소에 생각이 많은 사람, 자기 생각이 옳다고 여기고 조사하거나 점검하지 않는 사람, 자기가 느끼는 감정이나 성향이 당연히 맞다고 여기는 사람들은 깊은 곳으로 나아가려면 그러한 것들을 내려놓고 굴복시키는 훈련을 해야 합니다.

주님의 메시지를 받으려고 기다릴 때 아무 생각이 나지 않는다는 이들이 많이 있는데, 이들은 평소에 주님의 생각과 가르침을 별로 기다리고 요청하지 않고 자기 마음대로 생각하는 삶을 살았을 가능성이 많이 있습니다.

그렇게 생각과 감정을 평소에 높여주면 이들은 스스로 주인이 되어서 주님께 잘 굴복하지 않으며 영에게 자리를 비켜주지도 않습니다. 그래서 기도를 하면서 주님의 인도와 감동을 받을 때까지도 자기가 주인이 되어 이럴까, 저럴까, 무엇이 좋을까.. 온갖 생각으로 영을 혼란시키고 어둡게 하는 것입니다.

혼의 생각과 감정을 다스리라

혼의 생각과 감정을 다스리는 것은 그리 어려운 일은 아닙니다. 그것은 하나의 습관일 뿐입니다. 평소에 자기 생각과 감정을 객관적으로 보고 다루며 주님께 굴복시켜야 합니다. 필요할 때는 생각과 감정을 사용하고, 주님의 음성을 기다릴 때는 생각과 감정이 방해하지 않도록 잠잠하게 하는 것을 훈련하면, 우리는 적절하게 생각과 감정을 사용할 수 있으며 영의 감동에 혼이 개입되지 않은 순수한 메시지를 받을 수 있는 것입니다.

혼의 이성과 감정은 적절하게 훈련되어야 하며 사용되어야 합니다. 무조건 억압하는 것은 나쁩니다. 그러나 영의 일에 혼이 개입되어서는 안 됩니다. 하나님의 감동에 인간적인 것을 섞어서는 안 됩니다. 인간적인 것을 섞을수록 불결해지며 열매 맺는 것에 방해를 받습니다.

주님의 말씀을 기다리고 있는데 자꾸 이성이 움직이면 조용히 시켜야 합니다. 인간적인 생각이 자꾸 움직이면 야단을 쳐야 합니다. 그렇게 혼이 굴복되어야 주님께서 편안하게 말씀하시고 역사하실 수 있습니다.

주님이 말씀하신 것은 바뀌지 않는다

주님이 한번 말씀하신 것, 감동하신 것은 바뀌지 않습니다. 특별한 일이 아닌 한 그렇습니다. 그러나 혼의 생각은 다릅니다. 할 때마다 바뀝니다. 그러므로 생각을 통해서 무엇을 결정하려고 하는 사람은 평생을 방황하면서 살게 됩니다. 한 때는 이것을 강렬하게 좋아했다가 조금 지나면 정 반대의 생각이 일어납니다. 이것을 오랫동안 반복합니다.

그러므로 하나님의 음성과 인도를 구하지 않고 자기 스스로 결정하고 사는 이들은 평생이 피곤합니다. 정화되지 않고 굴복되지 않은 혼은 피곤한 인생의 주원인입니다.

사람의 혼은 완선한 것이 아닙니다. 생각도 감정도 항상 바뀌며 좋은 열매를 맺지 못합니다. 사람의 의견은 지혜로운 것 같아도 진정한 열매를 맺지 못합니다. 그러므로 우리는 오직 하나님으로부터 메시지와 감동을 받아야 합니다.

다른 사람을 도울 때도 나의 생각에서 오는 인간적인 권면은 별로 도움이 되지 않습니다. 오직 주님이 주시는 메시지가 힘이 되며 변화와 생명의 역사를 일으킵니다. 사람이 하는 100번의 잔소리보다 주님이 한번 말씀하실 때 변화와 역사가 일어납니다. 우리가 우리 혼의 한계를 알고 그것이 주님을 방해한다는 것을 이해한다면, 그래서 혼의 정화에 힘쓴다면 우리는 좀 더 주님의 통로가 될 수 있을 것입니다.

혼이 완전하게, 충분하게 정화되었고 처리되었다고 자신할 수 있는 사람은 없을 것입니다. 그것은 평생을 두고 나아가야 할 문제입니다.

그러나 분명한 것은 훈련할수록 우리는 자유를 얻게 되며 주님으로부터 오는 것과 인간이 인위적으로 만들어낸 것의 차이점을 분별할 수 있게 된다는 것입니다. 우리는 점점 섞임에서 벗어나며 자신의 성향이나 취향에서 벗어나 주님의 순수한 감동과 원하심을 따르게 됩니다.

그렇게 우리의 혼이 굴복되고 정화될수록 우리의 영은 점점 동조 능력이 증가됩니다. 우리가 굴복될수록 우리 안에서 역사하시는 주님의 풍성함이 깊어져서 우리는 점점 더 주님의 마음을 쉽게 받고 느끼게 됩니다. 그러므로 우리의 메시지도, 감동도.. 점점 더 맑고 순수하며 선명한 것이 될 수 있는 것입니다.

5. 초능력, 초감각과 관련된 것을 멀리하라

다섯째로, 분명하게 알아야할 부분이 있습니다. 이 세상에는 우리가 성령의 감동을 받고 음성을 듣는 것과 비슷해 보이는 것들이 많이 있습니다.

초능력을 훈련하고 초감각을 훈련하며 그러한 것들을 얻기 원하는 이들이 많이 있습니다. 투시라든지, 단전호흡이라든지, 뇌파를 개발한다든지 하는 식을 통해서 초능력과 초감각을 가르치는 책이나 훈련들이 많이 있습니다.

조심하십시오. 일체 그러한 것들을 접하지 마십시오. 그리스도인의 영감 훈련은 오직 하나님께 나아가는 것이며 말씀과 기도입니다. 어떤 능력을 얻고 싶어서 그러한 것을 함부로 접하는 이들은 그 순간부터 이상한 영에 접하게 됩니다. 그러한 것에는 반드시 미혹의 영들과 귀신들이 개입되어 있습니다.

마귀도 능력을 사용할 수 있다

우리의 목표는 초능력을 얻는 것이 아닙니다. 초자연적인 지식을 얻는 것이 아닙니다. 우리는 하나님을 원합니다. 우리는 주님께 가까이 나아가기를 원하며 주님의 통로가 되기를 원합니다. 우리는 그저 신령해보이고 초자연적인 사람이 되고 싶어 해서는 안 됩니다. 능력을 얻어서 사람들에게 과시하고 사람들을 사로잡으려는 마음이 있다면 그것은 정말 위험한 일입니다. 마귀는 이런 사람들을 얼마든지 파괴할 수 있습니다.

모세가 하나님의 부르심을 따라 애굽에 있는 이스라엘 백성들을 구출하기 위하여 바로 앞에서 이적을 행할 때, 애굽의 술사들도 모세가 행하는 것과 비슷한 이적을 행했습니다. 비록 모세가 행한 것만큼 완전하게 행하지는 못했지만 그들도 어느 정도는 흉내를 낼 수 있었습니다. 그들의 요술 때문에 바로는 좀 더 완악하게 하나님을 대적할 수 있었습니다.

"애굽 요술사들도 자기들의 요술로 그와 같이 행하므로 바로의 마음이 완악하여 그들의 말을 듣지 아니하니 여호와의 말씀과 같더라" (출7:22)

악령들은 항상 하나님이 행하시는 일을 비슷하게 흉내 냅니다. 그러나 비슷할 뿐이지 같은 것은 아닙니다. 그 근원이 다르며 능력이 다릅니다.

"바로도 현인들과 마술사들을 부르매 그 애굽 요술사들도 그들의 요술로 그와 같이 행하되 각 사람이 지팡이를 던지매 뱀이 되었으나 아론의 지

팡이가 그들의 지팡이를 삼키니라"(출7:11-12)

"요술사들도 자기 요술로 그같이 행하여 이를 생기게 하려 하였으나 못 하였고 이가 사람과 가축에게 생긴지라 요술사가 바로에게 말하되 이는 하나님의 권능이니이다 하였으나 바로의 마음이 완악하게 되어 그들의 말을 듣지 아니하였으니 여호와의 말씀과 같더라"(출8:18-19)

주님의 능력은 빛으로부터 오는 것이지만 악령들의 능력은 어두움으로부터 오는 것입니다. 주님의 능력은 영혼을 살리지만 악령의 능력은 영혼을 미혹시키고 완악하게 하며 파괴합니다. 또한 악령은 하나님의 능력을 비슷하게 흉내 낼 수는 있지만 그 능력은 훨씬 약하며 서로 부딪칠 때 파괴됩니다. 어두움은 빛을 이길 수 없습니다. 악령들은 예수의 이름 앞에 무너지며 쫓겨납니다.

세상에는 많은 미혹이 있다

그리스도인들은 이 세상에 비슷한 미혹이 많이 있음을 알아야 합니다. 어떤 어리석은 그리스도인들은 능력을 얻고 싶은 욕심에 그러한 것들을 접하기도 합니다. 그것은 아주 위험한 일입니다. 그의 영은 점점 더 혼란스러워지고 미혹됩니다.

하나님을 믿지 않는 자들은 문제가 생겼을 때 흔히 무당이나 점을 치는 사람을 찾아갑니다. 그들의 목적은 문제해결입니다. 고통에서 벗어나는 방법을 찾는 것입니다.

그러나 그리스도인들은 다릅니다. 달라야 합니다. 우리의 목적은 문제에서 벗어나고 고통에서 벗어나는 것이 아닙니다. 문제를 통해서 하나님의 뜻을 발견하고 하나님께 가까이 나아가는 것입니다.

우리의 목표는 신령하게 무엇인가를 맞추는 것이 아닙니다. 우리의 목적은 고통의 치유도 아니고 뭔가를 잘 맞추는 것도 아니며 오직 하나님의 마음을 전달하는 것입니다. 사랑과 긍휼이 가득한 아버지의 마음을 전하는 통로가 되는 것입니다. 은사는 그 도구일 뿐이며 목적은 주님께 나아가도록 돕는 것입니다.

그러므로 부디 조심하십시오. 이방의 세계에서도 흔히 영성훈련이라는 용어를 사용합니다. 용어가 비슷하다고 함부로 마음을 열지 마십시오.

이방의 세계에도 배울 것이 있다고 생각하지 마십시오. 우리는 오직 주님께 헌신하고 기도하는 것을 통해서만 은혜를 입을 수 있습니다. 그러므로 외적으로 나타나는 현상에 혹하지 말고 오직 그 힘과 지식이 어디에서 오는지 영적 근원을 분별하십시오.

신기한 것을 맞추었다고 자랑스럽게 여기지 마십시오. 그것이 중요한 것이 아닙니다. 다만 메시지의 전달과 통역을 통해서 상대방이 주님의 사랑을 깨닫고 감격했다면, 그것은 성공한 것입니다. 우리와 상대방이 주님을 더 사랑하게 되었고 주님께 더 가까이 나아가기로 결심했다면, 자극을 받았다면 그 은사의 목적은 이루어진 것입니다.

이상으로 방언 통역의 발전을 위한 원리들을 몇 가지 다시 정리하여 보았습니다.

우리는 방언 통역을 통해서 많은 유익을 얻을 수 있습니다. 우리의 영감이 발전하고 더 깊은 통역을 할 수 있을 때 우리는 더 유익을 끼치게 될 것입니다.

하지만 우리의 수준이 깊지 않을지라도 우리는 어느 정도 통역을 할 수 있으며 주님은 우리를 사용하실 수 있습니다. 우리를 사용하셔서 다른 이들을 축복하시고 위로하시며 그분의 사랑을 보여주실 수 있습니다.

성경은 교회의 덕을 풍성하게 하기 위하여 방언하는 자는 통역하기를 기도하라고 합니다. 우리가 믿음으로 시도해보았을 때 우리는 분명히 유익을 얻었고 덕이 되었습니다. 참여한 대부분의 사람들은 그 하나님의 사랑에 기뻐하고 감격했으며 위로를 얻었습니다. 더 기도에 힘쓰고 주님께 나아가도록 도전을 받았습니다. 우리의 통역이 완전한 것은 아니었고 단순한 것들이었지만 사람들은 기뻐하고 힘을 얻었습니다.

우리가 더 영적으로 발전하고 더 주님의 마음과 일치될수록, 분별력과 지혜로움이 증가될수록 우리는 더 아름다운 주님의 도구가 될 것입니다. 그러나 아직 부족한 상태일지라도, 우리는 주님의 통로가 될 수 있습니다.

그러므로 담대하십시오. 그리고 믿음으로 나아가십시오. 하나님은 당신을 사용하기를 기뻐하십니다. 당신의 연약함에도 불구하고 말입니다.

당신은 부족하지만 하나님은 무한하십니다. 우리의 사랑과 지식에는 제한이 있지만 하나님의 사랑과 지식에는 제한이 없습니다. 그러므로 자신의 힘과 지혜를 의지하지 않고 주를 의지하며 믿음으로 나아가는 이들을 주님께서는 사용하시며 영광을 받으실 것입니다. 할렐루야.

25. 두려움과 의심, 자기 점검의 중요성

은사를 처음 경험하는 데에는 믿음이 필요합니다. 신뢰와 확신과 자신감이 필요합니다. 자신이 없고 두려워하고 나는 안 될 거라고 생각하는 이들에게 용기를 불어넣는 것이 필요합니다. 당신 자신의 의가 아니고 하나님의 긍휼과 은총을 의지하라고 용기를 심어주는 것이 필요합니다. 하지만 어느 정도 은사를 경험한 후에는 그 반대의 것이 필요합니다. 두려워하는 것, 의심하는 것을 가르쳐야 하며 자기 점검의 필요성에 대하여 가르쳐야 합니다.

처음에는 하나님의 임하심, 역사하심에 대한 신뢰가 있어야 하며 어느 정도 자신감이 필요합니다. 그것이 있어야 나아갈 수 있습니다. 그러나 어느 정도의 경험이 있은 후에는 의심과 두려움이 필요합니다. 그것이 있어야 안전하며 더 깊이 나아갈 수 있습니다.

어떤 이들은 신뢰와 믿음과 자신감을 가지는 것이 어렵습니다. 자기를 부족하게 여기는 것이 더 쉽습니다. 그러나 어떤 이들은 의심하는 것이나 자아비판을 하는 것이 더 어렵습니다. 그러나 두 가지가 다 필요합니다.

상반된 두 가지의 명령

성경은 우리에게 항상 상반된 두 가지 명령을 하고 있습니다. 전투를 명령하면서 안식을 명령합니다. 어느 부분에서는 깨어있으라고 말하고 어느 부분에서 안식하라고 말합니다. 어느 부분에서는 치열한 전쟁에 대해서 말하며 어느 부분에서는 사랑 안에서의 교제를 말합니다.

깨어있는 것은 긴장하는 것입니다. 안식은 쉬는 것이며 누리는 것입니다. 그 두 가지는 서로 반대의 성질을 가지고 있습니다. 그러므로 안식하면서 동시에 깨어있기는 어렵습니다. 그래서 한 가지씩 해야 합니다. 어느 때는 안식해야 하며 어느 때는 긴장해야 합니다. 그러므로 안식할 때가 있고 긴장할 때가 있습니다.

의심하면서 믿을 수는 없습니다. 두려워하면서 신뢰할 수는 없습니다. 어느 순간에는 믿음이 필요하고 어느 순간에는 두려워하는 것과 조심하는 것이 필요합니다. 전도서는 천하 범사에 때가 있다고 말합니다.

"범사에 기한이 있고 천하 만사가 다 때가 있나니 날 때가 있고 죽을 때가 있고 심을 때가 있고 심은 것을 뽑을 때가 있으며 죽일 때가 있고 치료할 때가 있으며 헐 때가 있고 세울 때가 있으며 울 때가 있고 웃을 때가 있으며 슬퍼할 때가 있고 춤출 때가 있으며.." (전3:1-4)

주님께서 상반된 명령을 주신 이유는 삶과 신앙의 균형과 조화를 위한 것입니다. 어느 한쪽으로 치우치지 않도록 하기를 위함입니다. 주님은 우리가 용사처럼 강하면서도 연인처럼 부드럽기를, 온유하면서도 강하기를, 깊은 지혜 가운데 거하면서도 어린아이처럼 단순하고 순진하기를 원하십니다.

그리고 성장할수록 우리는 그렇게 되어갑니다. 아름답고 섬세하면서도 강한 사람이 되어갑니다. 주님의 사랑과 권능이 같이 나타나게 됩니다. 주님의 어느 한쪽 측면만 닮아가는 것이 아니라 그분의 모든 부분을 닮게 되어 조화로운 그리스도인이 되어가는 것입니다.

강한 성품의 사람은 부드럽게 사랑을 표현하고 위로하는 것에 서투릅니다. 사랑과 자비의 사람은 전쟁을 싫어하며 갈등과 싸움으로부터 도망하는 것을 좋아합니다. 그러나 훈련을 통과할수록 우리는 우리의 개성적인 기질에서 벗어나 주님이 어떤 측면으로든 사용하실 수 있는 사람으로 자라갑니다. 그것이 조화이며 자기에게서, 자기의 기질과 특성에서 자유로운 신자입니다.

균형적인 발전의 측면에서 보았을 때 은사의 경험과 발전에는 믿음과 자신감과 함께 두려움과 조심과 의심이 필요합니다. 점검이 필요합니다.

처음에는 두려움과 의심을 극복해야 한다

처음에 은사를 경험할 때는 두려움과 의심으로 인하여 주님을 제한할 수 있습니다. 물질적인 영역에서 살아가고 있는 우리에게 영적인 세계로부터 오는 것은 생소하고 이상합니다. 자연적으로 우리는 그러한 일에 대하여 두려움을 가지며 자신의 죄와 연약함에 대하여 잘 알고 있으므로 자신은 신령하지 않고 자격이 없으며 은사와 능력이 임하지 않을 것이라고 생각합니다.

이 때 이 두려움과 의심을 극복할 수 있으면 우리는 은사의 나타남을 경험하게 됩니다. 처음에는 단순하게 은사가 시작되지만 우리는 점점 더 하나님의 친밀하심, 임재와 함께 여러 현상들을 느끼고 맛보아가게 됩니다. 이제 우리는 더 이상 은사들을 두려워하지 않습니다. 더 이상 의심하지 않고 떨지도 않습니다. 우리는 다른 은사들을 더 경험하고 싶어 합니다. 두려움은 사라지고 이제 자신감이 오기 시작합니다.

통역을 시작할 때 누구나 두려움으로부터 시작합니다. 하나님의 음성을 기다릴 때 누구나 두려움으로부터 시작합니다. 하나님은 항상 우리와 함께 계시며 우리에게 말씀하신다고 배우지만 그것은 성경의 위인들이나 아주 신령한 사람들에게만 해당되는 일일 것이라고 생각합니다.

하지만 직접 통역을 경험하고 임재를 경험하며 음성을 경험하기 시작할 때 우리는 그것이 특별한 일이 아니라는 것을 알게 됩니다. 하나님의 가까우신 임재, 친밀하심, 말씀하심이 우리 자신에게도 주어지는 것이라는 사실을 알게 됩니다.

소리를 표현하면 감동과 자신감을 얻게 된다

방언기도에 익숙하지 않은 이들, 발성기도나 부르짖는 기도에 익숙하지 않은 이들에게는 하나님의 임재나 음성에 대해서 가르치는 것이 몹시 어렵습니다. 많이 설명하고 말씀을 전해도, 그들의 뇌는 메시지를 이해하지만 그들의 영이 실제를 경험하는 것은 어렵습니다. 영의 흐름은 소리를 통해서, 말하는 것을 통해서 활성화되기 때문에 그들은 말씀을 많이 알고 있어도 그것이 뇌에 머물러 있을 뿐 말씀의 실제와 능력이 실제적으로 경험되기는 어렵습니다.

그들의 이성은 말씀을 이해하고 받아들이지만 그들의 영은 그 말씀의 실제를 맛보기 어렵습니다. 그러므로 이성으로 이해할 수 있고 감정으로 흥분할 수 있지만 영의 감동을 실제적으로 경험하기는 어렵습니다.

그들은 이성과 계시의 차이, 혼의 감정과 영의 감동 사이의 차이를 구별하기 어렵습니다. 그들은 논리적으로 이해할 수 있고 가르칠 수 있지만 자신이 직접 경험하는 것은 어렵습니다. 이성과 영성의 차이를 말과 논리로 설명하는 것은 어려운 일입니다. 어떤 그림이 있을 때 그것을 볼 수 있으면 간단한데, 보지 못하는 이에게 말로 그림을 설명하는 것은 아주 힘든 일입니다.

그러나 비록 지식이 충분하지 않을지라도 부르짖는 기도, 발성기도와 방언기도에 익숙한 사람은 영의 기능이 활성화되어 있습니다. 그러므로 그들은 영의 감동을 받기가 쉽습니다.

방언기도의 분량이 충분한 사람은 하나님의 음성을 듣는 것이 그리 어려운 일이 아닙니다. 그들의 영은 그것을 느낄 수 있습니다. 감지할 수 있습니다. 다만 그들은 그들의 영에 오는 여러 가지 느낌이나 현상을 해석하지 못할 뿐입니다.

그러므로 그들에게는 그 현상이나 느낌에 대해서 설명하고 해석하는 원리를 가르치면 됩니다. 그러면 그들은 "아, 그게 하나님의 음성이었구나! 감동이었구나.! 나에게도 하나님의 음성이 들리네!" 하면서 감동하게 됩니다.

방언기도는 영을 활성화시킵니다. 그것은 혼의 이성을 발달시키고 감정을 발달시키는 것은 아니지만 영감을 발전시킵니다. 그는 말로 표현하기는 어렵지만, 어떤 영적 감각을 갖게 됩니다.

충분히 방언으로 기도하면 할수록 그는 하나님의 임재와 감동을 감지할 수 있는 감각이 일어나게 됩니다. 영적 세계를 감지하게 됩니다.

그러므로 처음에 그가 가지고 있었던 영적 세계에 대한 두려움이나 모호함에 대하여 가르치고 설명하고 믿음으로 이미 하나님이 주신 것을 누리라고 하면, 그는 얼마 가지 않아서 그 임재를 맛보고 누리며 음성을 느끼게 됩니다. 처음에 두려워하지만 곧 그는 통역에 대해서, 영감에 대해서 감지하게 됩니다. 미세하지만, 말로 표현하기 어렵지만 깊은 속에서 무엇인가 논리의 세계를 벗어난 어떤 감각과 메시지가 올라오는 것을 느끼게 됩니다.

처음에는 그것을 발견하기가 어렵습니다. 그러나 차츰 반복되면서 그는 자신감을 얻게 됩니다. 처음에 그는 두려워했지만 이제 경험이 쌓여가면서 그는 어떤 문제에 대해서 기도할 때 응답의 메시지가 자주, 쉽게 올라오는 것을 느끼게 됩니다.

다른 사람을 위해서 중보기도할 때, 그는 자기가 평소에 가지고 있던 지식으로는 전혀 알 수 없는 어떤 통찰력을 얻게 되고 문제 해결의 핵심을 파악하게 되며 주님으로부터 오는 어떤 메시지를 받게 됩니다.

자신감이 생기는 순간이 위험해지는 시작이다

자, 문제는 이제 여기서 부터입니다. 그는 이제 자신감이 생기게 됩니다. '응답이란 이런 것이구나, 음성이란 이런 것이구나..' 하는 감이 생기기 시작합니다.

열등감이 많던 사람이 그것이 회복되면 반대로 우월감이 심하게 일어날 수 있습니다. 가난하고 힘들고 어렵게 살던 사람이 갑자기 상황이 좋아졌을 때, 그것을 감당하지 못하고 기고만장하여 전과는 전혀 다른 사람이 되는 경우도 많습니다.

사울의 경우 사무엘을 통해서 기름부음을 받고 왕으로 세워질 때 그는 극도의 두려움을 표현했었습니다.

그는 하나님께서 그를 왕으로 세우려고 한다는 사무엘의 메시지를 계속 거절하며 자기는 가장 별 볼일 없는 집안의 아주 별 볼일 없는 사람이라고 항변합니다. 심지어 그가 왕으로 뽑히고 세워지는 집회에서도 그는 짐 보따리에 숨었을 정도로 숫기가 없는 사람이었습니다.

그랬던 그가 일단 왕이 되자 이 사람이 전의 그 사람이 맞나 할 정도로 왕권에 집착하여 하나님의 기름부음을 받은 사람 다윗을 죽이려고 혈안이 되고 온 군대를 동원합니다.

지나친 열등감이 지나친 우월감으로 바뀌는 것은 성경에서나 현실에서나 흔히 있는 일입니다. 열등감도, 우월감도.. 근원은 같은 것이기 때문입니다. 그것은 주님을 바라보지 않고 자신을 바라보는 것입니다.

자신의 부족한 것에 집중하든, 잘난 부분에 집중하든 그것은 같은 것입니다. 그는 주님을 바라보는 것이 아니기 때문입니다.

영적 열등의식은 좋은 것이 아닙니다. 그것은 주님의 값없는 자비를 거절하고 자신의 부족함과 무능함에 집중하는 것입니다. 영적 우월감도 좋지 않습니다. 그것은 주님이 주신 일방적인 은총을 마치 자기가 대단한 존재라서 받은 것인 양 여기는 것입니다.

방언을 하고 통역을 하고 음성을 들으며 메시지를 받으면 다른 이들을 섬길 수 있습니다. 덕을 세우고 힘과 위로를 주며 연약한 무릎을 일으켜 세우며 주님의 사랑과 은총의 통로가 될 수 있습니다. 그것은 아름다운 일입니다.

문제는 바로 자신감입니다. 지나친 자신감입니다. 이제 영감이 오기 시작합니다. 무엇이 느껴집니다. 보이고 깨달아집니다. 판단이 섭니다. 이제부터가 위험한 것입니다.

초보자가 오히려 안전하다

수영을 처음 배우는 초보자가 익사를 하는 경우는 별로 없습니다. 익사의 확률은 대체로 수영에 대해서 자신감이 많은 사람이 더 높습니다. 처음에 물을 두려워하며 가까스로 물에 뜨는 것에 성공했다고 해도 땅에서 멀어지는 것을 두려워하는 사람은 비교적 안전합니다. 그러나 자신의 실력을 과신해서 물에서 멀리 떨어져 자유롭게 수영을 즐기는 이들은 위험한 일을 겪을 수도 있습니다.

은사가 어느 정도 경험되고 익숙해지기 시작할 때 필요한 것이 두려움과 조심입니다. 조그만 한 계단을 올라가기 시작했을 때, 그 세계가 너무나 깊으며 우리가 접하는 영적 전쟁이 가벼운 것이 아님을 이해할 필요가 있습니다. 우리의 전쟁은 쉽지 않습니다. 마귀는 허술하지 않습니다. 우리는 주님의 이름과 승리를 선언하고 마귀를 무시해야 하지만 또한 동시에 경계하고 깨어있어야 합니다.

은혜의 길을 걷다 넘어진 사람들이 많이 있다

우리에게 영적인 측면이 열리기 시작할 때 이 세계는 단지 하나님의 성령만이 존재하고 역사하는 곳이 아닌 것을 이해해야 합니다. 우리의 영이 성령을 접촉하기 시작했다면, 그것은 악령들의 미혹이나 공격의 가능성도 동시에 열렸음을 의미한다는 것을 이해해야 합니다.

우리가 영적인 면에서 은혜를 얻고 기쁨을 얻고 새로운 세계를 여행하기 시작할 때 악한 세력들은 그것을 가만히 두고 보고 있지 않습니다. 그들은 우리를 넘어뜨리려고 구체적으로 공격하기 시작합니다. 은혜의 길을 걷다가 넘어진 많은 사람들을 보면 이 전쟁이 가벼운 것이 아님을 알아야 할 것입니다. 그들이 특별히 이상한 사람이기 때문에 넘어지는 것이 아닙니다. 영적 상승이 있을 때 반드시 그것을 떨어뜨리려고 하는 세력이 있습니다. 사람을 통해서 공격이 올 수 있지만, 그러나 근원적으로 공격의 배후에 있는 것은 악령들입니다.

일탈의 시작은 자랑의 간증

처음 시작되는 일탈은 비교적 가볍게 보이는 것으로부터 시작됩니다. 사람들은 자기의 경험을 자랑스럽게 생각하기 시작합니다. 그리고 자랑하기 시작합니다.

사람들은 자기의 경험을 이야기하기 시작합니다. 개인적으로 이야기를 하기도 하고 인터넷의 커뮤니티 공간에 올리기도 합니다. 신기하거나 멋있어 보이는 경험을 이야기합니다. 주님이 자기에게 개인적으로 말씀하셨고 은혜를 베푸셨으며 자기는 주님과 가까운 교제를 누리는 영적인 사람이라는 것을 은근히 암시합니다.

이러한 자랑은 평소에 열등의식이 많은 사람일수록 빈도가 높습니다. 일종의 보상심리에서 이들은 은근히 자신을 드러내고 싶어 합니다. 처음은 어린아이같이 순진하게 그저 자랑하고 싶어서 이야기를 시작합니다. 그러다가 긍정적으로 반응하는 사람들이 있으면 이들은 점점 더 자신감이 증가됩니다. 나중에는 이야기에 조금씩 과장이 들어가게 됩니다. 잘 모르는 것에 대해서도 꾸며서 이야기를 하게 됩니다.

이것이 위험한 이유는 그러한 자랑의 이야기들이 간증이라는 명목으로 행해지고 있지만, 주님을 높이고 드러내고 감사하는 부분들은 극히 적고, 개인을 드러내고 있기 때문입니다. 그러한 이야기의 중심에는 자아가 있습니다. 거기에는 자신이 주님의 사랑을 받는 특별한 사람이라는 메시지가 있습니다. 그것은 타락한 자아로부터 오는 것이며 주님으로부터 오는 것이 아닙니다.

처음에 은총을 경험했을 때 충분한 시간이 지나지 않은 상태에서 함부로 간증하는 것은 바람직한 일이 아닙니다. 주님께서 강권하시거나 사역자의 권유나 특별히 필요한 상황에서는 간증이 좋지만, 본인이 하고 싶어서 하는 경우는 그리 좋은 것이 아닙니다. 초보자가 그 은혜들을 잘 관리하지 못하고 실족할 가능성이 있기 때문입니다. 바울도 삼층천의 경험을 했지만 많은 세월이 흐르기까지 그 이야기를 함부로 하지 않았습니다.

주님께 속할수록, 경험이 증가될수록, 성장할수록 신기한 형태의 간증을 하지 않게 됩니다. 그것은 자칫 사람을 드러낼 가능성이 높으며 또한 어리석은 추종자들이 일어날 수 있기 때문입니다. 신기한 것을 좋아하는 어리석은 추종자들이 사람을 높이고 따르게 되면 많은 문제가 일어나게 됩니다. 그러므로 영적 지도자는 가급적이면 자기의 경험을 말하지 않고 조심하게 되는 것입니다.

자랑을 하기 시작할 때, 그것은 작은 시작이지만 제대로 자기 점검을 하지 않으면 점차 영적으로 떨어지는 중요한 계기가 될 수 있습니다. 그러므로 조심해야 합니다.

확신이 증가되어 조심과 분별을 잃어버림

두 번째로 나타나는 현상은 확신의 증가입니다. 의심이나 자기 점검의 소멸입니다. 처음에 어떤 현상을 경험하고 음성을 경험하면 '이게 맞는 것일까?' 하고 의심하고 관찰하는 것이 보통입니다. 처음에는 '하나님이 이렇게 말씀하시는 것 같은데, 이 감동이 맞는 것일까?' 하고 생각합니다. 그래서 경험이 있는 선배들에게 찾아가서 물어보기도 합니다.

처음에는 아주 조심스럽습니다. 그러나 경험이 반복되면 차츰 이것이 그저 생각이 아니고 영적세계에서 오는 감동인 것을 깨닫게 됩니다. 주님이 이러한 방법을 통하여 감동하시고 말씀하시는 것을 알게 됩니다. 이제는 어느 정도 기도를 하면 감동이 오는 느낌을 알게 됩니다.

초기의 조심성이나 두려움은 사라지고 점차 자신감과 확신이 일어날 때입니다. 바로 이때가 중요합니다. 이때가 위험한 시기입니다. 이때에 조심을 해야 합니다.

우리 안에서 감동과 영감이 일어날 때 우리는 항상 '이것이 하나님으로부터 온 것인가? 과연 맞는가?' 하는 의심과 분별의 작업을 해야 합니다. 감동의 근원은 하나님만 있는 것이 아니라 우리 자신에게서 온 것도 있고 악한 근원으로부터 오는 것도 있기 때문입니다. 우리가 어느 정도 영감을 얻고, 주님과의 친밀한 교제를 누린다고 하여도 그것은 마찬가지입니다. 우리가 영적으로 발전한다고 해서 우리 자신의 생각에 영향을 받지 않거나 악한 영들로부터 공격과 미혹을 받지 않을 것이라는 보증은 없습니다.

그러나 이제 안심한 사람들은 그러한 조심과 분별을 잃어버리고 자기에게서 일어나는 사소한 생각이나 감정을 모조리 영감으로 해석해버리는 경향이 있습니다. 처음의 두려움은 사라지고 방자한 마음이 일어나는 것입니다.

어처구니없는 자기 합리화

나는 방언을 받고 주님의 감동을 받기 시작한 지 얼마 안 된 집사님이 어처구니없는 말을 하는 것을 들었습니다. 그녀는 말하기를 "하나님께서 왜 첫째 아들에게는 이렇게 혹독하게 대하게 하시는지 모르겠어요.." 하는 것이었습니다. 나는 기가 막혀서 그녀가 농담을 하는 줄 알고 확인해보았더니 그녀는 정말로 그렇게 믿고 있었습니다. 은혜를 경험하고 나니, 자기 안에서 일어나는 느낌과 감정을 다 하나님으로부터 온 것으로 알고 있는 것입니다.

나는 그녀에게 그 감정은 결코 하나님께로부터 온 것이 아니며 당신의 처리되지 않은 감정이 아들을 향하고 있는 것이니 회개를 하고 자신의 감정을 주님께서 주장하시도록 해야 한다고 권면했고, 다행히 그녀는 알아듣고 회개를 하였습니다. 이것은 상식적으로 이해가 안 되는 일이지만 분별력이 부족한 이들은 이와 비슷한 주관적 오류에 빠지는 일이 꽤 있습니다.

적당한 의심과 확인은 필요합니다. 우리는 처음에 지나친 두려움으로 성령을 제한해서는 안 되고, 성령의 통로가 된 후에도 여전히 믿음이 필요하지만, 그러나 우리는 동시에 우리의 믿음이 지나친 확신이 되지 않도록 조심해야 합니다. 확신이 지나치면 자기가 하는 말이나 생각은 다 옳은 것이며 이를 반대하는 것은 사단의 역사라고 여기게 됩니다. 그렇게 되면 문제가 심각해집니다.

사람들이 물을 때 조심해야 한다

영적 경험을 하게 되고 영적 통찰력과 분별력이 생기면 사람들이 이것저것 묻거나 기도를 요청하거나 상담을 원하는 일들이 더러 생기게 됩니다. 그 자체를 나쁘다고 할 수는 없지만 이것은 마음이 높아지는데 중요한 역할을 합니다.

기도를 해주고 주님이 주시는 메시지가 있다면 그것을 전달하는 일이 나쁜 것은 아닙니다. 다만 낮은 자세로 주님의 사랑을 전달하기만 하면 되는데 은근히 마음이 높아질 수 있습니다. 자기에게 기도를 받거나 기도를 요청하는 이들을 낮추어 보고 함부로 가르치려 하거나 군림하는 자세를 가질 수도 있는 것입니다.

청년 시절에 도움을 받았던 영감이 아주 뛰어난 누나가 있었습니다. 이 분은 시골에서 자라고 거의 학교에 다녀보지 못한 분인데 기도를 많이 해서 영감이 뛰어난 사람이었습니다. 그래서 많은 사람들이 이분에게 기도를 요청하곤 했습니다. 그러면 이분은 기도를 해주었는데, 기도를 받는 이들은 자기 마음이 그대로 노출되는 것을 느꼈고, 각자가 기도하는 문제에 대한 답을 얻기도 하였습니다.

이 누나가 하루는 심각한 표정으로 내게 고민을 토로하는데, 많은 사람들이 기도를 요청하고 해주다보니까 자꾸 마음이 높아져서 너무 고통스럽다는 것이었습니다.

나는 그 당시는 그녀의 고민이 잘 이해가 가지 않았지만, 사실 그것은 심각한 문제가 될 수 있는 것이었습니다. 다행히 이 누나는 마음이 선하고 겸손한 사람이었기 때문에 별 문제가 일어나지는 않았습니다.

넘어지게 되는 결정적인 요인

영적인 은혜의 길로 잘 나아가다가 넘어지게 되는 결정적인 요인이 있습니다. 그것은 악한 영들이 일으키는 속임인데, 악한 영들은 어느 정도 이 사람이 자신감을 얻고 조금씩 자신을 드러내고 자랑하며 높이기 시작한다면 좀 더 결정적으로 그를 사로잡기 위해서 이 방법을 사용합니다. 악한 영들은 사람의 영이 개발되지 않도록 처음에는 근거 없는 두려움을 심어줍니다. 그러나 거기에 실패해서 사람들의 영이 어느 정도 열렸다면 그 다음에는 오히려 이것을 역이용해서 과다한 자신감과 자부심을 심어줍니다. 거기에 어느 정도 성공하면 사단이 사용하는 방법이 있는데 그것은 사람들의 은밀한 죄와 숨겨진 악들을 보여주는 것입니다.

이러한 것은 거의 악령들이 보여주는 것이며 사실과는 거리가 있습니다. 하지만 순진한 대부분의 사람들은 이것을 받아들이고 믿습니다. 그런 영상이나 감동을 받은 후에 '아니, 세상에.. 그럴 수가.. 사람이 그렇게 안 보였는데..' 하고 놀랍니다. 그리고는 이 사실을 어떻게 전할까에 대해서 고민하면서 입이 간지러워집니다. 이렇게 숨겨진 비밀을 알고 있는 자신이 아주 신령하고 깊은 사람이라고 굳게 믿으면서 말입니다.

악한 영들이 지도자나 다른 이들의 부정적인 모습을 보여줌

영적으로 열리기 시작하는 초기의 많은 이들이 이와 비슷한 환상이나 메시지를 받습니다. 지도자의 타락한 모습을 환상으로 보는 사람도 있고 은밀한 죄를 짓는 모습을 보는 사람도 있습니다. 이러한 모습은 직접적인 것보다는 상징적인 것이 더 많습니다. 예를 들어 어떤 지도자의 머리에 뿔이 나 있다던가, 온 몸이 흉측한 모습으로 덮여있다던가.. 동물의 모습이 보였다던가.. 하는 식으로 어둡고 악한 느낌이나 형상들이 느껴지거나 보이게 됩니다.

악한 영들이 직접적인 것보다 이렇게 상징적인 모습으로 보여주는 것은 직접적인 메시지의 경우 내용이 맞지 않게 되면, 이간질과 판단을 심어주려는 그들의 계교가 바로 들통이 나기 때문입니다. 그러나 불쾌하고 나쁜 느낌을 주는 상징적인 형상에 대해서는 사실 여부에 상관없이 누구나 나쁜 해석을 하게 되고 나쁜 이미지를 줄 수 있으므로 그들이 선호하는 것입니다.

참 놀라운 것은 이러한 메시지나 느낌이나 형상을 보았을 때 그것을 의심하는 사람은 별로 없다는 것입니다. 사람들은 대체로 그것을 받아들입니다. 그리고 자기가 영적으로 깊기 때문에 사람의 안에 있는 비밀을 하나님이 보여주셨다고 생각합니다. 그리고 지도자나 다른 사람에게 좋게 알려져 있는 사람이 사실은 잘못된 사람이거나 문제가 많은 사람이라고 여기게 됩니다.

남의 은밀한 죄를 보여주거나 지도자에 대한 나쁜 이미지를 보여주는 것들은 악한 영이 흔히 일으키는 파괴 작업인데 '어머, 저 사람이 저럴 줄 몰랐어..' 한다면 이미 말려들기 시작한 것입니다. 그 내용을 다른 사람들에게 전파하기 시작하면서 어두움은 확산됩니다.

보이는 것을 다 믿지 말고 점검하라

그러한 형상이나 감동을 악한 영이 일으키는 속임이라고 의심하는 이들은 별로 없는 것 같습니다. 그렇게 악한 영의 속임을 인정하면 여태껏 자기가 받았던 감동이나 은혜도 의심스러운 것이며 그 가치가 떨어질 수도 있기 때문에 이들은 이러한 어두움의 메시지를 받아들입니다.

그리고 이렇게 남들의 잘못과 숨겨진 악을 발견하는 것은 사람들에게 묘한 즐거움을 주기도 합니다. 특히 열등감이나 상처가 많거나 억울함이나 분노가 내재되어 있는 이들은 이러한 것을 보았을 때 더욱 더 강하게 분노하게 됩니다. 그러므로 이렇게 처리되고 치유되지 않은 상처를 가지고 있는 이들에게 악한 영들은 이러한 어두운 속임의 메시지를 잘 심는 것입니다.

다른 이들의 타락이나 넘어짐에 은근히 기뻐하면서 돌을 던지는 사람들은 이러한 상처나 억울함이나 열등감의 문제가 없는지 돌아보아야 합니다. 주님께 속한 사람은 동일한 죄나 넘어짐을 보았을 때 긍휼과 안타까운 사랑을 느끼기 때문입니다.

악한 영들의 모습을 잘 보는 이들은 조심해야 한다

어디에 가든 쉽게 귀신이 보이고 악한 느낌을 받게 되고 사람들의 숨겨진 문제와 죄를 잘 보고 느끼는 이들은 자신에게 문제가 있다는 것을 알아야 합니다. 그의 영은 건강하지 않습니다. 그는 결코 건강하고 행복한 사람이 아닙니다. 그는 먼저 치유와 청소가 필요합니다. 그는 사역할 때가 아닙니다. 남을 도울 때가 아니고 먼저 영의 건강을 회복해야 합니다.

툭하면 귀신이 보이고 유령이 보이고 하는 사람은 바깥에 악령이 있는 것이 아닙니다. 그들은 자신이 신령해서 그런 것을 잘 분별한다고 생각할지 모르지만 그것이 아닙니다. 남에게서 악령을 잘 보는 사람은 자기 안에 문제가 있는 것입니다. 그 사람의 안에 있는 문제를 처리하고 치유 받고 나면 그는 더 이상 그러한 것들을 보거나 느끼지 않게 될 것입니다.

남의 단점이 보일 때 자기 내면을 점검하라

남의 단점을 항상 보고 지적하는 사람들이 있습니다. 문제는 남들에게 있지 않고 그의 눈에 있습니다. 어디서나 불평거리를 잘 찾아내는 사람들이 있습니다. 문제는 환경에 있지 않고 그의 안에 있습니다. 감사하는 사람들은 언제 어떤 상황에서도 감사하고 원망하는 사람들은 언제 어떤 상황에서도 원망합니다. 사랑하는 사람들은 언제 어떤 상황에서도 사람들을 사랑하고, 미워하는 사람들은 언제 어떤 상황에서도 사람들을 미워합니다.

사랑하는 것도 미워하는 것도, 상처받는 것도 시험 드는 것도, 감사하고 기뻐하는 것도.. 다 그의 안에서 나오는 것이지 환경에서 나오는 것이 아닙니다. 그러므로 자신을 객관적으로 볼 수 있어야 합니다. '나는 어떠한 열매를 맺는 사람인가? 문제는 나의 바깥에 있는가? 내 안에 있는가?' 우리는 이런 질문을 통하여 자신을 돌아보고 점검해야 합니다.

어두운 것을 잘 보고 느끼는 것은 그의 안에 어두움이 있기 때문입니다. 그러므로 어두운 것을 보고 쉽게 믿는 것입니다. 그는 조금의 의심도 없이 자기가 본 것을 믿어버립니다. 악한 영이 그에게 미혹의 기운을 심었다고 결코 생각하지 않습니다. 그의 안에 그러한 것을 즐기는 영이 있기 때문입니다. 그러므로 그는 남의 은밀한 죄를 보면서, 지도자의 악한, 이상한 형상이나 느낌을 보면서 '어머, 저 사람이 저렇다니.. 어떻게 저럴 수가 있지. 그렇게 안 보이는데..' 하면서 자기 내면의 비판의 영을 만족시키는 것입니다.

그는 겉으로는 분개하지만 속으로는 은근히 즐거워합니다. 그는 이미 말려 들어가고 있습니다. 그러면서 조금씩 그는 자신이 보고 느낀 것을 다른 사람들에게 전파하기 시작합니다. "내가 기도하는 중에... 사모님을 보았는데, 뒤에 꼬리가 세 개 달린 것을 보았어.. 그게 뭘까? 악한 영이 역사하는 것이 아닐까?" 이런 식으로 어두움은 확산됩니다. 이런 종류의 이야기에 관심을 기울이는 이들은 항상 있으며 혼란한 영은 확산됩니다.

어두운 이야기를 나누지 말라

그들이 이야기를 나눌 때 불쾌감이 임하게 되는데, 그것은 당연합니다. 악한 영이 심은 악한 이야기를 나누기 때문입니다. 그러나 이들은 자신을 반성하려고 하지 않고, 상대방의 안에 악한 영이 역사하기 때문에 자기들이 피해를 입고 있다고 생각합니다. 한번 속이는 영에게 휘둘리기 시작하면 정상적인 분별력이 작동하기는 아주 어렵습니다.

다른 사람들이 가지고 있는 은밀한 죄, 사역자가 가지고 있는 은밀한 약점, 어두움을 보여주는 것이 왜 악한 영의 장난일까요?

성령께서는 거룩하시고 인격적인 분입니다. 그분은 결코 다른 사람들의 수치스러운 부분을 보여주시지 않습니다. 만일 당신이 생각하기를 '영적인 사람을 만나면 내가 속에 숨기고 있는 죄를 다 알고 밝혀내고 망신을 주는 것이 아닐까?' 하고 생각한다면 기억하십시오. 성령께서는 당신의 은밀한 약점과 죄를 다른 이들에게 보여주시지 않습니다. 그분은 당신의 수치를 드러내시지 않습니다. 사람들은 수치를 겪고 망신을 당해서 죄에서 해방되는 것이 아닙니다. 주님의 능력과 은혜가 임할 때 사람들은 죄에서 벗어납니다. 그러므로 주님께서 당신을 비인격적으로 대하리라고 생각하지 마십시오. 그것은 근거 없는 두려움이나 죄책감에서 오는 두려움입니다.

만일 어떤 사람이 당신의 부끄러운 부분을 지적하며 공격한다면 그런 사람을 상대할 필요가 없습니다. 그는 좋지 않은 영에 사로잡힌 사람이거나 아니면 전혀 성숙하지 않은 사람입니다. 그러한 이들은 당신을 괴롭힐 뿐이지 전혀 도움을 줄 수 없습니다.

주님께 속한 사람은 사람을 그렇게 대하지 않습니다. 설사 그 사람의 이야기가 맞는다고 해도 그러한 말들을 신뢰하지 마십시오. 무당들도 사람들의 속에 있는 것을 맞추곤 합니다. 그러나 사람들의 문제를 근원적으로 고치고 치유할 능력이 그들에게는 없습니다. 오히려 약점을 이용해서 괴롭힐 뿐입니다. 치유자는 오직 주님, 그분의 영이신 성령뿐이십니다.

주님은 필요하실 때만 죄를 드러내신다

주님께서 죄와 수치를 드러내실 경우가 있습니다. 그 때는 죄와 문제를 고치시고 치유하실 때입니다.

주님은 우물가에서 만난 사마리아 여인의 과거와 죄를 알고 계셨습니다. 그러나 주님은 그녀를 전혀 정죄하지 않으셨습니다. 그 여인은 아무도 상대를 하지 않는 자신을 주님께서 친절하게 대하시는 것을 보고 놀랐습니다. 그녀가 남편이 없다고 말했을 때 주님께서는 네 말이 옳다고, 네가 남편이 다섯이 있었지만 지금 있는 자도 네 남편이 아니니 네 말이 맞다고 그녀의 말을 인정해주셨습니다.

주님의 말씀은 주님께서 그녀의 과거를 속속들이 알고 있다는 것을 보여주었지만 주님은 여전히 그녀를 친절하게 대하셨습니다. 주님은 그녀를 불쌍히 여기시고 생수에 대해서, 진정한 예배에 대해서 가르치셨습니다. 그녀는 주님의 말씀에 깊이 감화되었으며 동네 사람들에게 주님에 대하여 전했습니다. 주님은 그녀의 죄와 수치를 알고 계셨지만 그녀의 목마름을 측은히 여기셨고 회복시켜주셨습니다. (요4:3-30)

주님은 삭개오의 잘못된 삶에 대하여 알고 계셨습니다. 그러나 동시에 그의 목마름을 가상히 여기셨고 그가 초대하기도 전에 그의 집에 방문하기를 원하셨습니다.

삭개오는 주님의 사랑과 친절에 크게 감화되었고 이제 더 이상 물질의 노예가 되지 않기를 결심하고 부정하게 번 돈을 나누어주고 갚기로 선언하였습니다. (눅19:8)

성령께서는 결코 죄를 용납하시지는 않습니다. 그분은 우리가 죄에서 해방되도록 도우시고 역사하십니다. 그러나 비인격적인 방법으로 수치와 망신을 주면서 하시지는 않습니다.

예수님은 수로보니게 족속의 여인에게 일견 무시하는 듯한 말씀을 하신 적이 있었지만 그것은 어디까지나 그녀의 믿음을 시험해보시는 것이었고 그녀가 겸손하고 진실되게 주의 긍휼을 구하자 크게 기뻐하시며 믿음이 크다고 칭찬하시고 축복하셨습니다. (마15:28)

주님께서는 바리새인의 거짓과 위선을 드러내어 통렬하게 꾸짖으셨습니다. 그러나 죄에 눌려 신음하던 이들을 공개적으로 망신을 주고 꾸짖지 않으셨습니다. 그분은 죄를 미워하셨지만 죄인은 불쌍히 여기셨습니다. 모두가 죄인이라고 싫어하던 세리와 창기와 같은 죄인들을 불쌍히 여기셔서 세리와 죄인의 친구라는 조소까지 들으셔야 했습니다. (마11:19)

주님께서 죄와 약점을 드러내실 때는 죄와 약점을 치유하시고 도우시기를 원하실 때입니다. 만약 우리가 어느 순간 사람의 죄와 약점을 느끼게 된다면, 주님은 동시에 그것을 감당하고 처리할 수 있는 능력과 마음을 허락하실 것입니다.

주님은 치유하시기 위하여 수치를 드러내신다

오래 전 목회사역을 하고 있었을 때의 일입니다. 어떤 아름다운 여집사님이 상담을 위해서 찾아왔습니다. 나는 그녀와 상담을 위해 사무실로 들어가고 아내는 옆방에서 중보 기도하고 있었습니다.

그녀는 수심이 가득한 얼굴로 상담을 받고 싶은 고민이 있다고 말했습니다. 나는 그녀에게 말을 하라고 했습니다. 그녀의 말을 들으면서 나는 함께 하시는 주님의 영, 성령님께 마음을 집중했습니다.

그녀는 자기의 고민을 말했습니다. 그런데 갑자기 주의 영이 '그것은 그녀의 고민이 아니다' 하고 말씀하시는 것 같았습니다.

그래서 나는 그녀에게 말했습니다.

"그 고민은 자매님의 진정한 고민이 아닌 것 같군요."

그녀도 대답했습니다.

"예, 맞아요. 사실은 다른 게 있어요."

그녀는 다른 고민을 말했습니다. 다시 주의 영이 '그것도 그녀의 고민이 아니다' 하고 말씀하시는 것 같았습니다.

그래서 다시 그녀에게 말했습니다.

"그것도 자매님의 진정한 고민이 아닌 것 같아요."

"예, 맞아요."

그러면서 그녀는 다른 이야기를 했습니다. 하지만 이번에도 주의 영은 같은 메시지를 주셨습니다. 그러나 이번에는 그녀가 고개를 흔들었습니다.

"아니에요. 이제는 없어요. 다 말했어요."

"그게 다인가요?"

"예."

하지만 개운하지 않았습니다. 그 순간 주님께서 그녀의 문제에 대해서 말씀하셨고 나는 그녀의 고민이 무엇인지 알게 되었습니다.

"자매님.. 정말 문제가 끝났나요."

"예.. 감사해요."

고민하다가 나는 그녀에게 말했습니다.

"자매님.. 성폭행을 당하신 적이 없나요."

그녀는 펄쩍 뛰었습니다.

"아니에요."

"아주 어린 나이에.. 가까운 친척에게.. 자매님.."

그녀는 화를 냈습니다.

"아니에요. 목사님.. 그런 적 없어요."

"자매님, 지금 주의 영이 가까이 이 자리에 계십니다. 자매님이 도움 받기를 원하시면 그분이 임하셔서 자매님의 심령을 치유하실 거예요.."

"아니에요. 그런 일 없어요."

그녀는 도움을 원치 않는 것 같았습니다. 나는 말했습니다.

"예. 알았습니다. 괴롭혀서 미안합니다. 자, 그럼 기도하고 마칩시다."

그리고 나는 "주님.." 하고 기도를 시작했습니다.

그런데 그 순간 갑자기 그녀가 "으악!" 소리를 지르면서 쓰러졌습니다. 그러더니 그녀는 무시무시한 소리를 질렀습니다.

"무서워.. 무서워.. 오빠.. 오빠.. 살려줘.. 엉엉.. 엉엉.."

그녀는 소리를 지르고 뒹굴며 악을 썼습니다.

나는 그녀를 보면서 계속 울었습니다.

시간이 한참 지나고 그녀는 조용해졌습니다. 나는 울면서 주님의 말씀을 전했습니다.

"사랑하는 내 딸아, 나는 너를 사랑한다. 너는 내 딸이다. 내가 그 자리에 있었다. 네가 고통당하는 것보다 내 가슴이 더 찢어지게 아팠다. 내 딸아, 내 딸아.. 내가 너를 사랑한다.. 내가 네 고통을 안다.. 이제 내가 너를 치유하리라.. 너를 새롭게 하리라.."

나도 그녀도 엄청나게 많이 울었습니다. 한참 후에 일어난 그녀의 얼굴은 색깔이 달라져 있었습니다. 힘이 빠져 탈진한 상태였지만 얼굴에 빛이 나는 것 같았습니다.

그 후 그녀는 우리 앞에 모습을 나타내지는 않았지만 3일에 한 번씩 몰래 우리 집 앞에 김치를 해서 놓아두었습니다. 새벽에 일어나면 언제 두고 갔는지, 집 문 앞에 김치통이 있었습니다.

그 때 우리는 대낮에도 빛이 거의 들어오지 않는 지하의 단칸방에 월세로 살고 있었습니다. 굶지 않고 간신히 살 정도였기 때문에 김치 걱정을 하지 않고 살게 된 것은 큰 은혜였습니다. 사정으로 그 곳을 떠나게 되었고 그 이후에 그녀를 보지 못했지만 우리는 그녀에게 감사했습니다.

이 경우에 그녀의 숨겨진 문제를 드러내신 분은 주님이십니다. 그러나 주의 영은 그녀에게 수치와 고통을 주려고 그것을 드러내신 것이 아니라 치유하시기 위한 것이었습니다. 주님께서 문제를 보여주실 때, 주님은 치유와 회복의 능력을 같이 보내십니다. 사람의 약점을 드러내시는 것이 아니라 자유케하고 새롭게 하시기 위하여 드러내시는 것입니다.

죄와 잘못, 문제에 대한 두 가지 반응

주님께서 어떤 죄나 숨겨진 문제를 드러낼 때, 거기에 흔히 동반되는 것이 있습니다. 그것은 죄인을 불쌍히 여기시고 아파하시는 주님의 마음입니다.

위에 언급한 상담에 있어서 내게는 그녀가 겪은 아픔이 내가 직접 겪은 것인 양 생생한 고통으로 다가왔고 그녀에 대한 깊은 애정과 자비의 마음이 동반되었습니다. 주님께서 어떤 문제를 드러내실 때 그 문제에 대한 주님의 마음도 같이 나타내시는 것입니다.

이 원리를 기억해야 합니다. 어떤 하나의 죄나 악이나 수치나 문제가 있을 때 두 존재의 두 반응이 있는데 하나의 반응은 아파하고 불쌍히 여기는 것이며 다른 반응은 참소하고 정죄한다는 것입니다. 죄와 약점이 있는 곳에는 항상 이 두 존재의 두 반응이 있습니다.

"한 바리새인이 예수께 자기와 함께 잡수시기를 청하니 이에 바리새인의 집에 들어가 앉으셨을 때에 그 동네에 죄를 지은 한 여자가 있어 예수께서 바리새인의 집에 앉아 계심을 알고 향유 담은 옥합을 가지고 와서 예수의 뒤로 그 발 곁에 서서 울며 눈물로 그 발을 적시고 자기 머리털로 닦고 그 발에 입 맞추고 향유를 부으니

예수를 청한 바리새인이 그것을 보고 마음에 이르되 이 사람이 만일 선지자라면 자기를 만지는 이 여자가 누구며 어떠한 자 곧 죄인인 줄을 알았으리라 하거늘" (눅7:36-39)

주님을 자기 집에 초청한 바리새인은 죄를 지은 여자가 주님의 발을 씻는 것을 보고 예수님을 의심하였습니다. 선지자가 누구나 알고

있는 사람의 죄도 분별하지 못한다고 속으로 판단하였습니다. 그의 생각에 예수님이 그녀의 죄를 분별하였다면 자신을 만지지 못하도록 거절했을 것이라고 그는 생각했던 것입니다. 주님은 그에 대하여 대답하셨습니다.

"예수께서 대답하여 이르시되 시몬아 내가 네게 이를 말이 있다 하시니 그가 이르되 선생님 말씀하소서
이르시되 빚 주는 사람에게 빚진 자가 둘이 있어 하나는 오백 데나리온을 졌고 하나는 오십 데나리온을 졌는데 갚을 것이 없으므로 둘 다 탕감하여 주었으니 둘 중에 누가 그를 더 사랑하겠느냐
시몬이 대답하여 이르되 내 생각에는 많이 탕감함을 받은 자니이다 이르시되 네 판단이 옳다 하시고" (눅7:40-43)

예수님은 이 비유로부터 시작하여 그녀가 비록 많은 죄를 지었지만 사함을 받았고, 그 사함의 감격으로 인하여 더 주를 사랑하는 것이라고 설명하셨습니다.

주님께서는 바리새인이 생각하는 것처럼 여인의 죄에 대해서 전혀 모르는 사람이 아니었습니다. 다 알고 계셨습니다. 그러나 주님은 죄를 지은 여인에 대한 긍휼의 마음을 가지고 계셨으며 그녀의 눈물과 헌신을 받으시고 죄사함을 선언하셨습니다. 우리가 죄를 짓고 넘어질 때에 주님은 우리를 불쌍히 여기십니다. 수없이 결심하지만 다시 넘어질 때 주님은 분노하시지 않고 긍휼을 베푸시며 다시 일어날 수 있도록 힘을 주십니다.

그러나 이와 다른 존재가 있습니다. 죄에 대하여 참소하고 정죄하는 존재가 있습니다.

"내가 또 들으니 하늘에 큰 음성이 있어 이르되 이제 우리 하나님의 구원과 능력과 나라와 또 그의 그리스도의 권세가 나타났으니 우리 형제들을 참소하던 자 곧 우리 하나님 앞에서 밤낮 참소하던 자가 쫓겨났고"(요계12:10)

이 존재는 사탄이며 그의 수하인 악령들입니다. 이들이 하는 짓은 밤낮으로 주님의 사람들을 넘어뜨리고 참소하는 것입니다. 이들은 우리에게 죄를 심고 유혹하다가 그것이 성공하여 우리가 넘어지면 신이 나서 정죄하고 참소합니다. 그리하여 우리로 하여금 좌절과 자책을 일으켜 하나님 앞에 나아가지 못하게 만듭니다. 아직 그들이 쫓겨나지 않았기 때문에 그들은 지금도 열심히 참소하고 있을 것입니다.

주님은 긍휼히 여기시며 사탄은 참소한다

긍휼히 여기는 마음은 주님으로부터 옵니다. 정죄하고 참소하는 마음은 사탄에게서 오는 것입니다. 주님을 자기 집에 초대한 바리새인은 주님에 대하여 긍정적인 마음을 가지고 있었으며 주님의 말씀을 듣고 싶었기 때문에 초대를 했을 것입니다.

그러나 그는 죄인 여자에 대하여 정죄하고 판단하는 마음을 가지고 있었습니다. 그녀의 눈물도 향유를 부음도, 주님을 향한 사랑과 열망도.. 그에게는 전혀 보이지 않았습니다. 다만 더러운 여자가 함부로 선지자를 만지고 있다는 생각뿐이었습니다. 피상적인 믿음을 가지고 있으면 주님 근처에 있는 사람들도 누구든지 이렇게 정죄와 참소의 시각으로 사람을 대할 수 있는 것입니다.

어떤 죄나 잘못을 인식하게 되고 이에 대하여 판단과 정죄의 시각이 동반되는 것은 주님께로부터 오는 것이 아닙니다. 그것은 악한 영들이 우리를 파괴하기 위하여 흔히 사용하는 함정입니다. 얼마나 많은 신자들이 이러한 악령들의 계략에 속아서 넘어지곤 하는지요!

어떤 죄나 잘못이 보이고 느껴지는데 동시에 판단과 정죄가 올라온다면 그것은 악한 영으로부터 온 것일 가능성이 많습니다. 혹 그렇지 않다면 자신이 받은 정보는 바른 것이지만 그에 대한 반응이 잘못된 것일 수도 있습니다.

주님은 치유하실 때만 악이나 문제를 드러내십니다. 그리하여 그보다 더 큰 사랑과 긍휼을 일으키십니다. 나단은 다윗의 숨겨진 죄에 대하여 날카롭게 지적했지만 그를 정죄하지 않았으며 다윗의 회개에 대하여 용서를 선포하였습니다. 그는 주님이 여전히 다윗을 사랑하시는 것을 알았습니다. (삼하12:1-15)

정죄하는 것은 주님께로부터 오는 것이 아니다

영적 지도자를 비난하고 욕하면서 그것을 선지자의 일이라고 보는 이들이 많이 있습니다. 그들은 하나님께로부터 온 사람들이 아닙니다. 주님의 사람들은 다른 이들의 죄와 잘못에 대하여 돌을 던지지 않고 중보합니다. 보이는 죄들, 나타난 죄들을 자신의 죄로 여기고 슬퍼하고 중보합니다.

모세는 이스라엘 민족이 금송아지를 만들고 섬긴 죄에 대하여 중보하며 "그들의 죄를 사하시옵소서. 그렇지 아니하시오면 원하건대 주께서 기록하신 책에서 내 이름을 지워 버려 주옵소서.." (출32:32) 하고 기도했습니다. 그는 이스라엘의 범죄에 대하여 분노했지만 그보다 훨씬 더 큰 사랑과 애통으로 이스라엘을 위하여 중보하고 기도하였습니다.

바울은 "나의 형제 곧 골육의 친척을 위하여 내 자신이 저주를 받아 그리스도에게서 끊어질지라도 원하는 바로라"(롬9:3) 고 민족을 위하여 중보하였습니다. 그는 민족을 위하여 자기 목숨을 아까워하지 않았습니다. 이것이 하나님의 사람들의 특성입니다. 마귀는 정죄하지만 하나님의 사람들은 중보합니다.

하나님께서 어떤 숨겨진 죄나 문제에 대해서 보여주셨다면 그것은 그것을 여기저기 퍼트려서 그 사람을 망신주거나 파괴하고 그것을 본 사람이 영적으로 얼마나 깊은지를 드러내시고 자랑하게 하시려는 것이 아닙니다. 보이지 않게 중보하고 그를 위하여 기도하거나 성령의 인도 속에서 조심스럽게 권면하여 그 영혼을 살리고 유익을 주시기 위한 것입니다.

그러나 그러한 어두운 정보를 받고 그것을 잘 감당하고 소화하여 덕을 세울 수 있는 초보자는 거의 없습니다. 영적 초보자의 경우 그러한 정보를 잘 분별하거나 관리하지 못하여 덕을 세우지 못할 가능성이 훨씬 높습니다. 그러므로 영적초보자에게 남들이나 지도자의 숨겨진 흠에 대한 환상이나 이미지가 왔을 때 그것이 주님께로부터 왔을 가능성은 그리 많지 않습니다.

치유되지 않은 정서적 상처가 정죄의 영을 끌어당길 수 있다

그럴 경우 그런 가능성보다는 그 사람에게 치유되지 않은 정서적인 상처와 고통이 많이 있을 가능성이 훨씬 더 많습니다. 부모나 지도자에 의한 학대나 상처가 치유되지 않은 이들, 형제나 자매들에 대한 박탈감, 열등감, 편애의 경험 등이 치유되지 않은 이들은 지도자나 다른 동료들에 대한 부정적인 관점의 환상이나 음성이나 메시지를 받을 가능성이 많이 있습니다.

이런 경우 이들은 계시전달자나 권면자로 쓰임을 받기 전에 먼저 마음의 치유를 충분히 경험해야 합니다. 충분히 마음의 평화와 기쁨과 자유함을 경험해야 합니다. 그 때 비로소 다른 이들을 돕고 권면할 수 있는 마음의 여유와 감동, 통찰력을 얻을 수 있습니다.

남의 죄가 보일 때 조심하라

처음에 다른 사람의 어떤 죄나 문제가 보인다면, 정말 조심해야 합니다. 그것을 함부로 믿어서는 안 됩니다. 이것으로부터 많은 은사자들이 넘어지고 망가졌다는 것을 알아야 합니다. 그것은 맞을 수도 있습니다. 가능성은 많지 않지만, 주님께로부터 왔을 가능성도 있습니다. 하지만 중요한 것은 그 관리입니다. 무엇을 보고 함부로 '어머, 어떻게 저 사람이 저럴 수가 있어!' 해서는 안 됩니다. 그리고 기도 없이 함부로 상대방을 찾아가서 계시를 받았다고 받은 것을 전해서도 안 됩니다.

자신이 받은 것이 맞는 것인지 조용히 분별을 구하십시오. 주위에 믿을 만한 조언을 줄 수 있으며 비밀을 지켜줄 수 있는 영적지도자가 있다면 도움을 요청할 수 있을 것입니다.

주님으로부터 온 것은 항상 기쁨과 평화가 있습니다. 마음에 평안이 있는지, 상대방에 대한 애정과 중보의 마음이 느껴지는지 관찰해 보십시오.

만약 상대의 죄가 보이지만 여전히 상대방에 대한 애정과 긍휼히 여기는 마음이 있다면 그것은 비교적 안전한 것입니다. 그러나 상대에 대한 정죄와 판단이 일어난다면, 마음에 평안이 없다면, 그 받은 느낌을 대적하고 거기에서 벗어나십시오. 메시지가 틀릴 가능성이 많으며 설사 맞다고 하더라도 당신은 그 메시지를 바르게 관리하고 덕을 세울 수 있는 상태가 아닙니다.

사탄은 너만이 옳고 신령하다고 속인다

아주 많은 사람이 악한 영들이 심어주는 거짓 환상과 메시지에 속아서 넘어집니다. 그들은 모든 사람들이 다 잘못되었고 너만이 참된 종이라고 말하는 악한 영들의 속삭임에 넘어집니다. 네가 신령한 사람이기 때문에 그것이 보이는 것이라고 악한 영은 속삭입니다. 모든 사람이 속고 있지만 너는 숨겨진 그 사람의 진실을 알고 있다고 악한 영은 속삭입니다.

악한 영들은 이런 식으로 점점 사람을 높여주고 즐겁게 합니다. 열등감이 많고 상실감이 많은 사람일수록 그러한 메시지에 속아 넘어가기 쉽습니다. 그런 메시지에 속아갈수록 그의 영은 마비되고 병들어가며 점점 자신을 대단한 존재로 여기게 됩니다.

이렇게 악한 영들에게 속기 시작하면 그는 점점 더 두려움이 사라지고 담대해집니다. 주님 안에서의 담대함이 아니고 악한 영 안에서의 담대함입니다. 주님 안에서의 담대함은 의롭고 굳건하고 단호하며 아름다운 모습을 보여주지만, 악한 영 안에서의 담대함은 거들먹거리고 잘난 척 하고 다른 사람들을 업신여기고 비하하는 등 악한 영의 속성이 서서히 나타나게 됩니다.

무서운 것은 바로 담대함에서 나타나는 확신입니다. 자기 자신에 대한 확신이 생기는 것입니다. 그러나 사실은 그 때가 정말 위험한 순간이며 조심이 필요한 때인 것입니다. 처음의 두려움은 사라지고 방자한 마음이 일어납니다. 일상의 사소한 생각을 모조리 영감으로 해석해버리게 됩니다.

나는 이러한 상태에 있는 은사자들을 많이 보았습니다. 함부로 거칠게 말을 던지면서 "지금 이 말이 내가 하는 말인 줄 알아?" 하는 이들을 많이 보았습니다.

그러한 말은 그 사람 본인의 말이 맞습니다. 아니면 악한 영이 주어서 하는 말입니다. 주님께서는 그처럼 거칠고 사납고 완악하게 말씀하시지 않습니다. 그것은 주님으로부터 온 것이 아닙니다.

지나친 의심도 좋지 않지만 지나친 확신도 위험합니다. 적당한 의심과 확인은 필요한 것입니다. 미움도, 분노도, 공격도, 많은 싸움들도.. 다 확신 속에서 자기가 옳다고 여기면서 이루어지는 것입니다. 이들은 자신이 하나님의 뜻 가운데 있다고 확신하며 자기는 의로운 사람으로, 상대방은 바리새인이나 성경에서 나쁘게 언급한 사람으로 대입합니다. 하지만 그것은 정말 위험한 일입니다. 자신에게 과연 주님이 주시는 평안과 기쁨이 있는지.. 분별해야 합니다.

확신이 가득한 것은 위험합니다. 자신이 항상 옳다고 여기는 것은 위험합니다. 자기만 영적이며 대단한 사람이라고 여기는 것은 아주 위험한 일입니다.

이렇게 자신을 대단하게 여기는 이들에게는 항상 추종자들이 있습니다. 처음에 은사자들은 두려워하고 조심했지만 조금씩 그에게 묻는 사람들이 생기고 그의 기도와 조언을 통해서 사람들이 도움을 얻고 따르기 시작하면 점차 자신감을 얻게 됩니다. 이 때 두려워하며 조심하지 않으면 악한 영들의 속이는 메시지를 받으며 점점 완악해지게 됩니다. 함부로 압제하여 말하고 거드름을 피우거나 사람을 지배하려고 합니다.

열매가 좋지 않고 거친 은사자들을 멀리하라

열매가 좋지 않을 때, 우리는 그러한 이들을 멀리해야 합니다. 초신자들은 아직 처리되지 않은 육적인 성품들, 혼의 기질들을 다룸 받아야 하지만 스스로 영적으로 깊은 자로 여기는 이들이 거칠고 완악하고 무례하며 지배하고 명령하며 가르치려는 속성을 가지고 있다면 우리는 그들과의 접촉을 피해야 합니다. 그러한 성품은 주님으로부터 오는 것이 아니기 때문입니다.

인품에서 그리스도에게 속하지 않은 거칠고 사나운 것이 나타나는 이들에게 계속 묻는 이들은 주님을 알아가고 성장하는 것보다 문제 해결을 더 원하고 있기 때문입니다.

하지만 우리는 이것을 기억해야 합니다. 고통에서 벗어나고 문제가 해결되는 것이 우리의 목표가 되어서는 안 되며 우리의 목적은 주님을 알아가고 주님의 뜻을 알아가며 주님과의 친밀한 교제를 누리고 주님을 닮아가는 것이 되어야 한다는 것입니다. 은사는 그 길을 이끌어주는 도구가 되어야 하며 문제해결의 도구가 되어서는 안 됩니다.

은사자가 병들어 가면 그는 점차 나쁜 열매를 맺어가게 됩니다. 대접받는 것을 좋아하며 물질을 원하기도 합니다. 자기에게 잘해주는 사람을 영적으로 좋게 평가하며 자기에게 나쁘게 대하는 사람에 대해서는 하나님이 그를 싫어한다는 식으로 함부로 말하기도 합니다. 이들은 부정적인 그룹을 형성하기도 합니다. 여러 가지 좋지 않은 소문을 퍼뜨리면서 공동체에 피해를 주기도 합니다.

이렇게 되면 은사자와 그를 따르는 이들은 사역자들에게 경고를 받기도 합니다. 그럴 경우 이들은 자신들이 의로운 핍박을 받고 있다고 여기며 사역자가 성령을 훼방한다는 식으로 자신을 방어하기도 합니다. 그 과정에서 소속 교회나 단체를 여기 저기 옮기는 일이 일어나기도 합니다.

사역자들이 은사자들을 이유 없이 무조건 싫어한다고 볼 수는 없습니다. 은사에 대한 이해가 전혀 없어서 무조건 억압하는 사역자도 있겠지만 적지 않은 사역자들은 열매를 보고 평가할 것입니다.

중요한 것은 열매입니다. 그리스도에게 속한, 아름답고 좋은 열매를 맺고 덕을 세우면 시간은 걸릴 수 있지만 많은 이들의 마음을 열 수 있습니다.

은사자가 영적으로 발전하고 나아가는 과정에 있어서 많은 어려움들이 있습니다. 마귀의 미혹이 있고 공격이 있습니다. 주위에 조언을 얻을 수 있는 멘토가 있다면 그것은 행복한 일일 것입니다. 그러한 도움을 받을 수 있기를 기도해야 하며 겸손한 마음으로 선배들의 도움을 요청해야 합니다.

처음에 주님께 나아가서 은혜를 입고 감동을 얻었을 때 그것은 몹시 가슴 설레는 일이었을 것입니다. 주님이 우리에게 말씀하시고 감동하시며 역사하신다는 것은 놀라운 일입니다. 그러나 그 은혜를 계속 아름답게 간직하고 누리는 것은 쉬운 일이 아닙니다. 많은 이들이 영적인 길을 가다가 실족하거나 완악해집니다. 사단은 그것을 내버려두지 않으며 흔들고 유혹합니다.

많은 이들이 은근히 자랑을 하다가 넘어집니다. 칭찬을 받고 넘어집니다. 사람들이 높여줄 때 넘어집니다. 악한 영들이 남들의 약점을 보여주거나 거짓 정보를 알려줄 때 넘어집니다.

자신감이 일어날 때 조심을 시작하라

어느 순간 두려움이 사라지고 자신감이 일어날 때, 조심하십시오. 자신이 대단하게 여겨질 때, 부디 조심하십시오. 지속적으로 영감이 오고, 사람들에게 인정을 받기 시작할 때 조심하십시오.

다른 이들의 약점이 보이기 시작할 때 조심하십시오. 자신이 옳다고 여겨지고, 다른 이들이 쉽게 판단이 되고, 대접받고 싶은 마음이 일어난다면 조심하십시오. 그것은 망가져가는 길이 가까이 오고 있는 것입니다.

그렇게 되지 않기 위하여 무엇보다도 두려워하고 조심하십시오. 주님께 나아가는 길에 처음에는 두려움을 물리치고 주님을 신뢰하는 것이 필요합니다.

그러나 어느 정도 영감이 임하기 시작했다면, 이제 다시 두려워하기를 힘쓰십시오. 자신을 신뢰하지 말고, 자기가 보고 듣고 느낀 것을 온전히 신뢰하지 말고 조심하여 말씀과 함께 점검하고 관찰하십시오. 혼자서 영성의 길을 나아가지 말고 같이 교제하며, 조언을 주고받으며 나아갈 교제를 구하십시오.

자신이 맺고 있는 열매를 객관적으로 관찰하십시오. 우리의 목표는 은사나 신령한 것이 아니고 오직 주님의 사람이 되는 것, 주님의 소유가 되는 것, 주님을 닮아가는 것임을 부디 기억하십시오. 낮은 마음으로 두려워하며 주를 사모하며 나아갈 때 주님께서는 우리를 긍휼히 여기시며 우리의 영혼을 안전하게 지키시며 아름답고 새로운 풍성한 곳으로 우리를 인도하여 주실 것입니다. 할렐루야.

26. 통역이 동반되지 않는 방언 자체의 풍성함에 대하여

앞의 여러 장을 통해서 방언 통역에 대한 것들을 나누었습니다. 많은 사람들이 방언을 하지만 통역을 하는 이들은 많지 않기 때문에 통역을 하도록 기도하고 시도할 때 많은 풍성한 유익을 얻을 수 있다는 것에 대해서 나누었습니다.

그러나 이 장에서 나누고 싶은 것은 그 반대의 이야기입니다. 통역은 풍성하고 좋은 것이지만, 그러나 너무 지나치게 통역에 치중하는 것은 좋지 않으며 방언을 할 때마다 항상 통역을 시도하는 것이 꼭 좋은 것은 아니라는 것입니다.

그것은 어떤 의미에서 방언의 풍성함을 제한할 수도 있습니다. 그러므로 항상 통역을 하려고 하거나 방언의 내용을 이해하기 위하여 지나치게 애쓸 필요는 없으며 방언을 하는 것 그 자체에서 나오는 풍성함을 충분히 누려야합니다.

방언은 원래 비밀입니다. 그것이 방언의 본질적인 특성입니다. 방언은 기본적으로 알아듣는 자가 없으며 영으로 비밀을 말하는 속성을 가지고 있습니다. (고전14:2) 그러므로 우리의 자연적인 마음은 그 내용을 알지 못하는 것이 정상입니다. 그렇다면 해결책은 무엇일까요? 그것은 간단한 것입니다.

"내가 만일 방언으로 기도하면 나의 영이 기도하거니와 나의 마음은 열매를 맺지 못하리라 그러면 어떻게 할까 내가 영으로 기도하고 또 마음으로 기도하며 내가 영으로 찬송하고 또 마음으로 찬송하리라"(고전 14:14-15)

성경이 제시하고 있는 해결책은 간단합니다. 방언으로 하는 영의 기도와 마음으로 하는 기도를 둘 다 하라는 것입니다. 방언으로 하는 영의 찬양과 마음으로 하는 찬양을 번갈아 사용하라는 것입니다. 방언으로만 기도하면 마음이 알아들을 수 없으니 방언으로 기도하다가 다시 마음으로 기도하고 방언으로 찬양하다가 다시 마음으로 찬양하라는 것입니다.

우리는 모든 비밀을 알 필요가 없다

영적인 영역에는 항상 비밀이 있습니다. 우리는 그 비밀을 다 알 수 없습니다. 그리고 다 알 필요도 없습니다. 우리는 어떤 부분을 알아야 하지만 어떤 부분에 대해서는 여전히 모르는 대로 놓아둘 필요가 있습니다. 비밀은 비밀 자체로 남겨둘 필요가 있습니다.

은사의 경험이 없는 이들은 은사에 대한 지나친 환상을 가지고 있는 경향이 있습니다. 능력이 임하면 모든 것을 할 수 있고 계시가 임하면 모든 것을 알 수 있는 줄로 압니다.

그러나 그렇지 않습니다. 능력이 임해도 그는 부분적으로 주님이 원하실 때 능력의 통로가 될 수 있을 뿐 여전히 무능합니다. 능력은 하나님께 속한 것입니다. 계시와 깨달음과 숨겨진 지식이 임해도 그는 여전히 무지합니다. 그는 주님이 원하시고 필요할 때, 주님께서 알려주시는 것을 부분적으로 알고 깨달을 뿐입니다. 대부분의 문제에 대해서 그는 여전히 무지합니다.

유치원생들은 초등학생이 부럽지만 초등학생이 되어도 많은 것을 배우는 것은 아닙니다. 전에 몰랐던 것 몇 가지를 배울 뿐입니다. 초등학생은 중학생이 부럽지만 중학생이 되어도 전에 몰랐던 것 몇 가지를 배울 뿐이고 여전히 모르는 것이 더 많습니다.

대학생이 되고 박사가 되고 인생의 마지막이 가까이와도 우리는 여전히 전에 몰랐던 것 몇 가지를 알게 되었을 뿐이고 모르는 것은 점점 더 많아집니다. 오묘한 것은 하나님께 속하였으며 우리는 작은 피조물일 뿐입니다. 비밀은 하나님께 속한 것입니다. 우리는 다만 청지기이며, 능력이든 지식이든 주님이 원하실 때 받을 수 있고 통로가 될 수 있으면 그것으로 충분합니다. 우리가 모든 것을 알아야 할 이유는 없으며 알 수도 없습니다.

신비한 지식을 너무 탐하는 것은 위험하다

청년 시절 은사적인 것들을 추구하면서 가까운 이들에게 예언의 메시지를 전하기도 하였는데 자신의 마음이 여러 번 드러나는 것을 느꼈던 어떤 자매는 나를 대단한 존재로 여겼습니다.

어느 날 내가 이 자매에게 진리와 지식에 대한 답답함과 갈증을 토로한 적이 있었는데, 자매는 몹시 놀랍게 여기며 내가 모르는 것이 있느냐고, 주님과 아주 가까이 있어서 주님이 나에게 모든 것을 다 알려주시는 줄 알았다고 하는 것이었습니다.

이러한 오해는 은사에 대해서 잘 모르는 이들에게 흔히 있는 것입니다. 그들은 자기의 마음이 드러나는 어떤 메시지를 받으면 상대방이 아주 신령하며 모든 것을 안다고 생각합니다. 상대방은 그저 주님께 어떤 것을 부분적으로 받았을 뿐이며 주님이 알려주시지 않은 모든 것에 대해서 아무 것도 모른다는 사실을 이들은 모릅니다.

어떤 영성인이든 다들 무지한 것은 마찬가지입니다. 그리고 그러한 무지가 정상입니다. 모세도, 바울도.. 주님이 맡기시고 가르치신 것에 대하여 부분적으로 알 뿐입니다. 모든 열쇠는 오직 하나님이 가지고 계십니다.

그러므로 우리는 비밀과 주권을 주님께 의탁하고 너무 알려고 할 필요가 없습니다. 우리의 모든 호기심을 채워야할 이유가 없습니다. 그것도 또한 육적인 욕망에 속한 것입니다.

지식을 너무 탐할 때 마귀에게 미혹될 수도 있습니다. 지식의 나무는 지혜롭게 할 만큼 탐스럽게 보여서 하와가 미혹되었지만 사실 그것은 우리를 지혜롭게 하지 못했습니다. 오히려 하나님으로부터 떨어지게 되어 깊은 영적 무지에 사로잡히게 되었습니다.

비밀도 미래도 지식도 다 하나님께 맡겨야합니다. 우리는 단순히 지금 우리가 알고 있는 것, 이 순간에 주님이 명령하시는 것에 순종하는 것이 필요합니다.

방언기도의 중요한 유익은 마음을 쉬게 하는 것이다

방언기도의 통역에 대하여 절제가 필요한 이유는 방언이 본질적으로 영의 기도이기 때문입니다. 이 기도는 본질적으로 영의 풍성함을 위한 것이며 마음과 혼의 참여가 본질이 아니기 때문입니다.

혼은 필요할 때 잠깐 참여할 수 있습니다. 그러나 혼의 마음이 지나치게 방언기도의 내용에 대하여 관심을 갖게 되면 그것은 영의 기도가 아니고 마음의 기도가 되어버립니다.

방언기도의 중요한 유익은 혼을 쉬게 해주는 것입니다. 마음을 쉬게 해주는 것입니다. 방언을 할 때 마음은 잔잔해지며 이성은 수고하지 않아도 됩니다. 이성은 조용히 방언기도를 들으며 안식합니다. 그것은 밤의 필요성과 같습니다.

밤은 일을 하기에는 효율적인 시간이 아닙니다. 밤에 깨어있는 것은 고통스러운 일입니다. 그러나 밤이 없으면 안식을 할 수 없습니다. 밤에 충분한 휴식을 취할 때 그 다음날 활기찬 몸으로 그날의 업무에 몰입할 수 있습니다.

오늘날 현대인들은 밤을 잃어버렸습니다. 밤에도 환하게 불을 켜고 많은 활동을 합니다. 그리고 점점 많은 문제가 일어납니다. 자연은 해가 지면 밤이 되어 모든 것들이 안식을 하지만, 도시는 밤에도 불이 환하게 켜져 있습니다. 사람들은 쉽게 잠들지 못하며 많은 이들이 불면증으로 인한 고통을 호소합니다.

많은 이들이 영적, 정신적 증상을 가지고 있는데 그 중요한 원인은 밤에 잠을 자지 않기 때문입니다. 심각한 정신병의 경우에도 밤에 제대로 잠을 자기 시작하면 거의 치유가 된다고 합니다. 밤에 쉬지 못하는 것이 몸과 영혼에 많은 장애를 일으키는 것입니다.

마음과 의식에 휴식이 필요하다

밤의 휴식이 필요한 것처럼 이성의 휴식, 의식의 휴식이 필요합니다. 사실 밤에 휴식을 취하는 것은 몸이 아니고 의식입니다. 밤에도 피가 움직이며 호흡을 하고 어느 정도 신체활동을 합니다. 밤에 충분히 수면을 취하면 우리는 거뜬하게 몸이 회복된 것을 느낍니다. 그러한 숙면의 기준은 의식이 얼마나 잠들었는가 입니다. 아무리 몸이 침대에 누워있어도 의식이 깨어있었다면 그것은 휴식이 아니며 잠을 잔 것이 아닙니다. 그러므로 진정한 휴식은 의식이 잠잠해지는 것입니다.

마음의 휴식, 의식의 휴식은 너무나 중요한 것입니다. 그러나 숙면이 어려운 사람들은 점점 더 많아집니다. 많은 재앙들, 문제들이 마음이 쉬지 못하는 데에서 시작됩니다. 하지만 많은 사람들은 마음을 쉬게 하고 싶어도 하지 못합니다. 그들의 마음, 뇌는 긴장되어 있습니다.

마음의 긴장은 선악과의 후유증이다

마음과 뇌가 긴장된 것은 선악과를 먹은 후유증입니다. 인간이 하나님을 떠나서 자기 인생의 주인이 되었을 때, 그들은 영으로 하나님과 교제하고 예배하며 감동을 받고 순종하는 것이 아니라 이성이 주인이 되었습니다. 마음이 주인이 되어 자기 마음대로 살게 되었습니다. 이때부터 마음은 휴식을 취할 수 없게 되었습니다.

하나님을 떠난 마음은 항상 바쁘고 쫓기고 불안합니다. 스스로 모든 것을 결정해야 하기 때문에 긴장되고 불안하고 걱정 근심이 끊이지 않습니다.

이성은 하나님을 알 수 없습니다. 이성은 인간의 주인이 될 수 없습니다. 하나님은 영에게 감동하시고 영으로 말씀하십니다. 이성, 마음의 기능은 그것을 알아들을 수 없습니다. 이성은 영의 감동을 따르는 청지기가 되어야 합니다. 그러나 영이 죽어서 하나님과의 교류를 상실한 인간은 이성으로, 생각으로 모든 것을 결정하고 살아가려고 합니다.

마음이 쉴 때 영이 활동한다

영의 깨어남은 의식이 쉴 때입니다. 의식이 조용해지면 영은 활동을 시작합니다. 겉사람인 이성의 마음이 흥분하고 움직일 때, 속사람인 영은 잘 활동하기 어렵습니다. 그러나 의식, 마음이 잔잔해질 때 영은 일어나고 활동합니다.

의식이 활동할 때 영은 조용히 기다리지만 의식이 안식할 때 영은 움직이기 시작합니다.

의식이 고요한 안식 속에 들어갈 때 그것은 놀라운 쾌감을 줍니다. 그래서 하나님을 알지 못하고 스스로 진리를 찾아 헤매는 사람들은 이 무념무상의 상태를 훈련합니다. 뉴에이지에 속한 사람들이 그러한 훈련을 합니다. 무당과 같이 접신을 하는 사람들은 고개를 흔들면서 머리의 생각을 비우려고 애를 씁니다. 생각이 멈출 때 영이 활동하는 것을 그들은 알기 때문입니다.

기독교는 무념무상이 아니고 그리스도의 충만이다

하지만 거듭나지 않은 이들이 그러한 상태를 훈련하는 것은 아주 위험한 일입니다. 왜냐하면 머리를 백지 상태로 비울 때 영이 역사하지만 그들에게 역사하는 영은 성령이 아니기 때문입니다. 그것은 미혹의 영이며 사악한 영들입니다. 말씀을 알고 복음을 알고 주님을 영접하여 성령을 자기 안에 모시고 있지 않은 이들이 초자연적인 것들을 구할 때 그들은 아주 위험한 상태에 노출됩니다.

그리스도인들은 생각을 다스려야 하지만, 생각을 주님께 드려서 주님이 통제하시게 해야 하지만, 이른바 무념무상의 상태를 추구해서는 안 됩니다. 기독교는 머리를 텅 비우는 것이 아닙니다. 기독교는 텅 비워지는 것이 아니고 충만입니다. 만물을 충만케 하시는 이로 충만케 되는 것입니다. (엡1:23)

믿지 않는 자들 중에는 머리를 텅 비게 하여 초자연적인 능력을 얻으려고 애쓰는 이들이 많이 있습니다. 뉴에이저들은 초자연적인 황홀경을 얻으려고 노력합니다. 그들은 자신들이 속임으로 들어가고 있음을 모릅니다. 하나님께서는 오직 예수 그리스도 외에는 아버지께 나아갈 수 있는 다른 길을 주시지 않았습니다. 그분만이 길이며 진리이며 생명입니다. (요14:6)

방언기도는 우리 영혼에 상쾌함과 안식을 준다

그러나 주를 모르는 많은 이들이 그렇게 원하여도 얻지 못하는 마음의 안식이 방언기도를 통하여 아주 쉽게 주어집니다. 방언을 할 때 우리의 의식은 텅 비어있는 것이 아니라 깨어있지만 안식을 하고 있습니다. 우리는 활동적으로 말하고 움직이지만 우리의 의식은 안식합니다. 불교, 뉴에이지, 스스로 하나님을 찾으려는 이들이 온갖 노력을 해도 얻을 수 없는 그러한 상태를 우리는 방언을 하면서 쉽게 경험합니다.

우리의 몸은 활동하지만 우리는 안식합니다. 많은 이들이 밤에 몸을 침상에 누이지만 마음이 쉬지 못하고 있는데, 우리는 몸을 눕히지 않고도 마음이 휴식을 얻습니다. 그리고 우리가 그렇게 마음에 휴식을 얻고 있는 동안 우리의 영은 놀라운 비밀을 말하며 우리의 영에게 아주 필요한 기도를 하며 우리가 알지 못하는 축복과 은총을 누립니다. 이것은 얼마나 놀라운 일인지 모릅니다.

"그러므로 더듬는 입술과 다른 방언으로 그가 이 백성에게 말씀하시리라 전에 그들에게 이르시기를 이것이 너희 안식이요 이것이 너희 상쾌함이니 너희는 곤비한 자에게 안식을 주라 하셨으나 그들이 듣지 아니하였으므로" (사28:11-12)

방언은 우리 영혼에 상쾌함을 주며 안식을 줍니다. 그것은 입술은 말하고 있지만 의식은 휴식을 하기 때문입니다. 그러므로 충분히 방언으로 기도한 이들은 한동안 휴식을 취한 것 같이 개운하고 회복된 상태를 얻게 됩니다.

우리의 몸은 움직이고 있는데 의식은 쉰다는 것, 이것은 신비입니다. 우리의 입은 말을 하고 있는데, 우리의 마음은 쉰다는 것.. 이것은 신비입니다.

만약 우리가 사람들과 대화를 나눌 때 아무 생각 없이 말을 한다면 그것은 재앙일 것입니다. 우리는 다른 사람에게 상처를 줄 수도 있습니다. 상대의 이야기를 잘 못 알아듣고 엉뚱한 대답을 해서 상대를 불쾌하게 할 수도 있습니다. 말 한마디 잘못해서 오랫동안 관계가 나빠질 수도 있습니다. 그러므로 우리는 항상 생각을 하고 말을 해야 합니다.

말하는 동안 우리는 휴식을 하기 어렵습니다. 그런데 방언은 아무 생각 없이 마음이 휴식을 한 상태로 말을 하는데, 그 결과로 마음이 상쾌해지고 영이 회복되며 많은 풍성한 변화가 일어납니다.

어린아이가 잠을 자는 동안에 몸도 자라는 것처럼 마음이 휴식을 하면서 영의 언어를 말하는 동안에 우리의 영이 풍성하게 일어납니다. 이것은 놀라운 일입니다.

그러므로 우리가 말하는 내용을 알아듣지 못하고, 관심도 두지 않고 그냥 충분히 방언으로 말하는 것.. 그것은 아주 가치 있는 일입니다.

통역은 귀한 것이지만 한편으로는 제한이 있다

통역을 시도하는 것은 필요할 때와 상황에 따라서 아름다운 일이지만 다른 한 편으로는 방언의 유익인 마음의 안식이 제한을 받습니다. 우리의 마음은 방언의 내용을 깨닫고 기쁨과 감격에 들어가기는 하지만 그것은 혼의 만족입니다. 혼의 기쁨이며 마음의 기쁨입니다. 혼이 영의 세계를 부분적으로 이해하고 누리는 것입니다.

그러나 혼이 잠시 그 세계를 엿볼 수는 있지만 너무 지나치게 그 세계에 들어가려고 애쓸 필요는 없습니다. 그것은 혼에게 주어진 것이 아닙니다. 방언은 영의 회복과 만족과 충만함을 위한 것이 본질이므로 우리가 마음의 만족과 기쁨을 항상 추구한다면, 그것은 방언의 기본 목적에서 벗어날 수 있습니다. 그러므로 통역을 항상 시도할 필요는 없는 것입니다.

속이는 영들의 모조품, 랩과 염불

우리가 말을 하지만 마음의 언어와 상관없는 말을 한다는 것은 아주 흥미로운 일입니다. 이 세상의 언어, 언어가 가진 본래의 뜻을 넘어선 단어를 말해내는 것은 아주 흥미로운 일입니다.

최근의 음악에서 유행하는 '랩'이 있습니다. 노래라는 것은 본래 멜로디가 주류입니다. 그런데 랩에서는 멜로디가 없이 단조로운 음과 박자에 묘한 발음으로 속사포같이 단어를 쏟아냅니다. 나는 이

'랩'이라는 것이 세상의 영들이 방언을 흉내 내는 것이 아닌가 생각하고 있습니다. 어떤 진품이 있을 때 그것을 흉내 내는 가짜가 항상 있습니다. 특히 사단은 모방의 천재입니다.

랩을 하는 가수가 랩의 가사를 쏟아내는 것을 보면 묘한 발음으로 가사를 표현합니다. 그것은 과장된 억양이며 정확하지 않은 발음입니다. 예를 들어 가사가 '정말로 당신을 사랑해' 하는 것이라면 그것을 '즈엉무알로, 드앙쉬이누을, 쓰아루앙흐애으..' 하는 것입니다. 그것을 과장된 발음으로 거칠게 빠르게 쏟아냅니다. 어찌 보면 꼭 방언을 하는 것 같이 묘한 발음으로 들립니다.

왜 이렇게 이상한 발음으로 랩을 하는 것일까요? 그 이유는 잘 알 수 없지만, 짐작하건대 정상적인 단어의 발음을 조금 뒤집을 때 거기에서 일종의 카타르시스를 얻게 되기 때문이 아닐까 싶습니다. 아무튼 이러한 랩의 가사와 같이 우리가 평소에 사용하는 단어를 다르게 사용할 때, 그러므로 이성이 익숙해져 있는 단어를 다른 형태로 뒤집고 넘어설 때, 거기에는 묘한 쾌감이 있고 사람들은 거기에 자극됩니다.

불교에서 외우는 염불과 같은 것도 그 내용에 의미가 있기보다는 우리가 평소에 사용하는 언어와 발음을 뛰어넘는 묘한 감각의 효과에 의미가 있는 것이 아닐까 싶습니다. 말이 되지 않는 묘한 발음을 반복해서 할 때, 거기에는 묘한 쾌감도 동반되며 이성을 넘어서는 효과가 있습니다.

묘한 발음과 발성을 통해서 이성을 잠잠하게 하고 영적인 세계로 나아가려는 이방종교의 세계에는 반드시 어두움의 영들의 개입이 있습니다. 그리고 랩과 같은 묘한 발음을 통하여 이성을 해방시키려는 시도에도 그 배후에는 세상의 영들이 있습니다. 그것은 빛의 영들이 아닙니다. 그들은 속이는 영들입니다. 그들은 이성을 잠잠하게 한 후에 거짓된 생각을 넣어주고 그 영혼을 사로잡으려고 하는 영들입니다.

이성을 잠깐 자유롭게 하는 랩의 가사도 많은 훈련과 연습이 필요합니다. 숙달되지 않고는 아무 준비 없이 랩을 하기 어렵습니다. 그들은 열심히 이상한 발음과 언어를 만들어내야 합니다.

그러나 방언은 우리가 전혀 만들 필요가 없습니다. 그 언어를 제작하시는 분은 성령이십니다. 우리의 영은 단순히 그것을 따라 하기만 하면 됩니다. 그리고 우리는 단순히 성령의 말하게 하심을 따라 하기만 함으로써 주님에 대한 갈망이 일어나고 성경에 대한 갈망이 일어나며 하늘의 능력과 힘을 얻게 됩니다. 너무나 많은 변화를 얻게 됩니다.

마음과 영은 다른 세계에 있다

방언을 할 때 우리의 마음이 그것을 알아들을 수 없는 중요한 이유는 마음을 잠잠하게 하기 위한 것입니다. 우리는 즐겁고 재미있는 강의를 들으면 흥미 있게 그 이야기를 들을 것입니다. 그러나 너무 어렵고 재미도 없으며 도무지 알아듣기도 어려운 강의를 들으면 우리는 졸게 될 것입니다. 이처럼 방언을 할 때 우리의 마음과 이성은 잠잠해지게 됩니다. 다른 흥미 있는 이야기를 듣기 전까지는 말입니다. 그러므로 알아듣지 못하는 방언은 마음을 잠잠해지게 합니다.

우리의 마음은 영을 방해하기 때문에 이성의 마음이 활발하게 움직이면 영은 활동할 수가 없습니다. 그러므로 마음이 잠잠해지는 것은 영은 활성화시켜서 영의 움직임과 깨어남을 도와줍니다.

우리의 혼, 마음은 영과 다른 영역에 있습니다. 이것은 세상을 인식합니다. 영과 영계를 인식하지 않습니다. 영은 반대로 영과 영계를 인식하며 세상을 인식하지 않습니다. 우리의 마음은 환경의 지배를 받습니다. 그러나 영은 영계의 지배를 받습니다.

우리의 마음은 환경이 어려워지면 낙심하거나 괴로워할 것입니다. 환경이 좋아지면 즐거워할 것입니다. 그렇게 마음은 환경에 반응합니다.

그러나 영은 영계에 반응합니다. 기도와 찬양 중에 우리의 영이 하나님의 임재와 가까워지면 영은 기뻐할 것입니다. 환경이 어렵든 말든 영은 기뻐할 것입니다. 그것은 우리의 영이 하나님의 영을 느끼고 반응하기 때문입니다.

이처럼 우리는 영과 혼의 마음을 가지고 있지만 그 기능은 각자 다릅니다. 그렇기 때문에 마음의 기능이 발달된 이들은 항상 세상을 염려하며 환경에 대해서 걱정하고, 영의 기능이 발달된 사람은 항상 하나님을 갈망하고 그 교제를 갈망하며 하나님의 뜻이 이루어지기를 갈망하게 됩니다.

영과 혼은 같이 활동하기 어렵다

이처럼 두 기능의 다른 성격 때문에 이 둘은 같이 활동하기 어렵습니다. 혼의 마음이 활동할 때 영계는 닫힙니다. 혼과 영이 같이 움직이는 것은 어렵습니다. 태양이 뜨면 달이 보이지 않습니다. 달이 보일 때는 태양이 없을 때입니다.

마음은 태양과 같고 영은 달과 같습니다. 그래서 둘이 같이 움직이기 어렵습니다. 그처럼 마음이 활동하면 영이 잠잠해지고 마음이

고요해지면 영이 활발하게 움직이기 시작합니다.

꿈의 의식이 있습니다. 그것이 영의 의식이며 내면의 의식입니다. 그런데 마음이 활발하게 움직이면 꿈의 내용이 기억나지 않습니다. 잠에서 깬 직후에는 꿈의 내용을 기억할 수 있습니다. 그것은 아직 혼의 이성이 활발하게 움직이지 않고 있기 때문입니다. 그러나 혼의 마음이 정신을 차리고 활발하게 움직이기 시작하면 꿈의 내용이 생각나지 않습니다. 혼과 영은 서로 다른 세계에 있기 때문입니다.

혼의 작용이 영의 감각과 기쁨을 방해한다

오래 전 목회사역을 하고 있을 때 하루는 어느 자매에게 기도사역을 하고 있었습니다. 영성집회를 통하여 성령이 충만하게 운행하시던 상황이었습니다. 그녀는 누워있었고 나는 주의 임재가 그녀에게 강력하게 임하기를 기도했습니다. 눈을 감고 있는 그녀의 얼굴에 기쁨이 피어오르기 시작하더니 그녀는 지금 천국에 있다고 말을 하는 것이었습니다. 나는 그녀에게 보이는 것을 이야기하라고 권했습니다. 그러자 그녀는 여러 가지 이야기를 해주었습니다. 그녀는 활짝 웃으며 말했습니다.

"꽃들이 웃어요!"

꽃들이 어떻게 웃는다는 건지 알 길이 없었습니다. 그녀는 천사들이 보이며 예수님이 보인다고 말했습니다. 그러면서 그녀는 내게 물었습니다.

"천국이 보이고 천사들과 예수님이 보이는데, 어떻게 목사님의 소리도 들리고 있는지 참 신기해요.."

나는 그녀에게 대답해주었습니다. 자매의 몸은 지금 교회 바닥에 누워있으며 나의 목소리를 듣고 느끼는 것은 자매의 마음, 혼이며 천국을 느끼고 경험하는 것은 자매의 영이라고.. 자매의 영은 지금 천국에 가 있고 아직 혼은 깨어있지만 이제 혼이 잠잠해지게 되면 내 목소리가 더 이상 들리지 않을 것이라고..

그리고 나서 나는 기도해주었습니다. 자매의 마음, 의식이 영을 방해하지 않고 잠잠해지게 해달라고.. 그러자 얼마 후에 그녀는 깊은 잠에 빠진 것 같은 상태가 되었습니다. 몇 시간 후에 그녀는 일어나서 천국을 돌아다니며 경험한 것들을 이야기해주었는데, 처음에는 나의 목소리가 들렸지만 나중에는 들리지 않았고 세상을 인식하지 못하고 천국만 인식하게 되었다고 하였습니다.

그녀는 처음에 영으로 천국을 느낀 것입니다. 이것은 흔히 있는 일입니다. 우리가 예배를 드리면서 기도하거나 찬양을 할 때 충만한 기쁨을 느끼는 것은 우리의 영이 천국의 영광을 부분적으로 접하는 것입니다. 그것은 신기한 일이 아닙니다.

이 자매처럼 영의 시각이 순간적으로 열려서 천국을 보는 것은 드문 일이지만 이처럼 영의 시각이 열려서 보이지는 않아도 누구나 어느 정도 영감이 있는 이들은 정도의 차이는 있지만 천국의 임재와 주님의 임재를 느낍니다.

사람의 영은 천국을 느끼고 주님을 느끼도록 창조되었습니다. 우리가 경배할 때 주의 영은 가까이 임하시며 사람의 영은 주님의 임재가 가까울 때 기쁨과 만족감을 느낍니다. 그 기쁨과 행복감은 천국에서 오는 것입니다. 그러나 그 기쁨과 행복을 온전히 누리지 못하는 것은 정화되지 않은 혼의 의식이 영에게 섞여있기 때문입니다.

우리의 영은 주님을 경험하고 천국을 경험해도 우리의 혼의 의식과 몸은 여전히 이 땅에 있습니다. 그래서 우리 혼의 의식이 세상의 이것저것을 생각하면서 세상 근심이나 유혹에 마음을 쓰다보면 천국의 임재를 인식하는 영의 기쁨은 곧 시들어집니다.

그래서 세상 근심과 염려를 받아들이게 되고 그러면 그러한 혼의 작용에 의해 영은 눌리게 됩니다. 그런 식으로 우리의 영은 우리 마음에 의하여 억압되고 눌리는 것입니다. 그래서 주님의 임재와 하늘의 기쁨을 잃어버리고 고통을 겪게 됩니다.

머리의 생각과 내면의 상태는 다르다

우리의 마음과 영의 구별에 대하여 확실하게 설명하는 것은 어렵습니다. 이것을 어휘로 설명하자면 더 복잡해집니다. 경험으로 설명하는 것은 좀 더 이해가 쉬울 것입니다. 이것을 잘 이해할 수 있다면 심령을 맑고 아름답게 유지하는 데에 도움이 될 것입니다.

우리가 알아야 할 것은 우리 뇌의 생각과 내면의 느낌은 서로 다르다는 것입니다. 뇌의 생각과 느낌은 겉사람에 속한 것이며 그것은 속사람, 심령에서 올라오는 감동과 다릅니다.

우리가 기도를 할 때 우리의 머리는 이런 저런 생각을 합니다. '예배를 빨리 마치고 집에 가서 무엇을 해야지..' 하고 생각을 합니다. 그런데 속에서 이상하게 눈물이 나고 감동이 옵니다. 우리의 마음은 '어? 내가 지금 울고 있네? 왜 울지? 나 지금 가야하는데.. 왜 이러는 거지?' 합니다.

그렇게 인식하는 것이 우리의 겉마음이며 뇌의 생각입니다. 그런데 이러한 겉마음의 움직임과 전혀 다르게 속에서는 눈물이 흐릅니다. 이러한 경험이 반복되면 우리의 마음, 머리의 의식과 속사람의 감각이 다르다는 것을 알게 됩니다.

나는 기도를 해주거나 받을 때 이러한 현상을 자주 경험합니다.
나는 기도를 해주면서 말합니다.

"내면에 많은 두려움과 슬픔이 있어요.."

상대방은 대답합니다.

"아닌데요? 저는 아무 문제가 없어요.."

"그러면 왜 그렇게 울죠? 지금 가슴이 많이 아픈 상태인데..?"

"그러게요. 내가 왜 우는지 모르겠네요. 그런데.. 속에서 가슴이 찢어지는 것 같아요. 가슴이 조여들고.. 이상하네요. 아무 일도 없는데.."

이러한 경험이 반복되면 우리의 마음, 머리가 생각하는 것과 우리의 속사람, 영이 느끼고 생각하는 것이 전혀 다르다는 것을 알게 됩니다. 방언을 하면 할수록 머리의 생각이 달라지는 것이 아니라 이처럼 숨겨져 있었던 속마음, 영의 움직임이 실제화되고 표면에 나타나게 되는 것입니다.

사람들은 대체로 자기의 내적 상태에 대해서 모른다

나는 가까이 교제를 나누고 있는 어느 자매에게 그 내면에 극심한 두려움이 있다고 이야기를 하였습니다. 그것을 치유하고 회복해야만 건강한 삶을 살 수 있다고 말했습니다. 그러나 자매는 자기 안에 두려움이 있다고는 전혀 생각지 않았습니다.

시간이 많이 지난 후에 조금씩 내적인 감각이 깨어나면서 그녀는 일상의 사소한 일에 자기가 지나치게 근심하며 두려워하고 있다는 것을 알게 되었습니다. 그녀는 비로소 자기의 내면 깊은 곳에 숨겨져 있는 극도의 두려움에 대해서 느끼게 되었습니다. 그것을 감지하고 씨름을 해나가면서 그녀는 비로소 두려움에서 조금씩 해방되기 시작하였습니다.

어떤 다른 자매는 극도의 긴장이 내면에 있어서 고통이 자주 임했습니다. 나는 그녀에게 긴장을 풀고 안식해야 산다고 말했지만 그녀는 자신의 상태에 대해서, 자신이 얼마나 긴장하고 속을 억압하고 있는지 알지 못했습니다. 그녀는 나의 말에 그저 어리둥절하고 있을 뿐이었습니다.

그러나 내가 그녀의 긴장을 풀어주기 위하여 "평안하라, 두려워하지 말라.."고 메시지를 전하자 그녀는 울기 시작했습니다. 그러면서도 자기가 왜 우는지 몰랐습니다.

사람들은 대체로 자기의 상태에 대해서 잘 모릅니다. 머리로 생각하는 자신이 나라고 생각합니다. 내면의 숨겨진 상태에 대해서는 평소에는 잘 인식하지 못하는 것입니다.

감추어진 속의 상태가 진정한 그 사람의 모습이다

내면의 상태가 나오는 것은 일상의 사건들을 통해서입니다. 어떤 이들은 사소한 일에 분노가 폭발합니다. 어떤 이들은 사소한 일에 극도의 공포심에 사로잡힙니다. 어떤 이들은 사소한 결정을 내리지 못하고 망설이고 어쩔 줄을 몰라 합니다. 이러한 현상들은 다 내면에서 나오는 것입니다.

물론 이러한 상태가 다 영의 상태는 아닙니다. 영의 상태가 있고 영 안에 혼의 감정이 억압되고 섞여있는 경우도 있습니다. 다만 이러한 것을 설명하는 것은 내가 생각하고 느끼는 '나' 와 '내 속의 나' 가 다르다는 것을 이해시키기 위한 것입니다. 내가 생각하는 '나' 는 나의 의식, 겉사람의 상태입니다. 이것은 하나의 관념에 가까우며 실제가 아닙니다. 내가 평소에 느끼지 못하는 속사람, 영혼의 상태가 있습니다. 이것이 나의 실제의 상태입니다.

내가 사람을 접할 때 상대방의 상태를 감지하는 것은 고통 때문이라고 할 수 있습니다. 상대방의 내적인 상태가 아주 나쁠 때 나는 그로 인하여 몹시 고통을 느끼게 되고, 그 고통으로 인해 상대방의 상태를 감지하게 되는 것입니다.

어떤 이가 비정상적인 두려움이나 분노나 슬픔을 가지고 있을 때 나는 속이 몹시 아프고 힘이 듭니다. 그러나 놀랍게도 당사자인 상대방은 자기 안에 있는 그러한 내적인 고통, 영혼의 고통에 대해서 전혀 모르는 것이 보통이었습니다. 어떤 이를 처음 대했을 때 심장이 날카로운 칼로 찔리는 듯한 고통으로 몹시 힘든 적이 있었는데, 그 때도 상대방은 자기의 상태에 대해서 전혀 몰랐습니다. 그러다가 조금씩 영의 감각이 깨어나면서 나중에야 자기의 상태를 느끼게 되었습니다.

이렇게 사람들은 자기의 내적인 상태나 고통에 대해서 잘 감지하지 못합니다. 그것은 오랫동안 머리로 자기의 내면을 억압했기 때문입니다. 고통이나 문제가 있으면 도피하고 잊으려고 하고.. 그런 식의 억압이 많이 쌓여있기 때문에 내면의 감각이 죽어버린 것입니다.

방언을 하면 억압된 속사람이 깨어난다

그런데 방언을 하면 할수록 이 눌려있던 속사람의 상태가 드러나게 됩니다. 감각이 깨어나면서 겉사람의 의식과 자기 속에 있는 속사람의 내적상태를 구분하게 됩니다.

그리고 다른 사람의 내적 상태도 조금씩 감지하는 감각이 생기게 됩니다. 마음과 영이 전혀 다르다는 것, 겉의 의식과 속의 상태가 전혀 다른 별개인 것을 알게 됩니다.

겉으로는 명랑해 보이는데 속은 슬픔으로 가득한 사람도 있고 그 반대도 있습니다. 이 때 중요한 것은 속의 상태입니다. 겉이 멀쩡해 보여도 속이 고통스러우면 그는 행복하지 않습니다.

방언을 하는 것은 겉사람의 마음과 생각을 풍성하게 하기 위한 것이 아닙니다. 오히려 겉사람의 마음을 잠잠하게 하고 속사람의 감동을 깨우고 일으키기 위한 것입니다.

하나님께서는 우리의 겉사람에게 말씀하시지 않고 속사람에게 말씀하십니다. 인간은 속사람을 통하여 하나님과 교제하기 때문입니다. 하나님께서는 우리의 겉사람을 다루지 않고 속사람을 다루십니다. 우리의 겉사람을 충만하게 하지 않고 속사람을 아름답고 충만하게 하십니다. 그러므로 속사람이 실제적인 주의 음성과 임재를 맛볼 때 겉사람이 이해할 수 없는 놀라운 기쁨과 행복감을 경험하게 되는 것입니다.

사람은 속사람을 통하여 하나님과 교제하므로 겉사람이 너무 활발하고 왕성하면 속사람이 수동적이 되어 말씀하시는 하나님의 음성을 들을 수가 없습니다. 그러므로 겉사람의 의식을 조용히 시키는 것입니다.

겉사람을 잠잠하게 만드는 것은 마치 최면을 하는 것처럼 무의식 상태에 두는 것이 아닙니다. 그것은 이방의 세계에서 하는 일입니다. 기독교는 마음을 텅 비우지 않습니다. 마음의 높아진 것을 주님 앞에 굴복시키고 다스림을 받는 것이지 텅 빈 상태에서 로봇처럼 기계처럼 끌려가는 것이 아닙니다.

이성으로는 하나님을 알 수 없다

마음, 이성으로 하나님의 음성을 듣고 뜻을 알 수 있다고 여기는 것은 심각한 오류입니다. 우리의 마음으로 성경을 열심히 연구해서 하나님의 뜻을 알 수 있는 것이 아닙니다. 마음의 영리함과 탁월함으로 하나님을 알 수 있다면 박식한 무신론자들이 있을 수 없을 것입니다.

우리는 우리의 이성으로 하나님을 알 수 없습니다. 그러므로 성경을 공부하는 자세는 학자의 자세보다 기도하는 자세가 필요합니다. 무릎을 꿇고 주님의 가르치심을 기도하는 마음으로 구할 때 주님이 가르치시고 말씀하십니다.

우리의 마음이 긴장하고 활발할 때 우리는 하나님의 음성을 듣기 어렵습니다. 하나님의 뜻을 구하기 위하여 이 생각, 저 생각을 아무리 많이 해도 떠오르지 않습니다. 한때는 이 생각이 옳은 것 같다가 조금 지나면 저 생각이 맞는 것 같습니다. 마음의 생각은 사람에게 속한 것이며 영의 세계와 다른 영역에 있으므로 하나님의 원하시는 뜻을 발견할 수 없습니다.

하나님의 음성을 기다릴 때 우리는 생각을 잠잠하게 하고 주님께서 우리에게 감동을 주실 것을 기다려야 합니다. 많이 생각하고 애쓰지 말고 조용히 주를 높이고 찬양하고 신뢰하면서 기다려야 합니다. 그러면 주님께서 우리 안에, 깊은 곳에서 감동을 주십니다. 우리의 영은 그것을 깨닫습니다. 이상하게 기쁨이 오면서 우리는 하나님께서 그것을 원하신다는 것을 느끼게 됩니다.

그 감동은 이전에 우리가 생각하던 것과 다릅니다. 그래서 기도를 마치고 나면 '이것이 하나님의 감동이 맞을까?' 하는 생각이 듭니다. 그러나 다시 기도를 시작하면 기쁨과 감동이 옵니다. 기도를 할수록 그 감동은 증가됩니다. 이것이 영에게 말씀하시고 감동하시는 하나님의 일반적인 방법입니다.

물론 그 음성과 감동은 성경에 의하여, 여러 가지 면에서 검증되어야 합니다. 다만 하나님은 이성의 생각을 통해서 우리에게 말씀하시는 것이 아니라 그렇게 기도하는 마음으로 기다릴 때 우리의 깊은 곳에 감동을 주신다는 것입니다.

생각이 많은 사람은 하나님의 음성을 듣기 어렵다

그러므로 하나님의 음성과 감동을 받는 것에 서투른 사람들은 이성이 아주 발달한 사람들입니다. 생각이 아주 많은 사람들입니다. 이들은 아주 많은 이유로 어떤 것이 옳다고 말합니다. 조금 지나면 더 많은 이유로 그것이 잘못되었다고 말합니다. 논리와 합리는 옳은 것 같지만 조금 지나면 그것은 유지되지 않습니다. 정반대로 흘러가는 경우가 많이 있습니다. 그것은 하나님께로부터 온 것이 아닙니다.

영의 활성화는 하나님과의 교류에 필요한 것입니다. 그러므로 방언을 통해서 충분히 기도할수록 영이 활성화되고 내적 감동이 증가됩니다.

혼은 자아와 세상을 인식하지만 하나님을 인식하지 못합니다. 혼은 하나님의 임재에 대하여 둔하며 알 수 없습니다. 그러나 영은 하나님의 임재를 감지합니다.

영은 영계에 대해서 감각하고 인지하기 때문에 악령들이 있을 때 그 임재를 느끼고 전투태세를 취하며 하나님의 임재와 영광이 임할 때 압도되고 엎드러집니다. 영은 하나님의 임재를 갈망하고 사모합니다. 그러나 마음은 하나님에 대하여 어떤 관념을 가질 수도 있고 이해할 수도 있지만 그 하나님의 임재를 누리고 맛볼 수는 없습니다.

우리는 마음의 기능에 대해서 이해해야 합니다. 마음과 이성이 하나님과 직접 교류하는 것이 아니기 때문에 그것은 필요 없는 것일까요? 아닙니다. 이성과 마음이 필요 없는 것이 아니라 목적과 기능이 다른 것입니다. 영의 기능과 사용법, 그리고 마음의 기능과 사용법은 다릅니다. 그 특징을 분명히 이해할 때 그 기능에 맞게 적절하게 사용할 수 있을 것입니다.

마음은 영을 도와준다

마음은 직접 하나님의 음성을 듣거나 계시를 받을 수 없습니다. 그것은 영을 보조할 뿐입니다.

마음으로 어떤 주제를 가지고 성경을 연구한다고 합시다. 그는 답답하고 안타까운 마음으로 말씀을 여기 저기 보면서 답을 찾습니다. 그러나 도무지 알 수가 없습니다. 그는 기도하면서 성령께서 눈을 열어주셔서 자기에게 필요한 것을 보여 달라고 기도하면서 연구를 거듭합니다.

그러다 갑자기 '유레카!' 와 같은 상태가 됩니다. 희미했던 것이 분명해지고 여기저기가 서로 연결됩니다. 의미가 분명히 깨달아지고 구하던 답이 나옵니다. 그는 감격하게 됩니다. 이것이 무엇일까요? 이성의 작용이 아닙니다. 이것이 영의 감동과 계시입니다.

그렇다면 그러한 깨달음이 오기 전의 연구와 공부는 무엇일까요?

그것은 이성의 준비입니다. 영이 감동과 계시를 받기 전에 마음이 준비를 하는 것입니다. 마음은 준비를 하고 환경을 조성할 수는 있지만 직접 깨닫고 알 수는 없습니다. 그것은 영으로부터 옵니다. 이성적인 지식, 세상의 상식적인 지식은 연구로 얻을 수 있으나 영적 지식과 진리는 영으로부터 옵니다.

이제 계시와 감동을 얻었으니 그것으로 끝일까요? 아닙니다. 이때부터 혼의 마음은 일을 해야 합니다. 자기가 받은 감동과 계시를 입증하는 자료를 찾고 논리적으로 구성해서 내용과 체계를 완성합니다.

영에게서 메시지가 와도 그것을 잘 관리하고 처리하고 완성하는 것에는 마음의 작용이 필요합니다. 어떤 이의 영이 풍성해서 많은 감동과 계시를 얻는다고 해도 이성이 발달하지 않았다면 그는 영의 계시를 잘 전달할 수 없습니다. 정리할 수 없습니다. 그러므로 영의 풍성함과 함께 혼의 마음도 풍성하게 발달해야 합니다.

마음은 합리적이고 영은 직관적이다

혼에는 이성과 감정이 있고 영에는 계시와 감동이 있습니다. 혼의 이성, 마음은 논리적인 것입니다. 그러나 영의 계시는 직관적인 것입니다. 마음은 충분한 논리와 증거를 통하여 어떤 결론을 내리는 것입니다. 그러나 영의 직관적인 계시가 올 때 그것은 논리와 증거가 오는 것이 아니라 먼저 결론이 옵니다. 갑자기 이유 없이 그냥 알게 됩니다. 이것은 사실입니다. 너무나 선명한 사실입니다. 그러나 그것이 왜 확실한지 이유는 알 수 없고 설명할 수 없습니다. 이러한 특성이 영의 계시입니다.

그러므로 이러한 직관이 왔을 때 그 상태에서는 다른 이들에게 말하거나 가르칠 수 없습니다. 혼의 마음은 논리적으로 여러 증거를 찾고 살펴봅니다. 그래서 영을 돕고 영에서 오는 계시를 이해하고 적절한 언어로 표현하는 것입니다.

사람들은 흔히 '계시'라고 하면 미래의 일이나 신비한 일을 알게 되는 것으로 생각합니다. 그러나 영의 계시란 말씀을 깨닫는 것입니다. 주님은 말씀하십니다.

"내 아버지께서 모든 것을 내게 주셨으니 아버지 외에는 아들을 아는 자가 없고 아들과 또 아들의 소원대로 계시를 받는 자 외에는 아버지를 아는 자가 없느니라"(마11:27)

영의 계시란 말씀을 깨닫는 것이다

계시란 아들을 아는 것이며 아버지를 아는 것입니다. 성령께서 계시를 주시지 않으면 아무도 주를 알 수가 없습니다. 성경을 머리로 동의할 수는 있지만 알 수는 없습니다. 그것이 바로 계시입니다.

성경을 읽는 순간 갑자기 자신의 죄인됨이 깨달아집니다. 그것이 계시입니다. 갑자기 십자가 보혈의 은혜와 능력이 깨달아집니다. 그것이 계시입니다. 하나님의 아버지되심이 선명하게 깨달아집니다. 갑자기 압도적인 인식으로 다가옵니다. 그것이 계시입니다.

세상의 근심과 염려에 짓눌려 있다가 갑자기 아버지의 보호하심, 돌보심이 선명하게 느껴지면서 근심에서 벗어납니다. 그것이 계시입니다. 하나님을 아는 지식이 영에게 주어지며 영이 활성화되면서 무한한 계시와 감동의 기쁨이 쏟아지는 것입니다.

이것이 영의 작용입니다. 영의 인식하는 방식이 이와 같은 계시이며 이성의 마음과 같지 않습니다. 또한 영의 감동은 혼의 감정과 다릅니다. 혼의 감정은 환경과 이성의 지배를 받지만 영의 감동은 하나님으로부터 오는 것이기 때문에 환경과 전혀 다릅니다.

영은 환경의 지배를 받지 않는다

누가 우리를 비난하면 우리는 화가 나거나 두려워하거나 낙심하거나 할 것입니다. 그것이 혼의 감정입니다. 환경에 어려움이 있으면 우리는 슬퍼하거나 낙담할 것입니다. 그것이 혼의 감정입니다.

영의 감동은 그와 다릅니다. 주님께서 어떤 감동을 주십니다. 누구를 찾아가야 한다고 감동을 주십니다. 그런데 마음은 가고 싶지 않습니다. 이렇게 혼의 감정과 영의 감동은 다릅니다.

환경은 나쁘고 어렵습니다. 그런데 속에서, 영에서 깊은 기쁨과 찬양이 나옵니다. 그것이 영의 감동입니다. 이처럼 영의 감동과 혼의 감정은 다릅니다.

진정한 풍성함은 영에서 오는 것입니다. 혼의 이성에 지식이 많으나 영의 계시가 많지 않다면 그는 그다지 건강한 것이 아닙니다. 계시가 아닌 지식은 문제나 어려움에 부딪칠 때 흔들리기 쉽습니다.

혼의 감정은 충만하나 영의 감동이 부족하다면 그는 견고하지 않습니다. 그는 쉽게 흔들릴 수 있습니다. 영의 감동은 환경에 흔들리지 않고 오히려 견고해지지만 혼의 감정은 환경을 따라 흔들립니다. 그러므로 진정한 풍성함을 위하여 영의 충만함을 경험해야 합니다. 영이 강건하고 활성화되어 하나님의 임재를 쉽게 경험하고 교류하며 말씀의 계시를 경험하고 성령의 감동을 경험하고 인도함을 받으며 살아야 합니다. 그것이 건강하고 충만한 삶입니다.

영과 함께 혼의 풍성함도 필요하다

논리적으로는 그 차이를 이해하기가 어렵습니다. 그러나 방언을 하면 할수록 영의 감각이 발전하기 때문에 이것이 혼의 마음에서 오는 것인지, 영의 계시에서 오는 것인지 분별하기가 쉽습니다. 혼의 감정에서 오는 것인지 영의 감동에서 오는 것인지 분별하기가 쉽습니다. 영이 활성화되면 영이 아닌 것을 곧 쉽게 알 수 있게 됩니다.

하지만 영만 중요하고 좋은 것이며 마음은 가치 없다는 것은 결코 아닙니다. 영의 계시와 감동을 잘 전달하려면 이성의 풍성함, 지혜로움이 필요하고 감정의 풍성함도 필요합니다.

영은 발전해있는데, 혼의 감정에 너무 상처가 많거나 억압이 되어 있거나 하는 상태라면 혼의 감정은 좋은 도구가 될 수 없습니다. 영이 충만하다고 이성이 저절로 똑똑해지고 감정이 저절로 풍성해지는 것은 아닙니다.

영도 충만해야 하지만 혼도 아름답고 강건해야 하며 몸도 또한 건강하고 풍성해야 합니다. 그래야 영을 표현하는 좋은 통로가 될 수 있습니다.

"평강의 하나님이 친히 너희를 온전히 거룩하게 하시고 또 너희의 온 영과 혼과 몸이 우리 주 예수 그리스도께서 강림하실 때에 흠없게 보전되기를 원하노라" (살전5:23)

혼과 몸은 영을 돕는 동역자입니다. 먼저 영이 계시를 받으면 혼은 그것을 확인합니다. 그리고 옳다고 인정되면 몸은 그것을 행동에 옮깁니다.

베드로는 기도 중에 환상을 보았습니다. 황홀한 중에 하늘이 열리며 한 그릇이 내려오는 것을 보았습니다. 그 안에 여러 짐승들이 있었는데 그것을 먹으라는 소리를 들었습니다. 베드로는 속되고 깨끗하지 않은 것을 먹을 수 없다고 거절했으나 그 소리는 하나님께서 깨끗하게 하신 것을 네가 속되다고 하지 말라고 말했습니다. 이 경험은 세 번이나 반복되었습니다. (행10:9-16)

"베드로가 본 바 환상이 무슨 뜻인지 속으로 의아해 하더니 마침 고넬료가 보낸 사람들이 시몬의 집을 찾아 문 밖에 서서.." (행10:17)

마음은 영이 받은 감동을 이해하고 해석한다

베드로가 환상을 보고 의아해하면서 그것이 무슨 뜻인지 생각하는 것.. 그것이 바로 혼의 작용이며 마음의 작용입니다. 우리의 영에 어떤 계시가 임했을 때 우리의 마음과 의식은 그 의미에 대해서 생각하고 분석합니다.

이것이 하나님께로부터 온 것인지, 그리고 어떤 의미인지를 생각하고 해석하려고 합니다. 베드로는 기도 중에 본 환상에 대해서 생각하다가 마침 고넬료가 보낸 사람들이 그를 찾아와서 초청하자 이러한 인도하심이 하나님께로부터 온 것이며 이방인에게 복음을 전하라는 메시지인 것을 깨닫게 됩니다.

"베드로가 입을 열어 말하되 내가 참으로 하나님은 사람의 외모를 보지 아니하시고 각 나라 중 하나님을 경외하며 의를 행하는 사람은 다 받으시는 줄 깨달았도다" (행10:34-35)

이것은 베드로의 마음이 환상의 의미를 바르게 해석한 것입니다. 이처럼 주님은 먼저 영에게 환상과 계시를 주십니다. 그리고 우리의 마음은 그 의미를 이해하려고 관찰하고 생각하다가 합리적인 판단으로 해석을 내리게 됩니다.

베드로는 속되다고 여기던 것을 잡아먹으라는 환상의 메시지를 보고 의아하게 여겼으나, 마침 그 순간에 그를 찾아온 고넬료의 종을 보았습니다.

그리고 고넬료의 집에 도착했을 때 고넬료가 말씀을 듣기 위해서 기다리고 있는 것을 보며 환상과 이러한 정황이 서로 들어맞기 때문에 그 환상의 의미는 이방인을 더 이상 속되다고 여기지 말고 복음을 전하라는 메시지인 것으로 해석하게 된 것입니다.

이처럼 우리의 영은 주님의 메시지를 받지만 그것을 이해하고 해석하는 것은 마음의 작용입니다. 그런데 마음이 지식과 지혜가 전혀 없다면, 성경을 전혀 모른다면, 해석을 할 수가 없습니다. 아무리 영에 감동과 계시가 와도 그것을 해석하지 못하는 것입니다. 이처럼 혼이 발달되지 않으면 영을 도울 수 없으며 풍성함의 통로가 될 수 없는 것입니다.

바울은 아시아에서 말씀을 전하려 하는데 성령이 허락하지 않았습니다. 그러던 중에 바울은 밤에 환상을 보았는데 마게도냐 사람이 그에게 나타나서 우리를 도우라고 요청하는 내용이었습니다. (행 16:9)

바울은 이렇게 반응합니다.

"바울이 그 환상을 보았을 때 우리가 곧 마게도냐로 떠나기를 힘쓰니 이는 하나님이 저 사람들에게 복음을 전하라고 우리를 부르신 줄로 인정함이러라" (행16:10)

바울은 그 환상의 의미를 하나님의 메시지로 해석했습니다. 그는 아시아로 가려고 했지만 하나님께서는 마게도냐로 인도하기를 원하시는 것을 깨달았던 것입니다.

우리는 인생에서 어떤 계획도 우리 마음대로 세울 수 없습니다. 우리 마음대로 비전을 품을 수 없습니다. 우리는 주님이 지으신 피조물이며 주님의 계획이 무엇인지 물을 수 있을 뿐입니다. 바울의 생각에는 아시아에 복음을 전하는 것이 하나님의 뜻이라고 생각했습니다. 그러나 하나님은 허락지 않으셨습니다.

"무시아 앞에 이르러 비두니아로 가고자 애쓰되 예수의 영이 허락하지 아니하시는 지라" (행16:7)

하나님만 명령하실 수 있으며 인도하실 수 있습니다. 우리는 하나님의 뜻을 알 수 없습니다. 우리의 생각과 이성은 하나님이 무엇을 원하시는지 알 수 없습니다. 바울의 이성이 알았다면 하나님과 반대로 가려고 하지 않았을 것입니다.

주님은 바울의 영에 계시를 주었습니다. 환상을 보여주었습니다. 바울이 그 환상을 보았을 때 그의 마음은 바로 판단을 내렸습니다. '아, 하나님께서 우리가 마게도냐로 가기를 원하시는구나.. 그래서 이 환상을 보여주셨구나..'

바울의 마음은 환상을 보기 전까지 하나님의 계획과 인도하심을 알 수 없었습니다. 그러나 그의 영이 하나님의 감동을 받자 그의 마음은 비로소 알게 되었습니다.

마음과 영의 상호협력

이것이 영과 혼의 상호작용입니다. 우리는 하나님의 뜻을 구하며 하나님께 나아갑니다. 그러면 하나님께서는 우리의 영에 어떤 감동이나 계시나 말씀을 넣어주십니다. 그러면 우리의 마음은 그것을 해석합니다. 그리고 행동으로 옮기게 됩니다.

물론 우리의 마음이 영의 감동과 직관을 잘못 해석할 수도 있습니다. 그럴 경우 우리의 영은 속에서 편안하지 않을 것입니다. 영의 감사이 발달할수록 영은 그것을 감지하게 됩니다.

이렇게 영이 하나님으로부터 오는 메시지를 받고 마음은 그것을 이해하고 해석하는 기능을 가지고 있다는 것을 이해하십시오. 결국 영과 마음은 같이 동역하는 것입니다. 어느 쪽이 옳고, 다른 쪽은 틀린 것이 아닙니다. 다만 그 기능과 역할을 잘 이해할 때 올바른 동역을 할 수 있을 것입니다.

오늘날 신앙의 중대한 문제 중의 하나는 머리와 혼은 많이 발달되어 있으나 실제적인 영의 발달이 너무 부족하다는 것입니다. 그리하여 사람들은 하나님의 임재를 잘 누리지 못하며 영감과 감동이 부족합니다. 그런 면에서 영이 풍성하고 충만해지도록 방언으로 충분히 기도하는 것은 아주 중요한 일입니다. 무엇보다 방언기도의 분량이 가득하고 충만해야 합니다.

물론 방언으로 기도하는 것만이 영을 충만하게 하는 것은 아닙니다. 영은 말씀을 먹을 때 충만해지며 하나님을 경배하고 영을 소리

내어 표현할 때 충만해집니다. 영이 말씀을 먹는 방식은 혼의 연구와 공부와 다릅니다. 그것은 그냥 마시고 먹는 것입니다. 이해하는 것과 먹는 것은 다릅니다. 영을 충만케 하는 여러 방식들이 있지만 방언은 아주 유력한 영의 충전방법입니다. 방언은 영이 기도하는 것이며 영의 충만함과 풍성함을 위하여 간구하는 것이기 때문에 방언으로 기도하면 할수록 영이 충만해지는 것입니다.

충분히 방언으로 기도하라

혼을 발전시키기 위해서는 생각을 주님께 굴복시키고 감정을 굴복시키며 적절한 공부와 독서가 필요합니다. 혼도 풍성하게 해야 합니다. 그러나 그 무엇보다 영의 풍성함을 위하여 방언으로 충분히 기도해야 합니다. 이것이 통역에 너무 지나치게 힘쓰지 말고, 통역에 과도하게 신경을 쓰지 않고 의식을 휴식상태로 두고 방언으로 많이 기도해야 하는 이유입니다.

그러므로 머리를 조용히 쉬게 하고 방언을 그저 조용히 느끼면서 방언이 나오는 대로 흘러가십시오. 무엇보다 방언을 충분히 많이 해야 합니다.

방언을 하면서 걸으십시오. 움직이십시오. 당신은 알지 못하고 중얼거릴 뿐이지만 당신의 영 안에서 놀라운 일이 계속 이루어져 가고 있습니다. 그것은 행복입니다. 당신은 계속 변화되어 가고 있는 것입니다. 방언으로 노래하십시오. 찬양하십시오. 방언을 하면서 잠이 드십시오. 당신은 점점 새로운 영역에 들어가게 될 것입니다.

방언을 할수록 영이 활동함

오래 전 나는 방언으로 기도를 드리는 중에 환상과 같은 이미지를 보았습니다. 나는 교회에서 혼자 조용히 앉아서 기도하고 있었는데 내 자신이 어두운 굴속에 있는 것을 느꼈습니다. 이상하게도, 교회에서 기도하고 있는 나 자신을 느끼면서도 동시에 나의 다른 몸이 어두운 굴속에 있었습니다. 나는 굴속에서 답답함을 느꼈습니다. 그런데 저 멀리 빛이 보이고 있었습니다.

나는 굴속에서 걸어가고 있었습니다. 멀리 보이는 빛을 향하여 좁은 굴속의 길을 계속 걸어가고 있었습니다. 현실의 내 몸은 교회에서 방언을 하고 있었고, 또 다른 몸은 굴속에서 걸어가고 있었습니다. 내가 기도를 하는 것과 그 몸이 걸어가고 있는 것 사이에는 어떤 연관성이 느껴졌습니다.

나는 신기하기도 해서 방언을 잠시 멈추어 보았습니다. 그러자 놀랍게도 굴속에서 걸어가던 나의 몸도 멈추는 것이었습니다. 다시 조용히 방언으로 기도하기 시작하자 멈추었던 몸은 다시 빛을 향하여 걸어가기 시작했습니다.

이 이미지를 본 후에 나는 방언이 가지고 있는 풍성함의 메시지를 다시 한 번 확인하게 되었습니다. 나는 그 내용과 메커니즘을 다 이해할 수는 없지만 내가 방언을 할 때 나의 영은 풍성함을 향하여, 빛을 향하여, 자유를 향하여 나아가고 있다는 것을 깨닫게 되었습니다.

방언을 할 때 우리의 영이 움직입니다. 걸어갑니다. 앞으로 나아갑니다. 풍성한 세계, 새로운 아름다운 영역을 향해서 나아가게 됩니다. 당신이 방언을 할 수 있다면, 하고 있다면, 가급적 그것을 멈추지 마십시오. 계속 걸어가고 나아가십시오. 당신은 아름답고 놀라운 세계를 향해서 계속 나아가게 될 것입니다. 할렐루야.

27. 마땅히 빌 바를 알지 못할 때

많은 경우에 우리는 어떻게 기도해야할지 알지 못합니다. 로마서 8장 26절은 이렇게 말합니다.

"이와 같이 성령도 우리의 연약함을 도우시나니 우리는 마땅히 기도할 바를 알지 못하나 오직 성령이 말할 수 없는 탄식으로 우리를 위하여 친히 간구하시느니라"

어떻게 기도해야 할지 알 수 없을 때, 심지어 무엇을 위하여 기도해야 할지도 알 수 없을 때 그 때가 바로 방언으로 기도하기 좋은 때입니다. 우리 안에 거하시는 성령은 방언기도를 통해서 우리로 하여금 탄식하게 하시고 간구하게 하시며 애통하게 하시며 기도의 감동을 일으키십니다.

우리가 기도해야 할 방향과 내용이 명확할 때가 있습니다. 자식을 얻기 위하여 혼신의 힘을 다해서 기도하였던 한나의 기도가 그와 같은 경우입니다. 그녀는 기도해야 할 것이 너무나 선명하고 간절해서 탈진할 정도로 열심히 기도를 드렸습니다. 우리가 드리는 기도의 방향이 그처럼 명확할 때 우리는 마음을 사용해서 간절히 기도할 수 있습니다. 그 때도 방언으로 기도할 수 있지만 이때는 방언기도가 주가 아니며 마음으로 드리는 기도에 힘을 얻기 위한 보조적인 용도로만 방언을 사용할 것입니다.

그러나 때로는 전혀 기도의 방향이 잡히지 않을 때가 있습니다. 기도를 하기는 해야 하는데, 해야 할 것 같은데, 무엇을 위해서 기도해야 하는지, 어떻게 기도해야 하는지 알 수 없습니다. 그럴 때가 있습니다.

이성은 지식과 정보의 한계를 가지고 있다

우리의 이성은 한계를 가지고 있습니다. 우리의 마음은 미래를 알 수 없으며 보이는 환경과 상황의 지배를 받습니다. 만약에, 우리가 한 시간 후에 어떤 사고를 당하게 된다거나, 어떤 위기에 처하게 된다면, 지금 우리를 향하여 어떤 위기가 다가오고 있다면, 우리가 그것을 알 수 있다면 우리는 그러한 위기에서의 도움을 위하여 기도할 것입니다.

하지만 우리는 그것을 알 수 없습니다. 우리의 이성은 온전하지 않으며 지식과 정보에 있어서 한계를 가지고 있기 때문입니다. 이성은 물질세계에서 오는 정보만을 알 수 있습니다. 이성의 마음은 미래의 일을 알 수 없으며 보이는 환경을 넘어선 지식을 가지고 있지 않습니다. 이성은 영적인 세계로부터 오는 메시지와 신호를 감지하지 못합니다.

그러나 우리의 영은 다릅니다. 우리의 영은 영적세계를 감지합니다. 그렇기 때문에 우리의 영은 하나님의 임재 앞에서 엎드러지며 기쁨과 평강을 경험하며 악한 영의 임재 앞에서 불안하고 불편하고 무엇인가 잘못되었다는 느낌을 얻게 됩니다. 그러므로 우리의 마음은 환경이 좋을 때 즐겁고 환경이나 뉴스의 소식이 좋지 않을 때 불편하지만, 우리의 영은 환경과 상관없이 주의 임재가 가까이 있을 때 행복하고 환경이 아무리 좋아도 주님이 기뻐하지 않으실 때나 악한 영들이 가까이 있을 때 고통을 느끼게 되는 것입니다.

이성이 한계에 부딪칠 때, 그 때는 영으로 기도할 때입니다. 기도의 감동을 느끼지만 어떻게 기도해야 할지 모를 때 그때는 영으로, 방언으로 기도해야 할 때입니다.

깊은 속에서 경고가 올 때가 있다

어느 집사님이 버스를 타고 가고 있는데 갑자기 깊은 속에 아주 불편한 느낌이 들었습니다. 무엇인가 불안하고 잘못되었다는 것을 느꼈지만 그것이 무엇인지 알 수 없었습니다. 그녀는 그럴 때가 방언으로 기도할 때라는 것을 알고 있었습니다.

버스 안에서는 기도할 수가 없었으므로 그녀는 무작정 버스를 내렸습니다. 그녀가 버스에서 내린 곳은 서울 용산의 갈월동 근처였는데 그녀는 버스에서 내렸지만 주위에는 기도할 곳이 없었습니다. 하지만 마음속의 불안한 마음은 점점 커져서 그녀는 여유 있게 기도처를 찾을 수 없었습니다.

급한 마음에 그녀는 굴다리 밑에서 기도하기 시작했습니다. 그녀는 무작정 방언으로 기도하기 시작했습니다. 그렇게 한참을 기도하고 나자 마음에 평안이 밀려 왔습니다. 바로 그것이 기도가 끝나는 시점을 보여주는 것입니다. 이제 문제는 끝났으니 기도를 멈추어도 된다는 신호로 영에는 평안이 몰려옵니다. 이때는 찬양을 하고 감사를 드리면 됩니다.

그녀는 자리에서 일어나 여러 가지 일을 보고 집으로 돌아갔는데, 집에 도착하자 깜짝 놀랐습니다. 도둑이 들어서 방안의 물건들이 온통 흩어져 있었던 것입니다. 그러나 도둑은 이것저것 뒤지기만 했지 아무 것도 가져가지 못했습니다. 바로 근처에 중요한 것들이 있었는데도 말입니다. 도둑이 들었던 시간에 그녀의 이성은 그것을 알 수 없었지만 그녀의 영은 그것을 감지하고 경고했던 것입니다.

나는 이와 비슷한 이야기를 나의 책 '아름답고 행복한 기도의 세계' 에서 나눈 적이 있습니다. 가까운 지인에게 들었던 이야기입니다.

어느 교회의 사모님이 고속버스를 탔는데, 그녀의 옆자리에는 초라한 행색의 아주머니가 타고 있었습니다. 그런데 차가 고속도로에 들어섰는데 갑자기 이 아주머니가 '달달달 돌돌돌' 거리며 방언기도를 시작하는 것이었습니다.

사모님은 아무데서나 티를 내고 기도하는 그녀가 어처구니도 없고 기분도 좋지 않았는데, 그녀가 짐을 들고 나가더니 기사에게로 가서 버스에서 내리겠다고 하는 것입니다. 물론 그녀는 내리지 못했고 기사에게 한참 야단만 맞고 자리로 돌아왔습니다. 사모님은 예수 망신을 다 시키는 이 아주머니 때문에 더 기분이 상했는데, 자리로 돌아온 아주머니는 더 열심히 기도를 하더니 다시 기사에게로 가서 막무가내로 내리겠다고 하여 결국 기사는 투덜거리며 그녀를 내려주었습니다.

그리고 나서 얼마 후에 버스는 사고를 냈는데, 큰 사고는 아니어서 사모님은 가벼운 부상을 입었지만 그보다 더 큰 부상을 마음에 입었습니다. '주님.. 왜 그녀에게는 가르쳐주시고 저에게는 경고를 해주시지 않는 거예요? 제가 사모인데요..' 하고 그녀는 속이 상했던 것입니다.

그것은 그녀의 오해입니다. 주님은 항상 모든 이들에게 말씀하십니다. 다만 그 신호를 감지하는 사람이 있고 감지하지 않는 사람이 있을 뿐입니다. 그것은 듣지 못하는 것이 아니고 듣지 않는 것입니다.

내부의 영감이 기도하도록 경고한다

방언을 많이 하는 이들은 이러한 내적인 영감이 발달하게 됩니다. 그러므로 그러한 신호를 자주 감지합니다. 내게도 청년 시절에 비슷한 일을 겪었던 것이 기억납니다.

버스를 탔는데, 나는 당시에 어디서나 항상 방언을 했었는데, 너무나 마음이 불안하고 좋지 않았습니다. 나는 앞의 아주머니처럼 방언을 하다가 그냥 도중에 내렸고, 한참을 기다려 다음번 버스를 타고 갔는데 가는 도중에 길 한복판에 내가 타고 있었던 버스가 정차하고 있는 것을 보았습니다. 버스 안에는 사람이 하나도 없었고 버스에서는 연기가 피어오르고 있었습니다. 아마 운행 중에 사고가 있었거나 고장을 일으켜 사람들이 대피한 것 같았습니다.

방언을 많이 하면 이성으로는 설명할 수 없는 이러한 느낌을 받을 때가 더러 있습니다. 그래서 경험이 반복되면서 내적인 느낌이 발달하게 되어 분별력이나 직관력이 증가되는 것입니다.

한번은 어느 자매가 자기 가족의 이야기를 하면서 어느 장소에 약국을 차렸다고 하는 것이었습니다. 그녀의 이야기를 듣는 중에 마음속에 갑자기 '엘림'이라는 단어가 떠오르는 것이었습니다. 그래서 대화를 나누는 중에 "약국 이름을 '엘림'이라고 지었나요?" 하고 물었는데 눈이 동그래지면서 "어떻게 아셨어요? '엘림약국' 맞아요." 하는 것이었습니다. 이처럼 영에서 오는 직관은 이성으로 추리할 수 있는 아무런 근거가 없어도 갑자기 나타나게 됩니다.

몇 년 전에 이런 일이 있었습니다. 책을 만드는 데 필요한 필름을 출력하기 위해서 차를 타고 충무로로 가고 있는데 그날따라 영구차가 계속 차의 앞에서 진행하고 있었습니다. 그런데 마음이 얼마나 불안하고 초조했는지 모릅니다. 이상하게도 마치 죽음의 길을 따라 가고 있는 것 같았습니다.

사실 그전에 영구차나 소방차나 응급차를 수도 없이 보고 지나쳤지만 아무런 느낌도 없었습니다. 그러나 이날은 달랐습니다. 가슴이 오그라드는 것 같았습니다. 그래서 나는 속으로 계속 기도하면서 갔습니다.

'주님.. 제발 저 차와 다음 도로에서 헤어지게 해주세요..'

그러나 다음 도로에서도 여전히 그 차는 앞서서 갔습니다. 그 다음 도로에서도 마찬가지였습니다. 나는 불안한 마음에 계속 기도하면서 갔고 드디어 세 번째 도로에서 그 차와 헤어지게 되었습니다. 나도 모르게 속으로 되뇌었습니다.

'휴.. 살았다. 이제 죽음은 면했다..'

내가 왜 그렇게 생각했는지 나도 알 수 없었습니다. 그리고 이 느낌이 아들 주원이와 관련이 있다고는 전혀 생각하지 못했습니다.

이상하게도 그 즈음에는 영적인 느낌이 참 좋지 않아서 아들에게 여러 번 위험하다고 조심하라고 경고를 했었습니다. 아들이 길 위에 쓰러져 있는 꿈을 아내도 꾸었고 나도 꾸었습니다. 그러나 이 날 영구차로 인하여 좀 더 분명하게 경고하면서 대비해야 할 것을 말씀하시는 것을 나는 그 때까지 알지 못하고 있었습니다.

하지만 무엇인가 불안했기 때문에 나는 그 날 방언을 하면서 보냈습니다. 완전하게 평안이 온 것은 아니었지만, 대체로 괜찮았기 때문에 나는 지나가버렸습니다.

　사고의 소식을 들은 것은 다음날 밤이었습니다. 경찰에서 전화가 와서 아들이 사고가 났다고 알려주었습니다. 전화를 받으면서 아내가 너무 놀랐기 때문에 나는 아들이 하늘나라에 간 것으로 생각하고 조용히 아들의 영혼을 주님께 의탁하고 감사와 경배를 드렸습니다.

　그러나 아내의 이야기를 들어보니 그런 상황은 아니었습니다. 아들은 자전거를 타고 가다가 트럭에 머리를 치어서 길에 쓰러져 의식을 잃었고 응급실로 가고 있는 상황이었습니다. 나는 울고 있는 아내를 위로하면서 응급실로 갔습니다. 머리가 부분적으로 깨지고 이빨도 여러 개가 부러져서 피투성이가 된 아들은 그래도 부모를 보고 미소를 지었습니다.

　"히.. 이렇게 살아 있잖아요. 울지 말아요. 엄마.."

　여러 어려운 상황이 있었지만 아들은 몇 주 후에 건강하게 회복되어 퇴원했습니다. 그것은 기적 같은 상황이었습니다. 거의 죽을 수 있는 상황이었고 이 정도로 후유증 없이 회복된 것은 놀라운 일이었습니다. 천사가 보호해주었다고 할 수 밖에 없었습니다. 그 기간 동안 우리 가족은 많은 눈물을 흘렸지만 또한 동시에 많은 은혜와 위로가 있었던 순간이었습니다.

　분명한 것은 사고가 나기 전에 불편한 마음이 계속 있었고 그것을 위하여 기도하게 되었다는 것입니다. 사고가 나기 며칠 전에도 나는 '아들아, 위험하다. 위험하다.. 조심해라.' 하고 반복해서 말했습니다. 아내는 아들에게 자전거를 타지 말라고 여러 번 말했습니다. 사고가 나기 얼마 전에도 자전거를 탈 때는 절대로 귀에 리시버를 꽂지 말라고 여러 번 경고했습니다.

　아들이 부모의 이야기를 주의 깊게 들었다면 사고를 피할 수 있었을 것입니다. 사고가 난 것도 귀에 리시버를 꽂고 음악을 듣고 있다가 트럭의 빵빵 소리를 못 듣고 난 것이기 때문입니다. 그 이후 아들은 부모의 사소한 이야기도 놓치지 않고 순종하는 습관이 생겼습니다.

사건이 마무리된 후 나는 의문을 가지게 되었습니다. 내가 방언으로 좀 더 충분히, 충분히 기도했다면 이런 사고도 피할 수 있었을까? 아니면 사고는 어쩔 수 없는 것이었고 이 정도로 그친 것이 최선이었을까? 돌이켜 생각하면 내적인 예감이나 경고에 대해서 그리 무겁게 생각하지 않고 기도를 중단해버린 것이 가슴 아프게 여겨지는 면도 있었습니다.

그러나 이러한 의문은 아무리 생각해도, 또 기도해도 답을 얻을 수 없는 문제였습니다. 기도하면서 슬퍼하면서 질문을 던질 때 주님은 선명한 답을 주시지 않고 위로를 주실 뿐이었습니다. 나는 그분의 사랑과 친절함과 위로하시는 마음을 느꼈고 평안을 얻었지만 명백한 답을 얻을 수 없었습니다.

모든 비밀, 모든 열쇠는 오직 하나님이 가지고 계십니다. 우리가 할 수 있는 것은 감사하고 순종하는 일 뿐입니다. 우리는 모르는 것에 대해서는 모를 뿐이며 아는 것에 대해서는 순종하면 됩니다. 나는 질문을 그치고 감사했습니다.

영은 멀리 떨어진 상황에서도 상대방을 느낀다

아들 주원이가 군에 입대할 때도 비슷한 상황이 있었습니다. 아들은 겉으로 아무렇지도 않은 듯이 웃고 장난을 치고 갔지만 속에는 많은 불안과 긴장이 있는 것을 느낄 수 있었습니다. 나와 아내는 아들을 위하여 기도하면서 아들의 심령과 그대로 연결되어 있는 것이 느껴졌습니다. 아들의 마음 상태가 시시각각으로 전해졌습니다. 아들이 마음이 평안하면 우리도 평안했고 아들의 마음이 외롭거나 불편하고 힘들면 우리는 똑같이 고통을 느꼈습니다. 방언기도를 많이 하는 이들은 사람이 멀리 떨어져 있어도 마치 그 표정이 눈에 보이는 것같이 상대의 현재 상태가 느껴지곤 합니다. 바울도 이와 비슷한 말씀을 한 적이 있습니다.

"내가 실로 몸으로는 떠나 있으나 영으로는 함께 있어서 거기 있는 것같이 이런 일 행한 자를 이미 판단하였노라 주 예수의 이름으로 너희가 내 영과 함께 모여서.." (고전5:3-4)

멀리 떨어져 있는 곳에서 다른 사람의 상태나 상황을 감지하는 것은 영의 한 기능입니다. 영의 감각이 발전할수록 이러한 기능은 섬세해집니다.

아들 주원이를 위하여 기도하던 중 갑자기 마음이 심하게 불편해지던 때가 있었습니다. 너무 불안하고 고통스러웠습니다. 선명한 경고가 담긴 악몽을 꾸었습니다. 불안감이 너무 심해서 도저히 잠을 이룰 수가 없었습니다.

나는 아내에게 꿈 이야기를 한 후 밤새 기도했습니다. 방언으로 기도하고 찬양을 하면서 밤을 보냈습니다. 어느 순간에 '이제 되었다' 는 느낌이 들었고 평안이 밀려 왔습니다. 나는 비로소 안심하고 잠이 들었습니다.

나중에 이야기를 들으니 이 때 아들은 갑자기 몸이 아프고 심하게 열이 나서 의무대에 며칠 입원을 하게 되었으나 더 이상 심해지지 않고 회복되어 간신히 낙오하지 않고 훈련을 마치게 되었다고 합니다. 아들은 낙오에 대한 걱정과 두려움이 있었고, 그러한 마음이 나의 영에게 전달된 것 같았습니다. 내적인 불편함이 있었고 위기감이 있었지만 기도 후에 별일이 없이 지나갔기 때문에 안심이 되었습니다. 우리는 영감을 주시고 기도를 들으신 주님께 감사했습니다.

내부의 경고에도 기도하지 않는다면

이런 비슷한 경험들은 많이 있었습니다. 이성의 마음으로는 알 수 없었지만, 무엇인가 깊은 속에서 불안하고 불편한 느낌이 있었고, 그래서 방언으로 충분히 기도한 후에 평안을 얻고, 아무 일 없이 지나가게 되는 일이 많이 있었습니다. 내면에서 불편함을 느껴서 기도를 했고 그리고 나면 평안이 왔습니다. 그리고 그 결과 별 문제는 일어나지 않았습니다.

그런데 그렇게 경고를 받고 기도해서 별 다른 문제가 생기지 않았지만 만약 그 때 기도하지 않았으면 어떻게 되었을까요? 그것을 아는 것은 어려운 일입니다. 일어나지 않은 일에 대해서 예상하는 것은 쉬운 일이 아니기 때문입니다.

그런데 그것을 알 수 있는, 하나의 힌트를 얻을 수 있는 사건이 있었습니다. 불편한 감동이 있는데, 그것을 그냥 내버려두고 기도하지 않을 때 어떤 일이 생기는지 이해할 수 있는 사건이 있었습니다.

목회 사역을 하고 있을 때였는데, 어느 날 오후에 갑자기 불편한 마음이 속에서 일어났습니다. 말로 표현하기 어려운, 불안한 느낌인 것 같기도 하고, 무엇인가 허전하고 아주 황량한.. 묘한 마음이었습니다. 환경에는 특별히 문제가 될 만한 일이 아무 것도 없었습니다.

그러한 불편한 느낌을 왜 그냥 지나쳤는지는 잘 기억이 안 나지만, 아무튼 나는 평소처럼 기도를 하거나 방언을 하면서 인도를 구해야했었는데, 그냥 불편한 마음을 느끼면서도 무심코 지나치고 말았습니다.

'그저 지나가는 감정이겠지..' 하고 지나쳐버렸습니다. 아마 몸이 조금 피곤했었던 것 같습니다. 내면에서 일어나는 불편한 느낌은 내가 그저 무시를 해버리자 얼마동안 가슴을 답답하게 하더니 차츰 사라져버렸습니다. 나는 그 상황을 잊어버렸습니다.

그 다음날 기도하러 오전에 교회에 갔다가 깜짝 놀라고 말았습니다. 그 때 교회는 지하의 공간을 임대해서 사용하고 있었는데 정전이 되어 캄캄했습니다. 스위치를 눌러도 불이 들어오지 않았습니다. 이상한 느낌으로 교회에 들어가다가 더 깜짝 놀라게 되었습니다. 교회 안에는 물이 가득 차 있었습니다. 이미 무릎까지 물이 잠겨 있었습니다. 캄캄한 가운데 어디선가 물이 떨어지는 소리가 힘차게 들려왔습니다.

나는 그때야 비로소 상황을 알게 되었습니다. 그 소리는 주방의 수도에서 물이 떨어지고 있는 소리였습니다. 누군가 수도를 사용한 후에 물을 잠그지 않아서 밤새도록 물이 바닥에 쏟아졌고 그 과정에서 누전차단기가 내려가서 정전이 되었던 것입니다.

나는 어둠 속에서 주방으로 걸어가 수도를 잠그고 물을 퍼내기 시작했습니다. 전기가 작동하지 않았기 때문에 많은 물들을 양동이로 퍼낼 수밖에 없었습니다. 물을 다 처리하는 데는 거의 하루 종일이 걸렸고 손상된 전기제품들을 수리하고 버리고, 처리하는 데에는 여러 날이 걸렸습니다.

나중에 알게 된 일이었지만, 그 날 여집사들이 교회에서 기도를 하다가 한 분이 물을 쓸 일이 있어서 수도를 틀었는데, 잠깐 고장이 난 상태였는지 물이 나오지 않았습니다. 그러면 물이 나오지 않았어도 수도를 잠그고 나와야했었는데, 꼭지를 열어둔 상태에서 그냥 나왔고 그들이 다 나간 후에 물이 나오기 시작했던 것입니다. 그들의 이야기를 들어보니 그들이 교회에서 나간 시간과 내가 불편하고 불안한 느낌을 받기 시작했던 시간은 거의 일치하였습니다.

　나의 마음, 나의 의식은 그러한 사정을 알 리가 없었습니다. 지금 어디서 물이 쏟아지고 있는지 보이지 않고 들리지 않는 한 알 길이 없습니다. 그러나 나의 영은 그것을 느끼고 경고를 했던 것입니다. 우리의 겉사람, 이성은 한정적인 지식을 가지고 있습니다. 그러나 우리의 내면, 우리의 영은 보다 많은 정보와 지식을 가지고 있습니다.

　나는 이와 비슷한 위기의식이나 불안감이나 기도의 필요성을 느낀 적이 많이 있었습니다. 그 때마다 기도하고 방언을 하면 어느 정도 시간이 지난 후에 불편한 마음은 사라졌고 아무 일도 일어나지 않았습니다.

　이제 이 경험을 통해서 만약 그 때 기도하지 않았다면, 내면의 위기의식과 경고를 그냥 지나쳤다면 문제가 생길 수도 있었을 것이라는 사실을 알 수 있었습니다. 나는 이 사건을 통하여 별로 합리적으로 보이지 않는 느낌이나 감동에 대해서도 좀 더 깨어있고 분별해야겠다는 교훈을 얻었습니다.

불안감을 느낄 때 방언으로 기도하라

　우리의 이성으로 파악하기 어려운 상황에 있을 때, 우리는 방언기도를 효율적으로 사용할 수 있습니다. 불안감을 느낄 때, 어찌해야 할지 알 수 없을 때 우리는 주님의 인도하심을 구하면서 방언으로 기도할 수 있습니다. 방언을 하면서 우리는 점차 마음에 평안을 얻게 되고, 어느 순간이 되면 마음에 평화가 오면서 문제가 사라진 것을 느끼게 됩니다. 그 때 우리는 더 이상 간구를 드리지 않고 감사와 경배를 드리게 됩니다.

방언기도는 이와 같이 위기상황에서의 경고가 있을 때만 드리는 것일까요? 아닙니다. 우리의 이성, 마음이 어떻게 기도해야 할지 모를 때 방언기도를 유용하게 사용할 수 있습니다.

다른 이를 위해서 기도할 때, 상대의 사정을 모르고 기도해야 할 때, 방언기도는 유용합니다. 어떤 상황이 있는데, 어떻게 기도해야 할지 알 수 없을 때 방언기도는 유용합니다.

우리는 주의 인도하심을 기대하면서 방언으로 기도를 드리기 시작합니다. 한참 방언으로 기도하다보면 어떤 흐름을 느끼게 됩니다. 무엇인가 불편한 마음을 느끼고 악한 영의 개입을 느끼게 되어 강하게 악한 영을 대적하고 결박하는 기도를 드리게 될 수도 있습니다.

어떤 벽이 있는데, 그것을 부숴야겠다는 느낌을 받을 수도 있습니다. 상대의 영이 너무 근심과 두려움에 잡혀 있기 때문에 그것을 회복시키기 위해서 축복하고 주님께 의탁하는 기도를 드려야겠다는 감동을 받을 수도 있습니다. 충분히 기도를 드리는 가운데 기쁨과 감사가 나오기도 합니다. 그것은 우리의 기도가 받아들여졌으며 상황이 호전되어가고 있음을 보여줍니다.

음악을 통하여 영감을 얻었던 엘리사

선지자 엘리사는 어느 날 이스라엘 왕과 유다 왕과 모압 왕의 방문을 받았습니다. 그들은 전쟁에 대한 하나님의 뜻을 묻기 위하여 찾아왔습니다. 그러나 엘리사는 이스라엘 왕 여호람을 인하여 마음이 불편하였습니다. 엘리사는 그에게 냉정하게 대하였습니다.

"엘리사가 이스라엘 왕에게 이르되 내가 당신과 무슨 상관이 있나이까 당신의 부친의 선지자들과 당신의 모친의 선지자들에게로 가소서 하니 이스라엘 왕이 그에게 이르되 그렇지 아니하니이다 여호와께서 이 세 왕을 불러 모아 모압의 손에 넘기려 하시나이다 하니라 엘리사가 이르되 내가 섬기는 만군의 여호와께서 살아 계심을 두고 맹세하노니 내가 만일 유다의 왕 여호사밧의 얼굴을 봄이 아니면 그 앞에서 당신을 향하지도 아니하고 보지도 아니하였으리이다" (왕하3:13-14)

여호람은 엘리사의 냉대에 겸손한 태도로 도움을 요청했지만 엘리사는 여전히 불편하였고 영감이 오지 않았습니다. 그는 영감을 회복하기 위하여 하나의 방법을 사용하였습니다.

"이제 내게로 거문고 탈 자를 불러오소서 하니라 거문고 타는 자가 거문고를 탈 때에 여호와의 손이 엘리사 위에 있더니 그가 이르되 여호와의 말씀이 이 골짜기에 개천을 많이 파라 하셨나이다" (왕하3:15-16)

엘리사는 예언의 영감이 오지 않을 때 악기와 음악을 사용하였습니다. 거문고를 타는 자는 아마 하나님께 대한 찬양을 드린 것 같습니다. 찬양의 음악을 들을 때 그의 영감은 고양되어서 성령에 감동되었고 하나님으로부터 나오는 예언의 메시지를 받고 전달할 수 있었습니다.

방언도 기도의 영감을 일으킨다

　방언은 이와 비슷하게 영적감동을 우리에게 일으킵니다. 엘리사가 영감이 오지 않을 때 음악을 사용하여 영감을 얻었던 것처럼, 방언기도는 영감을 일으키는 작용을 하는 것입니다. 우리가 어떻게 기도해야 할지 알 수 없을 때, 영감받기를 원할 때 방언으로 기도하는 것은 유익하고 효과적입니다.
　우리는 잠시 방언으로 기도한 후에 어떻게 기도해야 할지, 어디로 가야할지 방향을 잡게 됩니다. 방언은 영의 기도이기 때문에 방언을 통하여 영감이 일어나고 충만해지는 것은 당연한 일입니다. 우리의 영은 이성의 마음이 이해할 수 없는 감동을 받고 그 감동을 따라 기도하게 됩니다.
　우리는 방언을 하면서 찬양해야 하는지, 울부짖고 부르짖어야 하는지, 대적해야 하는지, 믿음을 고백하고 선포해야 하는지 영으로 느끼게 됩니다. 그리고 그 감동을 따라 기도했을 때 우리는 시원함과 회복을 느끼게 됩니다. 우리의 기도가 성공적이라면 우리는 기쁨과 자유함을 느끼게 됩니다.
　그러나 아직 기도가 충분히 이루어진 것이 아니라면, 전쟁이 끝난 것이 아니라면, 또는 기도의 방향이 제대로 잡힌 것이 아니라면 우리는 여전히 불편하고 자유롭지 않은 느낌을 얻게 됩니다. 그 때는 아직 기도가 끝난 것이 아니며 우리는 영이 해방될 때까지 좀 더 기도에 힘써야 합니다.
　이러한 기도의 과정에서 우리의 마음은 아무 것도 알 수 없지만 우리의 기도를 통하여 영계에서 많은 역사와 전쟁과 사역이 진행되어 가고 있는 것입니다.

영감을 따라서 기도하는 것이 좋은 기도이다

사람들은 대부분 기도할 때 자기 마음의 생각과 감정과 필요에 의해서 기도합니다. 하나님의 필요보다는 자기의 필요에 의해서 기도합니다.

기도를 하면서 어떤 식으로, 어떤 방향으로 기도할 것을 미리 마음속에 정해놓고 하는 경우가 많습니다. 수첩에 빼곡하게 적어놓은 기도 제목의 순서에 따라 하기도 하고 평소에 자기가 하는 기도의 순서대로 하기도 합니다. 어떤 형제에게 이런 이야기를 들은 적이 있습니다.

"저의 기도는 항상 똑같아요. 일정한 순서에 의해서 진행되죠. 날마다 같은 순서에 따라 같은 기도를 반복해요. 그래서 걸리는 시간도 거의 같죠. 그런데 이렇게 날마다 똑같은 기도를 드리는 것이 녹음기에 기도를 녹음해놓고 날마다 틀어놓는 것과 무슨 차이가 있는지 모르겠어요."

그에게 있어서 기도는 일종의 노동과 같은 것이었습니다. 그는 날마다 똑같은 코스의 길을 산책하듯이 습관적인 패턴으로 기도해왔습니다. 나는 그에게 기계적인 기도가 아닌, 주님과 인격적인 교제를 나누는 기도, 듣는 기도와 기다리는 기도 등 성령의 인도 속에서 드리는 기도에 대해서 조언해주었습니다.

영의 기도는 우리 마음을 따라 드리는 기도가 아니라 영의 감동, 성령의 인도를 따라 드리는 기도입니다. 그것은 내 생각으로 기도하는 것이 아니라 성령께 이끌려서 드리는 기도입니다. 우리의 생각과 계획을 따라 기도하는 것은 지루할 수도 있고 어느 순간에 한계가 올 수도 있습니다. 그러나 성령께 이끌려 드리는 기도에는 기쁨과 감동과 자유함이 있습니다. 그리고 거기에는 풍성한 열매와 결실이 따릅니다.

우리는 성장할수록 자기의 필요에 의한 기도, 자기의 마음이 내키는 대로 하는 기도보다 하나님의 필요에 의한 기도, 성령의 감동과 인도를 따라 기도하는 것을 즐기게 됩니다. 그러한 기도에 익숙해질수록 깊은 기쁨과 성취감을 누리게 됩니다.

우리 마음을 따라 드리는 기도도 아름다운 것이지만 내적인 감동과 인도하심을 따라 드리는 기도는 우리에게 더 많은 기쁨과 열매를 줍니다.

영감과 성숙은 비례하는 것은 아니다

나는 언젠가 첫 인상에 영감이 아주 민감한 것으로 느껴지는 자매를 만난 적이 있었습니다. 그녀는 예언적이고 중보적인 사명이 있는 것으로 느껴졌습니다.

잠시 대화를 나누어보니 그녀는 그다지 깊이 주님께 헌신된 상태는 아닌 것 같았습니다. 그러나 기도와 중보에 대한 부르심이 많이 느껴졌습니다. 그래서 나는 물었습니다.

"자매님, 혹시 기도를 드리는 중에 기도가 자기 마음대로 안 되고 엉뚱한 방향으로 가곤 하는 것을 경험한 적이 있나요?"

그녀는 나의 말에 고개를 흔들었습니다.

"목사님.. 그런 적이 한 두 번이 아니에요. 정말 미치겠어요.."

그녀는 기다렸다는 듯이 자기의 경험을 쏟아놓기 시작했습니다.

"제가 중요한 기도 제목이 있었거든요. 그 기도를 하려고 했어요. 그런데 갑자기 큰아버지 기도가 나오는 거예요. 하고 싶지 않은데,

그냥 무조건 큰아버지 기도가 나와요. 할 수 없이 방언으로 계속 기도를 했어요. 큰아버지에게 무슨 일이 있는 지도 모르구요. 한참을 하다가 멈추었는데, 큰어머니에게서 전화가 왔어요. 방금 고속도로에서 사고가 났는데, 정말 아슬아슬하게 위기를 모면했다고, 신기하다고 하면서요. 그런데 이런 일이 너무 많아요. 정말 속이 상해요. 제가 하고 싶은 기도는 거의 못 하고 어떤 때는 전혀 알지도 못하는 선교사님을 위해서 한참을 기도해야 하고.. 그러다가 기도가 그냥 끝나버려요. 정말 답답해요.."

나는 웃으면서 그녀를 격려해주었습니다. 자매는 중보기도의 부르심이 있는 것이라고.. 개인적으로는 답답하게 느껴져도, 그 기도를 통해서 사람들을 돕고 하나님의 뜻을 이루는 것이므로 개인적인 필요가 채워지는 것보다 더 아름다운 일이며 그렇게 하나님의 도구로 쓰이는 것을 감사해야 한다고..

다만 영이 너무 예민해서 악한 세력의 공격을 받기 쉽기 때문에 안정된 마음을 가지고 항상 감사하고 사랑하면서 살아야 한다고.. 그래야 어둠의 영들에게 틈을 주지 않는다고.. 여러 가지로 격려해 주었습니다.

그녀는 개인적으로는 답답하다고 여겨지는 일이 사람을 돕는 하나님의 통로가 되는 아름다운 것이라고 격려를 받자 몹시 기뻐하였습니다.

영감이 예민한 것과 영적성숙은 같은 것이라고 할 수 없습니다. 헌신되고 자신을 드려서 온전히 주님의 통로가 되기를 원하지만 영의 감각이 둔한 사람도 있으며, 영감이 예민하지만 충분히 자라지 않아서 주님을 섬기고 다른 이들을 섬기는 것을 귀찮고 부담스럽게 여기는 이들도 있습니다.

영적으로 성장할수록 나의 소원보다는 주님의 소원이 이루어짐을 사모하게 됩니다. 그러므로 내가 드리고 싶어 하는 기도보다는 나의 기도가 주님께 사로잡히고 이끌리게 되기를 원하게 되는 것입니다.

아직 충분히 자라지 않아서 주님께 사로잡히고 이끌리는 것을 부담스러워하는 이들도 있겠지만, 그러나 진정한 기쁨은 우리가 행하는 것이 아니며 우리 안에서 주님이 행하시는 것입니다. 우리가 사는 것이 아니라 우리 안에서 주님이 사시는 것입니다. 나는 없고 주님이 있을 때 그것이 곧 행복이고 자유입니다.

청년 시절 친구와 함께 서해안의 작은 섬 교회에 방문한 적이 있었습니다. 그곳에는 평생을 기도로 사신 할머니 전도사님이 계셨습니다. 그녀는 많은 지식을 가지고 있지 않았지만 기도의 용사였으며 오직 기도로 주위의 섬 십여 개에 교회를 세웠습니다. 그녀는 기도를 시작하면 여덟 시간을 연속해서 기도하기도 했습니다.

우리가 섬에 방문했을 때 할머니가 나와서 기다리고 계셨습니다. 우리는 연락 없이 방문한 것이었기 때문에 그녀가 어떻게 알고 나왔는지 의아했습니다. 할머니 전도사님은 대답하셨습니다.

"오늘 새벽에 기도하는데 주님이 가르쳐주시데.. 전도사님들이 오신다고.."

그녀는 아무렇지도 않은 듯이 대답하였습니다. 그녀에게 이러한 일은 일상적인 일이었습니다. 그녀는 가끔 이렇게 말하곤 했습니다.

"주님이 오늘은 어찌나 기도를 많이 시키시는지.. 주님도 바쁘신가벼.."

그녀는 단순한 할머니였지만 주님을 가까이 잘 알고 교제하는 기도의 사람이었습니다. 깊은 기도를 통한 주님과의 친밀감.. 그것은 경험한 자들만이 알 수 있는 만족이고 누림인 것입니다.

영으로 이끌림을 받는 기도

방언기도를 드릴수록 우리는 마음에 따라 기도하지 않고 영으로 이끌림을 받는 기도에 익숙해지게 됩니다. 우리가 기도를 이끌어가지 않고 주님께서 기도를 이끌어 가십니다. 그리고 그것은 기도의 진정한 행복입니다. 우리는 어떻게 기도해야 할지 모르지만 주님은 아십니다. 그러므로 우리의 기도를 이끌고 인도하십니다. 기도는 우리의 소원, 우리의 목적을 이루는 것이 아니라 주님의 소원과 목적을 이루는 도구이기 때문입니다.

우리가 드리고 싶은 기도가 아니라 주님이 원하시는 기도를 드리고 싶을 때 방언기도는 우리에게 유익합니다. 주님이 무엇을 원하시는지 알지 못할 때, 방언기도는 우리에게 유익합니다. 그것은 우리의 영을 열어 주님이 원하시는 곳으로 우리를 이끌어갑니다.

이 순서를 주목해보십시오.

"내가 만일 방언으로 기도하면 나의 영이 기도하거니와 나의 마음은 열매를 맺지 못하리라 그러면 어떻게 할까 내가 영으로 기도하고 또 마음으로 기도하며 내가 영으로 찬송하고 또 마음으로 찬송하리라"(고전 14:14-15)

영이 먼저 움직이고 마음이 따라가야 한다

기도의 순서는 먼저 영의 기도이며 그 다음이 마음의 기도입니다. 먼저 영의 찬양이며 그 다음이 마음의 찬양입니다. 우리는 영으로 기도하면서 감동을 받아 마음으로 기도하게 됩니다. 우리의 마음이 영에 의해서 인도를 받고 감동을 얻어서 나아가게 되는 것입니다. 그래서 우리는 때를 따라 간구하고, 대적하고, 기뻐하고 감사하고 찬양하며 믿음을 선포하고 사랑을 고백합니다. 우리는 마땅히 기도할 바를 모르지만 그 영감과 감동을 따라 우리의 기도를 주님께 올려드리게 됩니다.

마음이 해야 할 일을 영이 하지는 않는다

방언기도는 영의 감동을 일으켜 이성이 할 수 없는 것을 도와줍니다. 그러나 여기서 중요한 부분이 있습니다. 영은 이성의 마음이 할 수 없는 것을 돕는 것이지 마음으로 할 수 있는 일을 돕지는 않는다는 것입니다.

예를 들어서 내일이 시험인데 시험공부를 하지 않고 밤새 방언으로 기도했다면 어떻게 될까요? 물론 시험을 망칠 것입니다. 영이 이성의 해야 할 부분을 대신해주지는 않습니다.

성령의 권능으로 유명한 최권능 목사님이 신학교를 다니면서 공부가 너무 어려워서 시험 전날에 산에 가서 밤새 부르짖어 기도하고 다음날 시험을 치렀으나 여전히 아무 것도 알 수가 없었습니다. 그가 시험을 치른 후에 "성령님도 시험에는 꼼짝 못하신다"고 말씀하셨다는 것은 유명한 일화입니다.

공부는 마음과 이성으로 하는 것이지 영으로 하는 것이 아닙니다. 물론 공부에 어려움이 있어서 이성의 한계를 느낄 때 영으로 도움을 청하는 기도를 드릴 수는 있습니다.

공부에 대한 부담이나 두려움이나 영적 억압이 있어서 공부에 어려움을 겪을 때 방해를 결박하는 기도를 드릴 수 있습니다. 사실 많은 학생들이 공부할 때 악한 영의 억압을 통해서 공부를 하지 못하고 집중이 되지 않고 다른 것으로 도피하는 일들이 많이 있습니다. 그럴 경우에는 방언으로 기도하며 악한 영을 결박하고 대적하고 나서 공부하면 공부도 집중도 잘 되는 것을 경험하게 됩니다. 이런 경우에는 공부는 마음으로 하는 것이지만 영의 기도를 통하여 마음으로 하는 일을 도울 수 있습니다.

방언기도에는 회복과 치유가 있다

방언기도에는 능력이 있습니다. 방언으로 많이 기도하는 사람이 손을 얹고 기도하면 몸이 아프거나 마음이 힘들고 컨디션이 좋지 않을 때에 힘을 얻게 됩니다. 특별히 신유의 은사가 나타나지 않는 사람이라도 충분한 방언기도를 통해서 어느 정도의 회복과 치유가 이루어지게 됩니다.

나는 책을 쓰는 중에 여러 가지 영적 압력을 받게 됩니다. 대부분의 경우 그것은 악한 영들로 인한 공격입니다. 책 쓰는 것은 섬세하게 영감을 받는 것이어서 여기에 몰입할 때 충분히 발성기도와 방언기도를 통해서 충전하지 않으면 영적으로 약해지고 몸도 아프고 눌리게 됩니다.

이 때 나를 위해서 기도해주는 중보자들이 있지만 무엇보다 힘이 되는 것은 옆에서 기도해주는 아내입니다. 부부가 참 좋은 것은 서로 기도해줄 수 있다는 것입니다. 아내가 아플 때는 내가 기도해주면 회복됩니다. 내가 아플 때는 아내가 기도해주면 회복됩니다.

머리가 깨지듯이 아프고 가슴이 아플 때, 아내는 나의 머리나 가슴에 손을 얹고 방언으로 기도해줍니다. 고통의 원인이나 문제의 원인을 정확하게 알 수 없기 때문에 이럴 때는 무조건 방언으로 기도해 줍니다.

나는 기도를 받으며 차츰 아픈 머리가 회복되고 가슴이 답답한 것이 사라지고 트림도 나오고 온 몸에 힘이 회복됩니다. 그러면 나는 다시 일어나 책을 쓰게 됩니다. 이 책을 쓰고 있는 동안에도 이런 일이 반복되었습니다.

문제의 정확한 원인을 모를 때, 어떻게 기도해야 할지 모를 때, 방언기도는 우리에게 중요한 해결책입니다. 방언으로 기도하면서 문제의 원인이 깨달아지기도 합니다. 또는 여전히 원인이 무엇인지 알지 못하지만 몸과 마음이 회복되고 기쁨과 힘을 얻기도 합니다.

중보의 방언을 통하여 위기에서 영적으로 회복되고 충전됨

몇 년 전, 일 년에 한 번씩 하는 여름 수련회를 인도하고 있는 중에 몸과 마음이 너무 힘들고 지친 상태에 있던 적이 있었습니다. 영성집회에는 항상 영적 전쟁이 있습니다. 사람들은 항상 여러 어려움과 문제들을 가지고 옵니다.

인도자가 강건하면 그 모든 문제들을 제압하고 승리하여 기쁨과 영광을 누리며 천국적인 행복이 임하게 됩니다. 그러나 이 날 나는 이기지 못한 상태였습니다. 머리는 깨질 듯이 아팠고 구토가 나고 어지러워서 일어나기도, 움직이기도 힘들었습니다. 밤 집회를 인도해야 하는데 지금으로서는 엄두가 나지 않았습니다.

나는 고민 끝에 리더들이 있는 방으로 갔습니다. 십 여 명의 리더들이 수련회의 여러 문제들과 조원들의 문제를 가지고 의논하고 기도하고 있었습니다. 나는 기도가 필요하다고, 지금 이 자리에서 안수

해달라고 그들에게 부탁했습니다.

내가 왜 아픈지, 어디에서 공격이 오는지, 해결책이 무엇인지 몰랐지만 그냥 무조건 방언으로 기도해달라고 부탁했습니다. 나는 그들의 가운데에서 위를 보고 누웠고, 리더들은 다 나를 둘러싸고 손을 얹고 부르짖어 방언으로 기도를 하기 시작했습니다.

10분, 20분.. 그들은 방언으로 크게 소리를 내어 기도했습니다. 다양한 방언의 소리가 바로 귀 옆에서 크게 울려 퍼졌습니다. 시간이 갈수록 점점 머리 아픈 것은 사라져갔고 가슴의 고통도 사라져갔습니다. 온 몸에 힘이 생기기 시작했습니다.

한참 기도를 받은 후에 나는 일어났습니다. 마치 깊은 수면을 취한 것처럼 몸과 마음과 영이 회복된 느낌이었습니다. 나는 그들에게 많이 좋아졌노라고, 감사를 표현했습니다. 그리고 덧붙였습니다.

"그런데, 좋기는 좋은데.. 대신에 두 가지 문제가 있었어요. 첫째, 영은 좋았는데.. 귀가 터지는 줄 알았어요. 내 귀에 입을 바짝 대고 큰 소리를 지르니 정신이 하나도 없더군요. 둘째로, 여러분들이 너무 열심히 침을 튀기면서 기도하는 바람에 얼굴에 침이 너무 많이 튀어서 지금 끈적끈적해졌어요.."

나의 농담에 다 같이 폭소가 터졌습니다. 나의 빠른 회복에 모두가 다 기뻐했습니다. 기도를 받고 회복되는 것도, 기도를 해주어서 다른 이를 회복시키는 도구가 되는 것도, 다 아름답고 행복한 일입니다.

나는 편안하게 그 날 밤 집회를 인도할 수 있었습니다. 그 밤은 성령이 강력하게 역사하시는 통곡의 밤이 되었습니다. 방언기도와 중보기도 덕분에 어려움을 잘 통과할 수 있었습니다.

위기가 있을 때, 문제가 있을 때.. 그 원인에 대해서 잘 몰라도 단순한 방언기도를 통해서 회복되고 자유롭게 될 수 있습니다. 방언을 통해서 우리가 알지 못하는 어떤 은혜와 능력이 임하고 우리가 가지고 있는 묶임을 풀어주는 역사가 임하기 때문입니다.

우리가 어떻게 기도해야 할지 모를 때, 어떻게 나아가야 할지 모를 때, 우리의 마음, 이성이 한계에 부딪칠 때.. 우리는 방언으로 기도하며 주님의 도우심과 인도하심을 구할 수 있습니다.

우리가 연약함 속에서 방언으로 기도하며 주의 은총을 기대할 때 주님께서는 우리에게 풍성한 자비를 베푸십니다. 방언은 그 놀라운 은총과 자비가 우리 가운데 임하게 하는 단순하고도 아름답고 놀라운 도구입니다.

28. 새로운 감각을 보호하고 관리하라

'믿음은 느낌이 아니다' 이것은 많이 알려진 상식적인 가르침이며 진리적인 면을 가지고 있습니다. 주관적인 감정이나 느낌에 지나치게 치우치게 되면 주님을 따르고 나아가는 길에 방해가 될 수도 있습니다.

주님의 뜻이 분명하다면, 우리는 우리가 느끼는 주관적인 감정이 불편하든 괴롭든 가야합니다. 우리는 때로 우리의 주관적인 느낌은 무시해야 할 때가 있습니다.

그러나 이 원리가 모든 면에서, 모든 상황에서 항상 적용된다면 그것은 몹시 고통스러운 일일 것입니다. 거기에는 한계가 있습니다.

사람이란 기쁨이 없는 일, 즐겁지 않은 상태를 오래 지속하지 못합니다. 애정이 없고 고통스러운 상태를 잠시 견딜 수는 있지만 그 상태를 항상 유지하고 살아가야 한다면 그것을 버틸 수 있는 사람은 많지 않을 것입니다. 애정의 감정이 전혀 없이 신의나 인내로만 결혼생활을 해나가기가 쉽지 않은 것처럼 말입니다.

그러므로 느낌을 의지하지 말라는 이 가르침은 일시적으로, 부분적으로 적용되어야 합니다. 그러나 지속적으로 느낌이 불편하다면 그 지속적인 적용은 다시 생각해보아야 합니다.

어떤 사람이 병의 치유를 위하여 처방을 받았는데 그리고 나서 고통이 더 심해졌습니다. 그럴 때 처방을 한 사람은 흔히 "호전반응입니다. 일시적으로 더 아프지만 속에 있는 나쁜 것이 밖으로 나타나는 명현반응일 뿐이고, 조금 있으면 나아질 것입니다." 하고 말립니다. 그것은 그럴 수 있습니다. 그러나 그 고통이 일시적으로 아픈 것이 아니라 지속적으로, 오래 동안 점점 더 아파지고 있다면 그때는 그 처방이 제대로 된 것인지 다시 점검해보아야 합니다.

메마름의 상태가 계속 지속되어서는 안 된다

우리는 주님께서 감동하시고 말씀하신다는 감동이 있을 때 우리의 느낌이 좋지 않아도 가야 합니다. 하지만 그것은 일시적으로 그래야 합니다. 주님께서는 우리가 느낌과 감동의 즐거움에 너무 치우치지 않도록 일시적으로 그 느낌을 가져가실 수도 있습니다. 우리가 달콤함이 전혀 없어도 주를 따를 것인지 시험하는 과정에서 메마름을 경험할 수도 있습니다.

하지만 메마름의 과정은 그리스도인의 일생동안 계속되는 경험이 아닙니다. 일시적으로 힘들 수 있지만 테스트가 끝나고 시험을 통과하면 다시 기쁨과 감동이 회복되는 것이 정상입니다. 주를 따르며 즐거이 주의 명하심을 행하고 있는데도, 느낌과 감동이 여전히 고통스럽고 메마르며 그 상태가 오래 지속된다면 그것은 무엇인가 잘못된 것입니다. 그것은 바른 것이 아닙니다.

느낌과 감각의 근원을 분별하라

'믿음은 느낌이 아니다, 느낌이나 감정은 부정되어야 한다' 라는 가르침이 가지고 있는 또 하나의 약점이 있습니다. 그것은 모든 느낌이나 감정, 감각을 다 한 가지로 여기는 것입니다. 그것들의 근원에 대하여 구별하지 않은 채로, 모든 느낌이나 감정, 감각을 다 같은 것으로 보는 것입니다.

그것은 잘못입니다. 모든 느낌과 감각들이 다 같은 것이 아닙니다. 모든 느낌이나 감정이나 감각에는 근원이 있습니다. 그것이 어디에서 오는 것인지 구별해야 합니다.

몸에서 오는 느낌이 있습니다. 몸이 느끼는 기분 좋은 감각이 있고 불쾌한 감각이 있습니다. 혼에서, 마음에서 오는 느낌이 있습니다. 혼에서 오는 감정이 있습니다. 즐거운 감정도 있고 불쾌한 감정도 있습니다. 또한 영에서 오는 느낌, 감동이 있습니다.

그것을 분별해야 합니다. 그것들은 같은 것이 아닙니다. 예를 들어 영에 어떤 인식, 감동이 생겼는데 혼의 감정은 그것을 싫어할 때가 있습니다. 그러면 두 느낌이 서로 부딪치게 됩니다. 혼의 감정은 영의 감동을 따르지 않으려고 하며 거기에서 갈등이 일어납니다.

몸에서 오는 육적인 흥분, 흥미가 일어날 때가 있습니다. 그러나 내면의 영은 그것을 싫어합니다. 그래서 다시 두 감각이 부딪칩니다.

느낌과 감각은 몸과 혼과 영에서만 오는 것이 아닙니다. 어떤 것은 자신으로부터 오며 어떤 것은 세상의 영, 어두움의 영계로부터 옵니다. 어떤 것은 하나님으로부터 옵니다. 그러므로 이것들은 구별되고 분별되고 처리되어야 하는 것이지 한 가지로 뭉뚱그려서 다 같이 수용하거나 다 같이 거부할 수 있는 것이 아닙니다.

몸의 감각, 혼의 감각, 영의 감각의 특징들

문제는 어떤 느낌이나 감각이 왔을 때 이것이 몸에서 오는 감각인지, 혼에서 오는 감정인지, 영에서 오는 직관이나 인식인지, 감동인지 분별하는 것이 쉽지 않다는 것입니다.

이 느낌과 감각이 나로부터 오는 것인지, 악한 영이 가져다주는 충동인지, 하나님의 영으로부터 오는 것인지.. 바르게 분별하는 것이 쉽지 않다는 것입니다.

그러나 몸과 마음, 영의 성격과 운행되는 원리에 대해서 배우게 되면 그것들을 분별하는 것이 좀 더 쉬울 것입니다. 예를 들어 몸의 감각은 단순하며 본능적입니다. 혼의 감정은 주기가 짧아서 오래 지속되지 않으며 영의 감동에 비해서 거친 면이 있습니다.

또한 혼은 환경에 대하여 반응하며 영은 영계에서 오는 어떤 것에 의해서 반응합니다. 환경에 어려움이 생겼을 때 고통을 느끼는 것은 혼의 감각입니다. 환경에 아무 이유가 없는데 갑자기 내적인 불안감이나 고통을 느끼는 것은 영적 감각이며 영적인 것에 원인이 있습니다.

자아는 자신에 대하여 반응하며 영은 하나님에 대하여 반응합니다. 누가 우리를 괴롭힐 때 고통스러워하는 것은 자아의 감각, 혼의 감각이며 주님의 고독과 주님의 마음으로 인하여 슬퍼하고 기뻐하는 것은 영의 감각입니다.

악한 영으로부터 오는 것은 충동적이며 하나님의 영으로부터 오는 것처럼 잔잔하지 않습니다. 죄책이 성령으로부터 오는 경우 그것은 깊은 속에서 뜨거우면서도 시원하고 맑고 개운합니다. 그러나 악한 영으로부터 오는 죄책과 정죄의 영은 어둡고 침울하며 깊은 속에서 저리고 불편합니다.

영의 감각이 있을 때 그는 혼의 애정, 사랑에 빠진 혼의 열기를 접하면 불안감과 불편함을 느낍니다. 애정의 감정에 빠진 사람의 과다

한 혼의 움직임을 느끼면서 깊은 속의 영이 불편해하는 것을 감지하게 됩니다.

어떤 근심이 있을 때 그것이 사망을 이루는 세상의 영으로부터 오는 근심인지, 성령께서 근심하시며 탄식하시는 것인지 분별하게 됩니다. 그는 집회에서 사람들이 은혜를 입고 흥분하고 있을 때, 어느 정도가 영에 속한 것이며 어느 정도가 혼의 흥분 상태에 있으며 어느 정도가 육적인 흥분 상태에 있는지 구별하게 됩니다.

이러한 감각의 분별은 이론이 아니고 경험으로 가능하다

자, 이러한 원리를 배울 수는 있겠지만, 이해할 수는 있겠지만, 영의 감각이 깨어나지 않은 사람이 그러한 원리를 이론적으로 배우기만 하면 실제로 분별할 수 있을까요?

그것은 이해의 문제가 아니고 경험의 문제입니다. 이해할 수는 있지만 진정한 앎은 어렵습니다. 이해할 수는 있지만 누리고 분별하고 사용하는 것은 어렵습니다. 그 감각은 생겨나는 것이지 우리가 만들어낼 수는 없는 것입니다.

그런데 여기 놀라운 일이 있습니다. 방언을 하기 시작하면서, 방언을 하면 할수록 내면에서 어떤 새로운 감각이 일어나기 시작한다는 것입니다.

전에 알지 못했던, 생각할 수도 없었던 감각이 속에서 일어나기 시작합니다. 그것은 머리에서 나오는 것이 아닙니다. 환경에서 나오는 것이 아닙니다. 방언을 하면 할수록 새로운 감각이 생기고 새로운 느낌이 일어나기 시작합니다. 그것은 영의 감각이며 혼에 속하거나 세상에 속한 것이 아닙니다.

하나님의 임재에 대해서 전혀 느낌이 새로워집니다. 전에는 아무리 기도를 해도 지겹기만 했던 사람이 기도 중에 하나님의 임재를 감각하게 됩니다. 예배 중에 찬양을 드리며 울게 됩니다. 전에 전혀 울어보지 않았던 사람이 이상하게 눈물을 주체할 수 없게 됩니다.

성경을 큰 소리로 읽어 내려가면 그 느낌은 더욱 더 선명해집니다. 그전에는 성경을 큰 소리로 읽으면 목만 아프고 답답하고 지루하게 느껴지던 사람이 방언으로 기도하면서 전혀 다른 느낌을 얻게 됩니다. 말씀을 부르짖어 읽을 때 통곡하고 엎드러지게 됩니다.

나는 방언을 하는 사람들에게 집회에서 자주 성경을 강하게 읽게 시키곤 하는데, 그 때마다 거의 아수라장 수준의 통곡과 기쁨과 능력과 성령의 감동을 받곤 합니다. 방언을 하면서 속에서 성령의 일어남이 가득해지기 때문에 말씀에 대하여 강한 반응을 느끼게 됩니다.

방언을 할수록 영의 감각이 일어난다

방언을 할수록 영적 세계에 대한 감각이 일어납니다. 세상의 영들, 악한 영들에 대한 감각이 생깁니다. 말로 표현할 수 없지만, 어떤 사람들 앞에 가면 머리가 쭈뼛하며 불편한 감을 느끼게 됩니다. 어떤 장소에 가면 불안하고 답답하며 내면에 계신 성령께서 불편해 하시는 것을 선명하게 느끼게 됩니다.

전에는 쉽게 노래방에 가고 술집에도 가던 사람들이 방언을 많이 하면 그러한 장소의 근처에만 가도 몹시 고통스러운 느낌을 받게 됩니다. 전에 없었던 전혀 다른 새로운 감각이 생긴 것입니다.

이런 감각은 어디에서 오는 것일까요? 그것은 하나님의 영, 성령으로부터 오는 것입니다. 어떤 사람들은 이러한 내적 감각을 느끼는 사람을 부러워하며 하나님이 특별히 사랑하시는 사람이거나 특별한 은사를 받은 사람이라고 여기곤 합니다. 하지만 당신도 방언으로 자주 기도해보십시오. 당신에게도 똑같은 일이 일어나게 될 것입니다.

생명이 있는 곳에는 감각이 있다

생명이 있는 곳에는 반드시 감각이 있습니다. 영의 생명이 있는 곳에는 영의 감각이 있고 혼의 생명이 있는 곳에는 혼의 감각이 있고 몸의 생명이 있는 곳에는 몸의 감각이 있습니다.

숲에서 산책을 하다가 길바닥에 벌레인지, 아닌지.. 살아있는 것인지, 죽은 것인지 혼동되는 것이 있다면 살짝 건드려 보십시오. 나무와 돌과 같은 것은 움직이지 않습니다. 죽은 것도 움직이지 않습니다. 그러나 살아있는 것이라면 자기를 만지는 것을 감각하고 달아납니다. 생명이 있는 것에는 감각이 있습니다.

어떤 사람이 운동을 하다가 다쳐서 하반신이 마비가 되어서 아무것도 느낄 수 없다면, 고통도 느낄 수 없다면 그는 그것을 괴로워할 것입니다. 이제 감각이 없으니 고통을 느끼지 않아도 되겠다고 좋아할 사람은 없을 것입니다. 그는 감각이 돌아오도록 치료를 받을 것입니다.

우리는 몸이 살아있기 때문에 몸의 감각을 느낍니다. 혼이 살아있고 자아가 살아있기 때문에 다른 이들에게 모욕을 당하거나 공격을 받거나 무시를 당하면 고통을 느낍니다.

그런데 영을 가지고 있으면서도 영이신 하나님을 느낄 수 없고 아무런 감각이 없는 것을 당연하게 여기는 것이 과연 바른 것이겠습니까? 영적 감각이 없는 것은 영이 아프거나 마비된 것입니다. 영이 살아있으면, 잠자고 있는 영의 감각이 깨어나면, 영적인 것들을 접하고 누리고 분별하고 아는 것이 지극히 당연한 것입니다.

하나님을 경험하고 기뻐하고 감격하고, 악한 영들의 세력과 움직임을 분별해내고 영적인 힘과 권세를 사용하여 악한 영들을 결박하고 부수는 것이 당연한 일인 것입니다.

초능력, 초감각의 배후에 있는 악령들

오늘날 주님을 믿지 않는 많은 사람들이 초능력과 초감각에 대하여 마음을 열고 있습니다. 초월인 명상, 마인드컨트롤, 요가, 기공 등 다양한 훈련을 하며 초능력과 초감각을 개발하려고 합니다. 외부에서 오는 영들과 접촉하려고 하며 우주인의 메시지를 전한다고 주장하는 이들도 많이 있습니다.

오늘날 사람들은 그러한 것들에 대하여 거부감이 전혀 없습니다. 유력한 정치인들도 점치는 집에 들락거리며 젊은이들도 재미삼아 점을 보곤 합니다. 심지어 신자들까지도 그러한 것에 대하여 관심을 가지기도 합니다.

거기에는 분명히 어떤 힘이 있습니다. 능력이 있고 지식이 있습니다. 그러나 그러한 능력과 초자연적인 지식, 감각의 배후에는 속이는 영들, 악령들이 있습니다. 그 근원은 어둠의 영들이며 빛의 세계에서 온 것이 아닙니다.

"뱀이 여자에게 이르되 너희가 결코 죽지 아니하리라 너희가 그것을 먹는 날에는 너희 눈이 밝아져 하나님과 같이 되어 선악을 알 줄 하나님이 아심이니라" (창3:4-5)

사탄의 유혹은 예전이나 지금이나 변하지 않았습니다. 그는 사람에게 미혹하기를 '너희가 하나님 같이 될 수 있다'고 속입니다. 사람의 입장에서 보면 피조물이 되고 종이 되고 순종하는 것보다 스스로 하나님이 되는 것이 더 멋있어 보입니다. 그래서 그들은 사탄의 미혹에 넘어가고 말았습니다.

사탄은 거짓말쟁이다

그러나 문제는 사탄의 말이 거짓말이라는 것입니다. 그들은 그럴듯하게 포장하여 사람들의 욕심을 자극하지만 그들의 말은 거짓이며 사실이 아닙니다. 그는 단지 그의 거짓말에 속아 넘어가는 사람들을 사로잡아서 종으로 만들 뿐입니다.

오늘날 많은 사람들이 사탄의 거짓에 속아서 '나는 하나님이다, 내가 부처다, 그리스도다.' 하고 있습니다. 스스로의 신성을 개발하고 초능력을 개발하고 염력을 개발해서 하나님이 되려고 합니다. 하나님께 엎드려 경배하고 그의 아들을 통한 구속과 죄사함을 받아들이는 것보다 스스로 하나님 노릇을 하려고 합니다.

"네 하나님 여호와께서 네게 주시는 땅에 들어가거든 너는 그 민족들의 가증한 행위를 본받지 말 것이니 그의 아들이나 딸을 불 가운데로 지나게 하는 자나 점쟁이나 길흉을 말하는 자나 요술하는 자나 무당이나 진언자나 신접자나 박수나 초혼자를 너희 가운데에 용납하지 말라 이런 일을 행하는 모든 자를 여호와께서 가증히 여기시나니 이런 가증한 일로 말미암아 네 하나님 여호와께서 그들을 네 앞에서 쫓아내시느니라 너는 네 하나님 여호와 앞에서 완전하라 네가 쫓아낼 이 민족들은 길흉을 말하는 자나 점쟁이의 말을 듣거니와 네게는 네 하나님 여호와께서 이런 일을 용납하지 아니하시느니라"(신 18:9-14)

하나님의 말씀은 명백합니다. 하나님은 이런 일을 가증하게 여기십니다. 그리고 그들을 쫓아내라고 하십니다. 그러나 오늘날 이런 어둠의 일꾼들은 유명인사가 되고 인기를 끕니다. 많은 이들이 어두운 영계의 영역에 발을 들여놓고 자신을 악령들에게 헌납합니다.

그리스도인들은 결코 이러한 것을 용납해서는 안 됩니다. 그리고 세상의 배후에 있는 이러한 미혹의 영들을 결박하고 부숴야 합니다.

속이는 영들을 분별하고 용납하지 말라

나는 목회사역을 하고 있으면서도 이러한 능력에 관심을 가지고 있는 이들을 더러 보았습니다. 그것은 아주 위험한 일입니다. 그들의 미래는 안전하지 않습니다. 주님은 그것을 아주 불쾌하게 여기시며 그들은 언젠가 악령들에게 심각한 공격을 받게 될 것입니다.

우리는 성령으로부터 오는 영적인 능력과 세상의 영, 악령들로부터 오는 영적인 힘들을 구분해야 합니다. 분별해야 합니다. 우리는 조금이라도 그러한 것에 접촉해서는 안 됩니다.

우리는 하나님이 아닙니다. 우리는 피조물이며 예배자들입니다. 우리의 목적은 초능력, 초감각이 아니고 주님입니다. 우리의 목적은 우리가 성공하는 것이 아니라 주님을 기쁘시게 하는 것입니다.

영성개발과 영의 발전은 기도와 말씀과 예배와 헌신과 회개와 순종 등을 통해서 이루어집니다. 그 모든 것은 인격적인 관계를 통해서 이루어지는 것입니다. 신비한, 비밀스러운 비법으로 이루어지는 것이 아닙니다. 무당들은 접신을 하기 위하여 매섭게 추운 겨울에 얼음을 깨고 물 속으로 들어갑니다. 극한의 고통 속에서 그들은 악령과 접촉을 합니다.

그러나 우리는 보혈을 의지하고 십자가를 의지합니다. 우리가 스스로 할 수 있는 것은 없습니다. 우리는 하나님의 약속의 말씀을 믿습니다. 성령을 보내신다는 말씀을 믿습니다. 그분을 신뢰하고 기도함으로 나아갈 때 우리는 약속하신 성령의 충만함을 입습니다. 그것은 우리의 공로가 아니라 주님의 자비와 은총에 의한 것입니다.

생명이 있는 곳에는 애정이 있다

생명이 있는 곳에는 감각이 있습니다. 그리고 그 생명에 대한 애정이 있습니다. 좋은 애정이든 나쁜 애정이든, 거룩한 애정이든 더러운 애정이든 간에 애정이 있습니다. 음란한 영을 받은 사람은 음란에 대한 감각이 예민합니다. 그는 음란한 충동을 잘 느끼며 그것에 대한 즐거움과 애정을 가지고 있습니다. 음란한 생명이 그의 안에 있기 때문입니다.

특별한 음식을 먹는 것을 아주 즐기는 사람들이 있습니다. 그것은 그의 육체의 생명이 아주 강하기 때문입니다. 그는 그 음식에 대하여 아주 예민하며 그것을 먹기 위하여 많은 희생을 합니다. 그 음식을 즐거워하기 때문입니다. 생명이 있는 곳에는 감각이 있고 애정이 있습니다.

그러므로 자신이 어떤 것에 예민한 감각을 느끼며 어떤 것을 좋아하고 즐거워하는지를 객관적으로 관찰한다면 자신이 어떤 영을 가지고 있는지 알 수 있을 것입니다. 어떤 사람이 과도하게 문학이나 소설을 좋아한다면, 영화를 좋아한다면, 그 영, 세상의 영이 있는 것입니다. 어떤 사람이 과도한 기도의 소원을 느끼고 하나님의 임재에 대한 강렬한 소원이 일어나고 말씀에 대한 강렬한 감각과 소원이 일어난다면, 그것은 하나님의 성령으로부터 오는 것입니다. 육의 생명은 그러한 감각과 소원을 일으키지 못합니다.

분별의 기준은 말씀과 말씀의 경험이다

믿음생활에 있어서 영적 감각은 필요합니다. 어떤 감각이 몸에서 오는지, 마음과 정신에서 오는지, 영으로부터, 하나님으로부터 오는지.. 분별하는 감각은 필요합니다. 어떤 압력이 있는데, 그것이 악한 영으로부터 오는 것인지, 아니면 정신적인 스트레스로 오는 것인지 분별하는 감각은 필요합니다.

분별력이 있어야 병원에 가야할 때 귀신을 쫓아내려고 하거나 악한 영을 대적해야 할 때에 병원에 가는 잘못을 하지 않을 수 있습니다. 그래야 회개를 해야 하는지, 대적을 해야 하는지, 말씀을 붙들고 인내해야 하는지 분별할 수 있습니다.

영적인 것들, 느낌과 감각의 근원을 분별할 수 있어야 합니다. 그렇다면 그 분별의 기준은 무엇일까요? 그것은 당연히 말씀입니다. 하나님의 말씀입니다.

하나님의 말씀인 성경에는 하나님의 성품, 의도, 구원의 길, 진리, 모든 가치판단의 근거가 있습니다. 모든 것을 분별할 기초와 근거가 말씀이라는 것은 아주 당연한 것입니다.

그러나 그것만으로는 부족합니다. 말씀은 도구이며 그 도구를 사용하는 사람이 있어야 합니다. 말씀이 사람의 안에 경험되어야 합니다. 그래야 온전히 분별의 기준인 말씀을 사용할 수 있습니다.

객관적 진리는 주관적 경험과 결합되어야 한다

만병을 고치는 생명의 약이 있다고 합시다. 그 약 자체로는 병을 고칠 수 없습니다. 그 약의 성분과 원리를 이해하는 것만으로 병을 고칠 수 없습니다. 그 약을 복용해야 병을 고칠 수 있습니다. 그 약이 몸속으로 들어와서 적용되어야 몸 안의 질병이 퇴치될 수 있습니다. 약이 아무리 완전해도 그 약을 복용하는 사람, 경험하는 사람, 누리는 사람이 있어야 합니다. 그와 같이 성경도 복용되고 경험되어야 합니다. 그 경험은 단순한 이해의 차원을 넘어서야 합니다.

경험되지 않은 말씀, 단순한 지적 이해와 동의에 그치는 말씀은 분별의 도구로 충분하지 않습니다. 그 영으로 말씀을 먹고 경험해야 합니다. 말씀이 그의 안에 들어와 충격을 일으켜야 합니다.

색깔을 본 적이 없는 어떤 사람이 있다고 합시다. 그에게 '초록색'에 대해서 가르쳤을 때, 그가 초록색을 이해할 수 있을까요? 그는 초록색을 보지 못했기 때문에 그가 생각하는 초록색이란 그의 의식 속에서 상상되어지는 것일 수밖에 없습니다. 누구나 경험이 없으면 추론하게 되고 상상하게 됩니다. 그것은 완전한 지식이 아니며 온전한 분별이 아닙니다.

객관적 진리는 주관적 경험과 결합되어야 합니다. 말씀은 분별의 기초이지만 그 말씀을 실제로 누리고 경험할 때 분별력은 온전해집니다. 말씀을 논리와 이해와 합리로써만 경험할 때 그 분별은 피상적인 분별이 될 수밖에 없습니다.

남자는 머리와 객관적 진리의 표상이며
여자는 가슴과 주관적 경험의 표상이다

남자는 머리의 표상이며 객관적인 진리의 표상입니다. 표상이란 상징적으로 보여준다는 의미입니다. 남자는 머리의 사명, 진리에 대한 사명을 가지고 있습니다. 그래서 비진리와 불합리를 견디지 못합니다. 의롭지 않은 것, 공평하지 않은 것에 대한 분별과 분노가 있습니다.

여자는 가슴, 심장의 표상이며 주관적인 경험의 표상입니다. 여자는 가슴, 애정, 사랑에 대한 사명을 가지고 있습니다. 그래서 여자는 논리에 약하며 정에 강합니다.

여자는 논리적으로 옳지 않은 것에 상처를 받지 않고, 용납되지 않고 사랑받지 못한 것에 대하여 상처를 받습니다. 남자는 정치와 토론과 스포츠를 좋아하고 여자는 드라마를 좋아합니다. 남편은 아내가 지식을 쌓지 않고 책을 읽지 않는 것을 싫어하고 쓸데없이 말이 많다고 피곤해합니다.

아내는 남편이 차갑고 냉정하며 연애시절에 보여주었던 관심이 식었고 무정하다고 불평합니다. 남자는 여자가 잘못한 것에 대해서 논리적으로 지적하고 반박하고 설교합니다. 여자는 남자가 자기 마음을 알아주지 않고 합리적으로 따지는 것에 대해서 마음이 상합니다. 남자는 자기가 옳은 이야기를 하는데 여자가 알아주지 않으니 화가 납니다. 남편은 자기 아내가 귀가 얇아서 어디서 사기 당하지 않을까 걱정하고 여자는 왜 남편이 매사에 사람을 못 믿고 확인 점검하는지 이해가 안 갑니다.

여기서 남자와 여자, 어느 쪽이 옳은 것입니까? 머리와 가슴, 어느 쪽이 옳습니까? 아이가 잘못했을 때 아버지는 조목조목 잘못한 것을 가르치고 훈계합니다. 어머니는 혼이 나서 우는 아이를 안아줍니다. 어느 쪽이 옳은 것입니까? 어느 한쪽이 진리이고 다른 쪽은 정죄되어야 할까요?

남자는 진리의 표상이며 여자는 사랑의 표상이다

남자는 진리의 표상이며 여자는 사랑의 표상입니다. 남자는 옳지만 가슴이 허전합니다. 여자는 따뜻한 정이 있지만 옳고 그름에 공정하지 않고 주관적입니다.

어느 한쪽도 온전하지 않습니다. 남자도, 여자도.. 혼자서는 열매를 맺을 수 없습니다. 남녀가 하나가 될 때 그들은 생명을 잉태하고 생명의 열매를 맺습니다.

진리와 사랑이 하나 될 때 우리는 열매를 맺습니다. 객관적 진리가 주관적 경험과 연합될 때 그것은 실제가 됩니다. 실제의 열매, 그리스도의 열매를 맺게 됩니다. 진리와 생명이 충만한 삶과 인격의 변화, 열매를 맺게 됩니다.

한쪽만으로는 온전할 수 없다

진리가 없는 체험은 공허합니다. 체험이 없는 진리는 차가우며 생기가 부족합니다. 말씀의 객관적 진리는 영성의 주관적 경험을 통해서 실제적으로 소화됩니다.

어떤 이들은 객관적 진리만을 좋아하고 주관적 경험에 대해서 인정하지 않습니다. 주관적 감정이라고 비판합니다. 그러나 주관적 감정, 주관적 경험이 없는 사람은 없습니다. 주관적 감정이라고 비판하는 그 자체도 주관적 경향입니다. 감정을 싫어한다는 개인적이고 주관적인 성향을 보여주는 것입니다.

누구나 사랑할 때는 주관적으로 합니다. 개인적 애정을 공명정대하게, 온 천하 만민이 납득할 수 있도록 사랑하는 사람은 없습니다. 무엇을 좋아하는 것은 주관적인 것입니다. 말씀의 진리는 객관적이지만 그것은 개인의 주관적 경험의 옷을 입어야 생생한 실제가 됩니다. 말씀이 개인적으로 영성적으로 충격으로 다가올 때, 그것은 비로소 남자와 여자의 결합이 아이를 잉태하는 것처럼, 개인의 실제적인 삶에 열매가 나타나게 됩니다.

말씀과 성령충만으로 분별력을 얻으라

말씀은 완전하지만 개인의 영혼은 완전하지 않습니다. 개인의 삶과 열매는 완전하지 않습니다. 성숙하면서 그는 조금씩 온전함을 향하여, 그리스도의 온전한 분량을 향하여 나아갑니다.

말씀을 경험하며 말씀의 저자이신 성령의 충만함을 입을 때, 성령의 충만함으로 우리의 영이 각성될 때 우리의 분별력은 증가됩니다. 말씀에 대한 지적 이해는 있으나 영의 충만한 흐름을 누리고 경험하지 못하는 이들은 분별의 실제에 있어서 어려움을 겪을 수 있습니다.

사도바울은 그러한 내적인 분별력을 가지고 있었습니다. 그는 어떤 것이 자연적인 것인지, 영적인 것인지 분별할 수 있었습니다. 그는 어떤 것이 악한 세력으로부터 오는지, 하나님으로부터 오는지 분별하였습니다. 우리도 그러한 분별력을 구해야 합니다.

"성령이 아시아에서 말씀을 전하지 못하게 하시거늘 그들이 브루기아와 갈라디아 땅으로 다녀가 무시아 앞에 이르러 비두니아로 가고자 애쓰되 예수의 영이 허락하지 아니하시는 지라 무시아를 지나 드로아로 내려 갔는데 밤에 환상이 바울에게 보이니 마게도냐 사람 하나가 서서 그에게 청하여 이르되 마게도냐로 건너와서 우리를 도우라 하거늘"(행16:6-9)

성령은 바울이 아시아에서 말씀을 전하지 못하게 하셨습니다. 어떻게 못하게 하신 것일까요? 바울은 비두니아로 가려고 애썼습니다. 그러나 예수의 영이 허락하지 않으셨습니다. 어떻게 허락하지 않으시는 것을 알 수 있었을까요? 바울은 결국 환상을 본 후에 하나님께서 마게도냐로 인도하시는 것을 느꼈습니다.

"바울이 그 환상을 보았을 때 우리가 곧 마게도냐로 떠나기를 힘쓰니 이는 하나님이 저 사람들에게 복음을 전하라고 우리를 부르신 줄로 인정함이러라"(행16:10)

성령이 막으시는 것을 감지함

바울은 우여곡절 끝에 하나님께서 아시아가 아닌 마게도냐로 인도하시는 것을 깨달았습니다. 성령은 어떻게 막으셨을까요? 기도의 경험자들은 그런 경험을 많이 합니다. 그것은 무엇을 하려고 기도하는데, 깊은 속에서 무엇인가 답답하고 허락되지 않는 느낌이 있는 것입니다.

성령께서 허락하실 때는 반대입니다. 현실적으로 길이 보이지 않아도 기도를 하면 기쁨이 생기고 희망과 용기가 일어납니다. 어려운 일인데도, 가능성이 별로 없어 보이는 일인데도, 마치 다 된 것처럼 느껴지고 믿음이 생깁니다.

바울은 내적으로도 편안하지 않고 길도 열리지 않으며 환상을 통해서도 확인을 받고 이 길이 아니구나.. 하고 인정하고 방향을 바꾸게 됩니다.

사단이 방해하는 것을 감지함

"그러므로 나 바울은 한번 두번 너희에게 가고자 하였으나 사탄이 우리를 막았도다"(살전2:18)

이 경우는 반대의 경우입니다. 바울은 아시아로 가는 전도 사역의 길을 성령께서 막으셨다고 했지만 데살로니가로 가려는 그의 길은 사탄이 막았다고 하였습니다. 한번은 성령이 막으셨고, 다음에는 사탄이 막았습니다.

그 분별 기준은 무엇이었을까요? 분명한 것은 바울이 그것을 알고 있었다는 것입니다. 그는 어떤 것이 하나님께로부터 오는 것인지, 사탄에게서 오는 것인지 분별할 수 있었습니다.

"우리가 기도하는 곳에 가다가 점치는 귀신 들린 여종 하나를 만나니 점으로 그 주인들에게 큰 이익을 주는 자라 그가 바울과 우리를 따라와 소리 질러 이르되 이 사람들은 지극히 높은 하나님의 종으로서 구원의 길을 너희에게 전하는 자라 하며 이같이 여러 날을 하는지라 바울이 심히 괴로워하여 돌이켜 그 귀신에게 이르되 예수 그리스도의 이름으로 내가 네게 명하노니 그에게서 나오라 하니 귀신이 즉시 나오니라" (행16:16-18)

악한 영의 말은 옳아도 악한 기운이 흐른다

바울은 빌립보에서 복음을 전하는 과정에서 위와 같이 귀신들린 여인을 통하여 방해를 받았습니다. 바울은 그녀가 귀신들린 것을 바로 알았을 것입니다. 그러나 바울은 한동안 그녀에게 역사하고 있는 귀신을 쫓아내지 않고 내버려두었습니다.

바울은 아마 가급적이면 소동을 일으키고 싶지 않았는지도 모릅니다. 그러나 그녀가 여러 날을 계속 쫓아다니면서 소리를 질러대자 바울은 심히 괴로워했으며 결국 그 귀신에게 명령을 하여 쫓아내었습니다.

흥미로운 것은 이 귀신들린 여인이 한 말의 내용이었습니다. '이 사람들은 지극히 높은 하나님의 종으로서 구원의 길을 너희에게 전하는 자라' 이 말에 틀린 점이 있습니까? 없습니다.

당시에 바울이 전한 복음의 메시지를 알고 있는 사람은 거의 없었습니다. 게다가 빌립보는 이제 바울이 처음으로 와서 복음을 전하던 곳이었습니다. 사람들에게는 알려지지 않은 진리를 악령은 잘 알고 있었던 것입니다. 어찌 생각하면 귀신의 말은 바울을 도와주는 내용이라고 할 수 있는 것입니다. 그러나 바울은 심히 괴로워했습니다. 그 이유는 무엇일까요?

악한 영이 말을 한다면, 악한 영에 의해서 말을 한다면 그 말의 내용에 상관없이, 말의 맞고 틀림에 상관없이 악한 기운이 흐르게 됩니다. 그것이 악한 영의 특징입니다.

문제와 고통을 해결 받고 싶어서 무당, 점쟁이를 찾아가는 사람들은 그들에게 점을 쳐주고 조언하는 무당, 점쟁이의 말이 맞고 틀리고에 상관없이 어두움의 영을 받아들이게 됩니다. 악령이 점을 치는 사람들에게 들어오게 되는 것입니다. 그러므로 그들의 말이 틀려도 좋지 않으며 맞아도 오히려 더 해로울 수가 있는 것입니다.

바울은 악한 영의 기운과 흐름을 알았습니다. 그는 그것을 분별할 수 있었습니다. 그러나 그는 항상 모든 것을 악령으로 보지는 않았습니다. 그는 균형잡힌 사역자였습니다.

사람의 영적 상태를 분별함

그는 루스드라에서 복음을 전할 때 나면서부터 걷지 못하게 되어 걸어본 적이 없는 사람이 믿음이 있는 것을 보고 큰 소리로 명령하여 그를 걷게 하였습니다.

"루스드라에 발을 쓰지 못하는 한 사람이 앉아 있는데 나면서 걷지 못하게 되어 걸어 본 적이 없는 자라 바울이 말하는 것을 듣거늘 바울이 주목하여 구원받을 만한 믿음이 그에게 있는 것을 보고 큰 소리로 이르되 네 발로 바로 일어서라 하니 그 사람이 일어나 걷는지라"(행14:8-10)

바울은 그가 구원받을 만한 믿음이 있는지, 그가 병에서 회복될 것인지 어떻게 알았을까요? 분명한 것은 그가 그것을 알았다는 것입니다. 바울은 다른 경우에는 그렇게 명령해서 병을 고치지 않았습니다.

바울은 죄수의 몸으로 호송되다가 난파를 당하여 한 섬에 갔습니다. 그리고 그 섬에서 가장 높은 사람의 부친이 병으로 누워 있는 것을 알고 기도와 안수로 고쳐주었습니다. (행28:7-8) 바울은 이처럼 기적과 능력을 일으키는 통로였습니다. 죄수의 몸임에도 불구하고 그의 능력은 여전히 역사하였습니다.

그러나 그는 몸이 약했던 디모데에게 이렇게 권면하였습니다.

"이제부터는 물만 마시지 말고 네 위장과 자주 나는 병을 위하여는 포도주를 조금씩 쓰라"(딤전5:23)

능력으로 치유할 때와 자연적으로 치유할 때를 분별함

그는 "나에게 기적을 행하는 능력이 있다. 그러므로 내가 안수기도하여 고쳐주겠다"고 말하지 않았습니다. 그는 포도주를 의료적인 약품으로 사용할 것을 권했습니다. 그는 기도를 통하여 초자연적인 치유를 이룰 때와 자연적인 치유를 필요로 할 때를 구분하였습니다.

"사랑을 받는 의사 누가와 또 데마가 너희에게 문안하느니라"(골4:14)

그는 의료적인 치유를 받는 것을 믿음이 없는 것으로 여기지 않았습니다. 동역하는 누가의 직업을 '사랑받는 의사'이라고 당당히 밝혔습니다. 그는 기적의 통로가 된 사람이었지만, 자연적인 치유의 방식도 인정하였습니다. 그는 균형잡힌 사역자였습니다.

그는 내적인 감각을 가지고 있었습니다. 그는 성령이 감동하시고 말씀하시는 감각을 알았습니다. 또한 사탄의 공격도 감지하였습니다. 귀신들린 사람이 말할 때 그의 영은 몹시 고통스러웠습니다.

그는 초자연적인 능력의 통로가 되기도 했지만 자연적인 영역도 무시하지 않았습니다. 그는 어떤 것이 하나님으로부터 오는지, 악령으로부터 오는지, 자연적인 것인지, 초자연적인 것인지 분별하였습니다. 그는 내적인 감각을 가지고 있었습니다. 그는 이 모든 것들의 영적 근원을 분별할 수 있었습니다.

오늘날 많은 신자들은 이러한 종합적 분별력이 부족하다

오늘날 교회와 신자는 이처럼 영을 분별하고 파악하는 능력이 너무 부족합니다. 말씀에 대한 피상적인 이해를 가지고 있지만 막상 현실에서 어떤 현상이 있을 때 그 근원을 파악하지 못합니다. 분별하지 못하니 미혹되고 혼란을 겪으며 거룩한 것에 속된 것이 섞여도 구별해내지 못합니다.

신체에 감각이 없으면 병균이 들어와서 오염을 시켜도, 그래서 몸이 썩고 죽어가도 감지할 수 없는 것처럼 신령한 것, 영적인 것의 순결함을 유지할 수 없습니다. 오늘날 이 세대에 가득한 영적 혼합과 불결함은 분별력의 부족에서 기인한 것입니다.

내면의 감각이 일어날 때, 내면에서 탄식하시고 근심하시고 아파하시는 성령의 탄식을 느끼게 될 때, 정화는 시작됩니다. 분별은 시작됩니다.

생명이 역사할 때, 거기에는 반드시 감각의 살아남이 있습니다. 성령의 탄식을 인지할 때, 성령의 감동을 인지할 때, 그 거룩한 영과 다른 영의 개입을 감지할 수 있습니다. 그 감각의 회복은 오늘날 이 시대에 너무나 필요합니다.

오늘날 이 시대의 교회에는 온갖 세상의 사상, 철학이 가득합니다. 심리학, 정신의학, 철학, 상담학.. 등 온갖 혼란스러운 사상이 가득합니다. 부흥을 위한다는, 전도를 위한다는 명목으로 온갖 세상의 문화를 교회 안에 끌어들입니다.

월드컵의 열기를 이용해서 복음을 전한다는 명목으로, 예배를 드리는 공간에 TV를 설치하고 축구경기를 보면서 다 같이 손뼉을 치며 "대~한민국!"을 외칩니다.

그러면서도 성령이 소멸되는 것과 탄식하는 것을 느끼지 못합니다. 거룩한 영이 소멸되고 주의 영이 쫓겨나는 것을 감지하지 못합니다. 음란과 정욕과 온갖 탐심과 가득한 악을 분별하지 못하고 용납합니다. 분명한 것은, 감각이 살아나지 않으면 고통을 느낄 수 없고 회복을 일으킬 수 없다는 것입니다.

살아있을 때 고통의 감각이 있다

살아있는 사람은 감각을 느끼며 고통을 느낍니다. 몸에 병균이 침입하면 환부에서 고통을 느낍니다. 모기가 물면 가려움증을 느낍니다. '인체설명서'라는 책을 살펴본 다음에 그것을 묵상하고 이해하고 암송한 후에 '아, 나는 조금 전에 모기에게 물렸으니 나의 몸은 가려움의 증상을 경험하겠구나' 하고 삶에서 적용하는 것이 아닙니다. 물리는 그 순간 따끔함과 가려움을 느낍니다.

우리의 영이 회복되고 감각이 살아날 때, 우리는 우리 안에 내주하시는 성령께서 무엇을 기뻐하시고 무엇을 슬퍼하시고 무엇에 탄식하시고 무엇에 소멸되시는지 느낄 수 있습니다. 감지할 수 있습니다. 그러한 감각이 있는 것은 당연한 일이며 그것이 살아있는 것입니다.

불신자가 감각이 없는 것은 당연하다

불신자는 세상의 악을 보고 우리가 고통 하는 것을 알 수도 없고 이해할 수도 없습니다. 그들의 영은 거듭나지 않았고 성령을 받지도 않았습니다. 믿더라도 피상적으로 믿으며 영적으로 병들은 사람은 세상의 쾌락과 악에 대하여 머리로, 겉으로는 거부하지만 내면의 거룩한 감각이 마비되어 있기 때문에 속으로는 여전히 그 쾌락과 죄를 즐거워합니다.

그러나 영이 살아나고 영감이 살아난 신자는 세상의 악하고 음란한 문화와 더러운 죄, 더러운 영에 대해서 고통을 느끼게 되며 주님의 마음을 느끼게 됩니다. 우리 안에 거하시는 거룩한 영의 감각이 역사할 때 그 영은 세상의 사악하고 더러운 문화에 대하여 아파하시고 탄식하십니다. 거룩한 감각이 있을 때 더러움과 정결함을 구별하고 느끼는 것은 당연한 일입니다.

내적인 감각으로 영을 분별함

우리는 내면의 이 거룩한 감각이 일어나기를 기대하고 사모해야 합니다. 그런데 방언을 하면할수록 이 내적인 감각이 일어나고 증가된다는 것은 정말 놀라운 일입니다.

말씀을 읽을 때, 이해할 때, 경험할 때 우리는 분별의 기초를 익힙니다. 그리고 성령이 역사하고 운행하실 때 우리는 그 분별을 머리로 이해하지 않고 심령의 고통과 슬픔과 탄식과 기쁨으로 느낍니다. 무엇을 알고 이해하는 것에서 그치지 않고 선명한 감각을 느끼게 됩니다.

신혼 초에 있었던 일입니다. 당시에 아내와 같이 나가던 교회의 청년부에서 어떤 형제와 교제를 나누게 되었고 그것이 길어져서 그

형제와 같이 집으로 오게 되었습니다. 형제는 우리와의 교제를 기뻐하였고 집으로의 초대에도 몹시 감명을 받았습니다.

우리는 아내가 차려준 밥을 먹고 계속 주님에 대하여, 신앙생활에 대하여 대화를 나누었습니다. 그러다가 자연스럽게 같이 기도를 드리게 되었습니다. 특별한 기도제목이 있는 것은 아니었고 그저 주님의 은혜에 대하여 감사와 찬양의 기도를 드리게 되었습니다.

그런데 기도를 같이 드리는 중에 이상한 느낌을 받게 되었습니다. 이 형제는 주님을 아주 사랑하는 것 같았고 대화에도 진실성이 느껴졌습니다. 그러나 같이 기도를 드리면서 무엇인가 너무 불편하고 불안한 느낌이 있어서 더 이상 기도를 드리기가 어려웠습니다.

형제의 영에 무엇인가 자유롭지 않은 요소가 있었습니다. 나는 기도를 드리면서 악한 영을 조용히 결박하기 시작했습니다. 그러자 형제의 기도는 더 이상해졌습니다. 갑자기 웃기도 하고 울기도 하는 등 비정상적인 모습을 보였고 나중에는 발작 비슷한 현상도 나타났습니다.

그렇게 드러난 악한 영을 대적하고 쫓아낸 후에 형제는 후련하다고 하면서 기뻐했습니다. 그리고 고등학교 시절에 산에서 기도를 하다가 악령의 공격을 받은 적이 있었는데 그 후로 자주 불안함과 부자유한 증상을 느꼈고 이제 자유롭게 되었다고 즐거워했습니다.

내가 기도하는 중에 안에서 느꼈던 이상한 느낌의 근원은 무엇이었을 까요? 이 형제는 성실하고 지혜롭고 열정적이었습니다. 헌신된 형제였고 대화중에서도 아무런 이상도 느낄 수 없었습니다. 그러나 기도하는 중에 그의 영 안에서 오래 동안 숨겨져 있었던 어떤 묶임이 흘러나왔고 나의 마음은 그것이 무엇인지 알 수 없었지만 나의 영은 그 불편함을 감지하였고 그래서 그것을 처리할 수 있었습니다.

우리의 영이 활성화될 때, 방언으로 자주 많이 기도를 드릴 때 우리는 이러한 내적인 감각을 가지게 됩니다. 이성으로는 이해할 수 없는 것들을 느끼고 분별하게 되는 것입니다.

머리는 어떤 현상을 보았을 때 '아, 저 현상은 무엇일까? 성경 어디에 있는 무슨 현상과 비슷한 것일까?' 하고 생각을 합니다. 그러나 내적인 감각은 어떤 사고 작용이나 추론을 하는 것이 아니라 바로 불편함이나 즐거움이나 고통과 같은 어떤 감각을 느끼게 됩니다. 이해하는 것과 느끼는 것은 다릅니다. 우리는 이해성도 증가되어야 하지만 이와 같이 실제적으로 느끼는 감각도 증가되고 새롭게 되어야합니다.

방언을 하며 성령께 순종해야 한다

내면에서 일어나는 이러한 감각과 분별력은 성령으로부터 온 것입니다. 그것은 방언을 할수록 증가됩니다. 성령께서는 방언을 말하게 하시고 이를 통하여 우리의 내적인 감각을 새롭게 하십니다.

다만 이러한 분별력과 감각을 증가시키기 위해서는 단순히 방언을 많이 하는 것만으로는 부족합니다.

방언을 주시고 이를 통하여 역사하시는 성령은 인격적인 분이시기 때문에 인격적인 순종이 필요하고 중요합니다. 성령의 인도와 감동에 대해서 인격적으로 반응하고 순종하는 것이 필요한 것입니다. 순종할수록 내적인 감각은 증가됩니다.

방언을 통해서 내적인 감각이 일어날 때 우리는 그 느낌과 감각에 대해서 적절하게 반응해야 합니다. 단순히 기도할 때만 방언을 사용하는 것이 아니라 삶의 전반에 있어서 방언을 통하여 자신의 영을 보호하고 관리하며 영감을 발전시켜가야 합니다. 이를 위하여 몇 가지 적용해야 할 것을 정리해보겠습니다.

영적 감각을 유지하기 위한 조언들

1. 세상문화를 함부로 접하지 말라

첫째로, 세상문화와의 접촉을 제한하십시오.

방언을 많이 하면 영이 예민해집니다. 그래서 전에 느끼지 못하던 영적인 어두움을 많이 느끼게 됩니다. 대표적인 것은 TV에서 나오는 영적인 악한 기운일 것입니다.

전에는 별 다른 느낌이 없었던 것이 방언을 해서 영이 예민해질수록 TV의 소음이 듣기가 싫어지며 어떤 것은 아주 고통스럽게 느껴지게 됩니다. 세상음악이 듣기가 싫고 드라마를 통해서 흘러나오는 악한 기운들, 미워하고 분노하는 소리, 탐욕과 정욕의 기운 등에 대해서 불쾌감이 느껴지게 됩니다. 컴퓨터의 각종 영상이나 게임들의 자극적이고 삭막한 소음, 영상이 고통스럽게 느껴지게 됩니다.

이러한 것은 방언을 통해서 영이 예민해지며 내주하시는 성령의 감동을 감지하기 때문입니다. 방언을 하면 할수록 내적인 성령의 마음과 감각을 느끼게 되는데, 우리는 우리 안에서 주의 거룩한 영이 싫어하시는 것을 보고 접해서는 안 됩니다.

영은 세상의 문화를 싫어하며 고통스러워 한다

그러므로 가급적 TV나 영화나 컴퓨터나 스마트폰 등을 통한 각종 오락과 게임을 멀리 하십시오. 신자가 세상의 모든 것에서 완전히 단절될 수는 없습니다. 그러나 적어도 어느 일정 기간 동안은 그러한 것과 거리를 두는 시간이 있어야 합니다. 내적인 감각이 어느 정도 자리를 잡고 성령과 동행함과 사로잡힘이 어느 정도 진행될 때까지는 가급적이면 세상의 악한 문화를 멀리해야 합니다. 그것들은 우리 안의 성령을 근심시키며 우리의 영을 더럽히며 억압하고 약하게 하고 마비시킵니다.

방언을 하고 성령의 충만을 받고 민감한 상태에서 그러한 것들을 접하면 처음에는 고통스러울 것입니다. 그러나 그냥 그 느낌을 무시하다 보면 나중에는 아무런 고통을 느끼지 못하게 되는데, 그것은 영이 고통에 시달리다가 나중에는 감각이 죽어서 마비된 것입니다. 그렇게 되면 다시 주님과의 관계에서 달콤하고 아름다운 교류를 상실하게 되며 다시 영이 회복되기까지 많은 시간이 필요할 수 있습니다.

2. 영적 어두움이 있는 공간에 가지 말라

둘째로, 영적으로 부정적인 장소에 가지 마십시오.

성령과의 친밀한 동행을 사모하는 그리스도인이라면 노래방이나 술집과 같은 곳에 가서는 안 됩니다. 그러한 곳에는 영적인 흑암이 가득합니다. 그러므로 영적으로 손상이 될 수밖에 없습니다.

업무나 여러 상황으로 도저히 술자리를 피할 수 없을 경우에는 미리 강력한 방언기도로 충분히 무장을 해야 합니다. 이것은 부드럽고 조용한, 안식하는 기도가 아닌 전쟁의 기도입니다. 눈을 부릅뜨고 강력한 소리로 부르짖듯이 악한 영을 박살내는 기도를 해야 합니다.

그리고 미리 사죄와 보호를 요청하는 기도를 드리십시오.

"주님, 죄송합니다. 제가 오늘 ** 자리에 가게 되었습니다. 제 안에 거하시는 주님을 불편하게 해드려서 죄송합니다. 부디 저를 지켜주십시오. 그 공간에 있는 악한 영들에게 눌리지 않도록 저를 보호해 주십시오. 부디 제가 세상의 영에 휩쓸려서 주를 향한 사랑을 잃어버리지 않도록 저를 지켜주십시오."

이렇게 간절히 기도한 후에 장소가 파하면 바로 기도의 자리로 나아와서 영에 묻은 어두움들을 떨어버리는 씻음의 기도를 드려야 합니다. 주님의 보혈을 요청하고 적용하여 기도한 후 지켜주신 주님께 감사와 경배와 사랑의 고백을 드려야 합니다.

술집이나 나이트클럽 같은 장소는 이미 악령들에게 헌정된 곳이므로 악령들이 자유롭게 거하고 역사하고 있습니다. 그러므로 거룩한 성령을 모시고 그러한 곳에 접촉하는 것을 가볍게 여겨서는 안 됩니다. 어쩔 수 없이 가게 되더라도 주님께 죄송한 마음으로 사죄와 보호를 구해야 합니다.

만일 그런 곳에 함부로 가고 별로 갈등을 느끼지 않는다면 방언을 계속 해도 별로 소용이 없으며 그는 방언을 통한 기쁨과 새로운 내적 감각을 곧 잃어버리게 될 것입니다.

3. 사람과의 교제를 주의하라

셋째로, 사람과의 교제를 조심하며 주님께 헌신되지 않은 사람들에게 함부로 마음을 열지 마십시오.

사람은 영적인 존재입니다. 사람과 만날 때는 항상 영적 교류가 있습니다. 하나님을 모르는 이들은 세상의 영과의 교류를 가지고 있기 때문에 그들을 만나고 접하게 될 때 영적 손상이 있는 것은 당연한 일입니다.

우리가 이 세상에서 살고 있는 한, 불신자라고 해서 다 피할 수는 없습니다. 또한 불신자와 일체의 접촉을 하지 않는다면 우리는 그들을 복음으로 이끌 수 없을 것입니다.

그러나 업무적인 관계와 친밀한 교제를 나누는 관계는 다릅니다. 헌신된 신자는 결코 불신자에게 깊이 마음을 열어서는 안 됩니다. 업무적인 관계를 가질 수는 있지만 마음과 영을 나누는 깊은 관계를 가지는 것은 좋지 않습니다. 그것은 영의 충만함을 잃어버리게 합니다.

불신자를 신뢰해서는 안 된다

그들은 사랑의 대상이지 믿음과 신뢰의 대상이 아닙니다. 교제를 선택할 때, 헌신된 신자는 역시 주님을 사랑하고 천국을 사모하는 이들과 마음을 나누고 영적 교류를 나누어야 합니다. 누군가를 만날 때 그 결과 자신의 영적인 충만함이 유지되는지, 손상되는지를 조용히 관찰해보십시오. 당신이 어떤 교제를 통하여 당신의 내면에 거하시는 주의 영이 심하게 소멸되며 당신과 주의 영과의 관계가 손상된다면 당신은 그 교제를 절제해야 합니다.

기억하십시오. 생각 없이 함부로 사람을 대하고 만나지 마십시오. 만나기 전에 기도하십시오. 상대가 반기독교적이며 세상의 쾌락을 즐기는 사람이라면 가급적 거리를 두어야 하며 만날 일이 있을 때는 기도로 무장해야 합니다.

전도란 우리 마음대로 할 수 있는 것이 아님을 이해하십시오. 우리는 우리의 생각대로 아무에게나 다가가서 복음을 전할 수 있는 것이 아닙니다. 우리는 복음전도에 있어서 성령의 인도하심을 받아야 하며 각 사람의 심령이 복음을 받을 수 있는 준비가 어느 정도 되어 있는지를 분별할 수 있어야 합니다. 열매가 익기 전에 섣불리 추수를 하려고 시도하다 많은 문제가 일어날 수 있습니다.

만남에 깨어있지 않을 때 영이 오염되고 손상된다

사람을 만날 때 우리는 곧 영을 만나는 것입니다. 상대의 영적 상태에 따라 우리의 영은 심하게 손상되기도 하고 기름부음이 충만해지기도 합니다.

이 세상에는 주의 영으로 가득한 이들보다 그 영을 소멸시키는 이들이 더 많은 것을 기억하십시오. 당신은 기도로 충만한 영적 상태를 누리다가 주님을 모르는 친한 친구와 만나서 불과 30분 정도 수다를 떨었을 뿐인데 곧 기도의 영이 소멸되고 기도하기가 싫어질 수 있습니다. 그것은 흔한 일입니다.

그러므로 만남과 관계를 조심하며 당신의 내적 충만함, 내적 민감성을 유지하기 위하여 기도로 준비하고 보호하십시오. 조심하고 깨어있지 않는 한 아무도 자기의 영성을 지키고 유지할 수 없습니다.

사람을 접촉할 때 그 만남이 당신의 영을 맑고 충만하게 하는지, 마비되고 손상되게 하는지 주의하여 관찰하십시오. 상대가 가지고 있는 신앙의 지식이나 연륜이나 지위를 보지 말고 그가 맑은 영을 소유하고 있는지, 아름다운 삶을 살고 있는지를 분별하십시오.

상대의 영이 맑지 않고 혼탁하다면 당신은 만남 이전에 충분한 기도로 자신을 준비해야 하며 만남의 후에는 역시 회복을 위한 기도를 드려야 합니다. 함부로 사람을 판단하고 정죄하는 것은 좋지 않은 일이지만 조심스러운 분별은 필요하며 이를 통하여 자신의 영혼을 아름답고 맑게 보호할 수 있습니다. 사람을 사랑하되 상대의 영혼, 영적 상태는 항상 분별해야 합니다.

4. 자신의 영적 상태를 점검하고 충전하라

넷째로, 영적 탈진 상태를 분별하고 충전하십시오.

영적으로 탈진한 상태, 영적인 에너지가 다 방전이 되어버린 상태가 있습니다. 영적으로 충전되지 않아서 공허해진 상태입니다. 당신은 이 상태를 분별해야합니다. 그리고 충전해야 합니다.

영이 가벼울 때가 있습니다. 이것은 좋은 상태입니다. 이때는 영이 자유롭고 기쁘고 행복합니다. 이때는 사랑과 감사와 찬양과 섬김이 쉽게 느껴집니다.

영이 무겁고 눌릴 때가 있습니다. 또는 영적 에너지를 다 상실하여 허전하고 무기력한 상태가 있습니다. 이때는 근심과 염려와 부담과 눌림과 낙담이 일어나며 봉사와 섬김이 어렵습니다. 이것은 충전과 회복이 필요한 상태입니다. 이 상태를 내버려두면 그 상태가 고착화되어 감각이 사라집니다. 영적 마비상태가 되어 자기 상태가 좋은지 나쁜지 모르게 됩니다.

영의 감각이 병들고 마비되면 혼의 마음과 생각으로 판단하고 생각하며 결정하고 움직이며 살게 됩니다. 오늘날 많은 신자들이 이처럼 영의 감각이 마비되어 혼의 마음과 생각으로 살고 있으며 그러면서도 자신의 어두운 상태를 인식하지 못하고 있습니다. 그러나 영적인 맑음과 자유함을 경험한 후에 이 상태로 떨어지는 것은 몹시 고통스러운 일입니다. 이 상태가 오지 않도록 영이 눌리고 탈진되어 있을 때 영을 충전하고 회복시켜야 합니다.

영적으로 탈진되는 원인은 다양합니다. 너무 영의 힘을 많이 소비해서 탈진되었을 수도 있습니다. 예를 들어 사역자가 적은 기도에 비해서 너무 많은 사역을 하고 말을 많이 했다면 그는 탈진이 오게 됩니다.

또한 악령의 공격을 통해서 영적 에너지를 잃어버릴 수도 있습니다. 세상적인 친구와 주의 없이 교제를 나누다가 영적 생기를 다 빼앗길 수도 있습니다. 주님이 기뻐하시지 않는 행위를 통하여, 또는 불순종하여 영적으로 막힐 수도 있습니다.

어떤 원인으로 탈진되었든 간에 충분히 당신의 영이 충전되게 하십시오. 성경을 읽고 주의 이름을 부르며 방언을 하면서 주의 임재 아래 거하십시오. 주의 임재 아래 충분히 머물러 있으십시오.

처음에는 가급적이면 소리를 내서 기도하는 것이 좋으며 마음에 불편한 부분을 토해내는 것이 좋습니다. 어느 정도 평안함이 오면 그 후에는 조용히 주의 임재 아래서 기다리십시오.

"주님.. 나를 충만하게 채워주십시오.." 하고 기도하고 조용히 기다리십시오. 성령님은 아주 실제적인 분이시며 당신은 그분의 임하심과 채워주심을 경험할 수 있습니다.

주님의 메시지가 느껴지거나 성경 말씀이 떠오르면 그것을 속으로 계속 되뇌십시오. 말씀을 시인할 때 내면의 영이 서서히 채워지며 충만해지게 됩니다.

영적인 충만의 상태와 약간 채워진 상태와 텅 비워진 공허의 상태를 분별해야 합니다. 자기가 배가 부른지, 고픈지를 알아야 먹이고 채울 수 있습니다. 방언을 할수록 영적인 감각이 생겨서 자신이 메마른 상태인지, 넘치는 상태인지 쉽게 알 수 있습니다. 부디 자신의 상태를 분별하고 적절하게 처방하고 채우십시오.

5. 성령께서 싫어하시는 죄의 행위와 습관을 버려라

다섯째로, 성령께서 싫어하시는 죄악된 행위나 습관을 멈추십시오.

성령께서는 거룩하신 분이며 인격적인 분입니다. 방언은 성령으로부터 오는 것이며 성령과의 실제적인 교제로 이끄는 것입니다. 그러므로 성령께서 싫어하시는 죄의 습관이나 행위를 가지고 있으면 그것은 성령을 소멸시키며 우리 영을 약하게 합니다.

어떤 이들은 외적으로는 힘과 권능이 나타나지만 내면적으로는 주님과의 인격적인 친밀한 교제와 동행이 부족합니다.

이러한 이들은 기능적, 은사적으로 일시적으로 쓰임을 받을 수는 있지만 내적으로, 인격적으로는 발전할 수 없습니다. 능력이 있지만 그리스도의 온유하고 겸손한 모습이 아닌 거칠고 사나운 모습이 나타날 수 있습니다.

일꾼이 되는 것과 친구와 연인이 되는 것은 다르다

이러한 문제는 죄와 관련이 있을 가능성이 많습니다. 주님께서는 어떤 이들을 사용하셔서 능력과 역사를 이루게 하십니다. 그러나 그가 성결한 삶을 살지 않을 때 그와 인격적으로 동행하시지는 않습니다. 그들은 일꾼이 될 수는 있지만 친밀하게 교제를 나눌 수 있는 친구나 연인은 될 수 없습니다.

함께 일을 할 수 있는 사람이 있고 함께 교제를 나누고 싶은 사람이 있습니다. 전자는 외적인 요소와 관련이 있고 후자는 내적인 요소와 관련이 있습니다.

일을 할 때는 효율적인 사람, 유능한 사람과 일을 하는 것이 좋지만 교제를 나누는 것은 마음이 맞고 서로 사랑해야 합니다. 우리가 죄에 속한 것을 버리지 않으면 우리는 일시적으로, 기능적으로만 사역할 수 있습니다. 주님과의 가까운 교제와 연합은 불가능합니다. 외적인 능력과 은사가 일시적으로 나타날 수 있지만 내면의 주님, 주님의 깊은 마음을 느낄 수는 없습니다.

당신이 습관적인 어떤 죄를 짓고 있는데 그것이 죄인지 모른다면 주님께 물으십시오. 주님께서는 그것이 죄인지, 아닌지를 말씀하실 것입니다. 그러나 당신이 죄인 것을 알면서도 행하는 것이 있다면 그것은 내주하시는 주의 영을 상하게 합니다. 근심하게 합니다. 주님은 그것으로 인하여 탄식하십니다. 그것이 반복되면 당신의 영은 병들고 마비됩니다.

그러므로 당신의 죄와 약점을 가지고 십자가로 올라가십시오. 보혈로 인하여 씻김을 받으십시오. 십자가에서는 처리되지 못할 죄와 약점이 없습니다. 보혈로 온 몸을 적시고 정결함을 얻으십시오.

6. 음란을 피하라

여섯째로, 음란을 조심하고 대적하고 피하십시오.

영을 약화시키고 성령을 소멸하는 가장 대표적인 죄가 있다면 그것은 음란에 대한 것입니다. 주님께서는 당시의 세대를 '악하고 음란한 세대'라고 말씀하셨으니 지금 이 시대는 그 당시와 가히 비교할 수 없는 악과 음란이 창궐하는 시대입니다. TV와 컴퓨터, 스마트폰 등 많은 영상매체를 통하여 어디서나 음란하고 더러운 영에 접할 수 있습니다. 그리스도인이 깨어서 기도하지 않을 때 어느 영혼도 안전하지 않습니다. 이 음란의 영에 대한 성경의 메시지는 아주 강력합니다.

"너희 몸이 그리스도의 지체인 줄을 알지 못하느냐 내가 그리스도의 지체를 가지고 창녀의 지체를 만들겠느냐 결코 그럴 수 없느니라 창녀와 합하는 자는 그와 한 몸인 줄을 알지 못하느냐 일렀으되 둘이 한 육체가 된다 하셨나니 주와 합하는 자는 한 영이니라
음행을 피하라 사람이 범하는 죄마다 몸 밖에 있거니와 음행하는 자는 자기 몸에 죄를 범하느니라 너희 몸은 너희가 하나님께로부터 받은 바 너희 가운데 계신 성령의 전인 줄을 알지 못하느냐 너희는 너희 자신의 것이 아니라 값으로 산 것이 되었으니 그런즉 너희 몸으로 하나님께 영광을 돌리라" (고전6:15-20)

모든 죄가 몸 밖에 있으나 음행의 죄는 몸 안에 들어온다고 하였습니다. 그러므로 이것은 우리 안에 거하시는 그리스도의 영을 손상시키는 것입니다. 이것은 몸의 행위만을 말하는 것은 아닙니다. 몸으로 범죄하지 않고 생각으로, 상상으로만 범죄해도 그것은 실제로 마음과 영에 영향을 끼칩니다.

"또 간음하지 말라 하였다는 것을 너희가 들었으나 나는 너희에게 이르노니 음욕을 품고 여자를 보는 자마다 마음에 이미 간음하였느니라" (마5:27-28)

자위는 악한 것이다

　내게 상담을 요청하는 메일 중 많은 부분이 성적인 부분이며 자위에 대한 부분입니다. 어처구니없게도 자위는 괜찮은 것이라고 알고 있는 이들이 적지 않으며 그렇게 가르치는 이들도 있는데, 그것은 틀린 것입니다.
　성령은 거룩하고 성결한 영입니다. 자위를 하면서 영의 충만함을 유지할 수 있는 사람은 없습니다. 자위에는 반드시 어떤 대상에 대한 상상이 동반되는데, 그것은 더러운 상상이며 악령이 개입되어 있는 것입니다.
　어떤 행동이 잘못된 것이면, 그것을 상상하는 것도 잘못된 것입니다. 우리는 우리의 배우자가 아닌 다른 이성을 상상 속에서 우리의 침상에 끌어들일 권리가 없습니다. 그것은 악한 영들이 우리의 의식 안에 주입하는 것이며 우리는 그것들을 거절하고 대적해야 합니다. 악한 영들이 심어주는 쾌락을 받아들이면서 맑은 영과 충만한 기쁨을 유지하는 것은 불가능합니다.
　죄를 대적하려는 의지가 분명하면 음란이나 자위를 끊는 것은 그리 어려운 일이 아닙니다. 음란의 영은 반드시 공급처가 있기 때문에 그 영이 침입하는 통로가 되는 것은 모두 버리십시오. 음란한 그림, 잡지, 영상, 파일, CD.. 등 관련된 것을 모두 폐기하십시오. 그러한 것을 방영하는 TV, 인터넷 사이트를 멀리 하십시오.
　야한 옷차림이나 노출이 심한 사람, 몸의 굴곡이 그대로 드러나는 달라붙은 옷을 입고 다니는 사람들은 근처에도 가지 말고 접촉하지도, 보지도 말고 그러한 프로그램에는 일체 접근하지 마십시오. 그러한 사람들, 프로그램들은 어두움의 통로이기 때문입니다.

의식이 밝아지면 음란에서 벗어나게 된다

자위행위에 빠지는 이들은 우울하고 어둡고 소극적이고 기쁨이 없고 눌려 있는 경향이 많기 때문에 부르짖고 강력하게 기도하여 적극적이고 밝은 성격이 되도록 힘써야 합니다.

주님께서 주시는 기쁨이 없는 이들은 자꾸 사탄의 유혹에 넘어가게 되어 있습니다. 기쁨과 행복을 맛보지 못하는 이들은 과식이든, 인터넷 서핑 중독이든, 게임 중독이든.. 악한 영들이 공급하는 즐거움에 빠지기 쉽습니다.

그러므로 어두움의 즐거움을 버리고 부르짖어 기도하고 방언으로 강력하게 기도하며 성령께서 주시는 충만한 희락과 그 영광을 경험해야 합니다. 성령의 기쁨이 임할 때, 그 영혼은 안전해지며 세상의 쓰레기에 대한 입맛을 잃어버립니다.

7. 생각과 상상을 순결하게 하라

일곱째로, 생각과 상상을 순결하게 하십시오.

음란의 문제도 그렇지만, 모든 죄들은 생각에서, 마음에서 시작됩니다. 그러므로 생각과 상상을 통제하지 못한다면, 그는 죄에서 승리하는 삶을 살기가 어렵습니다. 생각이 더러운데 행동이 깨끗할 수는 없습니다. 사람의 말은 마음속에 가득한 것이 바깥으로 나오는 것입니다. 그러므로 생각이 아름답고 순결할 때 말도, 행동도 아름답고 순결하게 됩니다.

사람들은 흔히 행동으로 나타나지만 않으면 상상 속에서는 얼마든지 죄를 지어도 상관이 없다고 생각합니다. 물론 세상의 법으로는 그렇습니다. 더러운 상상을 했다고 감옥에 가지는 않습니다. 그러나 세상의 법정이 아닌 영계의 법정은 다릅니다. 성령께서는 정결하지 않은 생각을 꾸짖으십니다.

우리는 마음을 순결하게 지키기 위하여 결단해야 합니다. 방언을 할수록, 영계에 민감해질수록 우리는 마음의 생각만으로도 영적으로 떨어지는 것을 느끼게 됩니다. 영계에서는 실제 몸으로 행동한 것이나 마음과 상상 속의 범죄나 그리 큰 차이가 없습니다.

바리새인은 겉으로 보이는 것에 치중한 사람들입니다. 그들은 속의 더러움에 대해서는 관심을 가지지 않았습니다. 그러나 이러한 자세는 세상에서는 통하지만 영계에서는 통하지 않습니다. 주님께서는 우리의 폐부, 심장을 살피시기 때문입니다. (렘17:10)

마음과 상상을 순결하게 하는 것은 그리 어려운 일은 아닙니다. 영적세계를 이해하지 못하는 이들은 악령들이 끊임없이 불순한 생각과 상상을 우리에게 주입시키려 애쓴다는 사실을 모르기 때문에 스스로의 힘으로 생각을 통제하려고 애쓰다가 좌절하고 포기하고 맙니다. 그러나 주의 이름으로 악한 영들을 대적할 때 불순한 생각과 상상은 멈추어집니다. 공급자가 사라지면 공급물질이 사라지는 것은 당연한 일입니다.

상상의 즐거움을 포기하라

문제는 상상으로 인한 즐거움을 버리는 것입니다. 내성적이고 열등감, 패배의식이 많은 사람일수록 현실의 세계에서 벗어나 자기만의 상상의 세계에서 많은 즐거움을 누리려고 합니다. 그러나 그 환상의 세계는 허상인 것 같지만 영계의 실상이며 악한 영들이 여린 영혼을 사로잡는 하나의 함정입니다.

그러므로 부디 그 허황된 상상의 세계에서 빠져나오십시오. 악한 영을 대적하며 상상 속의 쾌락을 거절하십시오.

마음에 더러운 생각이 올라올 때 주의 이름을 부르십시오. 악령들은 흔히 기도할 때, 예배를 드릴 때, 가장 거룩한 순간에 더러운 상념을 집어넣습니다. 그러면 피해자들은 자신을 더럽게 여기며 스스로 정죄하고 낙담합니다.

속지 마십시오. 그 생각들은 당신의 것이 아닙니다. 악령이 심은 것을 당신이 받아들인 것뿐입니다.

단순하게 주의 이름을 부르십시오. 마음속으로 "나의 하나님.. 나의 하나님.. 주 예수님.." 하고 계속 부르십시오. 우리의 의식을 하나님께, 주님께 올려드릴 때 더러운 생각은 사라집니다.

생각을 정화하는 것을 어렵게 여기지 마십시오. 그것은 습관에 불과할 뿐입니다. 어디서나 항상 주를 부르고 의식이 하나님을 향할 때, 우리의 의식은 정화될 수 있습니다.

우리의 생각과 상상이 정화되고 순결해질수록 우리는 주님의 임재를 쉽게 잘 누리고 맛보게 됩니다. 그분은 거룩하신 분이기 때문입니다.

8. 성령의 내적 감각을 항상 인식하라

여덟째로, 성령의 내적 감각을 항상 인식하십시오.

살아가면서 항상 의식을 내부에 두십시오. 기도할 때만 주님을 의식하는 것이 아니라 살아있는 모든 순간에, 깨어있는 모든 순간에 주님을 의식해야 합니다. 우리는 성령의 전입니다. 우리는 주의 영, 성령을 항상 모시고 있습니다.

가슴에 마음을 두고 내면을 살펴보십시오. 우리가 모시고 있는 그 분이 편안하신지, 불편하신지.. 항상 관찰하십시오. 불편하신 것이 느껴지면 "주님, 무엇입니까? 제가 무엇을 잘못했습니까? 불편하신 것이 있으십니까?" 하고 물어야 합니다.

우리는 주인이 아니라 종입니다. 우리는 주인을 모시고 있습니다. 그러므로 항상 주인의 눈치를 살펴야 합니다. 내 안에 거하시는 주인이 기뻐하시는지, 탄식하시는지 우리는 항상 살펴야 합니다.

"하나님의 성령을 근심하게 하지 말라 그 안에서 너희가 구원의 날까지 인치심을 받았느니라" (엡4:30)

성령께서 근심하시지 않는지 항상 내부를 관찰하라

우리 안에 거하시는 성령은 우리의 잘못된 자세나 생각이나 언행을 통해서 근심하거나 탄식하실 수 있습니다. 우리의 악함으로 인하여 주를 아프시게 할 수는 있지만 그 자체를 모른다는 것은 더 무서운 일입니다. 부부관계나 연인관계에서 상처를 받는 중요한 이유 중의 하나가 상대가 나를 아프게 했는데, 상대는 그 사실을 전혀 모르고 있는 것입니다. 그것은 비극적인 일입니다. 아는 것은 회복할 수 있지만 모르고 있으면 회복할 수가 없습니다.

오늘날 얼마나 많은 신자들이 자기 안의 성령을 근심시키고 소멸시키면서 주의 영의 고통을 전혀 모르고 있는지요! 우리는 방언을 통하여 영의 감각을 예민하게 하면서 성령을 슬프시게 하지 않도록 항상 내면을 관찰하며 깨어있어야 합니다.

내주하시는 주의 영의 마음을 느끼십시오. 그분이 기뻐하시는지, 슬퍼하시는지 관찰하십시오. 주와 합하는 자는 한 영입니다. (고전 6:17) 우리의 영은 성령과 합하여 있기 때문에 내주하시는 성령이 슬퍼하실 때 우리의 영은 그것을 느낄 수 있습니다. 성령이 기뻐하실 때 우리의 영은 그것을 느끼며 우리도 같은 기쁨과 행복감을 맛보게 됩니다.

기쁨이 있을 때 그것이 어디에서 오는지 분별하라

어떤 기쁨이 있을 때, 그것이 성령의 기쁨인지 당신의 기쁨인지 분별하십시오. 예를 들어 성령은 우리 통장의 잔고가 늘어났을 때 기뻐하시지 않습니다. 그것으로 인하여 기뻐한다면 그것은 당신 혼의 기쁨이지 성령의 기쁨, 하늘의 기쁨은 아닙니다.

성령은 당신이 사람들에게 칭찬받고 인정받을 때 기뻐하시지 않습니다. 거기에서 기쁨을 느꼈다면 그것은 당신 혼의 기쁨입니다. 성령은 당신이 아주 맛있는 음식을 먹을 때 만족과 기쁨을 느끼시는 않습니다. 거기에서 기쁨을 느꼈다면 그것은 당신의 몸이 누리는 만족이지 성령의 만족은 아닙니다.

성령은 하나님을 예배하고 높일 때 기쁨을 느끼십니다. 우리가 주께 순복하고 죄를 버릴 때 기뻐하십니다. 아버지의 뜻이 이루어질 때 기뻐하십니다. 우리가 즐거이 주의 뜻을 행할 때 기뻐하십니다. 우리가 감사하며 사랑과 헌신을 고백할 때 기뻐하십니다. 우리는 자주 이 기쁨을 점검해야 합니다.

만일 우리가 우리 마음대로 살며 우리의 기쁨과 만족을 추구한다면 우리는 진정한 기쁨을 누릴 수 없을 것입니다. 진정한 기쁨은 우리 안에 거하시는 성령께서 기뻐하실 때 그와 연합된 우리의 영이 경험하고 누리는 것이기 때문입니다. 우리가 내면의 기쁨, 하늘의 기쁨을 알지 못한다면 기껏 우리가 누리는 즐거움은 자아적이고 육적인 기쁨에 불과하며 그 기쁨은 오래 가지 않습니다.

그러므로 항상 의식을 내면에 두어 성령께서 무엇을 원하시는지, 어떻게 느끼시는지를 관찰하십시오. 그리고 그 흐름에 따르십시오. 성령께서 아파하시면 가급적이면 모든 것을 멈추고 주님께 엎드리십시오. 그리하여 분부를 받고 그분의 원하심에 순종함으로 그분의 마음이 회복되게 하십시오.

9. 항상 주님께 묻고 귀를 기울이라

아홉째로, 주님께 귀를 기울이고 들으십시오.

주님이 우리에게 말씀하신다고 하면 이상하고 신비하게 여기는 사람들이 많이 있습니다. 그러나 주님은 누구에게나 말씀하십니다. 대다수의 사람들은 그것에 주의하지 않고 무시하고 지나가기 때문에 잘 인식하지 못하는 것입니다.

방언을 할수록 내적인 감각이 민감해지기 때문에 주님의 감동을 더 잘 인식하게 됩니다. 방언을 하는 사람들에게 더 많이 말씀하시는 것이 아니고 이들은 방언을 통해서 내적 감각이 예민해지므로 주님이 말씀하시고 감동하시는 것을 좀 더 예민하게 느끼게 되는 것입니다.

주님은 성경으로 말씀하시고 환경으로 말씀하시고 영으로, 내면에서 말씀하십니다. 양심의 소리도, 직관도 주님의 말씀하시는 한 통로입니다. 그러나 아무리 주님이 말씀하셔도, 방언을 많이 해도, 본인이 들을 생각을 하지 않으면 소용이 없습니다. 귀를 닫고 있으면 아무도 그 음성을 들을 수 없으며 감지할 수 없습니다.

귀를 기울일수록, 내적 감각은 증가됩니다. 사소한 것에도 주님께 물으며 그 음성에 귀를 기울이고 주님의 뜻과 감동을 찾을 때 그는 점점 더 감동하시고 말씀하시는 주님의 감동을 느끼게 됩니다. 그 분별력과 감각은 점점 더 예민해집니다.

깊은 숨은 동기를 지적하심

처음 개척을 시작할 때였습니다. 기도 중에 주님의 인도를 받았고 결국 하기로 결정이 되었습니다. 나는 이 소식을 가까운 지인에게 알리고 기도를 부탁하려고 공중전화 박스로 갔습니다. 그 때 나는 경기도 양지에 있는 신학대학원에 있었는데, 늦은 밤 시간에 기숙사를 나와서 전화박스를 찾아서 걸어가고 있었습니다.

그런데 이상하게도 전화박스를 향해서 걸어가고 있는 중 너무나 가슴이 무겁고 불편했습니다. 개척이 결정되었다는 소식을 알리고 기도를 부탁하는 전화를 하려는데 왜 이리 속이 불편한지 알 수가 없었습니다.

드디어 전화박스 앞에 도착했습니다. 그리고 전화기를 드는 순간 갑자기 선명한 깨달음과 감동이 왔습니다. 갑자기 내가 왜 이렇게 마음이 불편했는지 알게 되었습니다.

"너는 지금 기도를 부탁하는 것이냐? 아니면 재정적인 지원을 기대하는 것이냐?"

그 메시지는 섬광과도 같이 나의 마음을 강타했습니다. 나는 겉으로는 개척의 소식을 알리고 기도를 부탁하는 것이었지만 속으로는 부족한 재정으로 인하여 걱정하고 있다는 것을 깨달았습니다. 그리고 어느 정도 재력이 있는 지인에게 지원을 받을 가능성이 있다는 것을 내가 은근히 기대하고 있음을 깨달았습니다.

"사람을 의지하겠느냐? 나를 의지하겠느냐? 내가 너를 도울 힘이 없다고 생각하느냐? 너는 나를 신뢰하지 않느냐?"

나는 가슴이 무너지는 것을 느꼈습니다. 나는 전화기를 내려놓았습니다. 그리고 그 자리에서 바로 무릎을 꿇었습니다.

"죄송합니다.. 나의 하나님.. 죄송합니다.."

나는 다시 전화를 잡지 않았습니다. 그 밤을 학교 강당으로 올라가 기도하면서 보냈습니다. 주님을 신뢰하지 않은 죄를 회개하고 사람에게 은근히 기대했던 죄를 회개했습니다. 그리고 오직 어떻게 되든지 주님만 의지하겠다고 고백하였습니다. 조금 전의 무거운 압박감은 사라지고 심령은 가벼워지고 기쁨이 넘치게 되었습니다. 나는 감사함으로 가득 차서 주를 찬양했습니다.

주님이 말씀하실 때 기쁨이 있고 후련함이 있다

주님이 말씀하실 때, 거기에는 기쁨이 있습니다. 주님이 우리 속의 추악한 모습을 보여주실 때, 거기에는 기쁨이 있습니다. 그것은 수술칼로 환부를 자르는 것처럼 아프지만, 동시에 거기에는 후련함이 있습니다. 순복할수록, 말씀에 의하여 정화될수록 거기에는 자유함과 행복감이 따라오게 됩니다.

나는 주님께 몹시 심하게 꾸지람을 들은 적도 있습니다. 꾸지람을 듣고 몇 시간을 울었던 적도 있었는데, 그러나 그것은 속이 상해서가 아니고 너무 행복했기 때문입니다. 나의 잘못을 꾸짖는 주님의 음성이 너무 아름답고 섬세했기 때문에, 나의 완악함에도 불구하고 불쌍히 여기시고 가르치시는 주님의 사랑과 자비가 너무 감격스러웠기 때문에 나는 통곡할 수밖에 없었습니다.

혼자서 움직이고 혼자서 말하고 혼자서 계획하고 살아가면 이러한 감동과 터치를 경험하기 어려울 것입니다. 그러나 항상 방언을 하면서 영의 맑음과 흐름을 유지하며 조심스럽게 행하면 자주 이러한 감동을 느끼게 됩니다.

주님의 교정을 받아들여라

어떤 이와 전화를 마친 후에 마음이 불편했습니다. 나는 주님께 물었습니다. 음성은 선명했습니다.

"너는 너를 높였다."

"아닙니다. 저는 주님의 은혜를 간증한 것입니다."

"네 자신을 돌아보아라. 너는 너를 높였다."

"주님.. 죄송합니다.."

마음의 무거움에는 항상 이유가 있었습니다. 무거움과 고통을 느낄 때 나는 주님께 가서 물었고 주님은 항상 나의 위선과 거짓을 보여주셨습니다. 그리고 나서 나는 한참 울고.. 그 후에는 영의 가벼움과 기쁨과 평안이 있었습니다.

주님께 주의를 기울이면서 말하고 생각하고 행동할 때, 우리는 그의 음성을 느낄 수 있습니다.

"네가 조금 전에 이야기한 것은 과장이었다. 너는 상대를 설득하기 위해서 있는 것에 조금 보태서 이야기했다. 아들아, 나는 그러한 것을 원치 않는다.."

"너는 별로 상처받지 않았으면서 상처받은 척 했다. 너의 입장을 유리하게 하기 위해서다. 아들아, 그것은 거짓이다."

"너는 마음에 불편한 것을 가지고 있으면서도 그것을 분명하게 표현하지 않고 은근하게 가시를 담아서 말했다. 아들아, 그것은 내가 원하는 것이 아니다."

나는 이러한 주님의 지적을 수도 없이 받았습니다. 회개하고 반성하는 것 외에는 아무 대책이 없었습니다. 주님은 나의 중심을 정확하게 아시기 때문입니다. 그러므로 아무 것도 변명할 수가 없었습니다.

우리가 주님의 감동과 교정을 받기 위해서 주의하고 기다릴 때 주님은 항상 감동하시고 말씀하십니다. 그 음성은 날카롭고 아프지만 그러나 우리를 새롭게 합니다.

만약 그 음성과 감동을 무시하고 지나치면 가슴이 너무 아프고 무거워지고 불편해지게 됩니다. 만약 그 상태를 그대로 내버려두면 곧 영이 마비되고 아무런 감각이 없는 상태가 될 것입니다. 그러므로 항상 그 감동에 대해서 주의하고 깨어있어야 하며 순종해야 합니다. 그래야 맑은 영의 감각을 유지할 수 있으며 주님과의 교제를 유지할 수 있습니다.

그렇게 살면 피곤하고 힘들어서 어떻게 사느냐고요? 사실은 그 반대입니다. 주님께 지적받고 고치는 것이 죄의 삶보다 훨씬 더 쉽고 재미있는 것입니다.

인생에서 가장 무거운 짐은 죄의 짐입니다. 세상의 문화를 따라 유행을 따라 주의 없이 멋대로 살며 무감각과 죄의 삶 속에서 사는 것이 훨씬 더 비참하고 고통스러운 삶입니다.

순종할수록 내적 감각이 증가됨

우리가 순종을 하면 할수록 내면의 감각은 증가됩니다. 주님과의 교제는 아름답고 실제적인 것이 됩니다. 방언을 하는 것은 아름다운 일이지만 기계적으로, 습관적으로 방언을 하는 것으로 만족하지 말고 방언을 통해서 감각을 새롭게 하고 성령을 인식하며 성령과 동행해야 합니다.

항상 그분의 눈치를 살피고 순종하십시오. 주님이 원하시지 않는 것을 하지 마십시오. 순결한 삶을 추구하십시오. 아모스 3장 3절은 "두 사람이 뜻이 같지 않은데 어찌 동행하겠으며.." 하고 말씀합니다. 우리의 마음과 소원이 주님을 향하지 않으면 우리의 동행은 불가능합니다.

단순히 방언을 하는 것으로 만족하지 말고 방언을 통해서 당신의 삶을 새롭게 하십시오. 방언을 통해서 성령의 내적 감동을 느끼고 알고 순종하십시오. 동행하십시오. 주님과 연합할수록 당신의 동행은 선명해지고 내적 감각은 새롭게 될 것입니다. 새로운 내적 감각을 통해서 계속 주와 함께 걸으십시오.

새로운 감각을 따라 동행하고 순종하며 나아갈 때 당신의 영은 더욱 더 예리하고 충만해지며 하늘의 기쁨으로 가득해지게 될 것입니다. 할렐루야.

29. 새 감각의 즐거움과 고통과 승리

　방언을 하면 할수록 새로운 감각이 일어납니다. 이것은 아주 실제적인 것이며 선명한 것입니다. 이 새 감각에는 중요한 유익이 있습니다. 그것은 승리의 삶, 풍성한 삶을 가능하게 하는 중요한 무기가 되는 것입니다.

　로마서 7장은 육과 영의 투쟁에서 실패하고 좌절하는 신자의 고백입니다. 이 좌절의 고백은 오늘날에도 많은 신자들이 여전히 공감하는 실패의 고백입니다.

　"우리가 율법은 신령한 줄 알거니와 나는 육신에 속하여 죄 아래에 팔렸도다 내가 행하는 것을 내가 알지 못하노니 곧 내가 원하는 것은 행하지 아니하고 도리어 미워하는 것을 행함이라 만일 내가 원하지 아니하는 그것을 행하면 내가 이로써 율법이 선한 것을 시인하노니 이제는 그것을 행하는 자가 내가 아니요 내 속에 거하는 죄니라

　내 속 곧 내 육신에 선한 것이 거하지 아니하는 줄을 아노니 원함은 내게 있으나 선을 행하는 것은 없노라 내가 원하는 바 선은 행하지 아니하고 도리어 원하지 아니하는바 악을 행하는 도다 만일 내가 원하지 아니하는 그것을 하면 이를 행하는 자는 내가 아니요 내 속에 거하는 죄니라 그러므로 내가 한 법을 깨달았노니 곧 선을 행하기 원하는 나에게 악이 함께 있는 것이로다

　내 속사람으로는 하나님의 법을 즐거워하되 내 지체 속에서 한 다른 법

이 내 마음의 법과 싸워 내 지체 속에 있는 죄의 법으로 나를 사로잡는 것을 보는도다 오호라 나는 곤고한 사람이로다 이 사망의 몸에서 누가 나를 건져내랴 우리 주 예수 그리스도로 말미암아 하나님께 감사하리로다 그런즉 내 자신이 마음으로는 하나님의 법을 육신으로는 죄의 법을 섬기노라"
(로7:14-25)

이것은 비통한 고백이며 실패의 고백입니다. 그리고 많은 신자들이 삶에서 경험하고 있는 고백입니다. 본문은 고백하기를 내가 원하는 바 선은 행하지 아니하고 원치 않는 악을 행한다고 말합니다. 내 속에 다른 법, 곧 죄와 사망의 법이 있어서 죄를 향하여 끌려가며 억지로 싫어하는 것을 행하게 된다는 것입니다.

이 말을 문자 그대로 보면 자신이 원하는 것을 하지 못하고 원하지 않는 행동을 하기 때문에 고통스럽다는 것입니다. 자신이 선을 행하고 싶어 하지만 실제로는 악을 행하기 때문에 고통스럽다는 것입니다.

악을 사랑하는 것이 문제의 근원이다

그러나 엄밀하게 말하자면 이 말은 모순입니다. 사람은 누구나 자기가 원하는 것을 행하게 됩니다. 자기가 싫어하는 것을 피하게 됩니다. 가기 싫은 곳에 가고, 보고 싶지 않은 것을 보고.. 그렇게 하는 사람은 없습니다. 문자적으로, 이것은 맞지 않는 이야기입니다. 사람이 어떤 행위를 한다면, 그것은 그 행위를 좋아하기 때문입니다.

그렇다면 본문의 의미는 무엇일까요? 왜 자신이 죄와 사망의 법 아래 있다고 신음하는 것일까요?

그것은 머리로는 죄가 나쁘다는 것을 잘 알고 있으면서도 마음으로는 그 죄의 행위를 즐거워한다는 것입니다. 어떤 행위가 옳지 않다는 것을 잘 알고 있으면서도, 이렇게 행해서는 안 된다고 알고 있으면서도 그것을 자기가 원한다는 것입니다. 그러므로 문제는 '내가 원치 않는바 악을 행하는 것'이 아니라 '내가 악을, 악한 행위를 사랑하고 있다'는 바로 그것입니다.

머리로는 어떤 행위가 악한 것이라는 사실을 잘 알고 있어도 마음 속으로 그것을 즐거워하고 있으면 그 행위에서 벗어날 수가 없습니다. 문제는 좋아해서는 안 될 것을 좋아하고, 사랑해서는 안 될 것들을 사랑합니다. 이것이 문제입니다. 그렇기 때문에 알면서도 죄를 행하고 악을 행하는 것입니다.

죄와 악을 미워하는 것이 아니라, 나쁘다고 알면서도 죄와 악이 가져다주는 쾌락을 즐거워하기 때문입니다.

머리로는 그것이 옳지 않음을 잘 알고 있으면서도 그것을 속에서 원하는 것, 바로 그것이 문제입니다. 삼손이 들릴라와의 관계가 죄가 되는 것을 몰랐을까요? 이방여인이며 적국의 여인인 들릴라와의 사랑은 그의 사역에 있어서 치명적인 방해요인이었습니다. 그는 그의 사랑이 옳지 않다는 것을 몰랐을까요? 몰랐다면 그가 죽을 정도로 괴로워했을 리가 없습니다.

삼손의 고통은 잘못된 애정 때문이다

"들릴라가 삼손에게 이르되 당신의 마음이 내게 있지 아니하면서 당신이 어찌 나를 사랑한다 하느냐 당신이 이로서 세 번이나 나를 희롱하고 당신의 큰 힘이 무엇으로 말미암아 생기는지를 내게 말하지 아니하였도다

하며 날마다 그 말로 그를 재촉하여 조르매 삼손의 마음이 번뇌하여 죽을 지경이라"(삿16:15-16)

들릴라는 날마다 삼손에게 비밀을 말하라고 조르고, 삼손은 이로 인하여 죽을 정도로 고통스럽다고 합니다. 이는 참 어처구니없는 상황입니다. 들릴라는 삼손의 비밀을 캐내기 위한 블레셋의 스파이입니다.

그런데 이렇게 어처구니없게 뻔뻔한 스파이는 유례가 없습니다. 스파이는 은밀하게 접근해서 들키지 않도록 몰래 정보를 파악하는 것이 보통인데, 들릴라는 아예 당당하게 대놓고 정보를 요구하며 바른 정보를 안 준다고 강짜를 부리기까지 합니다.

삼손의 입장은 그가 바른 정보를 주면 목숨이 위험한 상황입니다. 이미 몇 번 들릴라에게 엉터리 정보를 주었고, 그 결과 블레셋 군인들이 공격을 하였으므로 들릴라의 신분은 이미 노출되었다고 보아야 합니다.

삼손이 바보가 아닌 이상 들릴라에게 자신의 약점에 대해서 이야기를 하기만 하면 블레셋 군이 쳐들어오니 삼손은 들릴라가 블레셋 군의 첩자 노릇을 한다는 것을 모를 수가 없습니다. 그런데 어처구니없는 것은 삼손의 반응입니다. 들릴라가 강짜를 부리며 비밀을 말하라고 재촉하는데, 그는 죽을 정도로 괴로워하면서 쩔쩔 매기만하는 것입니다. 자기 목숨을 요구하는 대적에게, 세상에 이렇게 바보같이 반응하는 사람이 있나요?

하지만 그것은 또한 우리들의 모습이기도 합니다. 오늘날 많은 신자들이, 많은 하나님을 사랑한다고 자처하는 사람들이 마귀가 가져다주는 세상의 유혹과 쾌락에 대하여 단호하게 거절하지 못하고 쩔쩔매면서 끌려가고 있는 것입니다.

삼손은 들릴라와의 관계가 옳지 않다는 것을 알았습니다. 하지만 그는 그녀를 사랑하였습니다. 그는 그녀와의 관계를 즐겼습니다. 그는 그 즐거움을 포기할 수 없었습니다. 그는 하나님을 사랑했지만, 동시에 들릴라도 사랑하였습니다.

만일 들릴라를 사랑하지 않았다면, 그는 그녀를 떨쳐버렸을 것입니다. 그러나 사랑하고 즐거워했기 때문에 그는 그녀를 물리칠 수 없었습니다. 그가 괴로웠던 것은 들릴라를 사랑하면서도 하나님을 버릴 수는 없었기 때문입니다. 그는 들릴라를 사랑하면서도 하나님으로부터 받은 사명과 비밀을 간직하려고 애썼습니다. 그러므로 그렇게 힘들었던 것입니다.

세상의 즐거움을 사랑할 때 노예생활이 시작된다

오늘날 신자들이 죄에서 벗어나지 못하는 이유도 이와 비슷한 것입니다. 죄라는 것을 알면서도 끊지를 못하는 것입니다. 죄를 좋아하는 것을 끊지 못하며 죄가 주는 즐거움을 버리지 못하는 것입니다.

머리로는 이것이 좋지 않다는 것을 잘 알고 이것을 그만두려고 수없이 결심하고 결단하면서 끊지 못하는 이유는 애정 때문입니다. 어떤 것을 좋아할 때, 그것은 끊을 수 없습니다. 도박에 중독된 사람이 이것을 끊기 위해서 애를 쓰다가 도박에서 벗어나도록 손을 잘랐는데, 나중에는 다시 발로 도박을 하였다는 이야기도 있습니다.

중독이란, 악습이란 바로 그런 것입니다. 학생이 시험을 앞두고 있습니다. 그는 열심히 시험을 준비해야합니다. 또는 과제를 해야 합니다. 그런데 마음으로는 잘 알고 있으면서도 현실에는 인터넷으로 게임을 하고 있습니다. 이래서는 안 되는 것을 잘 알지만 막상 손과 눈은 말을 듣지 않습니다.

　머리로는 공부해야 해.. 과제를 해야 해.. 하고 말하지만 속마음은 불안하고 초조하면서도 자꾸 다른 것으로 도피합니다. 머리로는 담배를 끊어야지.. 하면서도 속에서 자꾸 담배를 피우고 싶은 욕망이 올라옵니다.

　이렇게 머리의 생각과 속의 욕망이 싸울 때 항상 이기는 것은 속의 욕망입니다. 욕망은 항상 머리의 이성을 이깁니다. 그래서 '오호라, 나는 곤고한 사람이로다.' 이런 고백이 나오는 것입니다.

　항상 원리는 같습니다. 세상을 사랑하고 쾌락을 사랑하는 것..그리고 거기서 즐거움을 느끼는 것.. 바로 거기서부터 노예생활이 시작되는 것입니다.

　노예생활은 항상 이렇게 시작됩니다. 마귀가 주는 세상의 기쁨과 즐거움과 위로를 맛보는 것이 바로 그 시작입니다. 마귀는 에덴동산에서 선악과의 즐거움을 아담과 하와가 누리게 했습니다. 그리하여 인간을 사로잡았습니다.

마귀는 세상의 즐거움을 주기 위하여 애쓴다

　마귀는 주님께도 광야에서 세 가지 유혹과 즐거움을 통하여 주님을 굴복시키려 애썼습니다. 마귀가 주려고 애쓰는 것은 항상 세상의 즐거움과 쾌락과 위로입니다. 그것을 맛볼수록 거기서 헤어날 수 없습니다. 지치고 힘들 때 세상에서 위로를 얻는 사람은 반드시 그 배후에 있는 마귀에게 영혼을 억압당하게 됩니다.

인간은 타락한 상태로, 이미 마귀의 유혹에 굴복한 상태에서 태어나 물질적 욕망과 자아적 욕망을 추구하고 그것에서 기쁨과 즐거움을 누리는 성향을 가지고 있습니다.

그러므로 복음을 발견한 많은 신자들도 머리로는 무엇이 악인지, 선인지 압니다. 그러나 현실의 삶에서는 드라마를 기다리고 세상의 화려함을 좋아하고 쇼핑을 좋아하고 인터넷을 기웃거리며 각종 중독과 여러 가지 현상으로 괴로워하지만 다음날 다시 똑같은 행동을 되풀이 합니다. 왜냐하면 거기에서 즐거움을 느끼기 때문입니다.

이해는 표면에 있으나
즐거움은 마음의 깊은 곳으로 가라앉는다

이 원리를 기억해야 합니다. 그것은 즐거움이 이해보다 더 깊은 곳으로 가라앉는다는 것입니다. 우리가 어떤 것을 이해할 때, 단순히 이해하는 것으로 그칠 때, 그것은 우리 의식의 표면에 있습니다. 그것은 우리 안에 깊이 가라앉지 않은 상태에 있습니다. 그러나 우리가 어떤 것을 좋아한다면, 그리고 즐거워한다면 그것은 우리 안에 가라앉기 시작합니다. 그것은 우리의 중심에 자리를 잡아갑니다. 그것은 이제 우리를 사로잡기 시작합니다.

어떤 학생이 게임을 하다가 거기에 재미를 느꼈습니다. 처음에 게임에 대해서 배울 때는 그것이 머리의 표면에 있지만 즐거움을 느끼게 되면 그 즐겁게 느끼는 정도에 따라 그의 의식 깊은 곳으로 가라앉게 됩니다. 어떤 사람이 무엇을 좋아하게 되면 그것에 대한 정보는 의식의 표면에 있지 않습니다. 그것은 마음 깊은 곳에 자리를 잡습니다.

어떤 이가 골프에 대해서 좋아한다면 골프는 그의 의식 깊은 곳에 있습니다. 그는 골프에 대해서 박사가 될 것입니다. 골프를 별로 좋아하지 않는 이들은 골프에 대한 일반적인 정보를 가지고 있을 뿐입니다.

그러나 골프광이라면 골프에 대한 모든 지식과 함께 항상 골프에 대해서 생각하며 주말만 되면 골프를 칠 수 있는 방법을 생각하고 누구와 골프를 칠 것인가를 고민하게 될 것입니다.

우리의 의식 표면에 어떤 것이 있고, 그와 상반된 것이 우리 의식 깊은 곳에 있다면 깊은 곳에 있는 의식이 우리를 사로잡게 됩니다. 우리의 의식 표면에 복음과 진리에 대한 것이 있고 깊은 속에 세상적인 욕망이 있다면 우리는 그것을 이길 수 없습니다.

표면의식에는 해야 할 시험공부나 과제와 같은 당위성의 일들이 있는데, 깊은 속에는 게임이나 다른 애정이 있다면 그는 당연히 깊은 곳에 있는 것으로 빠질 것입니다.

표면의식에는 날씬한 몸에 대한 소원이 있지만 깊은 속에는 음식에 대한 애정이 있을 때, 겉의 의식은 속의 소원을 이겨내지 못할 것입니다.

머리로는 속의 욕망을 제어할 수 없다

삼손도 머리에서는, 의식의 표면에서는 들릴라와 관계를 계속 유지하는 것이 잘못이라는 것을 알았을 것입니다. 그러나 깊은 의식 속에서 그녀를 사랑하는 욕망이 올라올 때 삼손은 그것을 이길 수 없었습니다.

의식의 표면에서는 주님이 주신 사명을 감당해야 한다고 생각하지만, 속에서는 들릴라가 너무 아름답고 사랑스럽다고 여깁니다. 의식의 표면에서는 주를 사랑하는 것이 옳다고 여기지만, 속에서는 드라마가 더 재미있다고 여깁니다. 그런 상태에서는 속의 욕구를 이길 수 없습니다.

해결책은 깊은 곳에 있다

해결책은 무엇인가요? 그것은 우리의 아주 깊은 영역에 있습니다. 우리의 의식 표면에는 복음에 대한 이해와 결단이 있습니다. 그리고 우리의 깊은 속에는 아직 처리되지 않은 잠재의식과 욕망, 세상 사랑이 있습니다.

그러나 그보다 더 깊은 영역, 우리 의식의 가장 깊은 영역에 영이 있습니다. 우리의 가장 깊은 영역에 성령이 거하십니다. 그리스도의 영이 거하십니다. 이 영이 움직이며 흘러나올 때, 우리 속의 처리되지 않은 육적인 애정들, 세상적인 애정과 성향이 처리됩니다. 그러므로 해답은 표면에 있지 않고 우리의 깊은 내면에 있습니다. 우리의 의식, 우리의 의지적 결단에 승리가 있지 않고 내면의 성령, 그리스도의 영에 승리의 열쇠가 있는 것입니다.

방언할 때 깊은 속의 영이 흘러나온다

방언을 할 때 우리는 우리의 깊은 곳에 있는 주의 영이 바깥으로 흘러나오는 것을 경험하게 됩니다. 방언은 우리의 영이 기도하는 것입니다. 그리고 그 방언의 언어를 주시는 분은 성령입니다. 성령의 감동에 따라 우리는 방언의 메시지를 받으며 그것을 기도로 풀어 놓습니다. 그 내용에 대해서 우리는 알지 못하지만 우리는 깊은 속에서 흘러나오는 것을 말해냅니다.

그렇게 속에서 나오는 메시지를 방언으로 풀어놓을 때 그 영은 흘러나와서 우리를 사로잡게 됩니다. 그리고 그 과정에서 잠재의식에 있는 아직 정화되지 않은 세상적인 것들을 처리합니다.

우리의 표면에는 복음에 대한 인식과 이해가 있습니다. 그러나 우리 마음 속 안에 이 복음을 방해하고 우리를 사로잡아 죄와 악에게로 이끌어가는 부분이 있습니다.

하지만 더 깊은 부분, 우리 인격의 가장 깊은 곳에 있는 영이 방언기도를 통하여 흘러나올 때 그것은 우리 안에 있는 이 악한 부분들을 처리하게 됩니다. 깊은 곳에서 성령이 주시는 새 소망, 새 욕망이 일어납니다. 깊은 곳에서 성령의 능력이 흘러나와서 우리를 적시고 사로잡게 됩니다.

우리의 속에 있는 욕망은 표면에 있는 인식을 누르고 이겨낼 것입니다. 그러나 더 깊은 곳에서 나오는 것은 중간의 깊이에 있는 것들을 처리할 수 있습니다. 깊은 곳에서 나오는 성령의 흐름, 성령의 강물은 세상적이고 육적인 애정들을 홍수처럼 쓸어내 버립니다.

방언을 할수록 새로운 애정이 일어난다

방언을 하면 할수록 우리는 내적인 새로운 감각의 일어남을 경험하게 됩니다. 새로운 애정을 경험하게 됩니다. 방언은 영의 기도입니다. 방언에는 영의 흐름이 있으며 영의 생명이 있습니다. 생명이 있는 곳에는 감각이 있으며 애정이 있습니다.

방언을 하면 할수록 우리는 영의 감각을 느끼게 되며 영의 소원이 일어나는 것을 느끼게 됩니다.

자연적인 사람은 누구나 육의 욕망과 소원, 감각을 가지고 있습니다. 본능적으로 육체의 소원을 가지고 있습니다. 먹고 마시고 편안한 삶을 추구하며 육체의 감각이 즐겁고 편안한 것을 추구하게 됩니다.

자연적인 사람은 또한 자아에 대한 소원과 감각을 가지고 있습니다. 그래서 자아의 만족을 구하며 남에게 인정받고 칭찬받기를 바라며 무시당하거나 비난을 받으면 고통을 느낍니다.

그러나 우리가 방언으로 기도할수록 우리의 내적 감각이 새로워지는 것을 느끼게 됩니다. 그리고 영에 대한 소원이 일어나는 것을 경험하게 됩니다. 방언은 영의 기도이므로 우리가 방언으로 기도할 때 영의 생명이 일어나고 영의 감각이 일어나는 것은 자연스러운 일입니다.

방언을 하면할수록 우리는 하나님의 임재에 대해서 예민해지며 그 임재하심을 사모하게 됩니다. 예배와 기도와 찬양을 사모하며 그 가운데 임하시는 주님의 임재를 느끼며 즐거워하게 되는 것입니다. 영이 일어날수록 영의 충만함으로 인한 만족감과 기쁨을 느끼며 영의 충만함을 잃어버렸을 때 허전함과 고통스러움을 느끼게 됩니다.

영의 감각에 대해서 둔감한 사람은 이러한 것을 납득하기 어려울 것입니다. 영의 충만함이나 공허에 대하여 추상적인 개념으로만 이해할 뿐, 그것이 실재하는 감각이며 실제적으로 충만한 기쁨이나 비워진 고통이 있다는 사실을 납득하기 어려울 것입니다.

그러나 이해하는 것과 감지하는 것은 다른 것입니다. 실제로 보고 듣는 것과 보고 듣는 것에 대해서 이해하는 것은 다릅니다. 방언을 하면할수록 내적 지각은 선명해지며 영적 세계는 분명해지고 하나님의 임재는 선명해집니다.

방언을 할수록 애정의 기호가 바뀐다

방언을 하면할수록 애정에 대한 기호는 달라집니다. 애정에 대한 감각이 새롭게 됩니다. 이전에 좋던 것이 싫어지며 이전에 알지 못하던 것을 좋아하게 됩니다.

그러나 그것은 저절로 순탄하게 이루어지는 과정은 아닙니다. 방언을 하면서 깊은 속에서 영이 흐르게 되고 그것은 우리 안에 잠재된 많은 악성, 육성들과 부딪칩니다. 방언을 통한 감각의 변화, 애정의 변화는 많은 전쟁을 치르면서 서서히 이루어집니다.

방언을 강하게 할 때 속에 있던 악과 어두움이 드러나게 됩니다. 그러므로 그 과정에서 속에 있는 것을 토해내는 경우도 있으며 발작과 같은 현상이 나타나기도 합니다. 우리 안에 있는 육적인 성향, 악의 성향은 쉽게 물러나지 않고 버티려고 합니다. 이 전쟁의 과정은 치열하기도 하지만, 방언을 중단하지 않고 계속하는 한 점점 더 승리가 많아집니다.

그러면서 점점 감각이 새롭게 됩니다. 서서히 어둠의 기운이 사라지고 성령이 우리를 사로잡아가면서 우리는 세상의 쾌락의 배후에 있는 영들을 느끼게 됩니다. 그리고 고통을 느끼게 됩니다.

우리 안에 음란한 영, 음란한 기운이 있을 때 우리는 음란하고 더러운 것에 기쁨을 느낍니다. 그러나 충분히 방언을 하면서 우리 안에 있는 그 기운을 토해내고 나면 우리는 더 이상 그러한 것에서 즐거움을 느낄 수 없습니다. 우리는 그러한 것들에서 더러움과 불편함과 고통을 느끼게 됩니다.

애정의 변화가 승리의 비결이다

이 감각의 변화, 애정의 변화는 곧 승리입니다. 이것은 승리의 삶을 가능하게 합니다. 전에는 머리에 복음이 옳고 진리가 옳다는 인식을 가지고 있었습니다.

주님을 사랑하고 말씀을 사랑하며 진리 안에서 살고 열매를 맺어야 한다는 사실을 알고 인식하고 있었습니다. 그러나 그것들을 즐기지는 않았습니다.

머리로는 그것을 알았지만 마음속으로는 은밀히 세상에 속한 것, 육에 속하고 자아에 속한 것들을 즐기고 있었습니다. 그러므로 열매를 맺지 못하고 오호라, 나는 곤고한 사람이로다.. 하고 살았었습니다.

그러나 감각이 변화되고 애정이 변화된 이후에는 그러한 갈등이 필요 없습니다. 이제는 주님을 누리고 복음을 누리고 선함과 아름다움을 즐기고 누리기 때문입니다. 이제는 그것들이 의무가 아니고 기쁨입니다. 기도와 예배와 사랑의 삶, 섬김의 삶이 의무가 아니고 즐김입니다. 그러므로 이러한 변화는 승리의 삶, 열매 맺는 삶을 가능하게 하는 것입니다.

방언을 할수록 우리 안에 거하시는 성령의 흘러나와서 우리를 사로잡게 되며 우리의 감각은 새롭게 됩니다. 우리는 악의 감각을 느끼게 되고 악한 영들의 감각을 느끼게 됩니다. 우리는 그것들에서 고통을 느끼며 그것들로부터 피하려고 하게 됩니다.

우리는 점점 더 하나님의 임재를 선명하게 느끼게 됩니다. 그래서 기도와 찬양과 예배를 통한 주님과의 친밀한 교제에 빠져 들어가게 됩니다.

성령이 역사하시면 하늘의 기쁨에 빠지게 된다

성령의 역사에 대해서 별로 열려있지 않은 교회에서 학생들을 대상으로 몇 번 집회를 한 적이 있었는데 성령의 역사가 일어나고 집회에 참석한 학생들이 울부짖으며 계속 기도하고 기도하며 그 열정이 좀처럼 가라앉지 않자 사역자와 교사들이 몹시 당황하는 것을 보았습니다. 이러한 일이 있으면 그들은 학생들이 무슨 문제가 있거나 잘못되었다고 생각합니다.

오늘날 지도자들은 흔히 학생들이 만화에 빠지고 게임에 빠지고 하는 것을 이상하게 여기지 않습니다. 그러나 주님께 빠지고 기도에 빠지는 것은 이상한 것이며 광신이라고 생각합니다.

그러나 그것은 바른 인식이 아닙니다. 사실을 말하자면 광신이 오히려 정상일 것입니다. 그리스도의 영광과 그 아름다움을 맛보고 경험하게 되면 아무도 주님께 빠지지 않을 수 없을 것입니다. 주님이 우리를 위하여 죽으신 것처럼 우리도 주를 위하여 목숨을 드리고 싶어지게 됩니다.

그 영의 충만함과 풍성함을 누리게 될 때 자기 목숨도, 그 무엇도 대단하게 여겨지지 않게 됩니다. 스데반도, 바울도.. 그 영광에 취하여 자기 목숨을 조금도 대수롭게 여기지 않았습니다. 스데반은 맞아 죽어가면서도 천사처럼 기뻐하고 있었습니다.

방언을 하고 성령에 사로잡힐 때 그 기쁨이 너무 크기 때문에 비록 일시적일지 모르지만 하루 종일 기도하고 평생 기도로 살고 싶은 충동이 일어나게 됩니다.

주님의 친밀한 임재하심을 갈망하는 사람들은 흔히 신비주의자라고 비난을 받곤 하는데 그것은 주님의 거룩한 임재를 경험하게 되면 그것으로 가장 큰 기쁨을 얻으며 그래서 기도에 대한 강렬한 소원을 갖게 되기 때문입니다. 그러나 대다수의 경우 초기의 그러한 강렬한 현상은 그리 오래 가지 않으며 충만함과 소멸을 반복하면서 조금씩 분별력과 균형을 얻어가게 됩니다.

비록 이 열정이 아주 오래 지속되는 것은 아니라고 해도 방언을 계속 하면서 일어나는 가장 큰 변화이자 선물은 무엇보다도 이 하나님의 임재에 대한 미칠 것 같은 갈망의 일어남입니다.

이 갈망은 주님이 주시는 것이며 성령으로부터 부어지는 것입니다. 엘리야는 자주 고백하기를 자신이 하나님을 향하여 열심이 유별하다고 하였는데(왕상19:10), 간혹 그와 같이 하나님의 임재를 간절하게 갈망하는 사람들이 있습니다. 그들은 하나님의 선물을 구하지 않고 하나님 자신을 구합니다. 하나님 자신과의 친밀한 교제를 갈구합니다. 그들은 이미 복을 받은 것입니다.

방언은 영적 갈망을 증가시킨다

그런데 방언을 하면할수록 그 갈망은 증가됩니다. 그 갈망은 너무나 너무나 간절해집니다. 그것이 방언이 일으키는 은혜입니다.

많은 이들은 이것을 미쳤다고 비난합니다. 그들은 필요할 때만 하나님께 기도하며 언제나 항상 하나님의 얼굴을 구하는 것을 이상하게 여기기 때문입니다.

방언은 하나님의 품을 향한 열망을 일으킵니다. 이것은 성령이 주시는 가장 놀라운 선물입니다. 이 세상 그 무엇보다 주님을 더 사랑하게 된다면 그는 이미 성공자입니다. 방언은 이 임재에 대한 소원을 일으키며 천국에 대한 사모함을 일으키고 세상을 내려놓게 합니다. 그에게는 주님의 임재자체가 천국이며 모든 것입니다.

　이것을 모르는 이들과 나눌 필요는 없습니다. 사람들은 이해하지 못할 것이며 그것을 광신이라고 할 것입니다. 그러나 은혜를 입은 자들은 아무리 비난을 받아도 그 은혜와 영광을 끝없이 사모합니다.

　방언으로 인한 내적 감각의 변화, 애정의 변화는 승리의 중요한 비결입니다. 왜냐하면 그는 죄가 싫어지고 세상의 쾌락과 즐거움에서 고통을 느끼게 되며 기도와 예배가 말씀과 하나님의 임재와 얼굴이 즐겁게 여겨지기 때문입니다. 그것들은 이제 머리에 있지 않습니다. 단순히 이해의 차원에 있지 않습니다. 그것은 이미 내면에서 넘쳐서 흐르며 기쁨과 소원이 됩니다.

　세상 사람들은 세상에 대한 소원, 자아에 대한 소원, 으뜸이 되는 것에 대한 소원을 가지고 있지만 방언을 하는 사람들은 방언이 깊어질수록 하나님 자신에 대한 소원이 일어나고 임재에 대해서 소원이 일어납니다.

　그리하여 하루 종일 찬양을 드리고 싶고 주를 나누고 이야기하고 높이고 싶어집니다. TV를 보고 세상의 음악을 들으면 머리가 아프고 피곤합니다. 게임이나 음란한 영상을 보면 불쾌감과 고통을 느끼게 됩니다. 그러므로 세상의 죄와 유혹에 대하여 그것을 억지로 참는 것이 아니라 싫어해서 피하게 됩니다.

승리 후에도 전쟁은 계속된다

　이것은 개인적으로는 승리입니다. 이것은 자유로우며 아름다운 삶입니다. 이전에 즐거워했던 악에 대하여 자유롭게 되었다는 것은 행복한 일입니다. 이제 더 이상 죄와 육의 충동을 누르지 않고 거기에서 벗어나게 되었다는 것은 행복한 일입니다.

그러나 전쟁이 끝난 것은 아닙니다. 거기에서부터 또 다른 갈등이 시작됩니다. 세상은 이러한 사람들을 내버려두지 않습니다. 비록 내부에서는 어느 정도 승리를 경험한다고 해도 전쟁은 다시 바깥에서 시작됩니다.

오랜 옛날 중국의 어떤 마을에 광천샘이 흘렀는데 이 샘의 물을 마시면 미치게 되는 성분이 있어서 마을의 모든 사람이 다 이 물을 마시고 미치게 되었다고 합니다. 그런데 한 사람이 그 사실을 알고 자기 집 마당에 우물을 파서 마셨고 그래서 온전한 정신을 유지하게 되었습니다.

온 마을 사람이 미쳤는데, 혼자 미치지 않으니 그들은 이 사람을 보고 이상한 사람이라고 계속하여 괴롭혔습니다. 결국 견디다 못한 이 사람은 같이 광천샘물을 마시고 미치고 말았습니다. 그러자 마을 사람들은 그를 보고 이제야 제 정신이 들었다고 좋아하였다고 합니다.

방언을 충분히 하고 내적 감각이 생겨서 죄와 육을 이기게 되는 것은 아름답고 행복한 일입니다. 그러나 동시에 세상과 세상에 속한 사람들과의 갈등과 전쟁이 시작됩니다.

세상 사람은 세상을 사랑하지만, 방언을 통하여 새 감각을 얻은 사람은 세상의 쾌락과 즐거움에 동참하지 못하고 그것을 고통스럽게 여깁니다. 그러므로 세상은 이를 이상하게 여기고 이들을 핍박하여 그 감각을 죽이고 다시 세상을 즐기는 감각이 살아나도록 공격합니다. 마귀가 들릴라를 통해서 삼손의 옛 감각을 일으키고 사로잡으려고 시도했던 것처럼 말입니다.

우리가 살아있는 한 이런 갈등과 싸움이 있습니다. 우리가 누리는 기쁨은 세상이 주는 것과 다릅니다. 우리의 새 감각은 죄에서 승리하게 하지만 세상과 투쟁하게 합니다. 세상은 우리의 새 감각과 영을 공격합니다. 그러므로 우리는 세상과 세상의 문화에 접할 때 깊은 속에서 불편하고 고통을 느끼며 영이 손상되는 것을 느끼게 됩니다.

처음 영적으로 충만할 때, 수시로 방언으로 계속적으로 기도할 때, 우리의 영적 감각은 아주 예민합니다. 이 때 우리는 하나님의 임재에 대해서 아주 예민하며 세상의 감각에 대해서도 예민합니다. 우리는 기도와 찬양을 통하여 충만한 기쁨을 누리며 세상의 영, 세상의 소리, 문화에 대해서 예리한 고통을 느낍니다.

오래 전 목회를 하고 있었을 때, 한 자매가 방언을 받고 성령의 강력한 사로잡힘 가운데 있게 되었습니다. 그녀는 한동안 영이 일종의 흥분 상태에 있어서 직장에 가서도 성령의 임재 아래서 휘청거려서 일상의 삶에서 어려움을 느꼈습니다.

그녀는 성령의 임재 가운데서 행복감을 느꼈지만 영이 아주 예민한 상태에 있었기 때문에 사람들이 많은 곳에 갈 수가 없었습니다. 사람들의 영적 상태를 쉽게 느꼈기 때문에 주를 사랑하는 이들의 옆에 있으면 기쁨을 느꼈지만 주를 사랑하지 않는 사람의 곁에 가면 아프고 불편했습니다.

그녀는 이러한 상태에 대하여 고민했지만 그것은 처음 성령의 강력한 역사를 맛보는 이들이 흔히 경험하는 것입니다. 이때는 아직 영혼이 충분히 안정된 상태가 아닙니다. 그리고 이러한 상태는 그리 오래 지속되지 않습니다. 왜냐하면 이러한 상태에서는 일상생활이 어렵기 때문입니다.

영적 경험이 쌓이면 능숙한 이들은 이러한 상태를 잘 관리하여 필요에 따라서 영적인 감각을 열고 닫으며 어느 때는 이성과 혼을 사용하고 어느 때는 영을 열어 영의 감각을 일으키고 사용합니다. 그러나 경험이 많지 않고 안정되지 않은 이들은 현실의 적용에 있어서 지혜롭지 못할 수도 있습니다. 그러면 이상한 사람 취급을 받게 됩니다.

영적 감각이 선명한 것은 대인관계나 삶에 있어서 불편한 면도 있지만 근본적으로는 승리의 삶에 도움이 되는 것입니다. 죄와 세상에 대하여 고통을 느낄 때, 주님의 영광과 임재에 대하여 행복과 기쁨을 느낄 때, 그것은 분명히 승리의 삶과 열매 맺는 삶에 도움이 되는 것입니다.

새 감각을 유지하기를 힘쓰라

하지만 세상을 즐겁게 느끼지 않는 감각이 오래, 영원히 갈 것이라고 여기지 마십시오. 조금만 방심하면 옛 감각은 쉽게 다시 돌아옵니다. 어느 순간 세상은 즐겁고 육욕은 매력적인 것으로 다시 돌아올 수 있습니다.

우리의 육은 아직 완전히 죽은 것이 아닙니다. 우리가 세상에 사는 동안 마귀는 어찌하든지 우리를 유혹하려고 합니다. 그들은 다시 옛 감각을 일으키려고 합니다. 새 감각은 그리 오래가지 않고 옛 감각이 되돌아 올 수 있습니다.

세상을 접할 때 처음에는 고통이 있어도 두 번째 접하면 다시 편해질 수 있습니다. 안심하지 마십시오. 우리의 육과 자아는 이 세상을 떠날 때까지 안심할 존재가 아닙니다. 부디 깨어서 자기의 영을 지키십시오.

주님을 즐겁게 느끼고 세상을 즐기지 않는 삶, 감각을 유지해야 합니다. 계속 기도와 찬양에 힘쓰십시오. 방언으로 뜨겁게 지속적으로 기도하십시오. 그리고 세상의 즐거움에 마음을 빼앗기지 마십시오. 우리는 주님과 세상을 동시에 사랑할 수 없습니다.

소리를 내어서 방언을 하고 그것을 통역하십시오. 찬양하고 사랑을 고백하며 주님의 임재를 계속 훈련하고 경험하십시오. 부디 그 임재 아래서 살며 그 임재의 기쁨을 유지하십시오.

지속적으로 방언으로 기도할 때 우리는 새 감각을 얻으며 애정의 변화를 경험하며 죄와 육을 극복하고 승리의 삶을 살 수 있습니다. 그 감각을 유지하기 위하여 힘쓰십시오. 방심하고 나태하지 않는 한 승리는 우리의 것입니다. 지속적으로 나아갈수록 우리는 점점 더 많은 승리를 얻고 누리게 될 것입니다.

30. 연약함을 회복시키는 방언

로마서 7장은 육과 영의 치열한 투쟁에 대해서 언급하고 있으며 그 실패의 상태에 대하여 탄식하는 것으로 끝납니다. 24절은 "오호라 나는 곤고한 사람이로다 이 사망의 몸에서 누가 나를 건져내랴" 하고 비통한 탄식을 쏟아냅니다. 7장을 마무리하는 25절은 "우리 주 예수 그리스도로 말미암아 하나님께 감사하리로다 그런즉 내 자신이 마음으로는 하나님의 법을, 육신으로는 죄의 법을 섬기노라" 하고 끝맺습니다.

여기에는 아직 승리의 분위기는 없습니다. 내 마음으로는 하나님의 법을 따르지만 아직 내 육신은 여전히 죄의 법을 섬기고 있다고 말합니다.

문제는 여전히 남아있는 것입니다. 전쟁은 끝나지 않았습니다. 그리고 그 전쟁은 우리 안에 있습니다. 문제는 항상 바깥 환경에서가 아니라 우리 안에서 생깁니다.

그리고 나서 이어지는 8장은 갑자기 승리의 메시지로 시작됩니다. 그리고 승리로 끝납니다. 이 8장에서 반복하여 말하고 있는 승리의 비결은 무엇일까요? 그것은 13,14절에 압축됩니다.

"너희가 육신대로 살면 반드시 죽을 것이로되 영으로써 몸의 행실을 죽이면 살리니 무릇 하나님의 영으로 인도함을 받는 사람은 곧 하나님의 아들이라"(롬8:13-14)

승리의 비결은 영으로 사는 것이다

　육신대로 살면 반드시 죽는다, 그러나 영으로써 몸의 행실을 죽이면 산다. 그러므로 승리의 삶의 비결은 육신대로 살지 않는 것이며 하나님의 영으로 인도함을 받고 영으로 사는 것이다.. 이것이 8장의 결론입니다.
　우리가 복음을 듣고 받아들이고 구원을 받고 주를 따르지만, 여전히 우리 안에는 육신이 있어서 문제를 일으키므로 이 육신을 제어하고 영을 따라 살아야 승리의 삶, 열매 맺는 삶을 살 수 있다고 말하는 것입니다.
　7장은 육과 영의 투쟁에 대해서 언급하지만 실패하는 상태에 대한 탄식으로 끝나고, 8장은 승리에 대해서 언급하면서 그 핵심적인 비결이 영으로서 육을 죽이는 것이라고 말합니다. 육을 죽이는 것이 승리의 비결임을 밝히고 있는 것입니다.
　그러므로 7장의 절망은 육신이 주가 된 삶의 결과이며 8장의 풍성함은 육신을 죽이고 영이 주가 된 삶을 의미합니다. 물론 여기서 말하는 육신을 죽이는 것은 육의 행실, 육의 성향을 의미하는 것이며 육체, 몸 자체를 죽이라는 것은 아닙니다.
　승리의 삶을 위하여 육을 제어하고 죽여야 하는 것은 분명합니다. 그러나 육이 쉽게 죽을까요? 무릇 생명이 있는 것을 제어하고 죽이는 것은 쉬운 일이 아닙니다. 벌레도 죽음을 피하여 도망합니다. 육신도 자신의 생존을 위하여 노력합니다. 성경은 이 육신의 죽음을 위하여 믿음을 사용해야 할 것을 말합니다.

　"우리가 알거니와 우리의 옛 사람이 예수와 함께 십자가에 못 박힌 것은 죄의 몸이 죽어 다시는 우리가 죄에게 종 노릇 하지 아니하려함이니"
(롬6:6)

이 말씀은 우리의 옛 사람이 이미 십자가에 못 박혔다고 말합니다. 갈라디아서 2장 20절의 말씀도 내가 그리스도와 함께 이미 십자가에 못 박혔다고 말합니다.

"내가 그리스도와 함께 십자가에 못 박혔나니 그런즉 이제는 내가 사는 것이 아니요 오직 내 안에 그리스도께서 사시는 것이라 이제 내가 육체 가운데 사는 것은 나를 사랑하사 나를 위하여 자기 자신을 버리신 하나님의 아들을 믿는 믿음 안에서 사는 것이라" (갈2:20)

우리의 육신이 십자가에서 죽었음을 시인해야 한다

말씀은 우리의 육, 우리의 옛 사람이 이미 십자가에 못 박혀 죽었다고 말합니다. 하지만 현실의 삶에서 우리는 우리의 겉사람, 육신이 여전히 살아있어서 육체의 욕심을 주장하는 것을 봅니다. 해결책은 무엇일까요? 성경은 믿음으로 보이는 것을 부정하라고 말합니다. 비록 육체, 겉사람이 살아있는 듯이 보일지라도 그것이 이미 죽었음을 믿고 시인하며 믿음 안에서 살라는 것입니다.

"이와 같이 너희도 너희 자신을 죄에 대하여는 죽은 자요 그리스도 예수 안에서 하나님께 대하여는 살아있는 자로 여길지어다" (롬6:11)

로마서 6장도 아직 살아있는 것으로 보이는 자신을 죽은 것으로 믿고 여기라고 말합니다. 하지만 이것은 쉬운 일은 아닙니다. 우리는 자신을 이미 십자가에서 죽은 것으로 여기지만 실제의 삶에서 우리 자신은 계속 살아있는 모습을 보입니다.

우리는 믿음으로 우리의 죽었음을 시인하고 선언합니다. 그러나 또한 그 죽음은 우리의 평생 동안 이루어져 가는 과정입니다.

십자가의 경험과 겉사람의 죽음은 한 순간에 이루어지는 것이 아니다

"사울의 집과 다윗의 집 사이에 전쟁이 오래매 다윗은 점점 강하여 가고 사울의 집은 점점 약하여 가니라" (삼하3:1)

사울의 집과 다윗의 집은 우리 안에서 일어나는 육과 영의 전쟁, 겉사람과 속사람의 전쟁을 의미하는 것입니다. 우리의 육이 죽고 영이 강건해지는 것은 영적으로는 한 순간에 갈보리 십자가에서 이루어지는 일이지만, 또한 현실적으로는 날마다 조금씩 더 깊이 이루어지는 것입니다. 영적 성장이란 육이 죽고 영이 충만해지는 것이 현실의 삶에서 이루어져가는 과정인 것입니다.

"그러므로 우리가 낙심하지 아니하노니 우리의 겉사람은 낡아지나 우리의 속사람은 날로 새로워지도다" (고후4:16)

승리란 우리의 육신, 겉사람, 아담에 속한 사람이 세월이 흐를수록 점점 약하여지는 것을 통하여 이루어지는 것입니다. 영적 전쟁이 오래갈수록 사울의 집이 약하여지고 다윗의 집이 강하여 지는 것처럼 우리의 육은 약해집니다. 세상 사람들은 이 육의 약해짐을 슬퍼하고 아쉬워하지만 주를 믿는 우리에게는 그러한 육의 약해짐이 영의 기회이며 풍성함입니다.

세월이 흐를수록 우리의 육적 욕망은 약해지고 우리의 영은 강해집니다. 우리는 점점 더 그리스도에게 사로잡혀가게 됩니다. 그것이 우리의 승리입니다.

육을 죽이고 약하게 하는 것은 세월이며 또한 고통과 환란입니다. 어려움을 통하여 우리는 겉사람의 연약해짐과 함께 속사람의 풍성을 경험하게 됩니다.

"우리가 이 보배를 질그릇에 가졌으니 이는 심히 큰 능력은 하나님께 있고 우리에게 있지 아니함을 알게 하려 함이라 우리가 사방으로 욱여쌈을 당하여도 싸이지 아니하며 답답한 일을 당하여도 낙심하지 아니하며 박해를 받아도 버린 바 되지 아니하며 거꾸러뜨림을 당하여도 망하지 아니하고 우리가 항상 예수의 죽음을 몸에 짊어짐은 예수의 생명이 또한 우리 몸에 나타나게 하려 함이라 우리 살아 있는 자가 항상 예수를 위하여 죽음에 넘겨짐은 예수의 생명이 또한 우리 죽을 육체에 나타나게 하려 함이라" (고후4:7-11)

십자가를 경험할수록 승리가 온다

우리는 우리 안에 보배를 가지고 있습니다. 우리 안에 그리스도를 담고 있으며 성령을 담고 있습니다. 그러나 우리의 겉사람, 육신은 약속의 말씀으로는 죽었으되, 현실에서는 살아있습니다. 이 겉사람, 육신과 자아는 제멋대로 고집을 부리며 죄와 세상과 악을 즐깁니다.

이것을 처리하는 것이 십자가입니다. '예수의 죽음을 몸에 짊어짐'은 예수가 지신 십자가를 우리도 지는 것을 의미합니다. 우리가 십자가를 경험하고 죽음을 경험하는 것은 그러한 십자가와 죽음의 경험이 겉사람의 생명을 처리하고 속사람에서 나타나는 예수의 생명이 흘러나오게 하기 때문입니다.

속사람은 겉사람에게 갇혀 있습니다. 그러므로 겉의 생명이 강할 때 속사람은 흘러나올 수 없습니다. 두꺼운 옷을 입으면 활동이 둔해지는 것처럼 겉이 강할 때 속은 제한을 받고 불편해집니다.

그러나 두꺼운 옷을 벗으면 행동이 자유롭게 되는 것과 같이 환란을 통해서 겉사람이 상처를 받고 약해지면 속사람을 제어하는 힘이 약해져서 속사람이 풀려나오게 됩니다. 그리하여 우리 안의 아름다운 사람이 흘러나와서 아름다운 열매를 맺게 됩니다. 그것이 십자가와 환란이 겉사람을 처리하고 속사람을 자유롭게 하는 원리입니다.

십자가의 경험, 죽음의 경험은 실제적인 경험입니다. 이것은 우리의 삶에서 경험하는 고통과 실패의 경험입니다. 어떤 사람이 논리적으로 아주 탁월하게 복음에 대하여, 진리에 대하여, 생명에 대하여 이야기할 때, 경험이 있는 사람들은 그 사람이 단순히 지식을 가지고 있을 뿐이며 그의 삶과 인격에 십자가와 죽음의 경험이 부족한 것을 알 수 있습니다.

실제적인 경험이 부족하면 그것은 이론적인 지식에 끝나며 실제의 삶에서 열매와 승리가 부족합니다. 그러한 이들은 사람들을 가르칠 수는 있지만 자유의 삶으로 인도하지는 못합니다. 그러나 실제의 삶에서 죽음과 십자가를 경험하게 될 때 그는 구체적으로 자기의 육과 자아가 어느 정도 처리되고 자기 안에서 주의 영이 흘러나오며 역사하는 것을 경험하게 됩니다.

십자가는 이론이 아니다

어떤 이가 머리로는 주님을 믿지만, 십자가를 믿지만, 아직 자기의 애정이 주님께 드려지지 않았습니다. 아직 십자가를 통과하지 않았습니다. 그 때 그는 단지 십자가를 이론으로 알 뿐입니다. 그는 아직 육신적이고 자아적인 애정의 취향을 내려놓을 수 없을 것입니다.

그러나 그런 사람이 세상적인 애정을 붙들고 있다가 실연을 당하고 가슴이 찢어지는 경험을 하였습니다. 그 고통의 시간이 지난 후 그는 어느 정도 애정의 감정에 대하여 자유롭게 되는 것을 느끼게 됩니다.

애정에 대하여, 돈에 대하여, 사람을 의지하는 것에 대하여.. 이런 식으로 삶에서 고통과 훈련을 겪으면서 우리는 점점 사울의 집이 약해지고 다윗의 집이 강해지며 육신은 후패해지고 속사람의 풍성함이 깊어지는 것을 경험하게 됩니다. 육신의 처리는 고통과 훈련, 십자가의 경험을 통하여 오는 것입니다.

"형제들아 우리가 아시아에서 당한 환난을 너희가 모르기를 원하지 아니하노니 힘에 겹도록 심한 고난을 당하여 살 소망까지 끊어지고 우리는 우리 자신이 사형 선고를 받은 줄 알았으니 이는 우리로 자기를 의지하지 말고 오직 죽은 자를 다시 살리시는 하나님만 의지하게 하심이라"(고후 1:8-9)

바울은 아시아에서 당한 고통의 목적을 간결하게 설명하고 있습니다. 죽음에 이를 정도로 고통을 당하게 된 이유는 오직 하나님만 의지하게 하기 위한 것이라는 것입니다. 환란은 순수한 믿음을 생산

합니다. 죽음에 이르는 환란 속에서 우리는 육신을 의지하지 않고 오직 주를 의뢰하는 것을 배우게 됩니다. 바울에게 주어진 가시도 이러한 육체의 연약함을 통하여 진정한 능력과 승리를 경험하게 하기 위한 과정이었습니다.

"여러 계시를 받은 것이 지극히 크므로 너무 자만하지 않게 하시려고 내 육체에 가시 곧 사탄의 사자를 주셨으니 이는 나를 쳐서 너무 자만하지 않게 하심이라 이것이 내게서 떠나가게 하기 위하여 내가 세 번 주께 간구하였더니 나에게 이르시기를 내 은혜가 네게 족하도다 이는 내 능력이 약한 데서 온전하여짐이라 하신지라 그러므로 도리어 크게 기뻐함으로 나의 여러 약한 것들에 대하여 자랑하리니 이는 그리스도의 능력이 내게 머물게 하려 함이라 그러므로 내가 그리스도를 위하여 약한 것들과 능욕과 궁핍과 박해와 곤고를 기뻐하노니 이는 내가 약한 그 때에 강함이라" (고후12:7-10)

육신의 약함이 오히려 속사람에게 유익이 된다

위대한 하나님의 사람 바울에게도 육체는 그에게 승리의 풍성한 열매를 맺는 데 걸림돌이 되는 것이었습니다. 그 때문에 그에게 가시가 주어졌고 그는 그의 육체를 괴롭게 하는 가시의 제거를 위하여 간절히 기도하였습니다.

그러나 주님께서는 그의 간구를 듣지 않으시고 오히려 그것이 그에게 유익이 됨을 말씀하셨습니다. 거절의 응답을 들은 후에 바울은 크게 깨닫고 그의 약함에 대하여 기뻐하였습니다. 육체의 가시 뿐만 아니라, 약한 것들, 능욕, 궁핍, 박해, 곤고 등 그를 힘들게 하는 모든 것에 대하여 기뻐하고 자랑하였는데 그것은 그러한 연약함이 육을 약하게 하지만 영, 속사람을 강하게 해서 그리스도의 역사와 풍성함을 경험하게 한다는 것을 깨달았기 때문이었습니다. 겉사람은 후패하지만, 사울의 집은 약하여지지만, 그의 속사람, 그의 다윗의 집은 점점 더 풍성해지는 것이었습니다.

육체의 제어와 죽음이 풍성한 열매와 승리의 삶을 가능케 하는 것은 분명한 원리입니다. 바울은 이렇게 고백하였습니다.

> "형제들아 내가 그리스도 예수 우리 주 안에서 가진 바 너희에 대한 나의 자랑을 두고 단언하노니 나는 날마다 죽노라"(고전15:31)

십자가를 통과할수록 자신의 능력을 의지하지 않는다

한 번에 완전히 죽을 수 있다면, 한 번에 완전히 옛사람이 소멸된다면 날마다 죽을 필요는 없을 것입니다. 날마다 죽을 수 있는 것은 날마다 죽어도 아직 죽어야 할 육이 남아있기 때문입니다. 그러나 완전히 육이 죽지는 않았어도 이러한 십자가와 죽음의 반복된 경험이 우리의 속사람을 날마다 성장시키며 열매를 맺게 하며 새롭게 하는 승리의 삶의 비결인 것은 명백한 것입니다.

훈련을 통과할수록, 십자가를 통과할수록, 육의 죽음을 경험할수록 우리는 스스로의 능력으로 살지 않고 주님을 의지하게 됩니다. 자기의 재능이나 지혜로 살지 않고 기도로 살아가게 됩니다. 자기의 원하는 것이나 체질에 맞는 것을 구하기보다 주님이 원하시는 것을 찾게 됩니다. 육이 약해질수록 우리의 영은 풍성해집니다.

겉사람과 속사람의 투쟁은 평생 진행된다

　겉사람과 속사람의 투쟁, 육과 영의 투쟁은 평생에 걸쳐 진행되는 것입니다. 한 때는 육이 승리하고 다음에는 영이 승리합니다. 한번은 아름답고 풍성한 열매를 맺지만 자만하는 순간 다시 육이 올라와서 실패와 넘어짐을 경험하게 됩니다.
　이러한 승리를 위해서는 오직 육이 죽는 방법만 있을까요? 아닙니다. 육이 연약해져서 영이 자유롭게 풀려나올 수도 있지만 또한 영이 자유롭고 강건해짐을 통해서 육이 약해지기도 합니다.
　육과 영, 겉사람과 속사람은 서로 대립적인 성격을 가지고 있습니다. 한쪽이 약해지면 다른 쪽이 강해집니다. 육이 강해지면 영이 약해지고 육이 약해지면 영이 강해집니다. 영이 강해지면 육이 약해지고 영이 약해지면 육이 강해집니다.
　평소에 신앙이나 영적 진리에 관심이 없던 이들이 중병에 걸리거나 하면 마음이 약해져서 신을 찾고, 몸이 회복되거나 일이 잘 풀리고 있을 때에는 다시 무관심의 상태로 돌아가며, 신자들도 몸이나 환경에 어려움이 생기면 다시 기도에 힘쓰고 은혜를 사모하고.. 하는 것은 흔히 볼 수 있는 일입니다.

겉이 약해지면 속이 강해진다

　겉사람이나 바깥 환경에 문제가 생겨서 약해지면 속사람이 강해져서 내면의 감각이 일어나서 은혜를 사모하게 되며 겉사람, 환경이 잘 되고 풍성하면 속사람이 약해지므로 내적세계, 영적세계에 관심을 잃어버리게 되는 것입니다.

그러므로 승리의 삶을 위하여 겉사람, 육을 치고 약화시키는 것이 하나의 방법이라면, 또한 속사람, 영을 강하게 하는 것도 또 다른 방법인 것입니다.

계란이 깨지고 속에서 병아리가 나오는 것은 껍질이 깨지기 때문에 병아리가 나온다고 볼 수도 있지만, 속에서 병아리가 나오기 때문에 껍질이 깨진다고 볼 수도 있는 것입니다.

육이 약해지는 것도 승리의 비결이지만, 영이 강해지는 것도 승리의 비결입니다. 육은 환란이나 고통, 훈련, 십자가 체험.. 등을 통해서 약해지는데, 영은 어떻게 강해지는 것일까요? 로마서 8장은 승리의 원리로서 영을 따르고 영으로 사는 길을 제시하고 있습니다.

"육신을 따르지 않고 그 영을 따라 행하는 우리에게 율법의 요구가 이루어지게 하려 하심이니라 육신을 따르는 자는 육신의 일을 영을 따르는 자는 영의 일을 생각하나니 육신의 생각은 사망이요 영의 생각은 생명과 평안이니라" (롬8:4-7)

"그러므로 형제들아 우리가 빚진 자로되 육신에게 져서 육신대로 살 것이 아니라 너희가 육신대로 살면 반드시 죽을 것이로되 영으로써 몸의 행실을 죽이면 살리니 무릇 하나님의 영으로 인도함을 받는 사람은 곧 하나님의 아들이라" (롬8:12-14)

영을 따르며 영으로 살아야 승리한다

영을 따르며 영의 생각을 하고 영으로 몸의 행실을 죽이며 영으로 인도함을 받는 것이 실제적인 승리의 원리임을 반복하여 말씀하고 있습니다. 그렇다면 구체적으로 영을 따르며 영을 강건하게 하고 영의 생각이 일어나고 영의 인도를 받을 수 있도록 영을 강하고 충만하게 하는 방법은 무엇일까요?

영을 강하고 충만하게 하는 많은 방법들이 있습니다. 영의 양식이 되는 말씀을 먹는 것, 하나님을 예배하고 기도하며 친밀한 교제로 나아가는 것.. 주의 이름을 부르고 성령의 충만함을 받는 것.. 그러한 많은 방법 중에서 가장 좋은 것이며 유일한 것이라고 할 수는 없지만, 아주 쉬운 길이 바로 방언기도입니다. 방언으로 기도할 때 우리는 아주 쉽게 영의 충만함, 강건함, 풍성함을 경험할 수 있습니다. 그것은 방언으로 기도하는 것이 바로 우리의 영으로 기도하는 것이기 때문입니다.

영을 통해서만 육을 제어할 수 있다

우리는 영을 통해서만 육을 제어할 수 있습니다. 영의 생각을 통해서만 육신의 생각을 제어할 수 있습니다. 영의 생각이 가득하면 육의 생각은 나타나기 어렵습니다. 우리는 영의 행실을 통해서 몸의 행실을 죽일 수 있습니다. 영의 감동과 은혜로 충만할 때 육으로 행하는 것은 어려운 일입니다.

우리는 영으로 인도함을 받을 때 육으로 살지 않고 영으로 행하며 움직일 수 있습니다. 그렇게 영으로 생각하고 영으로 움직이고 영으로 감동을 받으며 영으로 인도함을 받는 아주 쉬운 길이 방언기도입니다. 방언을 하면 할수록 우리 안에서 방언을 주시는 성령의 감동을 통해서 우리의 영은 강화되고 충만해집니다.

타고난 육을 제어하는 것은 쉬운 일이 아닙니다. 누구나 자기가 좋아하는 죄의 성향이 있습니다. 육의 성향이 있습니다. 기질적인 악이 있습니다. 알면서도 넘어지는 문제들이 있습니다. 그리고 그러한 것들을 일으키는 육을 처리하기 위해서 우리는 많은 고통과 환란과 훈련을 통과해야 합니다. 그것은 쉬운 일이 아닙니다.

그러나 방언을 하는 것은 아주 쉬운 일입니다. 그것은 단순히 우리 안에서 움직이고 역사하시는 성령의 감동을 따라 입을 맡겨드리기만 하면 되는 것입니다.

그리고 그 간단한 행위를 통하여 우리는 우리의 영이 움직이는 것을 경험하게 됩니다. 그리고 그렇게 방언을 말하면 말할수록 우리의 영의 기름부음은 증가되고 육은 약해집니다. 이것은 아주 쉬운 승리의 길입니다. 그것은 육을 죽이는 많은 방법과 훈련을 대치할 수 있는 것은 아니지만 영을 강화시킴으로 육을 제어하는 데 큰 유익을 주는 것입니다.

구약의 두 예언

구약에 나타나는 대표적인 예언과 약속이 있는데, 하나는 예수의 오심에 관한 것이며 다른 하나는 성령의 오심에 대한 것입니다. 구약에는 율법서가 있고 역사서가 있고 시가서가 있고 예언서가 있지만 핵심은 주님의 오심과 성령의 부어주심에 대한 예언과 약속이 주라고 할 수 있습니다.

율법서가 있고 율법이 있지만 그것은 사람이 스스로 지킬 수 없습니다. 주님이 오시고 사람의 안에 들어오셔야 비로소 지킬 수 있고 행할 수 있는 것입니다.

역사서가 있고 역사의 교훈이 있지만 주님이 오셔야 하나님을 경외하지 않고 떠나서 실패한 이스라엘의 역사를 되풀이하지 않게 됩니다. 시가서가 있고 하나님과의 친밀한 교제와 갈망을 전하는 시들이 있지만 그러한 친밀한 교제의 누림은 주님이 오시고 성령이 우리 안에 임하셔야 가능한 것입니다.

예언서가 있어서 이스라엘에 대한 다양한 하나님의 메시지와 예언이 있지만 예언의 중심은 그리스도입니다. 그리스도의 오심과 성령의 부어주심을 통해서만 하나님의 모든 약속이 성취되는 것입니다.

그러므로 구약은 주님의 오심에 대하여 탄생부터 사역과 죽으심에 대한 많은 예언이 있으며 또한 성령의 오심에 대한 약속의 예언이 있습니다. 주님이 오셔서 모든 것을 이루시지만 그것을 실제로 오셔서 적용하게 하실 분은 성령이시기 때문입니다.

"이새의 줄기에서 한 싹이 나며 그 뿌리에서 한 가지가 나서 결실할 것이요 그의 위에 여호와의 영 곧 지혜와 총명의 영이요 모략과 재능의 영이요 지식과 여호와를 경외하는 영이 강림하시리니 그가 여호와를 경외함으로 즐거움을 삼을 것이며 그의 눈에 보이는 대로 심판하지 아니하며 그의 귀에 들리는 대로 판단하지 아니하며" (사11:1-3)

이 말씀은 주의 오심에 대한 대표적인 예언입니다. 단순히 예언뿐만 아니라 구약의 많은 사건과 메시지를 통해서 주의 오심과 구속을 말하고 있습니다.

"또 새 영을 너희 속에 두고 새 마음을 너희에게 주되 너희 육신에서 굳은 마음을 제거하고 부드러운 마음을 줄 것이며 또 내 영을 너희 속에 두어 너희로 내 율례를 행하게 하리니 너희가 내 규례를 지켜 행할지라"
(겔36:26-27)

주님이 모든 것을 이루시고 성령이 그것을 적용케 하신다

주님이 이 땅에 오셔서 죄의 문제를 해결하시고 모든 것을 이루시지만 그 자체로 모든 문제가 끝나는 것은 아닙니다. 주님이 이루신 역사를 실제로 우리에게 오셔서 적용하게 하시는 분은 성령이십니다. 그 영이 우리 안에서 역사하실 때 우리는 완악한 마음이 사라지고 부드러운 마음이 되어 하나님의 말씀, 계명을 이룰 수 있는 상태가 됩니다.

"그러므로 내가 너희에게 알리노니 하나님의 영으로 말하는 자는 누구든지 예수를 저주할 자라 하지 아니하고 또 성령으로 아니하고는 누구든지 예수를 주시라 할 수 없느니라" (고전12:3)

"너희는 다시 무서워하는 종의 영을 받지 아니하고 양자의 영을 받았으므로 우리가 아빠 아버지라고 부르짖느니라 성령이 친히 우리의 영과 더불어 우리가 하나님의 자녀인 것을 증언하시나니" (롬8:15-16)

누구도 성령이 아니면 예수를 주라 부를 수가 없습니다. 또한 성령은 우리 안에서 하나님을 아버지라 부르며 우리가 하나님의 자녀인 것을 증거하십니다.

그러므로 우리가 예수를 주라고 부르며 하나님을 아버지라고 부른다면 우리는 성령을 받은 것이며 우리 안에 성령이 거하신다고 할 수 있습니다. 우리 안에 성령이 내주하시는 것입니다.

성령의 나타나심과 내주하심은 다르다

그러나 성령의 나타나심은 내주하시는 것과 다릅니다. 우리 안에 거하시는 성령은 우리의 중심을 바꾸지만 바깥으로 드러나고 나타나는 성령은 우리가 승리의 삶, 능력의 삶을 살도록 합니다.

방언은 성령의 나타남입니다. 나타남의 전부는 아니고 나타남에 있어서 일부일 뿐이지만 중요한 역할을 하는 것입니다. 성령이 안에 거하실 때 방언은 나타나지 않지만 성령이 임하시고 운행하실 때 방언은 흔히 나타났습니다.

"오순절 날이 이미 이르매 그들이 다 같이 한 곳에 모였더니 홀연히 하늘로부터 급하고 강한 바람 같은 소리가 있어 그들이 앉은 온 집에 가득하며 마치 불의 혀처럼 갈라지는 것들이 그들에게 보여 각 사람 위에 하나씩 임하여 있더니 그들이 다 성령의 충만함을 받고 성령이 말하게 하심을 따라 다른 언어들로 말하기를 시작하니라"(행2:1-4)

"베드로가 이 말을 할 때에 성령이 말씀 듣는 모든 사람에게 내려오시니 베드로와 함께 온 할례 받은 신자들이 이방인들에게도 성령 부어 주심으로 말미암아 놀라니 이는 방언을 말하며 하나님 높임을 들음이러라 이에 베드로가 이르되 이 사람들이 우리와 같이 성령을 받았으니 누가 능히 물로 세례 베풂을 금하리요 하고 명하여 예수 그리스도의 이름으로 세례를 베풀라 하니라 그들이 베드로에게 며칠 더 머물기를 청하니라"(행10:44-48)

"아볼로가 고린도에 있을 때에 바울이 윗지방으로 다녀 에베소에 와서 어떤 제자들을 만나 이르되 너희가 믿을 때에 성령을 받았느냐 이르되 아니라 우리는 성령이 계심도 듣지 못하였노라 바울이 이르되 그러면 너희가 무슨 세례를 받았느냐 대답하되 요한의 세례니라 바울이 이르되 요한이 회개의 세례를 베풀며 백성에게 말하되 내 뒤에 오시는 이를 믿으라 하였으니 이는 곧 예수라 하거늘 그들이 듣고 주 예수의 이름으로 세례를 받으니 바울이 그들에게 안수하매 성령이 그들에게 임하시므로 방언도 하고 예언도 하니 모두 열두 사람쯤 되니라"(행19:1-7)

성령의 나타나심, 임하심이 있을 때 방언은 흔히 나타나는 것이었습니다. 성령과 방언이 나타날 때 사람들은 보고 느끼고 알 수 있었습니다. 오순절에 성령과 방언이 임했을 때는 하늘로부터 급하고 강한 바람 같은 소리가 있었고 고넬료의 집에서 성령이 임하실 때도 사람들은 모두 그것을 알 수 있었습니다.

성령이 나타나실 때 모두가 그것을 볼 수 있다

성령이 사람의 안에 내면에서 역사하실 때는 아무도 그것을 알 수 없습니다. 그러나 성령의 역사가 바깥으로 나타날 때 모두가 그것을 알게 됩니다.

성령이 안에서 역사하실 때 거기에는 감동이 일어나고 소원이 일어나고 어떤 메시지를 받거나 깨달음을 얻거나 하지만 바깥에서는 아무도 알 수 없습니다. 그것은 본인에게는 감동적인 것이고 확실한 것이지만 다른 이들은 그것을 전혀 알 수 없습니다.

그러나 성령의 나타나심이 바깥에서 역사할 때는 권능이 임하여 몸을 사로잡고 강력한 현상들이 보이게 나타나게 됩니다. 그것은 모든 사람들이 보고 느낄 수 있습니다. 그것을 보고 조롱할 수도 있고 감동할 수도 있지만 어떻게 반응하든 그 역사들은 외부에 나타납니다.

오늘날 성령의 나타나심이 부족하다

오늘날 성령의 내주하심이 부족하다고 할 수는 없습니다. 많은 사람들이 예수를 주로 시인하며 하나님을 아버지라고 부릅니다. 그리고 내면에서 성령의 감동을 받으며 죄와 투쟁하고 주님을 사모하고 주님께 가까이 나아가려고, 주를 기쁘시게 하려고 합니다. 그러한 현상들은 성령이 아니고는 가능하지 않습니다.

그러나 오늘날 성령의 나타나심은 충분하지 않습니다. 속에서는 주를 갈망하지만 바깥으로 그것이 나타나서 육체를 사로잡고 정복하는 나타남의 역사는 부족합니다. 그러므로 많은 신자들이 속으로만 갈망할 뿐 승리의 삶을 누리지 못하고 실패와 무력감 속에서 살고 있는 것입니다.

육신의 제어에 십자가와 성령의 역사가 필요하다

육신의 제어에는 십자가가 필요합니다. 이는 육신을 죽이는 것입니다. 또한 육신의 제어에는 성령의 역사가 필요합니다. 이는 육신을 죽이는 것은 아니지만 성령의 강력한 역사로 인하여 영이 강하고 충만해져서 육을 사로잡아 잠잠하게 하는 것입니다.

영이 강하면 육은 잠잠하여 영에게 굴복하게 됩니다. 그렇게 육이 죽거나 잠잠해지는 것이 곧 승리의 삶이며 승리의 열매를 맺게 되는 비결인 것입니다.

구약의 두 예언 중 첫 번째 예언인 주님의 오심은 이미 성취되었습니다. 그분이 어떻게 탄생하셨고 어떻게 사역하셨고 어떻게 죽으셨고 부활하셨는지는 다 알고 있는 사실입니다. 그것은 모두 성취되었습니다. 그리고 두 번째 예언인 성령의 오심도 이루어졌습니다.
그러나 이 두 번째 예언인 성령의 임하심은 충분히 적용되었다고 할 수 없습니다. 어떤 이들에게는 충만하게 임하였지만 어떤 이들에게는 제한적으로 임하였습니다.
이 말씀이 임할 때 그것은 새 영이 임하는 것이며 새 마음이 임하는 것입니다. 이 영은 우리 안에서 하나님의 법을 행할 수 있는 능력을 줍니다. 이 영은 우리의 육신에 있는 굳은 마음을 제거하고 부드러운 마음이 나타나게 합니다.

"또 새 영을 너희 속에 두고 새 마음을 너희에게 주되 너희 육신에서 굳은 마음을 제거하고 부드러운 마음을 줄 것이며 또 내 영을 너희 속에 두어 너희로 내 율례를 행하게 하리니 너희가 내 규례를 지켜 행할지라" (겔36:26-27)

"내가 그들에게 한 마음을 주고 그 속에 새 영을 주며 그 몸에서 돌 같은 마음을 제거하고 살처럼 부드러운 마음을 주어 내 율례를 따르며 내 규례를 지켜 행하게 하리니 그들은 내 백성이 되고 나는 그들의 하나님이 되리라" (겔11:19-20)

새 영이 역사할 때 굳은 마음이 무너진다

굳은 마음은 육신적인 마음, 완악한 상태의 마음을 총칭하는 것입니다. 부드러운 마음은 성령의 역사로 인하여 나타나는 새 마음의 상태를 보여줍니다.

예수님은 자신을 "나는 마음이 온유하고 겸손하니" 라고 표현하셨습니다. (마11:29) 부드러운 마음은 주님의 대표적인 성품입니다. 또한 성령의 열매인 사랑, 희락, 화평, 오래 참음, 자비, 양선, 충성, 온유, 절제도 부드러운 마음에서 나오는 것입니다.

주님이 이 땅에 오셔서 모든 것을 이루셨고, 부활하신 후에 성령을 보내셨습니다. 그 영이 우리에게 역사할 때 우리는 육신이 지킬 수 없는 율례를 지키게 됩니다. 우리는 바깥에서 성령의 나타나심을 경험하고 내면에서는 새 마음을 경험하게 됩니다.

방언을 할 때 우리는 성령의 나타나심을 경험하게 됩니다. 성령의 나타나심이 있을 때 방언이 나타나며 방언을 할 때 성령의 나타나심을 경험하게 됩니다.

방언을 할 때 새 영의 역사가 일어난다

방언을 할 때 우리는 뜨거워집니다. 강력하게 방언을 할 때 우리는 사로잡히게 되고 우리의 바깥은 흥분합니다. 또한 우리 안에서 내적인 변화가 일어나는 것을 우리는 경험하게 됩니다. 새 영이 움직이고 새 마음이 일어나는 것을 우리는 경험하게 됩니다. 방언을 할수록 우리는 육신적인 마음, 굳은 마음이 제해지고, 부드러운 마음이 임하는 것을 경험할 수 있습니다.

아직 그러한 변화를 경험하지 못했다면 충분히 방언으로 기도하기를 시도해보십시오. 하면 할수록 속에서 내적인 감동이 올라오게 됩니다. 방언은 입으로, 우리 몸으로, 겉으로 하는 것이지만 역사는 속에서 일어납니다.

사람들은 방언을 통해서 일시적으로 일어나는 흥분과 전율과 후련함을 주목할 것입니다. 그러나 더 중요한 것은 변화입니다. 내면에서 일어나는 변화입니다. 점점 더 내적으로 성령의 감동이 일어나고 그것을 감지하게 됩니다. 마음의 변화들이 일어나며 마음이 부드러워지게 됩니다.

오늘날 믿으면서도 새 영, 새 마음의 부드러운 마음을 가지지 못한 이들이 많이 있습니다. 여전히 육신적인 마음, 거칠고 급하고 굳은 마음을 가지고 있는 이들이 많이 있습니다. 변화되지 않는 이들이 많이 있습니다. 오늘날 많은 신자들이 여전히 세상을 사랑하며 완악하고 거칠고 사납습니다.

그들은 아직 도달한 것이 아닙니다. 그들은 아직 약속의 성취를 누리고 있는 것이 아닙니다. 그들은 아직도 육신적인 마음을 가지고 있습니다.

하나님의 약속은 새 영, 새 마음이다

하나님께서 우리에게 약속하신 것은 부자가 되는 것이나 유명한 사람이 되는 것이 아니고 새 영, 새 마음을 주시며 굳은 마음을 제하고 부드러운 마음을 주셔서 하나님의 말씀을 즐거이 행하게 하시는 것입니다. 억지로 말씀을 지키려고 애쓰는 것이 아니라 깊은 속에서 변화된 마음으로 인하여 즐거움과 행복감을 가지고 말씀을 지키게 하시는 것입니다. 그것을 하나님께서 약속하셨습니다. 그것이 곧 승리이며 천국적인 삶입니다.

진정한 복은 하나님을 아는 것입니다. 하나님 자신이 곧 복입니다. 하나님은 아브라함에게 말씀하셨습니다.

"아브람아 두려워하지 말라. 나는 네 방패요 너의 지극히 큰 상급이니라"(창15:1)

하나님이 우리의 상급입니다. 하나님이 주시는 어떤 상이 아니라 그분 자신이 상입니다. 하나님과의 친밀한 교제가 우리의 상급이며 목적이며 모든 것입니다.

행복의 근원은 하나님과의 관계회복이다

인간의 문제는 죄로 인하여 하나님과의 교제가 끊어진 것입니다. 인간의 문제는 가난이나 질병이 아니라 하나님과 멀어진 것입니다. 하나님을 가까이 함이 모든 복이며 행복이고 천국입니다. 하나님과 멀어진 것이 모든 저주이며 재앙입니다.

이 끊어진 것을 주님이 오셔서 다 처리하시고 교제를 회복하셨습니다. 그리고 그 영을 보내셨습니다. 그분은 일을 마치시고 떠나신 것이 아니라 계속 우리 안에 머물러 살기 위하여 그 영을 보내셨습니다. 그 영이 이제 믿는 자의 안에 있습니다. 그러므로 이제는 더 이상 바랄 것이 없습니다.

교제는 회복되었습니다. 복은 회복되었습니다. 행복도 기쁨도 천국도 이제 누릴 길이 열렸습니다. 이제 중요한 것은 우리가 우리의 안에 거하시는 그분께 순종하는 것입니다. 그 영의 인도를 따라 사는 것입니다. 그럴 때 모든 아름다움을 성취하게 됩니다.

"내가 이르노니 너희는 성령을 따라 행하라 그리하면 육체의 욕심을 이루지 아니하리라 육체의 소욕은 성령을 거스르고 성령은 육체를 거스르나니 이 둘이 서로 대적함으로 너희가 원하는 것을 하지 못하게 하려 함이니라 너희가 만일 성령의 인도하시는 바가 되면 율법 아래에 있지 아니하리라

육체의 일은 분명하니 곧 음행과 더러운 것과 호색과 우상 숭배와 주술과 원수 맺는 것과 분쟁과 시기와 분냄과 당 짓는 것과 분열함과 이단과 투기와 술 취함과 방탕함과 또 그와 같은 것들이라 전에 너희에게 경계한 것 같이 경계하노니 이런 일을 하는 자들은 하나님의 나라를 유업으로 받지 못할 것이요

오직 성령의 열매는 사랑과 희락과 화평과 오래 참음과 자비와 양선과 충성과 온유와 절제니 이같은 것을 금지할 법이 없느니라 그리스도 예수의 사람들은 육체와 함께 그 정욕과 탐심을 십자가에 못 박았느니라 만일 우리가 성령으로 살면 또한 성령으로 행할지니 헛된 영광을 구하여 서로 노엽게 하거나 서로 투기하지 말지니라" (갈5:16-26)

성령을 따를 때 성령의 열매를 맺는다

성령이 우리 안에 계십니다. 우리가 열매를 맺는 방법은 오직 그 영으로 사는 것입니다. 성령의 감동과 인도를 따라 사는 것입니다.

그러나 우리 안에 성령만 있는 것이 아닙니다. 아직 우리의 육체는 여전히 살아있습니다. 우리는 성령께 순복하지 않고 우리의 겉사

람, 육신의 굳은 마음을 따라, 본능의 욕심을 따라 행할 수도 있습니다. 그렇게 되면 우리는 악한 열매를 맺게 될 것입니다.

우리 안에서 감동하시는 성령을 따라 살면 우리의 마음은 아름답고 부드럽게 될 것이며 아름다운 열매를 맺을 것입니다. 그러나 성령을 따르지 않고 우리 마음대로 살면 육신의 굳은 마음이 나타나 나쁜 열매를 맺게 될 것입니다.

방언을 할 때 내적인 변화가 일어난다

방언은 영의 기도입니다. 이는 우리의 영을 강건하게 합니다. 방언의 언어는 성령이 주시는 것으로서 우리의 영을 자극하고 충만하게 합니다. 그러므로 방언을 하면 할수록 우리의 영은 고양됩니다. 우리의 영은 강건해집니다.

우리가 방언을 할 때 육체가 기분 좋은 느낌을 갖지 못할 것입니다. 우리의 이성이 새로운 지식을 얻게 되지 않을 것입니다. 우리의 감정이 행복하고 즐거워지지 않을 것입니다. 우리는 방언이 아주 지루하고 따분하게 느껴질 수 있습니다.

그러나 우리 안에서 깊은 곳에서 어떤 반응이 일어나게 될 것입니다. 우리의 영이 반응하는 것을 알게 됩니다. 우리의 굳은 마음이 속에서 충돌하고 씨름하고 부서져가는 것을 경험하게 됩니다. 그것은 일시적으로 고통스러울 수 있습니다. 육체가 아주 힘들 수 있습니다. 하지만 그것을 견뎌낼 때 새 사람, 새 마음이 일어나고 움직이는 것을 우리는 경험하게 됩니다.

영의 마음이 일어나 기도의 갈망이 깊어지고 하나님의 말씀이 달게 느껴지며 주의 법을 행하는 것이 점점 더 즐거워지고 하나님의 임재가 점점 더 선명해지며 즐거움으로 다가오게 됩니다. TV보다, 영화보다, PC보다, 게임보다 즐겁게 느껴집니다. 하나님과의 교제가 그 무엇보다 즐겁고 행복한 것으로 여겨지는 변화들이 일어납니다. 새 영이 움직이고 있는 것입니다.

영적 경험에서 방언은 가장 기본적인 것이다

구약에서는 각 사람이 하나님을 만날 때 그 양상이 아주 다양했습니다. 다양한 형태로 사람들은 하나님을 경험하였습니다. 하나님이 보내신 천사를 만난 이들도 있었습니다. 아브라함처럼 직접 하나님을 만난 사람도 있었습니다. 모세처럼 떨기나무에 타오르는 불의 형태로 만난 이도 있었습니다.

기도 중에 신비체험을 하는 선지자들도 있었습니다. 황홀경을 경험하는 이들도 있었습니다. 사울처럼 중심이 헌신되지 않은 이들도 일시적으로 하나님의 신에 취하여 벌거벗고 예언을 하는 경우도 있었습니다. 하나님의 신이 임했을 때 나타나는 현상들은 매우 다양했습니다.

이에 비하여 신약 오순절 이후의 경험은 단순합니다. 성령이 임하시고 사람들은 방언을 말하고 예언을 말하며 하나님을 높이고 찬양하게 되었습니다. 이것은 아주 보편적인 일입니다. 그중에서 방언을 말하는 것은 가장 기본적인 것입니다.

물론 지금도 방언을 하는 것 외에도 많은 다양한 경험이 있습니다. 여전히 신비적인 경험을 하는 이들이 있고 황홀경을 경험하고 신령한 은사들을 경험하며 몸에 임하는 뜨거움과 전율과 여러 현상들을 경험합니다.

그러나 방언을 하는 것과 그러한 다른 일반적인 경험들은 차이가 있습니다. 방언을 하는 것은 좀 더 본질적인 것입니다. 방언을 하기 시작하면 다른 모든 경험들이 따라오게 됩니다.

어떤 사람이 기도를 하는 중에 어떤 계시나 환상을 보았다고 합시다. 그것은 계속되지 않습니다. 자기가 원한다고 해서 항상 계시나 환상을 볼 수 있는 것이 아닙니다. 어떤 이가 기도하는 중에 강력하고 뜨거운 불을 경험했다고 합시다. 그것도 역시 한번 경험했다고 해서 언제든지 자기가 원할 때 경험할 수 있는 것이 아닙니다.

방언은 그러한 부분적인 경험과 다릅니다. 방언은 하나의 끈과 같습니다. 고구마 줄기와 같습니다. 이것을 잡아당기면 계속 고구마가 나옵니다.

방언을 통하여 영적인 세계가 열린다

방언은 일종의 관계입니다. 다른 경험들이 한 번의 스쳐지나가는 관계였다면, 이것은 지속적으로 이어지는 관계인 것입니다. 그리고 이 관계는 끊어지지 않습니다.

이것은 하나의 새로운 영역, 관계가 시작되는 것과 같습니다. 방언 이외의 다른 어떤 경험도 하지 않았다고 해도 상관이 없습니다. 방언을 통해서 하늘과의 영적교류가 시작됩니다. 하면 할수록 속에서 기름부음이 증가됩니다. 속에서 충만해집니다.

이것은 새로운 문이 열린 것과 같습니다. 이것은 일회적인 것이 아닙니다. 지속적으로 방언을 말할 때 자기에게 필요한 영적인 충전이 이루어지게 됩니다. 방언을 지속적으로 할 때 다양한 다른 경험들도 따라오게 됩니다.

어떤 새로운 경험을 필요로 하거나 요청하지 않아도 방언을 계속 하다보면 다양한 영적 현상을 경험하게 됩니다. 물론 경험은 우리의 목표가 아닙니다. 우리의 목표는 우리가 성령께 굴복하는 것이며 방언을 통해서 성령과 우리와의 채널을 열고 그 은총과 능력을 받아들이는 것입니다. 그 과정에서 여러 영적인 경험들이 오지만 그것은 부수적인 것이며 본질적인 것이 아닙니다.

내면에서 말씀하시는 성령께 순종해야 한다

방언을 하는 것은 성령께서 내 안에 계시며 일하고 계신다는 것을 확증해줍니다. 지금 이 순간에 우리 안에 거하시는 그 영이 우리에게 메시지를 주며 우리의 영이 주님께 기도합니다. 그렇다면 우리는 다른 것이 필요하지 않습니다.

주님이, 주의 영이 우리 안에 거하신다면 이제 우리는 새로운 경험을 구할 필요가 없습니다. 이제 우리에게 필요한 것은 주님이 말씀하시는 것, 내 안에서 성령께서 말씀하시는 것을 듣고 순종하는 것이 필요합니다. 내 안에서 그분의 점유율이 증가될 수 있도록 그 음성에 귀를 기울이고 순종하는 것이 필요합니다.

우리에게 필요한 것은 이제 주의 영이 우리 안에서 말씀하시고 역사하시는 것을 순종함으로 그분과 더 깊은 관계를 가지며 열매를 맺는 일입니다. 우리의 목표는 체험이 아니라 열매입니다.

오늘날 방언을 하는 많은 이들이 더 깊은 경험, 새로운 경험을 하려고 애쓰고 있습니다. 그들은 자신의 영적 상태나 열매가 충분치 않기 때문에 더 깊은 다른 세계가 있다고 여기고 새로운 경험을 찾으려고 합니다.

하지만 이들은 오해하고 있는 것입니다. 이들에게 필요한 것은 새로운 깊은 경험이 아니라 순종입니다. 이들이 만족을 얻지 못하는 이유는 순종하지 않기 때문입니다.

그러므로 방언을 통하여 주님께 가까이 나아가 그 음성을 듣고 감동을 받고 순종할 때 깊은 만족이 오고 새로운 영역으로 계속 나아가게 됩니다.

방언을 자기 마음대로 사용하지 말라

그러나 오늘날 방언을 하는 많은 이들이 인격적인 방식으로 이 은사를 사용하지 않습니다. 이들은 자기의 기분과 필요를 따라 방언을 사용하며 자기 마음대로 기도합니다. 방언을 통하여 주님이 말씀하시는 것을 듣고 순종하려고 하지 않고 자기의 목적과 소원을 이루려고만 합니다.

그렇게 할 때 그는 깊은 내면의 만족을 경험할 수 없습니다. 성령은 인격이시므로 기계적인 기도로는 만족을 얻을 수 없습니다. 그분께 순종하고 그분이 원하시는 것을 듣고 행할 때 우리의 교제는 깊어지며 더 깊은 자유와 행복을 얻게 됩니다.

만족과 기쁨이 부족한 것은 체험의 부족이 아니라 순종의 부족입니다. 이것을 이해하지 못하는 이들은 자신이 받은 은사가 부족하거나 자신이 깊은 경험을 하지 못해서 기쁨이 없는 것이라고 생각합니다. 그래서 어떤 이들은 더 깊고 신령한 경험을 하기 위하여 기도하고 금식합니다. 그러나 이러한 관점은 오해에서 나온 것입니다.

우리는 은사들을 하나님의 뜻을 알고 행하는 것에 사용해야하며 자신의 만족과 소원을 위하여 사용해서는 안 됩니다. 거기에는 깊은 만족감이 따라오지 않습니다. 인간은 하나님께 순복할 때 행복한 존재입니다.

방언을 통하여 감동하시는 주님께 순종하라

오늘날 방언을 하는 많은 이들이 발전하지 못하고 낮은 수준에 머물러 있습니다. 그것은 인격적 헌신과 순종이 부족하기 때문입니다. 물론 헌신과 순종이 부족하다고 해서 방언이 사라지지는 않습니다. 성령이 소멸되지는 않습니다. 그러나 그는 더 깊은 영역으로 나아가지 못합니다.

하나님이 내 안에 계시다면 우리는 더 깊은 체험이 필요 없습니다. 성경이 있냐면 우리는 이를 제쳐두고 또 다른 계시를 받아야 할 필요가 없습니다. 말씀이 있고 성령이 안에 계셔서 방언을 주신다면 우리는 새로운 것을 찾을 필요가 없이 성령께서 조명하시는 말씀을 받아야 하며 방언을 통해서 감동하시는 주의 음성을 들어야 하고 순종해야 합니다.

당신이 필요할 때만 하나님께 나아가 기도한다면 당신은 깊은 곳으로 나아가지 못할 것입니다. 하나님은 그래도 당신을 사랑하시겠지만 그러나 더 깊은 영역을 경험하려면 당신은 하나님의 음성을 들어야 합니다.

방언은 당신의 영감을 충만하게 하여 하나님의 음성을 듣고 분별하고 순종하는 데 도움을 주는 것입니다. 그런데 하나님의 뜻과 상관없이 자기 마음대로 자신의 즐거움을 위하여, 몸이 경험하는 즐거운 감각을 위하여, 자기만족을 위하여 방언을 사용한다면, 그는 더 깊은 곳으로 나아갈 수 없습니다.

방언을 사용하며 자주 주님께 물으라

　방언을 사용하면서 우리는 자주 묻는 기도를 드려야 합니다. 주님이 무엇을 원하시는지, 우리에게 지금 이 순간 요구하시는 것이 무엇인지 물어야 합니다. 방언을 하면서 내적인 감동과 소원이 어떠한지를 점검해야 합니다. 그렇게 할 때 방언을 통한 교제와 영감은 점점 더 풍성해집니다.

　우리의 영이 좋지 않을 때, 우리가 메마르고 불편한 상태에 있다면, 우리는 방언으로 기도하면서 우리의 문제가 무엇인지 성령께 말씀해달라고 구하며 기도해야 합니다. 우리의 상태가 좋지 않을 때, 우리는 방언으로 기도해도 아무런 느낌을 얻을 수 없을 것입니다. 우리의 방언기도는 메마르고 힘이 들 것입니다.

　그러나 포기하지 않고 계속 방언으로 기도할 때 우리는 엘리야가 기도할 때 나타났던 작은 구름처럼 깊은 속에서 무엇인가가 일어나는 것을 느끼게 됩니다.

　우리는 어떤 부분에서 우리가 주님을 상하시게 한 것을 깨닫게 됩니다. 방언을 하는 가운데 선명한 메시지를 받거나 성경 말씀이 떠오를 수도 있습니다. 이윽고 우리는 깨닫게 되고 회개를 하거나 주님이 원하시는 고백을 드리게 됩니다. 이런 식으로 우리는 방언을 통해서 주님의 영감을 받거나 메시지를 받습니다. 방언은 이러한 교제와 관계에 아주 유용합니다.

방언을 통하여 성령이 도우신다

　그러므로 방언을 하는 사람들은 이것을 단순한 기능으로 여기지 말고 이것을 통하여 주님과 친밀한 교제를 나누는 도구로 여겨야 합니다. 이것을 통하여 주님께 묻고 순종하는 도구로 사용해야 합니다. 그렇기 때문에 방언을 하는 이들은 이를 통하여 주님과 지속적인 교제와 동행의 관계를 가져야 하며 몸에 임하는 새로운 특별한 경험을 추구할 필요가 없는 것입니다. 주님이 우리 안에서 역사하시며 말씀하신다면 거기에 순종하는 것이 중요한 것이며 그것으로 충분한 것입니다.

방언기도를 통한 성령의 역사하심과 도우심은 아주 실제적인 것입니다. 그 역사는 우리의 연약함을 치유합니다. 그리하여 우리를 하나님께로 이끌며 하나님의 뜻을 이루게 합니다.

"이와 같이 성령도 우리의 연약함을 도우시나니 우리는 마땅히 기도할 바를 알지 못하나 오직 성령이 말할 수 없는 탄식으로 우리를 위하여 친히 간구하시느니라 마음을 살피시는 이가 성령의 생각을 아시나니 이는 성령이 하나님의 뜻대로 성도를 위하여 간구하심이니라" (롬8:26-27)

우리에게는 약점이 있습니다. 연약함이 있습니다. 거듭난 사람이라도 갑자기 모든 약점이 사라지고 온전하게 되는 것이 아닙니다. 복음을 받아들이고 자신을 주님께 헌신하며 주를 따르기 원하는 이들도 여전히 삶에 있어서 약점을 가지고 있습니다. 기질적인 약점이 있으며 잘 넘어지는 죄가 있습니다.

우리의 육은 한 번에 죽지 않습니다. 우리의 육은 종종 우리를 괴롭힙니다. 어느 순간 우리는 승리를 맛보지만 다음 순간 우리는 좌절을 맛봅니다. 우리는 약해질 때가 있습니다. 좌절할 때가 있습니다. 때로는 압도적인 절망감이 찾아올 때도 있습니다.

성령은 언제 어떻게 탄식하시는가

　성경은 우리가 이렇게 약할 때 성령께서 우리의 연약함을 도우신다고 말씀합니다. 그분은 어떻게 우리를 도우시는 것일까요? 그것은 성령이 우리를 위하여 간구하시며 탄식하신다는 것입니다.

　도대체 어떻게 성령이 우리를 위하여 간구하며 탄식하시는 것일까요? 이 성령의 탄식은 우리의 바깥에서 이루어지는 초자연적인 역사일까요?

　아닙니다. 성령은 우리 안에 거하십니다. 그리고 성령은 우리 안에서 탄식하시며 간구하십니다. 우리 안에서 그분이 탄식을 발하시며 우리를 위하여 간구하시는 것입니다.

　그렇다면 우리 안에 거하시는 성령은 언제 우리를 위하여 간구하시며 탄식하시는 것일까요? 우리가 잠을 자고 있을 때? 우리가 일하고 있을 때일까요? 우리와 상관없이 성령께서 알아서 간구하시는 것일까요?

　아닙니다. 우리 안에 거하시는 성령이 우리를 위해 간구하실 때는 우리가 방언으로 기도할 때입니다. 우리가 방언으로 기도할 때 그것은 우리의 영이 기도하는 것입니다. 그리고 우리의 영이 기도할 수 있도록 언어를 주시는 분은 성령이십니다. 방언은 우리의 영이 성령과 함께, 성령의 감동으로 기도하는 것입니다. 그리고 그렇게 기도할 때 성령께서 우리를 위하여 간구하시고 탄식하십니다. 우리의 연약함과 약점을 치유하시기 위해서입니다.

방언을 하는 중에 탄식이 나온다

우리가 성령 안에서 방언으로 기도할 때 우리는 다양한 모습으로 기도합니다. 조용히, 잔잔하게 기도할 때도 있고 부르짖어 방언할 때도 있습니다. 감사와 찬양의 방언이 나오기도 하고 눈물과 슬픔의 방언이 나오기도 합니다. '한다' 는 표현보다 '나온다' 는 표현이 더 적절한 이유는 이것이 우리의 마음대로 하는 것이 아니라 속에서 저절로 흘러나오는 것이기 때문입니다. 속에서 성령이 주시는 언어와 감동을 우리는 그저 순종함으로 따라할 수 있을 뿐입니다.

그런데 이와 같이 속의 감동을 따라 이끌려 방언기도를 하다보면 속에서 애절한 탄식이 나오는 것을 경험하게 됩니다. 우리는 그것이 어떤 탄식인지 그 내용을 알지 못합니다. 무엇 때문에, 무엇을 위하여 탄식하는지 우리는 알 수 없습니다. 그러나 우리는 알지 못하지만 성령께서는 아십니다. 아시고 우리를 위하여 간구하시며 탄식하십니다.

탄식 후에는 놀라운 평안과 기쁨이 있다

우리는 탄식을 하고 한숨을 토하며 눈물을 흘립니다. 하지만 우리는 왜 우는지 영문도 모르고 웁니다. 왜 슬퍼하는지 영문도 모르고 슬퍼합니다. 왜 고통하는지 영문도 모르고 속에서 흘러나오는 애절하고 고통스러운 부르짖음을 표현합니다.

그러나 그러한 탄식과 고통과 슬픔과 울부짖음의 기도를 마친 후에 우리는 놀라운 평안과 후련함을 경험하곤 합니다. 우리는 구체적인 상황을 알지 못하지만, 이 과정을 통해서 성령께서 우리를 위하여 간구하시고 치유하셔서 우리의 깊은 속을 새롭게 하시는 것을 알 수 있습니다.

방언기도를 통한 성령의 탄식 - 이것이 놀라운 이유는 이것이 우리의 인간적인 탄식이 아니라 성령께서 하나님의 뜻을 따라 간구하시며 탄식하시는 것이기 때문입니다.

"마음을 살피시는 이가 성령의 생각을 아시나니 이는 성령이 하나님의 뜻대로 성도를 위하여 간구하심이니라" (롬8:27)

이것은 우리가 스트레스를 풀기 위해서 한숨을 쉬고 하소연을 하는 것과 다릅니다. 이것은 우리의 개인적이고 인간적인 억울함을 토하고 감정을 토하는 것과 다릅니다.

이것은 우리 안에서 성령님이 하나님의 뜻이 이루어지지 않음을 인하여, 하나님의 원하심대로 되지 않는 우리 안의 어떤 것으로 인하여 아파하시고 탄식하시는 것입니다. 이 성령의 탄식은 하나님의 뜻을 이루시기 위하여 행해지는 것입니다.

그러므로 방언을 통한 성령의 탄식하는 기도를 충분히 드렸을 때 우리는 깊은 속에서 놀라운 자유와 안식을 경험하게 됩니다. 이것은 우리 안의 어떤 질병을 놀라운 명의가 직접 만지시고 치유하시는 것과 같은 것입니다.

속에서 올라오는 탄식을 제어하지 말라

방언으로 기도하면서 이러한 탄식이 일어날 때 우리는 그것을 제한해서는 안 됩니다. 속에서 올라오는 탄식을 억압해서는 안 됩니다.

'내가 왜 이러지? 나에게는 아무런 문제도 없는데..' 하고 탄식을 멈추어서는 안 됩니다. 그것은 성령에게서 오는 것이기 때문입니다.

그것을 충분히 표현해야 합니다. 그 흐름이 더 충분히 표현될 수 있도록 오버하면서 해도 괜찮습니다. 우리가 아무리 그 흐름을 연장시키려고 해도 속에서 성령의 주시는 감동이 사라지면 우리는 그것을 연장할 수 없습니다. 우리는 오직 주어지는 것에 순종할 수 있을 뿐입니다.

속에서 이러한 깊은 탄식이 올라올 때 그것을 충분히 표현하면, 처음에는 부드럽게 올라오다가 점점 그것은 과격하고 강하게 올라옵니다. 이것을 충분히 부르짖어 표현하고 흘러나오게 하면 나중에는 거의 탈진 상태가 됩니다. 그리고 어느 정도 시간이 지났을 때, 그 흐름은 멈춥니다. 이제 탄식은 끝나고 평안이 옵니다.

우리 안에서 탄식이 일어나고 그것을 격렬하게, 충실히 표현하고, 그 다음에 탈진이 오고, 마지막으로 고요함과 평강이 왔을 때.. 그 달콤함과 행복감은 말로 표현할 수가 없습니다. 그것은 진정 꿀 같은 안식이며 기쁨입니다.

충분한 탄식과 토함이 있은 후에는 충분한 안식이 있어야 합니다. 그 안식 속에서 새로운 치유와 회복이 일어나게 됩니다. 이러한 과정이 반복될 때마다 우리는 우리의 연약함이 사라지고 새롭게 되는 것을 경험하게 됩니다. 약한 상태에서 벗어나 힘을 얻게 됩니다. 두려움에서 벗어나 용기를 얻게 됩니다. 약해서 자주 넘어지는 부분이 어느 순간부터 더 이상 넘어지지 않고 강건하게 회복됩니다. 이것이 탄식하는 기도를 통한 성령의 도우심입니다.

성령의 임재는 실제적인 것이다

성령의 함께 하심과 도우심은 아주 실제적인 것입니다. 그것은 방언기도를 통하여 실제화되고 활성화됩니다.

"내가 아버지께 구하겠으니 그가 또 다른 보혜사를 너희에게 주사 영원토록 너희와 함께 있게 하리니"(요14:16)

주님은 떠나시기 전에 보혜사에 대해서 말씀하셨습니다. 보혜사는 주님의 이름으로 보내실 성령을 말하는 것으로 성령께서 위로자, 돕는 자, 가르치는 개인적인 스승의 역할을 하실 것을 의미하는 것입니다.

주님께서 떠나실 것을 이야기하셨을 때 제자들은 근심이 가득하였습니다. 그것은 당연한 일입니다. 주님을 진리로 믿고 사랑하며 따르는 이들에게 갑자기 그분이 떠나신다고 하셨을 때 그들이 받을 충격은 너무나 컸을 것입니다. 그들은 아직 성령을 받지 않았기 때문에 하나님의 섭리와 구속계획에 대하여 아무 것도 알지 못한 상태였습니다. 그러므로 그들은 근심과 걱정이 가득할 수밖에 없었습니다.

"지금 내가 나를 보내신 이에게로 가는데 너희 중에서 나더러 어디로 가는지 묻는 자가 없고 도리어 내가 이 말을 하므로 너희 마음에 근심이 가득하였도다
그러나 내가 너희에게 실상을 말하노니 내가 떠나가는 것이 너희에게 유익이라 내가 떠나가지 아니하면 보혜사가 너희에게로 오시지 아니할 것이요 가면 내가 그를 너희에게로 보내리니"(요16:5-7)

주님은 그분의 떠나심이 오히려 유익이라고 하신다

근심에 잠긴 제자들에게 하신 주님의 말씀은 더욱 더 충격적이었습니다. 주님은 제자들에게 말씀하기를 자신이 떠나는 것이 그들에게 유익이라고 하셨습니다. 주님이 떠나야 보혜사, 성령이 오실 것이며 떠나지 않으면 보혜사 성령이 제자들에게 오지 않는다고 하셨습니다.

제자들은 이 말씀을 이해할 수 없었습니다. 주님이 떠나시면 성령이 오신다고 하였습니다. 그리고 성령이 오시면 그것은 주님과 같이 있는 것보다 더 좋은 것이라고 하였습니다. 그것은 놀라운 말씀이었습니다.

주님은 그들에게 힘과 위로와 기쁨이었습니다. 지쳤을 때 그들은 주님께 위로를 받았습니다. 실패했을 때 그들은 지적을 받고 권면을 받았습니다. 그들은 참된 지식과 진리에 대해서 계속 배웠습니다.

제자들이 파도로 인하여 고난을 겪고 있을 때 주님께서는 바다 위로 걸어서 제자들에게 오셨습니다. 제자들이 놀라서 소리를 지르자 주님은 말씀하셨습니다.

"안심하라 나니 두려워하지 말라" (마14:27)

그들이 얻은 위로와 기쁨은 얼마나 큰 것이었을까요.. 그런데 이렇게 위로를 주시는 주님이 떠나시는 것보다 성령이 오시는 것이 더 좋은 일이라고요? 제자들은 이해할 수 없었습니다.

제자들이 귀신을 쫓아내는 것에 실패하고 낙담하여 실패의 원인을 묻자 주님은 말씀하셨습니다.

"기도 외에 다른 것으로는 이런 종류가 나갈 수 없느니라" (막9:29)

귀신을 쫓아내고 한참 의기양양해있는 제자들에게 주님은 말씀하셨습니다.

"귀신들이 너희에게 항복하는 것으로 기뻐하지 말고 너희 이름이 하늘에 기록된 것으로 기뻐하라" (눅10:20)

주님은 항상 필요한 가르침과 권면을 주셨습니다. 그런데 이렇게 항상 가르치시는 주님이 떠나시는 것보다 성령이 오시는 것이 더 좋은 일이라구요? 제자들은 이해할 수 없었습니다. 그러나 주님은 반복적으로 말씀하셨습니다.

"내가 너희를 고아와 같이 버려두지 아니하고 너희에게로 오리라" (요14:18)

"보혜사 곧 아버지께서 내 이름으로 보내실 성령 그가 너희에게 모든 것을 가르치고 내가 너희에게 말한 모든 것을 생각나게 하리라" (요14:26)

심지어 마지막으로 승천하시면서도 주님은 이 약속의 말씀을 남기셨습니다.

"볼지어다 내가 세상 끝날까지 너희와 항상 함께 있으리라" (마28:20)

주님은 성령으로 우리와 함께 하신다

이제 우리는 알고 있습니다. 주님께서 우리와 함께 하신다는 말씀은 그분이 육의 몸으로 우리와 함께 하심이 아니라 그가 보내신 성령, 보혜사를 통하여 우리와 함께 하신다는 것을 말입니다. 그리고 그가 보내신 보혜사 성령은 우리를 위로하시고 가르치시며 주님이 전하신 말씀을 생각나게 하시는 분이라는 것을 우리는 알고 있습니다.

그러나 그 지식을 실제적으로 느끼고 경험하는 이들은 얼마나 될까요? 오늘날 많은 신자들이 이 말씀을 지식으로만 이해합니다. 주님이 그 영으로 우리와 함께 하신다는 것을, 주님이 성령으로 우리 안에 내주하신다는 것을 머리로 이해합니다. 그것을 누리고 맛보지 못합니다. 그러므로 우리는 주의 성령을 모시고 있으면서도 여전히 고독하고 낙심하고 슬퍼하고 어찌할 바를 모르는 것입니다. 주님이 떠나신다고 말했을 때의 제자들처럼 말입니다.

방언기도는 성령의 임재를 선명하게 한다

그런데 놀라운 소식이 있습니다. 우리와 함께 거하시는 성령, 우리 안에서 말씀하시고 가르치시며 깨닫게 하시고 생각나게 하시는 성령의 역사를 불 일 듯이 일어나게 하는 기도가 있는 것입니다. 그것이 바로 방언기도입니다.

이 기도는 우리 안에 거하시는 성령의 역사가 실제적으로, 선명하게 임하시게 하는 하나의 도구입니다. 방언을 하면 할수록 우리는 우리 안에 거하시는 성령의 실체를 경험하고 느끼게 됩니다. 주님이 약속하신 것이 이론에서 끝나지 않고 실제로 우리 안에서 살아서 역사하는 것을 경험하게 되는 것입니다.

우리는 살아가면서 지치고 낙심할 때가 많이 있습니다. 이 때 우리에게는 위로가 필요합니다. 어디서 위로를 얻어야 할까요? 세상은 우리에게 위로와 힘을 주지 못합니다. 우리는 오직 주님에게 진정한 위로를 얻을 수 있습니다.

우리는 주님께 나아가 기도합니다. 방언으로 기도합니다. 방언으로 계속 기도하고 또 기도합니다. 그렇게 성령 안에서 깊이 기도하고 있을 때 우리는 깊은 속에서 나오는 메시지를 느끼게 됩니다.

'왜 그러니.. 왜 그렇게 낙심하고 있니.. 내가 여기 있단다.', '괜찮아.. 괜찮아.. 걱정하지 마..' 이상하게도 그 메시지를 느끼면서 우리는 안심이 되고 힘을 얻게 됩니다.

그것은 성령께서 주시는 메시지입니다. 보혜사이신 성령께서 우리를 위로하시는 것입니다. 우리는 주님께서 우리의 곁에 계셔서 우리를 쓰다듬어주시며 위로하시는 것을 느낍니다. 방언을 할수록 우리의 영은 활성화되고 우리는 친밀하신 주님, 그 영의 위로하심을 경험할 수 있습니다.

방언을 하는 중에 말씀을 받게 된다

우리가 갈 바를 모르고 어찌할 바를 모를 때 우리는 방언으로 기도합니다. 기도하고 기도하는 중에 우리는 갑자기 선명한 깨달음을 얻게 됩니다. 갑자기 하나님의 말씀이 기억납니다. 우리에게 희망을 주시는 말씀이 갑자기 떠오릅니다.

"내 영혼아 여호와를 송축하며 그의 모든 은택을 잊지 말지어다" (시 103:2)

마귀는 우리가 주님의 말씀을 잊어버리도록 속입니다. 그는 세상의 생각과 유혹과 걱정 근심을 우리 안에 집어넣습니다. 우리는 어느 순간에 주님의 사랑과 은혜와 그의 약속을 잊어버리고 두려워하고 낙심합니다.

그러나 마귀는 잊게 하지만 보혜사 성령은 생각나게 하십니다. 우리가 방언으로 기도하고 또 기도할 때 우리의 영은 회복되며 우리에게 필요한 메시지가 갑자기 떠오르게 됩니다. '응? 내가 왜 근심하지? 하나님이 나와 함께 하시는데! 내가 마귀에게 속았구나.. 주님을 찬양합니다!'

우리는 곧 회복됩니다. 꼭 방언으로 기도해야만 이렇게 잊어버린 주의 말씀이 떠오르는 것은 아닙니다. 그러나 방언은 성령으로부터 오는 것이며 우리의 영을 활성화하기 때문에 우리는 좀 더 빨리 영이 회복되고 잊어버리고 있는 우리에게 꼭 필요한 주의 말씀을 기억하게 됩니다. 그분은 마치 개인교사처럼 우리에게 필요한 말씀을 주시고 힘을 주십니다.

성령께서 가까이서 위로하신다

우리가 어찌할 바를 모르고 있을 때, 우리가 해야 할 일이 너무 어렵고 짐이 무거울 때 성령님은 개인교사처럼 친절하게 말씀하십니다.

'너, 어떻게 해야 할지 모르겠지? 걱정 말아라.. 내가 도와줄게..' 우리는 주님과 같이 일하고, 공부하고 힘든 업무를 처리할 수 있습니다.

주님께서 선명한 실제가 되어 우리를 도우신다면, 우리는 어떤 일이든지 어렵지 않게, 즐겁게 할 수 있습니다. 방언기도는 그 주의 임재를 선명하게 합니다.

외로울 때가 있습니다. 혼자라고 느껴질 때가 있습니다. 친구를 찾고 애인을 찾아도 그들은 우리를 채워주지 못합니다. 우리를 사랑하고 이해해줄 사람을 찾아 아무리 방황해도 우리는 만족을 얻을 수 없습니다. 우리의 외로움, 텅 빈 마음은 채워지지 않습니다. 그렇게 온 세상에 홀로 버려진 느낌을 받을 때가 있습니다. 그 때 우리는 방언으로 기도할 수 있습니다. 방언으로 기도하고 또 기도하며 우리의 마음과 외로움을 토할 수 있습니다. 어느 순간에 우리는 주의 영이 아주 가까이 우리 곁에 계신 것을 느끼게 됩니다.

"내가 너희를 고아와 같이 버려두지 아니하고 너희에게로 오리라"
(요14:18)

그분의 함께하심은 실제적이다

그분의 오심은 실제입니다. 방언으로 기도할수록 우리는 성령이 실제이심을 경험하게 됩니다. 그분은 관념이 아닙니다. 그분은 구체적인 실제이며 인격이십니다. 우리가 방언으로 기도할수록 우리의 영적 감지력은 선명해지고 우리는 바로 곁에 계시는 주의 영을 느끼게 됩니다. 그의 친밀한 임재를 느끼게 됩니다.

우리는 평안함과 행복감을 느끼게 됩니다. 우리는 혼자가 아닌 것을 경험하게 됩니다. 그것은 관념이 아니라 실제입니다. 그 실제적인 주의 임재를 모르기 때문에 사람들은 입으로는 주를 믿으면서도 외로워하고 세상의 허무한 쾌락을 찾으며 사랑을 찾아 위안거리를 찾아 방황하는 것입니다. 그러나 바로 곁에 그 영광의 임재가 가득할 때, 그는 다른 것으로 시선을 돌릴 수 없습니다.

방언으로 기도하고 또 기도할 때, 그것은 우리의 영을 충만하게 합니다. 그것은 보혜사 성령의 실제를 누리게 합니다. 우리는 성령의 깨우치심을 받을 수 있습니다. 개인교사처럼 가까이에서 지적하시고 가르치시고 권면하시고 위로하시고 용기를 주시며 안아주시는 성령의 실제적인 역사를 경험할 수 있습니다.

우리는 주님이 말씀하신 바, 내가 떠나는 것이 너희에게 유익이라는 말씀을 이해할 수 있습니다. 육체로 계신 주님은 부분적으로, 제한적으로만 우리와 같이 있으실 수 있습니다.

그러나 우리와 함께 계시는, 우리 안에 내주하시는 그분은 낮에도, 밤에도, 외로울 때도, 지칠 때도, 행복할 때도, 아플 때도, 건강할 때도.. 항상 같이 거하시는 분입니다.

우리는 그분의 사랑을 언제 어디서나 맛보고 경험할 수 있으며 침상에서도 그분의 임재를 놓치지 않을 수 있습니다. 방언을 할수록 그분의 임재와 역사는 선명해집니다.

방언기도는 놀라운 축복입니다. 이 기도는 우리의 육을 제어하고 승리의 삶을 살게 합니다. 우리의 연약함을 극복하도록 성령의 탄식과 도우심을 이끌어냅니다. 이 기도는 우리 안에서 실재하시는 성령의 은총을 누리게 합니다.

방언기도는 너무나 아름다운 기도입니다. 방언을 하면 할수록 우리 안에 거하시는 성령은 우리를 사로잡으시며 우리에게 가까이 임하십니다. 우리가 바르게, 잘 사용할수록 우리는 그 풍성함으로 나아가게 됩니다. 이 기도를 아름답게 사용하면 할수록 당신은 그 은총의 세계를 경험하게 될 것입니다. 할렐루야.

31. 부르짖는 방언기도의 능력과 자유

그리스도인에게는 영적 전쟁이 있습니다. 영적으로 깨어날수록, 눈을 뜰수록 우리는 이 전쟁에 대해서 알게 됩니다.

"우리의 씨름은 혈과 육을 상대하는 것이 아니요 통치자들과 권세들과 이 어둠의 세상 주관자들과 하늘에 있는 악의 영들을 상대함이라"
(엡6:12)

아직 영적으로 눈을 뜨지 않은 이들은 자신에게 일어나는 모든 일들을 자연적인 것으로 생각합니다. 병에 걸렸으면 그것은 건강관리를 제대로 하지 않았기 때문이며, 인간관계에 문제가 있으면 그것은 처세에 문제가 있기 때문이며, 사업에 어려움이 생긴다면 그것은 경기불황에 문제가 있다고 생각합니다. 마음에 문제가 생기면 정신의학의 도움을 구하며 걱정 근심이 끊이지 않으면 스트레스로 인한 것이라고 생각합니다.

물론 그 모든 일의 원인이 영적인 것에서만 기인한다고 할 수는 없습니다. 많은 일들이 자연적인 영역에서 일어납니다. 하지만 또한 적지 않은 일들이 영적인 세계에서 오는 것이며 악한 영들의 공격과 압력으로 인하여 오는 것입니다.

그러할 경우, 그것은 병원에서 해결되지 않습니다. 처세술로 해결되지 않습니다. 사람의 방법과 지혜로 해결되지 않습니다. 거기에는 기도가 필요하며 전쟁이 필요하며 우리가 가지고 있는 영적 권세를 사용하는 것이 필요합니다. 중요한 것은 이러한 근원에 대한 분별입니다.

영의 성장이란 어떤 것이 자연적인 영역의 문제인지, 영적인 영역으로부터 오는 것인지에 대한 분별과도 관련이 있습니다. 적절한 분별이 있으면 악한 영들에게 속거나 눌리지 않고 주의 이름의 권세를 사용하여 제압할 것이며 단순한 자연적인 일일 경우에 거기에 합당한 지식이나 처방을 할 수 있을 것입니다.

영적 전쟁의 승리는 자연적인 힘으로 불가능하다

오늘날 신자의 풍성한 삶, 승리하는 삶은 그다지 많지 않습니다. 그 중요한 이유 중의 하나는 신자들의 영이 예민하지 않아서 이러한 영적 분별이 부족하고, 또한 어느 정도 영의 전쟁을 이해하고 감지한다고 하더라도 영이 약해서 이러한 전쟁에서 능히 승리하지 못하고 있기 때문입니다.

이 전쟁은 혈과 육에 속한 전쟁이 아닙니다. 이것은 지옥의 영들, 악한 세력들에 대한 전쟁입니다. 이것은 인간적인 지식이 많고 용기가 많아서 이기는 싸움이 아닙니다. 이것은 영적으로 무장해야 하는 것입니다. 세상에서 상처를 받고 힘들어하는 사람에게, 인간관계로 힘들어하는 사람들에게 흔히 주위에서 이렇게 조언합니다.

"그렇게 마음이 약해서 어떻게 살겠어.. 마음을 강하게 먹어야지.."

그러나 이 전쟁은 마음을 강하게 먹고 스스로 다짐해서 이길 수 있는 전쟁이 아닙니다. 이 전쟁의 무기는 하늘에서 옵니다. 이것은 하늘의 권능을 얻고 무기를 얻어서 마귀의 진을 초토화시킬 때 오는 것입니다.

"자녀들아 너희는 하나님께 속하였고 또 그들을 이기었나니 이는 너희 안에 계신 이가 세상에 있는 자보다 크심이라" (요일4:4)

신자는 세상과 전쟁 상태에 있다

이 말씀은 승리의 중요한 비결, 승리의 근원을 우리에게 제시해줍니다. 세상에 있는 자보다 우리 안에 계신 이가 크다고 하십니다. 여기서 세상에 있는 자는 누구입니까? 그는 악한 자이며 마귀입니다. 그는 세상의 왕, 세상의 신으로 불립니다.

"이제 이 세상에 대한 심판이 이르렀으니 이 세상의 임금이 쫓겨나리라" (요12:31)

"그 중에 이 세상의 신이 믿지 아니하는 자들의 마음을 혼미하게 하여 그리스도의 영광의 복음의 광채가 비치지 못하게 함이니 그리스도는 하나님의 형상이니라" (고후4:4)

"그 때에 너희는 그 가운데서 행하여 이 세상 풍조를 따르고 공중의 권세 잡은 자를 따랐으니 곧 지금 불순종의 아들들 가운데서 역사하는 영이라" (엡2:2)

우리는 공중 권세를 잡은 자, 믿지 않는 자들 안에서 역사하는 영들, 세상의 임금, 세상의 신과 싸우고 있습니다. 세상을 살아가는 것이 힘들고 피곤한 이유는 무엇입니까? 그것은 근본적으로 이 배후에 있는 영적인 존재들로 인한 것입니다.

사단 혹은 마귀라고 하는 세상의 임금이 있고 공중 권세를 잡고 활동하는 영들이 있으며 믿지 않는 사람들 안에서, 세상 문화 속에서 움직이는 영들이 있습니다. 그들은 신자를 공격하고 유혹하여 파괴하려고 합니다. 주님도 유혹한 마귀가 신자들에게 그 마수를 뻗치지 않을 리는 없습니다.

불신자들은 세상의 유혹과 쾌락을 즐긴다

주를 믿지 않는 세상 사람도 세상에서 고통을 겪습니다. 그러나 그들은 어느 정도 고통을 겪기도 하지만 또한 세상을 즐기고 누립니다. 그들은 세상의 왕국, 사단의 왕국에 속해 있어서 세상의 유혹과 쾌락을 즐겁게 여깁니다.

물론 그 왕국에서 벗어나 하나님께 속하려 하는 자들은 마귀의 공격을 받게 되지만, 그렇지 않고 그 왕국에 속해 있는 이들에게 마귀는 어느 정도 혜택을 줍니다.

마귀는 그들의 왕국에 속한 백성들이 너무 힘들어서 그 왕국에서 벗어나려는 생각을 하지 않도록 적당한 쾌락을 남겨둡니다. 그러므로 세상에 속한 이들은 세상이 힘들다고 하면서도 거기에서 벗어나려고 하지는 않습니다.

그러나 신자는 다릅니다. 이들은 세상의 왕국, 마귀 왕국과 정면으로 충돌합니다. 마귀는 신자들이 다른 왕국, 주님의 왕국에 속해있다는 것을 잘 알고 있습니다. 마귀는 그들의 백성을 다루는 것과 같은 방식으로 신자들에게도 유혹의 손길을 뻗치고 세상의 쾌락을 주입하기를 원하지만, 근본적으로 신자들에 대해서는 그들을 철저하게 파괴하려고 공격합니다.

조금 덜 헌신된 이들은 마귀와의 치열한 투쟁에 대해서 잘 모를 것입니다. 적당히 세상과 짝하며 세상을 즐기는 이들은 이 심각한 전쟁에 대해서 잘 모릅니다. 하나님의 왕국과 마귀 왕국 사이의 무서운 전쟁에 대해서 잘 모릅니다. 이들은 헌신이 부족하고 영의 눈도 열리지 않았으므로 영분별이 어렵습니다.

세상은 헌신된 이들을 내버려두지 않는다

그러나 헌신된 이들에게 있어서 이 전쟁은 아주 살벌하고 치열합니다. 주님을 사랑하고 주님을 기쁘시게 하기를 원하며 세상의 유혹과 즐거움을 멀리하는 이들에게 마귀는 무서운 공격을 해댑니다.

보디발의 아내는 요셉을 유혹하여 세상의 쾌락과 타락의 즐거움으로 이끌었습니다. 오늘날 많은 이들이 이러한 유혹과 세상의 쾌락을 멋진 것으로 여깁니다. 요셉이 타협하였다면 그는 순간의 즐거움을 맛보았겠지만 그 영혼은 멸망의 길로 가게 되었을 것입니다. 그러나 요셉이 그 쾌락을 거절하자 그녀는 심히 분노하여 그를 감옥에 가두었습니다.

오늘날 마귀의 유혹도 비슷합니다. 그는 세상의 즐거움과 쾌락과 명예와 성공을 주겠다고 유혹합니다. 조금만 눈을 감아주면 타협해 주면 너도 즐겁게 살 수 있을 것이라고 유혹합니다.

그것을 받아들이는 자는 당장은 편안하고 즐겁지만 그 영혼은 무디어집니다. 그는 주님의 임재를, 그 친밀한 교제의 기쁨을 잃어버리게 됩니다. 그리고 서서히 멸망의 길로 가게 됩니다. 오늘날 많은 신자들이 이러한 상태에 있습니다.

그러나 마귀의 유혹, 세상의 유혹과 타락한 문화를 거절할 때 그것은 전쟁의 시작입니다. 마귀는 극히 분노하여 강력한 공격을 해옵니다. 그가 사용할 수 있는 모든 불화살을 쏘고 공격합니다.

마귀가 무서워서 타협해야 할까요? 마귀의 비위를 거스르는 행동을 그쳐야 할까요? 아닙니다. 우리는 싸우는 자가 되어야 하며 이기는 자가 되어야 합니다. 우리는 유혹에도 맞서 싸워야 하며 공격에도 맞서 싸워야 합니다. 이기는 자가 될 때 비로소 우리는 풍성한 삶을 살 수 있으며 원수의 진을 파괴하고 전리품을 챙길 수 있게 됩니다.

승리의 원천은 우리 안에 있다

이기는 비결은 무엇일까요? 무엇이 마귀의 진을 무너뜨릴까요? 세상의 영들, 악한 영들을 궤멸시킬까요? 그것은 너희 안에 있다고 성경은 말합니다. 너희 안에 계신 이가 세상에 있는 자보다 크다고 말합니다. 우리 안에 계신 이는 누구입니까?

그는 그리스도입니다. 그리스도의 영, 성령입니다. 하나님이십니다. 승리란 우리에게 있는 것이 아닙니다. 하나님, 그리스도, 성령으로 인하여 오는 것입니다.

"하나님이 그들로 하여금 이 비밀의 영광이 이방인 가운데 얼마나 풍성한지를 알게 하려 하심이라 이 비밀은 **너희 안에 계신 그리스도시니 곧 영광의 소망이니라**" (골1:27)

우리 안에는 그리스도가 계십니다. 그리고 우리 안에 계신 그리스도 이것이 우리의 영광의 소망이며 또한 승리의 비결입니다. 승리는 우리에게서 오지 않고 우리 안에 거하시는 그리스도에게서 옵니다.

"너희가 하나님의 성전인 것과 하나님의 성령이 너희 안에 거하시는 것을 알지 못하느냐" (고전3:16)

우리 안에는 성령이 거하십니다. 우리는 하나님의 성전입니다. 그러므로 우리 안에 거하시는 성령이 능력과 승리의 비결입니다.

"너희 안에서 행하시는 이는 하나님이시니 자기의 기쁘신 뜻을 위하여 너희에게 소원을 두고 행하게 하시나니" (빌2:13)

하나님은 우리 안에 거하십니다. 거하실 뿐 아니라 우리 안에서 행하십니다. 그분이 행하시는 방식은 우리 안에서 소원을 일으키시는 것입니다.

이처럼 우리 안에는 성령이 거하시는데 이는 곧 하나님의 영이며 그리스도의 영입니다. 승리의 비결은 우리 안에 거하시는 그리스도이며 그리스도의 영입니다. 우리 안에서 행하시는 하나님입니다.

공격은 바깥에서, 승리는 내부에서 온다

신자들에게는 항상 우리를 둘러싸고 있는 세상의 공격이 있습니다. 그 배후에는 마귀가 있습니다. 다니엘은 나라가 멸망함으로 이 방에 끌려가서 살았습니다. 그에게는 항상 그를 노리는 공격이 있었습니다. 그의 대적들은 어떻게든 그를 제거하기 위하여 호시탐탐 노리고 엿보며 공격의 기회를 노리고 있었습니다. 이것은 오늘날에도 마찬가지입니다.

그리스도인들은 이방의 왕국인 세상에 거하면서 여전히 악한 영들의 압박을 받고 있습니다. 우리의 고향은 이곳이 아닙니다. 이 땅에서 우리는 나그네입니다.

다니엘의 때와 시대가 바뀌었다고 생각해서는 안 됩니다. 마귀는 회개하지 않습니다. 그들은 마음을 바꾸지 않았습니다. 시대 상황에 따라 작전을 바꾸었을 뿐입니다. 그들은 여전히 미혹하는 존재이고 죽이고 파괴하는 존재입니다.

공격은 항상 바깥에서 옵니다. 빛은 내부에서 옵니다. 승리는 우리의 안에 있습니다. 우리의 내면에 있는 충만한 생명이 바깥으로 나오게 될 때, 그것이 승리의 역사를 일으킵니다.

"명절 끝날 곧 큰 날에 예수께서 서서 외쳐 이르시되 누구든지 목마르거든 내게로 와서 마시라 나를 믿는 자는 성경에 이름과 같이 그 배에서 생수의 강이 흘러나오리라 하시니 이는 그를 믿는 자들이 받을 성령을 가리켜 말씀하신 것이라 (예수께서 아직 영광을 받지 않으셨으므로 성령이 아직 그들에게 계시지 아니하시더라)" (요7:37-39)

승리의 근원은 우리에게 있지 않다

승리는 우리에게서 오지 않습니다. 우리 자체로는 마귀를 이기지 못합니다. 승리의 근원은 주님이십니다. 우리 안에 거하시는 주의 영입니다. 그분이 우리 안에서 흘러나오는 것이 승리이며 자유입니다. 믿는 자들은 주님을 먹고 마시는 자들입니다. 주님을 먹고 마실 때 우리는 주님으로 충만해지며 우리 안에서 생수의 강이 흘러나오게 됩니다. 우리 안에서 생수의 강이 흐를 때, 악한 자들은 두려워하며 파괴됩니다.

승리의 비결이 우리에게 있지 않고 우리 내면에 거하시는 그리스도, 성령에 있다는 이해는 아주 중요합니다. 우리가 적을 바로 알고, 우리 자신의 역할과 한계를 이해하며 승리의 근원이신 내면의 그리스도를 알 때 우리는 이 전쟁에 바르게 대처할 수 있습니다.

진리를 모르면 노력하다 탈진한다

이 진리를 깨닫지 못하면 마치 승리가 우리의 재능과 노력과 힘에 있는 양 애쓰고 노력하다가 탈진하게 될 것입니다. 우리는 사람의 방법과 지혜로 이 세상의 신을 이길 수 없기 때문입니다. 사람의 방법과 지혜는 다 세상에서 온 것으로, 그것은 세상의 왕을 이길 수 없습니다.

그것은 모세가 애굽에서 배운 지식과 능력으로 바로 왕과 애굽을 이길 수 없는 것과 같습니다. 승리를 위해서는 다른 근원에서 나오는 힘을 알고 있어야 합니다. 그러므로 세상을 이길 수 있는 유일한 근원에 대해서 이해하고 경험할 때 우리는 진정한 승리를 경험할 수 있게 될 것입니다.

승리의 근원은 주님 자신입니다. 에베소서 6장에는 이 전쟁을 위한 전신갑주에 대해서 언급하고 있으며 전쟁을 위한 다양한 무기에 대해서 말합니다. 그 언급된 무기들은 진리, 의, 믿음, 말씀.. 등입니다.

"우리의 씨름은 혈과 육을 상대하는 것이 아니요 통치자들과 권세들과 이 어둠의 세상 주관자들과 하늘에 있는 악의 영들을 상대함이라 그러므로 하나님의 전신 갑주를 취하라 이는 악한 날에 너희가 능히 대적하고 모든 일을 행한 후에 서기 위함이라 그런즉 서서 진리로 너희 허리 띠를 띠고 의의 호심경을 붙이고 평안의 복음이 준비한 것으로 신을 신고 모든 것 위에 믿음의 방패를 가지고 이로써 능히 악한 자의 모든 불화살을 소멸하고 구원의 투구와 성령의 검 곧 하나님의 말씀을 가지라"(엡6:12-17)

무기의 중심은 그리스도이다

이 모든 무기의 중심은 바로 그리스도, 하나님 자신입니다. 진리는 곧 그리스도이며 의도 그리스도입니다. 그리스도를 통해서만 의가 이루어집니다. 복음이란 그리스도를 아는 것입니다. 믿음이란 그리스도를 신뢰하고 의뢰하는 것입니다. 이 모든 무기는 그리스도이며 그리스도의 영입니다. 그리고 그 영이 우리 안에 거하십니다. 그러므로 그분 자신이 우리 안에서 역사하시고 흘러나올 때 모든 악의 세력들은 패주하고 소멸되는 것입니다.

굴 속에 갇혀있는 신자들

그런데 왜 현실에서는 그리스도인의 풍성한 승리의 삶을 잘 볼 수 없는 것일까요? 넘치는 자유와 승리의 전리품을 누리지 못하고 묶여있고 눌려있는 신자들을 흔히 보게 되는 것일까요?

그것은 우리 안에 그리스도, 그리스도의 영, 성령을 모시고 있지만 그 영을 바깥으로 흘러나오게 하지 않고 있기 때문입니다. 우리의 풍성한 영, 능력이 바깥으로 나오지 않고 안에 갇혀 있는 것입니다. 그래서는 승리의 삶을 살 수 없습니다. 아무리 강력한 무기를 가지고 있어도 그것을 가두어놓고 있어서는 아무도 승리의 삶을 누릴 수 없습니다. 사사기 6장을 보면 이스라엘의 연약하고 비참한 모습이 잘 나타나 있습니다.

"이스라엘 자손이 또 여호와의 목전에 악을 행하였으므로 여호와께서 칠 년 동안 그들을 미디안의 손에 넘겨 주시니 미디안의 손이 이스라엘을 이긴지라 이스라엘 자손이 미디안으로 말미암아 산에서 웅덩이와 굴과 산성을 자기들을 위하여 만들었으며"(삿6:1-2)

이스라엘은 하나님을 믿기는 믿었지만 하나님 앞에서 죄를 지었으며 하나님과 친밀한 관계를 갖지 않았습니다. 이들은 미디안이 공격을 해오자 그들을 피하여 웅덩이와 굴을 만들고 거기에 숨었습니다. 그들은 두려워서 굴을 파고 스스로 갇혀 있었습니다.

하나님의 사자가 기드온에게 나타나서 메시지를 전했을 때도 기드온의 마음은 갇혀있었습니다.

"여호와의 사자가 기드온에게 나타나 이르되 큰 용사여 여호와께서 너와 함께 계시도다 하매 기드온이 그에게 대답하되 오 나의 주여 여호와께서 우리와 함께 계시면 어찌하여 이 모든 일이 우리에게 일어났나이까 또 우리 조상들이 일찍이 우리에게 이르기를 여호와께서 우리를 애굽에서 올라오게 하신 것이 아니냐 한 그 모든 이적이 어디 있나이까 이제 여호와께서 우리를 버리사 미디안의 손에 우리를 넘겨 주셨나이다 하니 여호와께서 그를 향하여 이르시되 너는 가서 이 너의 힘으로 이스라엘을 미디안의 손에서 구원하라 내가 너를 보낸 것이 아니냐 하시니라 그러나 기드온이 그에게 대답하되 오 주여 내가 무엇으로 이스라엘을 구원하리이까 보소서 나의 집은 므낫세 중에 극히 약하고 나는 내 아버지 집에서 가장 작은 자니이다 하니" (삿6:12-15)

기드온은 격려를 받았지만 여전히 그의 마음에는 두려움과 무기력함으로 가득했습니다. 그도 다른 이스라엘 백성과 같이 두려움으로 인하여 마음의 굴속에 갇혀 있었습니다. 우여곡절 끝에 기드온은 밤에 미디안을 기습 공격하여 큰 승리를 이룹니다. 이 전쟁의 방식에서 보여주는 메시지는 아주 선명한 것입니다.

"기드온이 그 꿈과 해몽하는 말을 듣고 경배하며 이스라엘 진영으로 돌아와 이르되 일어나라 여호와께서 미디안과 그 모든 진영을 너희 손에 넘겨 주셨느니라 하고 삼백 명을 세 대로 나누어 각 손에 나팔과 빈 항아리를 들리고 항아리 안에는 횃불을 감추게 하고 그들에게 이르되 너희는 나만 보고 내가 하는 대로 하되 내가 그 진영 근처에 이르러서 내가 하는 대로 너희도 그리하여 나와 나를 따르는 자가 다 나팔을 불거든 너희도 모든 진영 주위에서 나팔을 불며 이르기를 여호와를 위하라, 기드온을 위하라 하라 하니라

기드온과 그와 함께 한 백 명이 이경 초에 진영 근처에 이른즉 바로 파수꾼들을 교대한 때라 그들이 나팔을 불며 손에 가졌던 항아리를 부수니라 세 대가 나팔을 불며 항아리를 부수고 왼손에 횃불을 들고 오른손에 나팔을 들어 불며 외쳐 이르되 여호와와 기드온의 칼이다 하고 각기 제자리에 서서 그 진영을 에워싸매 그 온 진영의 군사들이 뛰고 부르짖으며 도망하였는데" (삿7:15-21)

꿈과 해몽을 통하여 전쟁의 승리를 확신한 기드온은 자신감이 넘쳐서 작전을 지시합니다. 그 내용은 삼백 명의 군사를 셋으로 나누어 각 손에 나팔과 빈 항아리를 들게 하고 항아리 안에 횃불을 감추게 하고 기드온이 신호할 때에 나팔을 불고 소리를 지르며 항아리를 부수는 것입니다.

이 단순한 기습공격 작전으로 미디안의 대군을 소수의 군사들이 격파한 것은 놀라운 일입니다. 거기에는 하나님의 초자연적인 개입이 있었을 것입니다. 이 작전이 보여주는 메시지가 있는데, 항아리 속에 감추어진 횃불의 의미는 선명합니다.

"우리가 이 보배를 질그릇에 가졌으니 이는 심히 큰 능력은 하나님께 있고 우리에게 있지 아니함을 알게 하려 함이라 우리가 사방으로 욱여쌈을 당하여도 싸이지 아니하며 답답한 일을 당하여도 낙심하지 아니하며 박해를 받아도 버린 바 되지 아니하며 거꾸러뜨림을 당하여도 망하지 아니하고 우리가 항상 예수의 죽음을 몸에 짊어짐은 예수의 생명이 또한 우리 몸에 나타나게 하려 함이라"(고후4:7-10)

내부의 영이 바깥으로 흘러나올 때 승리가 온다

항아리, 질그릇은 우리의 몸, 겉사람을 의미합니다. 우리는 환경적으로 답답한 일, 고통스러운 일을 겪어도 낙심하지 않는데, 그것은 이러한 환경적인 고통, 십자가를 지는 것이 우리 안에 감추어진 보화가 나타나는 계기가 되기 때문입니다.

기드온의 전략이 보여주는 상징적인 메시지는 명백합니다. 승리는 우리의 질그릇, 겉사람의 지혜나 능력에 있지 않고 우리 내부에 계시는 하나님의 영에 있다는 것입니다. 항아리로 표현되는 우리의 겉사람이 부서지고 내부에 있는 그 영이 바깥으로 드러날 때 우리는 승리의 나팔을 불 수 있습니다.

이 사건이 전달하고 있는 메시지는 내부에 있는 승리의 비결, 승리의 원천에 대한 것입니다. 승리는 우리에게 있지 않고 내면의 그리스도에 있으며 그 영이 흘러나올 때 아무리 강력하게 보이는 대적이라고 해도 패주하게 됩니다. 왜냐하면 예수 그리스도의 십자가가 마귀의 왕국에 치명타를 주었기 때문입니다. 그러므로 그리스도의 영이 흘러나올 때 원수들은 무너지게 됩니다.

승리는 사람의 어떠함에 있지 않다

승리와 자유는 사람의 어떠함에 있지 않습니다. 사람의 영리함이나 재능이나 학벌이나 성격이나 외적인 어떤 조건에 달려있지 않습니다. 그러한 외부적인 것들은 세상에서는 통할지 모르지만 영적 전쟁에서는 통하지 않습니다.

승리는 오직 내면에 있습니다. 그러므로 그 의식이 바깥에 있고 바깥을 향하는 이들은 승리할 수 없습니다. 오늘날 대다수의 사람들은 항상 바깥에 속한 것들, 보이는 것들을 추구합니다. 그들은 보이는 능력, 돈, 스펙, 학벌, 명예, 무기를 찾습니다. 바깥에서 행복을 찾습니다. 그러므로 그들이 가는 곳은 항상 실패와 멸망의 길입니다.

승리는 내부에 있습니다. 생수의 강은 내부에서 흐르는 것입니다. 내부에 주님이 계시므로 그 주님이 바깥으로 나오시면 됩니다.

문제가 있을 때 사람들은 흔히 바깥에서 답을 찾습니다. 그것이 그들이 실패하는 이유입니다. 문제가 생기면 돈을 찾으러 다닙니다.

돈을 줄 사람을 찾으러 다닙니다. 병이 나면 사람들은 서둘러서 병원에 갑니다.

물론 병원은 필요합니다. 하나님은 의사도 사용하실 것입니다. 그러나 신자는 문제가 생겼을 때 바깥에서 답을 찾기 전에 먼저 안으로 가야 합니다. 내부로 가야 합니다. 내부에 답이 있기 때문입니다. 사람은 내부를 통하여 하늘과 교통합니다. 구원은 내부에서 나옵니다. 그러므로 바깥으로 가는 자는 안전하지 않으며 승리가 없습니다.

믿는 자는 이미 성령을 받았습니다. 이제 중요한 것은 우리 안에 있는 그 영이 바깥으로 나오는 것입니다. 신약에서나 구약에서나 항상 승리의 원천은 하나님입니다. 하나님의 신, 성령입니다. 하나님의 신이 임했을 때만 이스라엘은 이방의 압제에서 벗어나 자유와 승리를 누릴 수 있었습니다.

신약시대는 모든 믿는 자 안에 성령이 거하신다

그러나 구약에서는 특별한 사람에게만 하나님의 신이 임하셨습니다. 선지자와 왕과 제사장에게만 성령이 역사하셨고, 그러한 지도자에게 임하신 성령을 통해서 승리와 자유를 경험할 수 있었습니다. 그러나 이 시대는 다릅니다. 신약 시대에서는 누구나 성령을 받을 수 있습니다. 십자가에서 죽으시고 우리의 죄와 저주를 속량하시고 부활하신 주를 믿기만 하면 누구든지 성령을 받을 수 있습니다.

그러므로 이제 우리 안에 위대하신 이가 거하십니다. 어떤 특별한 전율이나 느낌이 없어도 우리는 그것을 믿음으로 알 수 있습니다. 이제 우리는 전쟁에서 승리하는 비결을 압니다. 그것은 사람의 재능이나 노력이나 능력에 있지 않으며, 지혜나 학벌이나 권세에 있지 않고, 오직 내주하시는 성령의 능력에 있습니다.

하지만 불행히도 오늘날 여전히 많은 신자들이 눌려 있습니다. 그들은 내면에 성령을 모시고 있지만 그 영은 바깥으로 흘러나오지 않습니다. 기드온 시대의 이스라엘 백성들처럼 오늘날 많은 신자들이 내면의 감옥에서 바깥으로 나오지 않습니다. 성령과 그 권능이 바깥으로 나오지 않습니다. 그래서 세상에게 눌립니다. 세상의 영들에게 눌립니다.

세상의 영들은 항상 바깥에서 들어온다

오늘날 흔히 스트레스를 받는다는 말을 합니다. 스트레스도 바깥에서 오는 압력을 의미하는 것입니다. 바깥에서 부담과 고통의 기운이 들어옵니다. 세상의 문화들, 세상의 기운들이 자꾸 들어옵니다. 우리에게서 바깥으로 나가는 것은 적고 바깥에서 우리 안에 들어오는 것이 많습니다. 그것이 눌림입니다.

우리 안에는 천국이 있지만 바깥에는 지옥이 있습니다. 지옥의 기운이 있습니다. 그러한 기운이 계속 들어오면 우리의 영이 눌리게 됩니다. 그러한 세상의 악한 기운들이 계속 쌓이면 병이 됩니다. 몸이 병들고 마음이 병들고 영이 병들게 됩니다. 그러면 일이 힘들고 학교가 힘들고 대인관계가 즐겁지 않고 부담이 되며 살아가는 것이 힘들게 됩니다. 그것은 다 영이 눌린 것입니다.

세상의 영은 항상 외부에서 우리 안으로 들어옵니다. 그것들은 우리 안에 들어와야 우리를 사로잡고 영향을 행사할 수 있습니다. 세상의 문화, 세상의 소리, 세상의 사상은 우리가 깨어있지 않을 때 항상 우리 안에 침입합니다. 일단 외부에 있는 것이 우리 안에 들어올 때 우리는 그 영향에서 벗어날 수 없습니다.

버스를 타고 가다가 무심코 차안에서 흘러나오던 노래가 어느 틈에 우리 안에 들어와서 버스를 내린 후에도 자기도 모르게 속에서 그 노래의 한 소절이 흘러나오던 경험을 누구나 했을 것입니다. 그처럼 세상의 기운은 우리 안에 들어오고 우리에게 영향을 끼치며 우리의 영을 억압합니다.

영이 눌리면 소극적인 사람이 된다

그리스도인은 안에 주의 영을 모시고 있습니다. 그러나 안에 있는 것을 바깥으로 내보내지 못하고 바깥에 있는 기운을 받아들이기만 한다면 그는 당연히 눌릴 수밖에 없습니다. 자기의 속 안에 있는 것을 바깥에 표현하고 영향을 끼치는 사람이 있고, 그렇게 하지 못하고 바깥에 있는 것의 영향을 받기만 하는 사람이 있습니다. 그렇게 되면 그는 점점 눌리고 연약한 사람이 될 수밖에 없습니다.

영이 눌리게 되면 그는 항상 소극적인 상태가 됩니다. 그는 세상을 지배하지 못하며 외부에 의해서 눌리고 상하며 항상 외부 상황에 끌려 다니게 됩니다. 그는 점점 자신감도 상실하고 언어도 약해져서 말도 제대로 표현하지 못하고 우물거립니다. 확신이 부족하고 리더십을 발휘하지 못하여 아래 사람들도 잘 다루지 못하고 무시를 당합니다.

지배적인 사람이 있습니다. 이들은 자기주장이 항상 강합니다. 눌리고 약한 이들은 그런 사람 앞에서 주눅이 듭니다. 상대방의 부탁이나 요구를 감히 거절하지 못합니다. 정당하지 않은 요구일 경우에도 그렇게 됩니다. 그래서 상대방 앞에 서면 불편하고 눌리게 됩니다. 그리고 이렇게 불편하게 여겨지는 대상들이 하나 둘 늘어갑니다. 이들은 상대방을 대할 생각을 하기만 해도 걱정이 되고 답답합니다.

눌린 이들은 근심 걱정이 끊이지 않는다

이런 이들은 근심 걱정이 끊이지 않습니다. 이들은 영이 약하고 정신이 약합니다. 남의 주장을 많이 듣지만 자기주장을 하지 못합니다. 세상의 좋지 않은 기운이 잘 들어오지만 바깥에 내 기운을 내보내지 못합니다. 이들은 삶이 어렵습니다. 스트레스가 쌓이고 두렵고 불안하며 행복하지 않습니다.

이들은 그리스도인이라고 하더라도 충만한 삶을 살 수 없습니다. 사명을 감당하기는커녕 하루하루 살아가고 삶을 지탱하는 것이 힘이 듭니다. 영이 약하고 정신이 약한 이들은 삶이 지치고 힘들어서 어디에서도 안식을 하지 못합니다. 이들은 항상 도피처를 찾게 됩니다.

바깥에서 들어온 나쁜 기운, 세상의 영향을 토하지 못하면 그것들은 우리 안에 들어와서 썩게 됩니다. 그것은 우리의 몸과 마음에 질병을 만들어냅니다.

토하지 못하는 이들은 자유하지 않습니다. 무거운 짐과 부담과 마음의 슬픔과 걱정과 고통을 토하지 않는 이들은 묶임에서 벗어나지 못합니다. 성경은 말합니다.

"백성들아 시시로 그를 의지하고 그의 앞에 마음을 토하라 하나님은 우리의 피난처시로다" (시62:8)

세상에서 들어온 기운은 악한 것입니다. 세상에서는 우리에게 좋은 것을 주지 않습니다. 왜냐하면 그 배후에 있는 영들은 악한 자들이기 때문입니다. 신자들이 세상에서 즐거움과 위로를 얻고 있다면 그의 영혼은 안전하지 않습니다. 그는 속고 있는 것입니다. 마귀는 결코 신자들에게 아무 이유 없이 친절을 베풀지 않습니다. 들릴라가 삼손에게 진정으로 친절을 베풀지 않듯이 말입니다.

성도의 진정한 기쁨은 오직 주님 안에서 나옵니다. 주님과의 친밀한 교제와, 주님을 사랑하는 이들과의 친교와, 주님을 기쁘시게 하기 위한 사명의 감당.. 이것을 통해서만 신자는 행복할 수 있습니다. 언제 어디서나 무엇을 하든지 주님을 붙들고 그 안에서 즐거움을 누릴 때 안전합니다.

들어온 세상의 기운을 토해야 산다

그렇지 않은 상태에서 들어온 세상의 즐거움은 토해야 합니다. 세상의 고통도 토해야 합니다. 부담과 무거운 짐도, 슬픔도 아픔도 주님 앞에 나아가 토해야 합니다. 우리의 짐과 근심, 스트레스와 염려, 불안.. 모든 것을 토해야 합니다. 오직 주님만이 진정한 의사입니다.

오늘날 많은 신자들은 토할 줄 모릅니다. 이들은 마음속에 많은 눌림과 짐이 있으면서도 입을 닫고 토하지 않으며 그저 머리에 지식을 받아들이기만 합니다.

그러나 그래서는 영의 풀려남이 없습니다. 해방이 없습니다. 지식은 아름다운 것이지만, 그것이 실제가 되기 위해서는 그것을 외쳐야 하고, 그전에 자기 안에 있는 불편한 부분을 토함으로써 정화시켜야 합니다. 그릇에 좋은 음식을 담기 전에 먼저 그릇을 깨끗이 씻어내야 하는 것은 당연한 것입니다.

우리 안에 침입한 불편한 것에 대해서 충분히 토한 후에 우리는 더 강하게 부르짖어서 우리 내면의 영이 흘러나오게 해야 합니다. 승리와 역사의 중요한 핵심은 우리 안에 세상을 이기고 세상보다 강한 영이 있다는 것입니다.

그 영이 흘러나와야 합니다. 그 영을 풀어내야 합니다. 그 배에서 생수의 강이 흘러야합니다. 이는 받을 성령을 말씀하시는 것인데, 그 말씀대로 우리는 이미 성령을 받았습니다. 그러므로 이제 성령을 내보내면 됩니다.

그리고 나면 생수의 강이 흐르는 것이 어떤 것인지 알게 됩니다. 그것은 우리 안에 있으며 배 안에 있습니다. 우리 안에 이미 하나님이 거하시며 세상을 이기는 힘이 있습니다.

안에 있는 것을 바깥으로 드러내라

우리 안에 거하시는 성령, 하나님의 권능이 바깥으로 흘러나오는 방법은 무엇입니까? 그것은 외적으로 표현하는 것입니다. 속에 있는 것을 바깥에 드러내는 것입니다. 나타내는 것입니다.

어떤 사람이 속에 슬픔이 있습니다. 그런데 그가 그 슬픔을 드러내지 않고 있습니다. 그러면 그의 슬픔은 어디에 있습니까? 그의 안에 있습니다. 그 슬픔은 사라지지 않고 그의 안에서 질병이나 분노나 의욕 상실이나.. 등등 여러 부정적인 열매를 만들어낼 것입니다.

만일 그가 그의 안에 있는 슬픔을 바깥으로 표현한다면 어떨까요? 그는 엉엉 소리를 내어서 울거나, 아니면 조용히 눈물을 흘립니다. 슬픔은 그의 안에 있다가 그의 소리, 호흡, 말을 통해서 흘러나옵니다. 잠시 후, 그는 마음이 많이 평온해지고 후련해진 것을 느끼게 될 것입니다.

어떤 사람의 마음에 기쁨이 있습니다. 그것을 그가 밖으로 드러내지 않는다면, 표현하지 않는다면 그 기쁨은 그의 안에 있습니다. 그는 그것을 다른 이와 같이 나눌 수 없습니다. 만약 그가 웃음으로, 즐거운 이야기와 미소로 그의 기쁨을 표현한다면, 그 기쁨은 바깥으로 나올 것입니다. 그리고 다른 사람들에게 영향을 끼치게 될 것입니다.

능력이 있느냐 없느냐가 아니라 토하느냐 아니냐의 문제다

우리 안에 거하시는 하나님의 역사, 성령의 권능도 마찬가지입니다. 중요한 것은 우리에게 능력이 있느냐 없느냐의 문제가 아닙니다. 우리가 그것을 드러내고 표현하느냐 않느냐의 문제입니다. 왜냐하면 이미 우리 안에 위대하신 분이 거하시기 때문입니다.

문제는 우리에게 거액의 저금통장이 있느냐 없느냐가 아닙니다. 우리가 통장을 사용하느냐 안하느냐의 문제입니다. 문제는 우리에게 보화가 있느냐 없느냐가 아닙니다. 우리가 보화의 가치를 알고 사용하느냐에 달려 있습니다. 그리스도인은 누구나 그 안에 보화를 가지고 있습니다.

우리 안에 위대하신 분이 거하셔도 그 능력을 밖으로 내보내는 법을 알지 못하면 우리는 여전히 연약하고 비참한 삶을 살 것입니다. 세상의 영들, 악령들은 우리를 두려워하지 않을 것입니다. 그러나 우리 안의 영이 흘러나올 때 그들은 무사하지 못할 것입니다.

얼마나 많은 신자들이 안에 능력의 왕을 모시고 있으면서도 무기력하게 살고 있는지요! 그들은 능력과 승리의 원천을 안에 가두어놓고 있습니다. 주인에게 꾸지람을 받은 어리석은 종은 이렇게 말했습니다.

"두려워하여 나가서 당신의 달란트를 땅에 감추어 두었었나이다 보소서 당신의 것을 가지셨나이다" (마25:25)

그러나 그는 주인의 심한 꾸지람을 받았습니다. 주인은 종에게 달란트를 고이고이 간직하라고 주시지 않았습니다. 그것은 사용되어야 합니다. 달란트든 권능이든, 주님으로부터 받은 것을 안에 묻어두고 있는 것은 잘못입니다. 주님께서 풍성한 권능과 은혜를 우리 안에 주셨는데 그것을 계속 가두어 놓고 고이 간직하기만 한다면 우리는 결코 주인께 칭찬을 듣지 못할 것입니다.

먼저 묶임을 털어내고 내면의 영을 표현하라

우리는 먼저 우리 안에 있는 묶임을 털어내야 합니다. 이미 우리가 알지 못하는 순간에 세상에서 들어온 압력과 부자유와 불편함이 있는데, 먼저 그것을 바깥으로 표현해야 합니다. 우리의 그릇을 먼저 정화해야 합니다. 그 후에 우리는 우리 안에 거하시는 내면의 영을 표현해야 합니다. 우리 안의 성령이 바깥에 흘러나오시게 해야 합니다.

그 방법은 아주 단순합니다. 속에 있는 것을 바깥으로 표현하면 됩니다. 말과 행동과 표정과 모든 방법으로 표현하면 됩니다. 성령은 우리 안에 거하시므로 우리가 움직일 때 그분도 같이 움직이십니다. 우리가 말하고 표현할 때 그분도 같이 흘러나오십니다. 우리가 잠잠하면 그분도 잠잠하십니다. 그러나 우리가 움직일 때 그분도 움직이십니다.

우리는 소리를 내서 찬양할 수 있습니다. 부르짖어서 기도할 수 있습니다. 손을 흔들고 몸을 움직이며 찬양과 경배를 표현할 수 있습니다. 강력하게 하나님의 말씀을 소리 내어서 읽고 선포할 수 있습니다.

이러한 모든 외적으로 나타나는 행동은 우리 안의 영이 흘러나오게 합니다. 우리가 조용히 묵상하고 조용히 생각하며 입을 벌리지 않고 소리를 내지 않고 가슴을 토하지 않는다면 우리 안의 영은 제한을 받을 것입니다. 그러나 우리가 움직이고 토하고 소리를 내고 강력하게 가슴을 토한다면 우리 안에 있는 것들은 바깥으로 흘러나올 것입니다.

영을 드러냄은 악한 영들에게 충격을 준다

우리 안의 영을 표현하는 유일한 방법이 방언이라고 할 수는 없습니다. 보통의 기도에도, 찬양에도, 말씀에도.. 다 내면의 영의 흘러나옴이 있습니다. 그러나 영이 표현되는 가장 일반적이고 쉬우며 강력한 방법은 방언으로 기도하는 것이라고 할 수 있습니다.

그것은 방언이 영의 기도이며 영의 표현이기 때문입니다. 이것은 성령께서 주시는 언어이기 때문입니다. 이것은 우리의 생각이 아닙니다. 우리는 이 언어의 의미와 능력을 모릅니다. 우리는 단지 성령으로부터 이것을 받아서 표현할 뿐입니다.

이것은 악령들에게 큰 충격을 줍니다. 이것은 우리의 능력이 아니고 하늘의 힘과 능력입니다. 악령들은 방언으로 강력하게 무장된 이들 앞에 가까이 오지 못합니다.

부르짖어 방언할 때 강력한 능력이 나타난다

속에 있는 능력이 강하게 흘러나오기 위해서 이때는 부르짖듯이 방언을 하는 것이 좋습니다. 부르짖는 방언은 아주 강력한 능력의 원천입니다.

속에 있는 것을 강하게 끌어당기는 마음으로 방언을 하십시오. 바깥으로 그 영이 흘러나와서 당신을 사로잡게 하십시오. 이것은 권능이 나오기 위한 방언기도입니다. 강력한 영성과 파워의 나타남을 위한 것입니다. 이 때 중요한 것은 입으로 조용히 잠잠히 하는 것이 아니라 아주 강력하게 하는 것입니다. 부르짖듯이, 사자처럼 포효하듯이 하는 것입니다.

오랫동안 방언으로 기도하면서도 강력한 충만함을 경험하거나 자유함을 누리지 못하는 이들이 있는데, 그러한 이들은 대체로 소극적이고 평범하게 방언으로 기도하기 때문입니다. 이들은 조용히, 부드럽게, 잔잔하게 방언으로 기도합니다.

그러한 조용한 방언기도에도 많은 은혜가 나타나는 것은 사실입니다. 그러나 당신이 좀 더 강력한 성령의 역사에 사로잡히고 싶다면 당신은 강력한 방언기도, 쏟아 붓는 방언기도, 부르짖는 방언기도에 대해서 알아야 합니다. 그리고 경험해야 합니다.

강력하게 가슴을 토하며 방언하라

방언기도는 우리의 이성이 기도하는 것이 아닙니다. 우리의 영, 우리의 심령이 기도하는 것입니다. 이것은 새로운 영역, 영계의 영역에 들어가는 것입니다.

그러므로 이 기도를 드릴 때 우리는 강력하게 사로잡혀야 합니다. 이성이 아닌 영의 세계에 온전히 사로잡혀야 합니다. 그것이 우리에게 강력한 능력과 풍성함을 가져다줍니다. 그러한 사로잡힘이 우리의 육과 정신에게 충격을 주고 새롭게 합니다.

방언으로 부르짖을 때 중요한 것은 육체로 강력하게 부르짖는 것이 아닙니다. 단순히 몸에 힘을 주고 물리적으로 크게 기도하는 것이 능력이 흘러나오는 비결이라고 할 수 없습니다. 어느 정도 몸에 힘을 주는 것은 필요합니다. 그러나 온 힘을 다해서 악을 쓰는 것이 부르짖는 방언기도의 중심은 아닙니다. 이성의 생각을 따라 기도하는 것도 아닙니다.

핵심은 몸도 아니고 머리의 기도도 아니며 중심, 가슴을 토하는 것입니다. 가슴에 있는 어떤 막힘, 눌림을 토해 놓는다는 마음으로 강하게 방언을 해야 합니다.

마음을 토하는 것, 가슴을 토하는 것은 이 시대에 있어서 흔한 일이 아닙니다. 사람들은 자기 마음을 털어놓는 것을 두려워합니다. 사람들은 논리적이고 합리적인 이야기를 하는 것을 두려워하지 않지만 자신의 솔직한 마음이 드러나는 것을 불편해합니다. 그러므로 하나님 앞에 나아갔을 때도 가슴에 있는 것, 쌓여있는 것을 토하는 것은 쉬운 일이 아닙니다. 거기에는 훈련이 필요합니다.

그러나 어느 정도 훈련이 되고 습관이 되었을 때, 당신은 이렇게 가슴을 토하는 것이 얼마나 후련하고 자유함이 가득한 것인지 깨닫게 될 것입니다.

사자가 부르짖듯이 포효하면서 토하라

강하게 방언으로 부르짖으십시오. 평소에 방언을 할 때와 똑같이 속에서 나오는 언어를 강력하게 부르짖듯이 하면 됩니다. 다만 좀 더 천천히, 깊이 속에서 끌어낸다는 마음으로 우물에서 물을 퍼올리듯이 토하십시오. 하나의 단어, 언어를 말할 때, 천천히.. 아주 길게 강력하게 그것을 표출하십시오.

평소에 당신의 방언이 예를 들어 '아르비아사라..' 이런 식이었다면, 그것을 '아~르.. 비~아.. 싸~라..!' 하고 강력하게 천천히 외치십시오. 힘을 주어서 강력하게 내보내십시오. 그것은 당신의 영을 아주 강하고 충만하게 합니다.

가슴 깊은 곳에서, 배속 깊은 곳에서 속에 있는 것을 끄집어낸다는 마음으로 깊이 강력하게 부르짖으십시오.

마치 웅변을 하듯이, 사자가 포효하듯이, 강력하게 부르짖어 외치십시오.

당신이 이렇게 부르짖어 기도할 때, '지금은 내 가슴의 쌓인 것을 토하는 기도를 드려야 한다, 아.. 이제는 어느 정도 되었으니 속에 있는 성령의 역사가 흘러나오도록 기도를 하자..' 이렇게 생각할 필요가 없습니다. 당신은 그저 모든 것을 성령께 맡기고 속에서 나오는 대로 부르짖어 가슴을 토하면 됩니다. 그 모든 과정들은 성령께서 이끄십니다.

당신은 기도하면서 울 수도 있고, 애절하게 토할 수도 있고, 분노하듯이, 혹은 권위를 가지고 외치게 될 수도 있지만 그 모든 것은 자연스럽게 성령께서 이끄시는 대로 하면 됩니다.

어느 때는 폭발하듯이 울음이 터져 나와 엉엉 울 수도 있습니다.

어떤 때는 일어서서 크게 외치며 선포하고 싶을 수도 있습니다. 팔을 휘두르며 무엇인가를 마구 부수는 동작을 하고 싶을 수도 있습니다. 그 모든 것을 계획할 필요는 없습니다. 속에서 자연스럽게 치유의 과정도, 권능의 과정도, 전쟁의 과정도, 찬양의 과정도 흘러나오게 될 것입니다.

이렇게 부르짖듯이 방언을 충분히 토했을 때의 후련함은 말로 표현할 수 없습니다. 세상의 의학에도 어느 정도 치유가 있을 것입니다. 의사에게 상담 치유를 받았을 때도 어느 정도 후련함과 평안이 있을 것입니다. 그러나 전능하신 의사 앞에서 우리의 가슴을 토하고 속에 가득한 영을 표출해낼 때, 그 기쁨과 자유함은 그 어느 것과도 비교할 수 없습니다. 그것은 문자 그대로 천국의 임함과 같이 느껴집니다. 마치 하늘의 왕국이 이 땅에 내려온 것처럼 심령이 후련하고 개운하며 행복해지게 됩니다.

부르짖는 방언을 경험할 때 새로운 영역을 경험하게 된다

어떤 이들은 방언을 할 때 크고 강력하게 할 필요가 없다고 합니다. 중요한 것은 하는 방식이 아니고 그 언어를 성령께서 주셨다는 것이므로 부드럽게 조용히 지속적으로 하기만 하면 된다고 합니다. 그러나 그것은 그렇지 않습니다. 실제로 경험해보십시오. 조용히 표면에서 하는 방언과 깊은 속으로부터 강력하게 표현하고 끌어내온 샘물의 맛은 다릅니다.

나는 개인적으로 생각하기를, 많은 사람들이 방언을 하면서도 좀 더 깊은 영적인 영역으로 나아가지 못하는 것은 이처럼 습관적으로 기계적으로 하는 방언의 방식과 관련이 있다고 봅니다. 만약에 부르짖는 방언에 대해서 알고 경험했다면, 그의 영은 새로운 영역의 권능과 힘을 알게 되었을 것입니다.

어떻게 동일한 언어인데도 하는 방식에 따라 현저하게 다른 효과가 나타나는 것일까요. 그 메커니즘은 무엇일까요. 그것은 알 수 없는 일입니다. 그러나 그 효과는 선명한 것입니다.

우리가 성경을 읽을 때 평범하게 교과서를 읽듯이 읽을 때와 강력하게 가슴을 토하며 외치듯이 읽을 때는 다릅니다. 시편을 읽으며 평범하게 "나의 하나님이여, 어찌하여 나를 버리시나이까.." 하고 읽는 것과 한 단어씩 떼어서 "나의~!", "하나님~!", "어찌하여~!" 하고 포효하듯이 읽는 것은 다릅니다.

그렇게 읽는 훈련을 시킬 때 감동에 사로잡혀서 쓰러져 뒹굴며 흐느껴 우는 이들을 나는 많이 보았습니다. 그것은 동일한 문장이라도, 역사하는 영의 정도가 다른 것입니다. 사람들은 말씀을 접할 때 그 말씀의 의미에만 집중하지만, 의미에 못지않게 소리도 중요합니다. 소리와 호흡을 통하여 흐르는 영에 의해서 감동이 다른 것입니다. 똑같은 설교를 하고 말을 해도 말하는 이의 영과 감동을 따라 듣는 이들이 전혀 다르게 느끼게 되는 것입니다.

속에서 강력한 폭발과 자유와 승리가 임한다

이렇게 속에서 끌어내듯이 할 때, 때에 따라서 가슴 깊은 곳에서 무엇인가가 터지기도 하고, 배에서 깊은 곳에서 무엇인가 폭발하는 느낌이 들기도 합니다. 가슴에서는 포효하듯이 감정이 폭발하며 가슴의 감격과 회복이 이루어지고 배에서는 권능의 흐름이 느껴지며 자신감과 확신이 느껴지게 됩니다.

가슴에 강한 역사가 나타날 때 기쁨과 행복감이 일어나고 사랑의 마음이 일어나며 배에서 강한 역사가 나타날 때 불안감이나 두려움이 사라지고 담대함과 용기가 일어나며 해야 할 일이지만 힘과 열정이 부족해서 엄두를 내지 못했던 일도 갑자기 마구 할 수 있는 열정과 힘이 생기게 됩니다.

주위의 여건을 살피라

부르짖는 방언기도는 놀라운 자유와 기쁨과 권능이 임하는 것이지만 그러나 이 기도를 할 수 있는 분위기와 여건을 조심스럽게 살펴야 합니다. 주위에 아무도 없이 혼자서 기도할 때는 괜찮겠지만, 주위에 다른 사람들이 조용하게 기도하고 있는 상황이라면 이러한 기도는 곤란할 것입니다.

또한 부르짖어 기도하는 습관이 되지 않은 곳에는 어두움의 영들이 숨어있는 경우가 많기 때문에 그러한 공간에서는 부르짖는 방언으로 기도하는 것이 쉽지 않을 것입니다. 무엇인가 표현하기 어려운 영적 저항을 느끼게 됩니다.

교회의 분위기가 부르짖는 것을 꺼리는 성향이 있다면 가급적 기도원과 같은 다른 곳을 찾아서 기도해야 합니다. 왜냐하면 이러한 기도를 본 적이 없는 사람들이 이렇게 기도하는 것을 보면 아주 놀라거나 혐오감을 느끼거나 두려워할 수 있기 때문입니다.

부르짖는 방언은 숨어있는 악령들을 드러나게 한다

사실 적지 않은 신자들이 악한 영들의 억압 가운데 눌려 있지만 영적으로 둔감한 이들은 그 사실을 잘 모릅니다. 악한 영들은 항상 숨어서 활동하기 때문입니다. 이들은 숨어서 분노나 두려움이나 미움이나 이간질 등의 생각을 넣어주며 영적인 삶을 싫어하고 세상적인 삶을 살도록 충동질 합니다.

악한 영들은 평소에 잘 숨어서 활동을 하고 있는데, 그러나 강력한 부르짖는 방언기도를 들으면 이들은 충격을 받고 고통스러워합니다. 그러므로 숨어있던 상태에서 나와서 발작을 일으키거나 폭발하거나.. 하는 식으로 악령들이 표출될 수도 있습니다.

두려움이나 분노와 같은 반응도 적지 않은 경우 사람의 안에서 장난치고 있는 악령들의 역사입니다. 그리스도인들은 안에 성령을 모시고 있으므로 악령에게 사로잡히지는 않지만 그렇다고 악령들의 공격과 시험이 없는 것은 아닙니다. 악령들은 성도들의 근처에 따라다니면서 갖은 유혹과 공격을 해댑니다.

불필요한 전쟁을 하지 말라

그러므로 영적인 세계나 전쟁에 대해서 잘 모르는 사람들 앞에서 이러한 강력한 기도를 하는 것은 불필요한 전쟁에 뛰어들게 되는 면이 있는 것입니다. 사람들은 누구나 자신이 경험하지 못한 것은 이해하지 못하기 때문에 이로 인하여 갈등이 생길 수 있습니다. 그리고 그러한 갈등은 가급적이면 피하는 것이 좋습니다.

내게 좋고 은혜가 된다고 다른 모든 이들에게 은혜가 되는 것은 아닙니다. 그러므로 충분히 강력하게 부르짖어 기도할 수 있는 공간이 아니라면 가급적 덕을 세우기 위하여 절제하고 다른 곳을 찾아야 합니다.

그러한 공간을 찾기 어렵다면, 그렇게 마음 놓고 부르짖어 기도할 수 있는 공간을 달라고 주님께 기도하며 인도하심을 구해야 합니다. 우리는 마귀와 싸워야 하지 사람과 싸울 필요가 없습니다. 가급적이면 사람들과 부딪치지 말고 덕을 세우는 것이 좋습니다. 많은 쓸데없는 전쟁이 오해로 인하여 생기기 때문입니다.

부르짖는 방언기도는 점차 부드럽게 나아가게 된다

부르짖는 방언기도는 아주 강력한 기도입니다. 그런데 언제나, 항상 방언으로 이렇게 강력하게 부르짖어야만 하는 것일까요? 그렇지는 않습니다. 부르짖는 방언기도는 아주 강력하고 충만한 기도이지만, 한 번에 지나치게 많은 시간을 오직 부르짖는 방언으로 보낼 수는 없습니다.

이 기도를 시작한 초기에는 그동안 속에 쌓여져 있는 많은 묶임으로 인하여 폭발적으로 강력하게 나오게 됩니다. 둑에 막혀있던 물이 처음 터져 나올 때에는 그 기세가 아주 강력합니다. 그러나 어느 정도 시간이 지나면 그 물살의 흐름은 어느 정도 약화되고 부드럽고 천천히 흐를 것입니다.

기도도 그렇습니다. 처음에 내면의 영이 터져 나올 때에는 폭발적인 흐름으로 나타날 수 있지만, 시간이 어느 정도 흐름에 따라 그 세력은 약해집니다. 상류에서 강력한 힘으로 흐르던 물결은 하류에 이르러 점점 완만해집니다.

부르짖는 방언기도도 처음에는 아주 뜨겁고 강렬하지만 점차 부드럽고 포근한 흐름으로 나아가게 됩니다. 초기에는 강력한 능력, 원수의 진을 파괴하는 힘, 뜨겁고 열정적인 감격, 눈물, 사자의 포효하는 것 같은 위세가 시간이 흐를수록 차츰 부드럽고 편안하며 나중에는 잔잔하고 아름다운 안식과 감미로움이 흐르는 기도로 나아가게 됩니다.

기도는 파도처럼 리듬과 조화가 있어야한다

처음으로 이 기도를 시작했을 때는 초기의 강력한 기도의 시간이 여러 시간 계속될 수도 있습니다. 그러나 어느 정도 이 기도에 익숙해지고 자주 이 기도를 드린다면 초기의 강력한 부르짖는 기도의 시간은 대체로 30분에서 한 시간을 넘기지 않을 것입니다.

그 후에는 점차 부르짖는 기도에서 아름답고 평화스러운 기도, 친밀한 교제의 기도로 나아가게 됩니다. 파도가 끝없이 밀물과 썰물을 반복하는 것처럼 기도도 강력하고 뜨거운 기도와 부드럽고 감미로운 기도를 반복하게 됩니다.

충분한 전쟁과 권능의 사용이 있은 후에는 아름답고 감미로운 휴식이 있습니다. 또한 아름답고 달콤한 깊은 기도 후에는 다시 전쟁 같은 기도가 있습니다. 이것은 파도처럼 반복되는 것입니다.

어떤 이들은 기질적으로 달콤하고 감미로운 기도를 좋아하고 강력한 기도를 싫어합니다. 이들은 영적으로 눌리기 쉽습니다. 어떤 이들은 기질적으로 강력하고 뜨거운 기도만을 좋아하고 부드럽고 깊은 안식과 친밀한 사귐의 기도에 익숙하지 않습니다. 그러한 이들은 거칠고 사나우며 행동 지향적이 되어서 삶과 인격의 아름다운 변화와 열매를 맺기 어렵습니다. 영성도, 기도도 항상 중요한 것은 균형입니다.

그러므로 언제나 항상 강력하게 기도하는 것만이 좋다고 할 수는 없습니다. 어느 정도 강력하게 기도한 후에는 주님이 가까이 임하셔서 세미한 음성과 교제의 시간을 갖기 원하실 때가 있습니다. 그때는 부르짖는 것을 멈추고 조용히 안식해야 합니다.

그러므로 기도할 때 자연스럽게 그 흐름을 따라 기도해야 합니다. 내면에서 느껴지는 감동과 흐름을 무시하고 억지로 틀에 맞추어서 할 필요는 없습니다. 그것은 부자연스러운 것입니다.

좋은 기도는 자연스러운 기도입니다. 자연스럽게 내면의 영의 감동을 따라가는 것이 좋은 기도의 방식입니다. 처음에 영감이 어두울 때는 자신의 상태가 어떤지, 내면에서 무엇을 원하는지 잘 모르지만 영의 기도를 하면할수록 자연스럽게 내면의 감동을 느끼고 알아가게 됩니다.

부르짖는 기도가 어려울 때

충분히 부르짖어 기도하지도 않았는데, 처음부터 부르짖는 기도가 어려울 때가 있습니다. 나름대로 강력하게 외치고 기도해도, 속에서 폭포수와 같은 기쁨이 올라오는 것이 아니고 오히려 힘만 들고 부자연스러울 때가 있습니다.

그것은 보통 두 가지의 경우입니다. 한 경우는 악한 영이 기도를 방해하는 것이고 다른 경우는 주님이 무엇인가 경고하시거나 권면하시고 싶은 말씀이 있는 것입니다.

전자의 경우에는 대체로 마음에 불안감이나 불쾌한 압박감이 있습니다. 이때는 무작정 부르짖지 말고 분명하게 악한 영을 꾸짖고 대적해야 합니다. 그러면 속이 시원해집니다.

두 번째의 경우는 조용히 주님께 묻고 기다려야 합니다. '주님..

저에게 서운하신 것이 있습니까? 제가 순종하지 않고 주님을 불편하게 해드린 것이 있습니까?' 하고 물어야 합니다. 그렇게 어느 정도 기다리면 속에서 떠오르는 메시지를 느끼게 됩니다. 이러한 경험이 반복되면서 분별력과 내적 감각이 발전해가게 됩니다.

중요한 것은 강력한 부르짖는 방언과 조용하고 깊은 친밀한 사귐의 방언은 되풀이되며 이 기도는 억지로 틀에 맞추어서 하는 것이 아니라 자연스럽게 인격적으로 인도와 감동 속에서 드려져야 한다는 것입니다.

신자들은 흔히 장시간 기도하는 것을 노동처럼 여기고 힘들어합니다. 그러나 그것은 자연스럽게 파도처럼 리듬을 따라 기도하는 것을 모르고 틀과 형식에 맞추어서 억지로 하기 때문입니다. 자연스럽게 흐름을 따라 기도하는 것을 배우게 되면 밤을 새워 기도해도 아름답고 행복하며 그 영이 지치지 않고 달콤함과 행복감으로 가득하게 됩니다.

부르짖는 방언 이후의 변화들

어느 정도 이 부르짖는 방언기도를 실행하고 익숙해지면 많은 변화들이 일어나는 것을 느끼게 됩니다. 무엇보다도, 당신은 넘치는 자신감이 속에서 일어나는 것을 경험하게 될 것입니다. 당신이 소심한 스타일이라, 자신의 마음을 잘 표현하지 못하며 사소한 일에 근심 걱정이 많고 자주 상처를 받고 눌리는 사람이라면, 이 기도를 통해서 엄청난 변화를 경험하게 될 것입니다.

이상하게도 자신의 의견을 표현하는 데 어려움을 겪지 않게 됩니다. 전에는 수도 없이 '남들이 나를 어떻게 볼까, 이렇게 말하거나 행동해서 괜히 오해받는 것은 아닐까..' 하는 식의 생각이 자주 떠올랐던 사람이 그저 편안하게 말하고 행동할 수 있게 됩니다. 심령이 아주 후련하고 편안해지며 사소한 일에도 걱정하던 사람이 웬만한 일에는 별로 걱정하지 않게 됩니다.

목소리도 달라지는 경향이 있습니다. 맥없이 조심스럽게, 확신 없이 말하던 사람이 목소리도 강력하고 분명하며 권위 있는 소리로 바뀌게 됩니다.

특히, 대인관계에서도 많은 변화가 일어나게 됩니다. 전에 자주 사람들에게 무시당하던 사람이라도, 이상하게도 이 기도 후에는 사람들이 함부로 못하게 하는 변화가 일어나게 됩니다. 아주 까다로운 상사가 있어서 당신을 수시로 괴롭히는 사람이 있습니다.

그런데 어느 순간부터 이상하게 그 사람이 당신의 눈을 피하고, 함부로 말하지 못하며 당신의 눈치를 보면서 조심스럽게 대하는 것을 느끼게 될 것입니다.

나는 이러한 변화에 대한 보고를 많이 받는 편인데, 실제로 이러한 일을 겪어보면 마치 마술을 부린 것 같이 신기한 기분이 들 것입니다. '어? 저 사람이 왜 나에게 갑자기 쩔쩔매지?' 하는 느낌을 받게 됩니다.

악한 영들이 제압됨

그 원리는 이렇습니다. 대체로 인간관계에서 다른 이들을 억압하며 강압적이고 비인격적이고 폭력적인 이들이 있는데, 대체로 그러한 이들의 배후에는 악한 영들이 있을 때가 많습니다. 그런데 당신이 부르짖는 방언을 통해서 영의 흐름이 나타나는 사람이 되면, 그 배후에 있는 악한 영들이 당신 앞에서 굉장히 고통을 받게 됩니다. 악한 영들이 당신 앞에서 이상하게 불안하고 무서우며 진땀이 나고 두려운 것입니다. 그들은 속으로 '이상하네.. 왜 저 친구 앞에 가면 가슴이 뛰고 떨리지? 내가 미쳤나? 어디 아픈가?' 하고 생각하게 됩니다.

이 원리를 알면 당신이 전에 그 상대방 앞에서 불안하고 불편한 느낌을 받은 이유도 알게 될 것입니다. 그 전에는 당신의 영이 약하여 상대방의 근처에 있는 악한 영의 존재를 두렵게 느꼈기 때문입니다. 그러나 이제 당신의 영이 강건하고 충만해졌을 때, 이제는 반대로 상대방이 당신이 전에 느꼈던 불편함을 똑같이 느끼게 되는 것입니다.

인간관계에 두려움과 어색함과 불편함이 많은 이들에게 부르짖는 방언기도는 놀라운 해방감을 줍니다. 이들은 더 이상 인간관계를 두려워하고 피하며 혼자서 숨어서 지내지 않고 서서히 관계를 누리고 즐기는 사람이 될 수 있습니다.

당신의 영이 충만할 때, 좋지 않은 영을 가지고 있는 이들은 당신 앞에서 불안하고 불편할 것입니다. 그러나 주님을 사랑하며 마음이 선한 이들은 서로 편안하고 즐겁게 교류할 수 있을 것입니다.

하나님의 성령을 안에 모시고 있지만 그 영이 안에만 있는 사람을 마귀는 두려워하지 않습니다. 이들은 주님을 사랑하며 사후에는 천국에 가겠지만 이 땅에서 사는 것은 아주 힘든 일입니다. 그들은 마귀에게 짓눌리며 악한 영을 가지고 있는 이들에게 무시를 당하며 고통을 겪습니다. 이들은 이것을 십자가와 자기 부인이라고 여기며 견디고 버티며 슬프게 살 것입니다.

그러나 내면의 그 영, 하나님의 성령이 바깥으로 흘러나온다면,

마귀는 그러한 이들을 두려워합니다. 마귀는 이들을 함부로 할 수 없습니다. 세상의 영을 가진 이들도 이들을 함부로 대할 수 없습니다. 직급과 나이와 상관없이 이들을 함부로 억제할 수 없습니다. 그 앞에 가면 이상하게 꼼짝을 할 수 없기 때문입니다.

"그들이 떠났으나 하나님이 그 사면 고을들로 크게 두려워하게 하셨으므로 야곱의 아들들을 추격하는 자가 없었더라" (창35:5)

야곱의 아들들은 그들의 누이를 욕보인 세겜과 하몰의 일당을 죽이고 도피했으나, 두려움으로 인하여 아무도 그들을 추적할 수가 없었습니다. 그 두려움은 하나님으로부터 온 것이었습니다. 하나님의 임재가 있을 때, 그 반대편에 있는 이들은 두려움에 사로잡히게 됩니다.

하나님의 영이 임하자 영적 분노가 강하게 일어남

"암몬 사람 나하스가 올라와서 길르앗 야베스에 맞서 진 치매 야베스 모든 사람들이 나하스에게 이르되 우리와 언약하자 그리하면 우리가 너를 섬기리라 하니 암몬 사람 나하스가 그들에게 이르되 내가 너희 오른 눈을 다 빼야 너희와 언약하리라 내가 온 이스라엘을 이같이 모욕하리라 야베스 장로들이 그에게 이르되 우리에게 이레 동안 말미를 주어 우리가 이스라엘 온 지역에 전령들을 보내게 하라 만일 우리를 구원할 자가 없으면 네게 나아가리라 하니라 이에 전령들이 사울이 사는 기브아에 이르러 이 말을 백성에게 전하매 모든 백성이 소리를 높여 울더니 마침 사울이 밭에서 소를 몰고 오다가 이르되 백성이 무슨 일로 우느냐 하니 그들이 야베스 사

람의 말을 전하니라

사울이 이 말을 들을 때에 하나님의 영에게 크게 감동되매 그의 노가 크게 일어나 한 겨리의 소를 잡아 각을 뜨고 전령들의 손으로 그것을 이스라엘 모든 지역에 두루 보내어 이르되 누구든지 나와서 사울과 사무엘을 따르지 아니하면 그의 소들도 이와 같이 하리라 하였더니 여호와의 두려움이 백성에게 임하매 그들이 한 사람 같이 나온지라" (삼상11:1-7)

암논 사람 나하스가 야베스를 공격하려고 하자 야베스의 모든 장로들은 아예 싸울 엄두를 내지 못하고 항복하려고 하였습니다. 그러나 나하스는 그들을 모욕하며 한 눈을 뽑아야만 그들의 항복을 받아주겠다고 하였습니다. 이 말을 듣고 야베스의 장로들이 온 이스라엘에게 도움을 요청했으나 모든 백성들은 이 말을 듣고 소리를 높여 울 뿐이었습니다.

상대방의 모욕에 대해서 울기만 한다는 것은 전혀 싸울 용기가 없다는 것을 의미합니다. 그런데 소를 몰고 오다가 이 말을 듣게 된 사울에게 하나님의 영이 감동하셨고, 그러자 그는 강력한 분노가 일어났습니다.

그전까지 사울은 소심하고 자신감이 없던 사람이었습니다. 그가 제비뽑기로 왕으로 선출되었을 때에 어떤 이들이 그를 비웃어도 사울은 그것에 대해서 감히 항의할 생각을 하지 못했습니다.

그러나 사울에게 하나님의 영이 임하자 그는 이방의 원수들에 대한 강력한 분노가 일어났습니다. 그리고 그 사울에 대한 두려움이 모든 백성들에게 임했습니다.

모든 백성들이 대적의 위협에 대하여 낙심하고 울면서 감히 대적을 할 생각을 하지 못하고 항복하려고 하고 있을 때 오직 사울만이 대적들에 대해서 분노하였습니다. 그러니 백성들이 갑자기 변해버린 사울에 대해서 두려워하고 순종하게 된 것은 당연한 일이었습니다.

이처럼 하나님의 영이 강력하게 임하실 때 그에게는 권능이 임하며 악한 세력들에 대한 분노가 일어나게 됩니다. 그리고 그 상대방들은 두려움에 사로잡히게 됩니다. 감히 그 영을 거슬러 대적할 수 없습니다.

하나님의 성령이 임하시고 흘러나올 때 모든 어두움의 영들은 떨게 됩니다. 물리적인 영역에서 그것은 보이고 느껴지지 않지만 영적인 영역에서 모든 악한 영들은 두려워하며 떨게 됩니다. 그러므로 그들은 저항능력을 상실하고 도망하게 되는 것입니다.

모세가 애굽에 있었을 때, 바로는 그를 두려워하지 않았습니다. 모세 정도를 제거하는 것은 바로에게 아주 쉬운 일이었습니다. 그러나 모세가 광야에서 하나님의 신을 체험하고 돌아오자 바로는 모세를 두려워하며 벌벌 떨었습니다. 바로는 감히 모세를 우습게 여길 수 없었습니다. 모세는 세상의 강력한 주권자 왕 앞에서 오히려 화를 내며 경고를 하였습니다. 바로의 신하들도 다들 모세를 두려워하였습니다.

"왕의 이 모든 신하가 내게 내려와 내게 절하며 이르기를 너와 너를 따르는 온 백성은 나가라 한 후에야 내가 나가리라 하고 심히 노하여 바로에게서 나오니라" (출11:8)

"여호와께서 그 백성으로 애굽 사람의 은혜를 받게 하셨고 또 그 사람

모세는 애굽 땅에 있는 바로의 신하와 백성의 눈에 아주 위대하게 보였더라"(출11:3)

어떤 사람이 그의 안에만 하나님의 영을 모시고 있으면 아무도 그를 두려워하지 않습니다. 그러나 그 영이 바깥으로 흘러나오면, 모든 영들은 두려워하고 사로잡힙니다. 영들은 하나님의 영을 감히 거스를 수 없기 때문입니다. 그러므로 전에는 신자를 비웃고 조롱하며 핍박하던 사람들이 감히 거스르지 못합니다. 신자가 하나님의 성령의 임재 가운데 있을 때 그들은 배후에 있는 어두움의 영들과 함께 신자들을 두려워합니다.

그러므로 이러한 능력을 경험한 신자들은 전에는 바깥의 영향을 받고 스트레스를 받고 사람에게 눌리며 소극적으로 살아왔지만, 점차로 바깥에 영향을 끼치는 신자가 되어가는 것입니다. 이들은 더 이상 세상에게 눌리지 않고 세상을 정복하는 삶을 살게 됩니다.

강력하게 부르짖을 때 하나님의 영광과 역사가 나타난다

강력하게 부르짖어 방언으로 외치고 토하며 기도할 때, 거기에는 하나님의 영광과 역사가 나타납니다. 그것은 실제적인 능력입니다. 이 부르짖는 방언의 기도는 혼자서 하는 것보다 집회에서, 강력하게 부르짖을 수 있는 공간에서 다른 이들과 같이 하면 더욱 더 강력하고 효과적입니다. 그 공간에는 하나님의 임재와 영광이 가득하게 됩니다. 그것은 마치 성령의 폭포수와 같습니다.

사역자라면, 집회에서 이와 같이 강력하게 방언으로 부르짖는 기도를 30분 이상 시켜보십시오. 놀라운 장면들을 보게 될 것입니다.

성령의 불과 권능이 나타나는 것을 보게 될 것입니다.

평소에 보지 못하던 장면들이 나타나게 될 것입니다. 많은 사람들에게 붙었던 악한 영들이 드러나고 발작하고 소리를 지르며 쓰러지고 떠나가는 것을 보게 될 것입니다. 이것은 아수라장의 모습입니까? 그렇습니다. 그러나 그것은 행복한 아수라장입니다. 천국의 영광이 임하고 악한 영들이 파괴되고 신자들이 해방되고 치유되는 아수라장입니다. 그리고 그러한 영적 청소 후에는 놀라운 기쁨과 행복이 있습니다.

"많은 사람에게 붙었던 더러운 귀신들이 크게 소리를 지르며 나가고 또 많은 중풍병자와 못 걷는 사람이 나으니 그 성에 큰 기쁨이 있더라"
(행8:7-8)

악령들이 드러나고 떠나며 해방과 승리가 있다

오늘날 신자들은 영적으로 둔하여 영들을 잘 분별하지 못합니다. 이들은 얼마나 많은 영들이 사람의 안에 들어오고 누르고 공격하는지 잘 모릅니다. 악령들은 성경 시대에만 있었고 지금은 다 은퇴한 것으로 여기고 있는 이들이 많이 있습니다.

그것은 악령들이 어둠 속에서 숨어서 일하며 숨어서 사람들을 공격하기 때문입니다. 그러나 하나님의 성령이 임하실 때 각 사람의 안에서 숨어서 역사하던 악령들은 더 이상 숨어있을 수 없습니다. 그들은 바깥으로 표출됩니다.

집회에서 부르짖는 방언으로 강력하게 기도할 때 여기저기서 울부짖고 전율하고 경련하고 쓰러지며 데굴데굴 구르며 악한 영들이 떠나가는 것은 흔히 일어나는 일입니다.

성령의 불이 임할 때, 각 사람에게서 성령의 권능이 흘러나올 때, 악령들은 드러나고 쫓겨납니다. 오랫동안 사람을 사로잡고 각종 중독에 빠지게 하고 음란과 정욕과 각종 악한 일을 일으키던 악령들은 비명을 지르며 떠나갑니다. 그리고 그 공간에는 거룩한 영광의 임재가 있습니다. 그 공간에는 거룩한 기쁨과 행복이 있습니다. 성령의 역사가 임하는 현장은 곧 천국과 같은 것입니다.

그 공간에 성령의 임재가 가득해진다

사역자는 성도들을 충분히 방언으로 부르짖어 기도하게 하십시오. 그 공간에 하나님의 영광이 가득하게 될 것입니다. 신자들이 성령의 불과 충만함 속에서 울고 웃으며 기쁨과 치유와 자유를 경험하는 것을 보게 될 것입니다.

신자들은 생기로 가득해지게 됩니다. 무덤덤하고 졸던 신자들이 지금 이 시간에 임하시는 하나님을 경험하고 싶어서 눈이 빛나게 되고 사모하게 됩니다.

부디 이 기도를 배우십시오. 부르짖는 방언으로 기도하십시오. 나는 이미 부르짖는 기도에 대한 책을 썼고 부르짖는 기도의 요령에 대해서 썼지만 그 때는 아직 방언에 대해서 쓰지 않았기 때문에 부르짖는 방언에 대해서는 간접적으로 조금밖에 설명하지 않았습니다. 이제 이 기도를 시도하고 경험할 때 당신은 새로운 영역에 들어가게 될 것입니다.

방언으로 부르짖어 기도하십시오. 빙인은 머리로 기도하는 것이 아니라 가슴으로, 심령으로 기도하는 것입니다. 가슴을 토하듯이, 심장을 토하듯이 방언으로 간절하게, 강력하게 기도하십시오. 심장의 모든 것을 토하십시오. 속에서 일어나는 것을 간절하게 토해내십시오.

충분히 부르짖은 후에 속에서 더 이상 간절한 부르짖음이 일어나지 않고 조용히 주님과 안식하고 싶을 때까지 부르짖으십시오.

부르짖는 방언기도에 익숙해질수록 당신의 영은 자유롭고 선명해지며 하나님의 임재에 더 민감해지게 될 것입니다. 그러면 하나님의 음성도 더 잘 느끼게 됩니다.

부르짖고 탈진한 후에 주님의 달콤함을 누리라

부르짖어 기도하고 탈진 상태가 된 후에는 조용히 듣는 기도를 하십시오. 주님 안에서 안식하며 교제를 누리십시오.

부르짖고 속의 기운을 온통 쏟아낸 방언기도 이후에 조용히 안식하면서 얻는 달콤함이 얼마나 황홀하고 아름다운지.. 성령께서 얼마나 가까이 임재하고 역사하시는지.. 그 깊은 만족감.. 행복감은 말로 다 설명할 수가 없습니다.

그것은 마치 가슴이 터지는 것과 같습니다. 그 심령의 달콤함과 평안.. 주님께 대한 간절한 열망과 사랑.. 그것은 곧 실재하는 천국의 기쁨입니다.

이 세계를 경험한다면, 그는 다른 상을 구하지 않을 것입니다. 사역자든, 일반 신자이든.. 다른 상을 구하지 않을 것입니다. 돈이든 명예든.. 그 어떤 것이든 주님 외의 다른 것으로는 결코 만족을 얻지 못할 것입니다.

그는 오직 주님으로 가득한 사람.. 주님의 얼굴을 구하며 주님을 기쁘시게 하는 것.. 그 한 가지 소원을 갖게 될 것입니다. 그 주님을 얻기 위하여.. 모든 것을 포기할 수 있으며 목숨까지도 버리고 싶어 할 것입니다.

    부디 이 아름답고 달콤한 세계로 들어가십시오. 부르짖어 기도함으로 강건한 영의 사람, 적극적이고 충만한 사람이 되십시오. 부르짖는 방언기도는 당신을 전혀 다른 새로운 차원의 영역으로 인도해줄 것입니다. 할렐루야.

32. 천상으로 인도하는 찬양의 방언

"내가 만일 방언으로 기도하면 나의 영이 기도하거니와 나의 마음은 열매를 맺지 못하리라 그러면 어떻게 할까 내가 영으로 기도하고 또 마음으로 기도하며 내가 영으로 찬송하고 또 마음으로 찬송하리라"(고전 14:14-15)

방언은 영이 기도하는 것으로, 영으로 드리는 기도입니다. 또한 영으로, 방언으로 하는 것에는 기도만 있지 않습니다. 찬송도 있습니다. 이 본문의 문맥을 보면 영으로 드리는 찬송이 방언으로 드리는 찬송인 것이 명백합니다.

이 본문은 마음의 기도와 영의 기도, 마음의 찬송과 영의 찬송을 드릴 때의 비중을 말하고 있습니다. 마음, 즉 이성으로 드리는 기도가 50%, 영으로, 방언으로 드리는 기도가 50%이며 마음, 이성을 사용하여 드리는 찬송이 50%, 영으로 방언으로 드리는 찬송이 50%입니다.

물론 본문의 말씀이 영의 기도와 마음의 기도, 영의 찬양과 마음의 찬양의 비중을 정확하게 50%로 해야 한다고 주장하는 것은 아닙니다. 분명한 것은 영의 기도와 마음의 기도는 다른 것이며 별도로 드려야 하고, 영의 찬송과 마음의 찬송도 다른 것이며 그 목적과 의미가 다르므로 별도로 드려야 한다는 것입니다.

영으로 드리는 찬양은 놀라운 가치가 있다

　방언으로 드리는 기도에 대해서는 많이 알려져 있습니다. 많은 이들이 영으로 드리는 기도의 가치에 대해서 압니다. 그러나 영으로 드리는 찬양에 대해서는 성경에는 기록되어 있지만 이것을 경험하고 사용하는 이들은 그다지 많지 않은 것 같습니다.
　그러나 방언으로, 영으로 드리는 찬양은 아주 귀한 것이며 중요한 것입니다. 중요한 것이 아니라면 성경에 기록하지 않았을 것입니다.
　마음과 이성으로 드리는 기도는 중요하고 아름다운 것입니다. 그러나 또한 영으로 드리는 기도는 이성으로 드리는 기도가 미치지 못하는 놀라운 영역으로 우리를 인도하며 우리 영에 놀라운 은혜가 임하게 합니다.
　마찬가지로, 우리의 이성을 넘어서 영으로 드리는 찬양은 우리의 영을 새로운 영역으로 이끌며 우리의 영을 천상의 왕국으로 이끌어 갑니다.
　우리가 마음의 기도에 대해서 어느 정도 알고 내용을 이해하지만 비밀을 말하는 영의 기도에 대하여 잘 모르는 것처럼, 우리는 마음으로 드리는 찬양에 대해서 알지만 영으로 드리는 찬양의 깊이와 의미와 효과에 대해서는 잘 알지 못합니다. 그것은 우리의 이성을 초월하여 우리의 영을 주님께로 이끌어갑니다.
　마음으로 드리는 찬양은 마음으로 드리는 기도와 마찬가지로 우리의 이성이나 입장이나 상황이나 현실을 초월하기 어렵습니다. 그러나 우리의 깊은 영에서 나오는 찬양은 좀 더 순수하며 천국의 영광에 가까이 우리를 이끌어가는 것입니다.
　방언은 영의 언어입니다. 그러므로 이 언어는 우리의 마음과 이성이 관심을 가지고 있는 현실적인 필요성 보다는 영의 필요를 표현하고 나타냅니다. 영의 소원은 현실적인 복이나 형통보다는 하나님을 찾고 갈망하며 높이는 것이므로 방언의 나타남과 표현에는 하나님의 영광을 나타내며 하나님을 드러내고 높이는 현상이 동반되곤 합니다.

"그레데인과 아라비아인들이라 우리가 다 우리의 각 언어로 하나님의 큰 일을 말함을 듣는도다 하고" (행2:11)

"베드로와 함께 온 할례 받은 신자들이 이방인들에게도 성령 부어 주심으로 말미암아 놀라니 이는 방언을 말하며 하나님 높임을 들음이러라" (행10:45-46)

방언은 점점 찬양의 방언으로 발전해간다

방언의 나타남에는 하나님을 높이 드러내는 현상이 흔히 나타납니다. 방언은 성령으로부터 온 것으로 성령은 그리스도를 드러내고 그리스도는 우리를 하나님께로 인도하기 때문입니다.

그러므로 우리는 방언을 사용하면 할수록 자기 개인의 성향에서 벗어나 주님께로 이끌려가게 됩니다. 초기에 방언을 하는 이들을 보면 대체로 억압이나 눌림의 치유에 대한 방언을 많이 하며 영적 전쟁과 관련된 방언이 많이 나타나는 경향이 있습니다.

전자의 방언에는 슬픔과 탄식의 표현, 심령을 토하는 부르짖음이 많이 나타나며 전쟁의 방언에는 온 몸에 힘과 능력이 올라오며 강력한 외침과 포효, 담대하고 충만한 불과 같이 뜨겁고 강렬한 기도를 드리게 됩니다.

그러나 그러한 기도가 어느 정도 드려진 후에는 점차 평화로움과 아름다움과 달콤함이 임하며 깊은 속으로부터 찬양의 방언이 나오는 것을 경험하게 됩니다. 방언을 많이 사용하고 나아갈수록 치유의 방언이나 전쟁의 방언, 중보 등 사역을 위한 방언에서 찬양과 경배를 드리는 방언으로 나아가게 되는 것 같습니다.

경험을 통해서 찬양의 방언을 분별할 수 있다

자기가 하는 방언이 기도인지, 찬양인지 어떻게 알 수 있을까요? 그것은 경험을 통해서 알 수 있습니다. 방언을 꾸준히 하다보면 자신이 하는 것이 치유의 방언인지, 간구의 방언인지, 전투의 방언인지, 찬양의 방언인지 알 수 있을 것입니다. 찬양의 방언은 다른 방언에 비해서 느낌과 감동이 전혀 다릅니다. 거기에는 아름다움이 있고 평화가 있습니다. 신선한 달콤함이 있습니다.

방언으로 기도를 할 때, 조금 전까지도 치열한 전쟁의 기도를 했을 수도 있습니다. 거기에는 긴장과 싸움이 있고 무엇인가 불편함이 있습니다. 그런데 어느 순간 그 긴장이 풀어집니다. 어느 순간 전혀 다른 국면에 접어들었음을 느낄 수 있습니다. 주위를 둘러싼 적들이 패주하였음을 느끼게 됩니다.

이것은 마치 찬바람이 멈추고 따뜻한 바람이 불어오는 것 같은 느낌입니다. 바다에서 배가 강력한 먹구름, 폭풍우에 시달리고 있다가 갑자기 그 모든 것들이 사라지고 찬란한 태양이 구름 사이로 나타난 것 같은 느낌입니다.

그러한 경험은 너무나 선명한 것이어서, 어느 정도 기도의 경험이 있는 이들은 그 차이를 분명하게 알 수 있습니다. 그 때는 더 이상 울고 탄식하거나 대적하고 치는 기도를 할 수 없습니다. 우리의 심령은 기쁨과 감사로 가득해서 주님을 높이며 찬양의 기도를 드리게 됩니다. 우리의 이성은 무슨 일이 생기고 있는지 알지 못하지만 우리의 영은 우리가 승리했음을 느낍니다. 그래서 그 찬양의 흐름으로 들어가 주님을 높이고 기뻐하게 됩니다.

아마 충분히 영의 회복과 치유가 이루어지지 않은 상태에서는 이 방언이 그다지 많이 나타나지 않는 것 같습니다. 어느 정도 회복과 충만과 성장이 이루어진 후에 이 방언은 나타나는 것 같으며 점점 더 찬양의 빈도가 높아지는 것 같습니다.

우리의 영혼이 성장할수록 우리의 고백에는 감사와 찬양의 비중이 커지게 됩니다. 우리는 간구하는 것보다 감사와 찬양을 드리는 것에 익숙해지게 됩니다.

우리의 필요, 우리의 약함에 대하여 간구하고 주의 들으심을 구하는 것은 아름다운 일입니다. 주님은 우리의 아버지시며 우리를 긍휼히 여기시고 우리의 기도를 들으십니다. 그러나 오늘날 우리가 드리는 많은 간구들은 믿음의 부족, 하나님의 신실하심에 대한 신뢰의 부족으로 인한 두려움과 염려에서 기인한 것입니다.

감사와 찬양은 간구와 전투보다 높은 영역에 있다

우리는 주님을 가까이 알아갈수록 그분의 신실하심에 대하여 알게 되고 누리게 됩니다. 그리하여 점점 두려움과 근심이 사라지고 무엇을 많이 요구하는 것 보다는 조용히 주님의 인도하심을 원하고 음성 듣기를 원하며 그분의 아름다우심과 선하심을 찬양하게 됩니다. 그런 의미에서 감사와 찬양은 간구의 기도보다 좀 더 높은 영역에 있는 것입니다.

감사와 찬양은 전투의 기도보다도 높은 영역에 있습니다. 전투는 열심히 마귀와 싸움을 하는 것이지만 감사와 찬양은 승리를 선언하는 것입니다. 홍해 앞에서 이스라엘 백성은 하나님께 부르짖었지만 홍해가 갈라지고 바로의 군사들이 다 홍해에 빠져 멸망했을 때 그들은 찬양을 드렸습니다.

"이 때에 모세와 이스라엘 자손이 이 노래로 여호와께 노래하니 일렀으되 내가 여호와를 찬송하리니 그는 높고 영화로우심이요 말과 그 탄자를 바다에 던지셨음이로다 여호와는 나의 힘이요 노래시며 나의 구원이시로다 그는 나의 하나님이시니 내가 그를 찬송할 것이요 내 아버지의 하나님이시니 내가 그를 높이리로다 여호와는 용사시니 여호와는 그의 이름이시로다" (출15:1-3)

간구와 전쟁은 과정 중에 있는 것입니다. 찬양은 승리 후에 드려지는 것입니다. 그러므로 그것은 더 깊은 것입니다. 우리는 승리가 많을수록 감사와 찬양을 드리게 되며 감사와 찬양을 많이 드릴수록 승리가 많아지게 됩니다. 아직 승리가 눈에 보이지 않아도 믿음으로 감사와 찬양을 드리면 승리가 가까워지게 됩니다.

순수한 찬양은 하나님 자신을 향하는 것이다

감사와 찬양에도 수준과 차원이 있습니다. 우리가 흔히 드리는 감사와 찬양은 그 내용이 주로 우리의 환경과 관련된 것이며 우리 자신에 관련된 것입니다. 그것은 우리를 위하여 하나님께서 행하신 일에 대한 반응입니다. 그것은 아름다운 것이기는 하지만 아주 깊은 수준은 아닙니다. 거기에는 어느 정도 우리의 이기심이 포함되어 있습니다.

위에 언급한 이스라엘 백성은 하나님께서 그들을 바로의 손에서 구원하시자 감사와 찬양을 드렸지만, 얼마 가지 않아서 굶주림과 목마름에 직면하게 되자 그 찬양은 곧 원망으로 바뀌고 말았습니다. 이처럼 감사와 찬양이 자신의 형통함이나 유익으로 인한 것이라면, 그것은 그리 깊은 것은 아닙니다.

순수한 찬양은 하나님의 행하신 사역을 넘어서 그분 자신에 대한 것입니다. 주님 자신의 성품, 신실하심, 그 거룩하심과 아름다우심에 대한 찬양입니다. 이것은 우리의 육신적인 이익과 소원의 성취를 넘어서서, 우리의 영이 눈을 뜰수록 드려질 수 있는 순결한 찬양입니다.

순수한 찬양은 이성을 넘어서는 것이다

우리의 이성은 그러한 찬양을 드리기 어렵습니다. 우리의 이성과 마음은 타락하여 우리의 현실적인 문제나 이익을 초월하기 어려우며 그러한 깊은 찬양은 우리 영의 심원한 곳에서 나올 수 있는 것입니다.

그러므로 영이 깨어나고 발전할수록 더 깊고 아름다운 천상의 찬양을 드릴 수 있게 됩니다. 영이 깨어날수록, 영의 감각이 예민해질수록 하나님 자신에 대하여 알아가고 그 영광의 임재를 감각하고 누리므로 그 측량할 수 없는 영광을 찬송하는 찬양이 영에서 끊임없이 터져 나오게 되는 것입니다.

찬양과 경배는 약간 의미가 다르다고 할 수 있습니다. 찬양이 주님의 행하신 일, 그의 은혜와 영광에 대하여 소리 높여 외치고 기뻐하는 분위기의 것이라면, 경배는 엎드려 예를 표하는 것입니다. 이것은 주님의 깊은 임재 아래서 이루어지는 것입니다.

우리는 기도 중에, 찬양 중에 아주 가까이 임하시는 주님의 임재를 경험할 수 있습니다. 그 때 우리는 힘 있게 노래하고 찬양할 수 없습니다. 우리는 그의 거룩한 임재 앞에서 엎드러집니다. 우리는 꼼짝할 수 없으며 엎드려 그의 영광 앞에서 감히 숨도 쉬지 못하고 경배를 드릴 뿐입니다.

우리는 자주 강력하게 찬양하며 기뻐하고 즐거워할 수 있지만, 주님께서 아주 가까이 임하셨을 때, 우리는 깊은 경배의 수준으로 나아가야 합니다. 그러므로 우리는 어느 때에는 즐겁게 찬양을 드리며 어느 때는 깊은 경배를 드려야 합니다.

하나님을 향한 순수한 찬양은 우리의 영혼을 천상의 영광으로 인도합니다. 우리는 찬양과 경배를 통해서 놀라운 은총의 세계로 나아가게 됩니다.

요한계시록에서 나타나는 천국에는 장엄한 찬양과 경배의 모습이 묘사되고 있습니다. 천국은 끝없는 찬송이 영원히 이어지는 곳이며 찬송 가운데 주의 영광이 나타나는 곳입니다.

"네 생물은 각각 여섯 날개를 가졌고 그 안과 주위에는 눈들이 가득하더라 그들이 밤낮 쉬지 않고 이르기를 거룩하다 거룩하다 거룩하다 주 하나님 곧 전능하신 이여 전에도 계셨고 이제도 계시고 장차 오실 이시라 하고 그 생물들이 보좌에 앉으사 세세토록 살아 계시는 이에게 영광과 존귀와 감사를 돌릴 때에 이십사 장로들이 보좌에 앉으신 이 앞에 엎드려 세세토록 살아 계시는 이에게 경배하고 자기의 관을 보좌 앞에 드리며 이르되 우리 주 하나님이여 영광과 존귀와 권능을 받으시는 것이 합당하오니 주께서 만물을 지으신지라 만물이 주의 뜻대로 있었고 또 지으심을 받았나이다 하더라"(계4:8-11)

천국은 끝없는 찬송 가운데 하나님의 영광이 나타나는 곳이다

천사들은 쉬지 않고 하나님의 영광을 찬양하며, 장로들은 모두 엎드려 경배하며 자기의 관을 보좌 앞에 드립니다. 아무도 자신을 드러내고 높이지 않습니다.

이 땅에는 스스로 잘난 척하고 영광과 명예를 얻으려는 이들이 가득합니다. 스스로 자랑하고 칭찬받기를 즐기는 이들이 가득합니다. 그러므로 세상에는 마귀의 역사와 어두움의 역사가 가득합니다. 그러나 천상에서는 아무도 스스로 높이지 않으며 오직 주님을 높이고 경배합니다. 그것이 천국의 중요한 특징입니다.

"내가 또 보고 들으매 보좌와 생물들과 장로들을 둘러 선 많은 천사의 음성이 있으니 그 수가 만만이요 천천이라 큰 음성으로 이르되 죽임을 당하신 어린 양은 능력과 부와 지혜와 힘과 존귀와 영광과 찬송을 받으시기에 합당하도다 하더라 내가 또 들으니 하늘 위에와 땅 위에와 땅 아래와 바다 위에와 또 그 가운데 모든 피조물이 이르되 보좌에 앉으신 이와 어린 양에게 찬송과 존귀와 영광과 권능을 세세토록 돌릴지어다 하니 네 생물이 이르되 아멘 하고 장로들은 엎드려 경배하더라"(계5:11-14)

찬양의 대상은 죽임을 당하신 어린 양이며 보좌에 앉으신 이입니다. 그리고 모든 피조물이 거기에 동참하고 경배합니다. 이것이 천국의 장엄하고 영광스러운 모습입니다.

이와 비슷한 장면이 이사야서에서도 등장합니다. 이사야는 사명을 받기 전에 영광스러운 경험을 합니다. 그는 계시록에서 요한이 본 것과 비슷한 장면을 보게 되는데, 이사야도 요한처럼 영의 눈이 열려서 천국의 영계를 보게 됩니다.

"웃시야 왕이 죽던 해에 내가 본즉 주께서 높이 들린 보좌에 앉으셨는데 그의 옷자락은 성전에 가득하였고 스랍들이 모시고 섰는데 각기 여섯 날개가 있어 그 둘로는 자기의 얼굴을 가리었고 그 둘로는 자기의 발을 가리었고 그 둘로는 날며 서로 불러 이르되 거룩하다 거룩하다 거룩하다 만군의 여호와여 그의 영광이 온 땅에 충만하도다 하더라 이같이 화답하는 자의 소리로 말미암아 문지방의 터가 요동하며 성전에 연기가 충만한지라 그 때에 내가 말하되 화로다 나여 망하게 되었도다 나는 입술이 부정한 사람이요 나는 입술이 부정한 백성 중에 거주하면서 만군의 여호와이신 왕을 뵈었음이로다 하였더라 그 때에 그 스랍 중의 하나가 부젓가락으로 제단에서 집은 바 핀 숯을 손에 가지고 내게로 날아와서 그것을 내 입술에 대며 이르되 보라 이것이 네 입에 닿았으니 네 악이 제하여졌고 네 죄가 사하여졌느니라 하더라" (사6:1-5)

하나님의 임재와 영광이 있는 곳에는 찬양이 있다

하나님의 임재와 영광이 나타나는 곳에는 찬양이 있습니다. 찬양이 있는 곳에는 하나님의 임재와 영광이 나타납니다. 찬양이 아름답고 깊고 순결한 것일수록 그 임재와 영광은 선명해집니다.

이사야는 그 하나님의 압도적인 임재의 충격으로 인하여 자신의 더러움과 죄성을 느끼고 두려워하였고, 천사 중의 하나가 그를 정결하게 해주었습니다.

깊은 찬양 중에서 선명한 하나님의 임재가 나타날 때, 누구나 자신의 악성과 더러움을 인식하게 되고 엎드러지게 됩니다. 그것은 방 안의 보이지 않았던 먼지가 태양 볕 아래서 환하게 드러나는 것과 같습니다. 그러므로 신자는 그 앞에 엎드러져 주의 긍휼을 간구하게 되며 주의 긍휼을 입어 씻김을 받게 됩니다.

찬양은 지루한 것인가?

나는 청년 시절 이 이사야의 말씀을 읽으면서 천국에서 저렇게 쉬지 않고 찬양을 한다면 그것은 너무 지루한 일이 아닐까 생각을 했던 적이 있습니다. 그러나 주님의 긍휼과 은총을 경험하면서 전혀 그렇지 않다는 것을 깨닫게 되었습니다.

찬양의 기름부음이 넘칠 때, 그것은 곧 천국의 영광이 임하는 것과 같습니다. 속에서 끝없이 감사와 기쁨이 올라오며 찬양 가운데 거하시는 하나님의 임재를 경험하게 될 때, 그것은 사람이 누릴 수 있는 최상의 행복이라는 것을 깨닫게 되었습니다.

찬양은 하나님을 위한 것이 아닙니다. 하나님께서는 영광과 존귀가 부족하시지 않습니다. 찬양은 그 하나님의 임재와 영광을 사람에게 나누어주시기 위한 통로입니다.

찬양을 통해서 사람은 하나님의 놀라우신 풍성함을 누리게 됩니다. 그러므로 하나님의 임재가 가득할 때 사람은 찬양하게 되고 순결한 찬양이 가득한 곳에 천국과 하나님의 영광이 나타납니다.

지옥은 분노와 불평과 원망으로 가득하다

천국과 반대인 지옥의 상태를 보면 그 차이점은 선명하게 나타납니다. 천국에 속한 이들은 감사와 찬양에 익숙하지만 지옥에 속한, 천국에서 쫓겨난 사람들의 상태는 정반대입니다. 그들은 분노와 불평과 원망으로 가득해있습니다. 불평과 원망, 억울하게 여기는 것은 감사 찬양과 정반대에 속한 것입니다.

"만일 그 악한 종이 마음에 생각하기를 주인이 더디 오리라 하여 동료들을 때리며 술친구들과 더불어 먹고 마시게 되면 생각하지 않은 날 알지 못하는 시각에 그 종의 주인이 이르러 엄히 때리고 외식하는 자가 받는 벌에 처하리니 거기서 슬피 울며 이를 갈리라"(마24:48-51)

"그에게서 그 한 달란트를 빼앗아 열 달란트 가진 자에게 주라 무릇 있는 자는 받아 풍족하게 되고 없는 자는 그 있는 것까지 빼앗기리라 이 무익한 종을 바깥 어두운 데로 내쫓으라 거기서 슬피 울며 이를 갈리라 하니라"(마25:28-30)

그런데 이렇게 책망을 받고 바깥 어두운 데로 쫓겨난 사람들의 특징이 있습니다. 그것은 그들이 슬피 울며 이를 간다는 것입니다.

"임금이 사환들에게 말하되 그 손발을 묶어 바깥 어두운 데에 내던지라 거기서 슬피 울며 이를 갈게 되리라 하니라"(마22:13)

"너희가 아브라함과 이삭과 야곱과 모든 선지자는 하나님 나라에 있고 오직 너희는 밖에 쫓겨난 것을 볼 때에 거기서 슬피 울며 이를 갈리라" (눅13:28)

슬피 울며 이를 가는 것은 원망하는 것이다

이렇게 슬피 울며 이를 가는 행동.. 그것은 참회하고 반성하는 모습일까요? 아닙니다. 이렇게 이를 가는 행동은 전혀 반성하는 모습이 아닙니다. 그것은 억울해하고 원통해하는 모습입니다.

그들이 쫓겨난 데에는 이유가 있는 것입니다. 천국의 주인은 결코 부당하게 사람들을 대하시는 분이 아닙니다. 그러므로 그들은 자신의 잘못으로 인하여 쫓겨난 것입니다. 그러나 그럼에도 불구하고 그들은 자신의 잘못을 반성하지 않습니다. 오히려 적반하장으로 주인을 비난하며 원망합니다.

"한 달란트 받았던 자는 와서 이르되 주인이여 당신은 굳은 사람이라 심지 않은 데서 거두고 헤치지 않은 데서 모으는 줄을 내가 알았으므로 두려워하여 나가서 당신의 달란트를 땅에 감추어 두었었나이다 보소서 당신의 것을 가지셨나이다 그 주인이 대답하여 이르되 악하고 게으른 종아 나는 심지 않은 데서 거두고 헤치지 않은 데서 모으는 줄로 네가 알았느냐 그러면 네가 마땅히 내 돈을 취리하는 자들에게나 맡겼다가 내가 돌아와서 내 원금과 이자를 받게 하였을 것이니라 하고" (마25:24-27)

한 달란트를 받은 종은 자신의 악함과 게으름에 대해서 전혀 반성하지 않을 뿐 아니라 오히려 주인의 성품과 도덕성을 비난합니다.

당신은 굳은 사람, 즉 완악하고 이기적인 사람이며 심지도 않은 것을 거두려고 하는 이기적인 사람이므로, 내가 당신에게 손해를 끼칠까 봐 두려워해서 그것을 가만히 보존해두었다는 것입니다. 그러므로 자신의 게으름은 두려움 때문이며 그 두려움은 주인의 악한 성품 때문이라는 것입니다.

반성하지 않는 사람은 원망한다

이렇게 자신의 잘못을 반성하고 회개하지 않는 사람은 항상 핑계를 대며 환경을 원망하고 주위 사람을 원망하며 결국에는 하나님을 원망합니다. 그러나 그의 항의는 전혀 받아들여지지 않았습니다. 주인은 말하기를, 네가 진정 손해가 두려워서 일을 하지 않은 것이라면 일을 하는 다른 이를 돕거나 투자를 했어야 마땅했을 것이며 너의 말은 단지 변명에 불과하다고 선언하고 그를 쫓아냅니다.

마지막 심판 날에 이렇게 변명을 하고 쫓겨난다면 그것은 너무나 비참한 일일 것입니다. 그런데, 이렇게 변명을 하고 이를 갈며 억울해하는 행동은 사후에, 갑자기 생겨난 것일까요?

사후의 삶은 평생의 삶을 보여 준다

아닙니다. 그들의 그러한 행동은 그의 평생의 삶을 보여주는 것입니다. 즉 그는 성실하게 순종하고 자신의 사명을 감당하는 삶을 살지 않았으면서도 항상 남에게 책임을 전가하고 원망하는 삶을 살았을 것입니다.

나사로가 문에서 몸을 의지하고 살았던 부자를 보더라도, 그의 삶았을 때의 의식과 사후의 의식은 하나도 바뀌지 않았습니다. 누구나 이 땅에서의 삶과 의식은 사후에도 여전히 동일한 것입니다. 거짓된 삶을 살았던 사람이 갑자기 사후에 선한 사람이 될 수는 없습니다.

원망 불평은 지옥에서 온다

자신이 잘못을 하고도 전혀 반성하지 않고 오히려 남을 원망하고 억울해하며 이를 가는 것.. 이것이 바로 천국에서 쫓겨나고 지옥에 속한 이들의 특성입니다. 그리고 그들의 배후에는 악령들이 있습니다.

악령들은 감사와 찬송의 삶이 천국에 속한 것임을 잘 알고 있습니다. 그러므로 그들은 사람의 배후에서 어떻게 하든지 마음속에 원망 분노 불평 미움을 일으키려고 노력합니다. 그리고 그들의 심어놓은 그러한 원망 불평의 가라지를 받아들인 사람들을 사로잡아 지옥으로 이끌고 가는 것입니다. 감사와 찬송에는 천국의 영광이 있지만 원망 불평과 책임전가에는 지옥의 재앙이 있습니다.

찬양의 배후에도 영의 역사가 있고 원망 불평의 배후에도 영의 역사가 있습니다. 찬양은 천국에서 오는 것이며 불평 원망은 지옥에서 올라오는 것입니다.

어떤 이의 마음속에 감사와 찬양이 가득 올라올 때, 그의 영혼은 천상의 구름 위를 날기 시작합니다. 또한 어떤 이의 마음속에 원망과 불평이 일어나고 있다면 그의 영혼은 바로 지옥의 구덩이로 내려가기 시작합니다.

그의 몸은 그대로 있지만 영혼은 바로 불안과 초조와 분노와 각종 증상이 일어나게 되는데 그것은 지옥의 기운이 그를 사로잡게 되기 때문입니다. 그러므로 감사 찬양과 원망 불평의 변화는 영이 전환되는 경계입니다.

어떤 이가 원망과 불평 중에 있다가 마음에 자기 잘못이 떠오르고 자신을 돌아보아 반성하면서 감사하는 마음이 일어나기 시작한다면 그것은 그 영이 지옥의 악한 영들에게서 벗어나 천상을 향하여 여행하기 시작하는 전환점이라고 할 수 있습니다.

반대로 감사하는 마음이 사라지고 자꾸 짜증이 올라오기 시작한다면 그것은 그 영혼이 지옥의 영들에게 눌리기 시작한 것을 보여주는 것입니다.

만약 어떤 사람이 주를 믿으면서도 평소의 삶에서 항상 원망 불평을 달고 산다면? 그는 실제적인 신자라고 보기 어렵습니다. 그는 주님과의 친밀한 교제와 동행에 대해서 모르는 사람입니다. 그가 바른 영을 가지고 실제로 주님과 동행하는 사람이라면 그렇게 해서는 심령이 답답하고 고통스러워서 살 수가 없는 것입니다.

악한 영들은 불만을 심어주어 그 영혼을 사로잡으려고 한다

악한 영들은 신자들에게 불평불만을 심어주어서 그 영혼을 사로잡으려고 노력합니다. 그들의 목적은 사소한 일상의 불만으로부터 시작하여 결국에는 그 원망이 하나님을 향하게 하는 것입니다. 지옥의 영들은 하나님에 대해서, 하나님이 지으신 피조물에 대해서 극도의 증오심을 가지고 있기 때문입니다.

욥을 시험한 사탄의 동기도 그러한 것이었습니다. 그는 욥이 하나님을 원망하는 것을 보고 싶었습니다. 그는 욥이 하나님을 경외하며 사랑하는 것을 보고 비위가 뒤틀렸습니다. 그는 욥이 하나님을 욕하기를 원했습니다. 그렇게 할 때 욥을 자기의 포로로 삼을 수 있기 때문입니다.

"여호와께서 사탄에게 이르시되 네가 내 종 욥을 주의하여 보았느냐 그와 같이 온전하고 정직하여 하나님을 경외하며 악에서 떠난 자는 세상에 없느니라 사탄이 여호와께 대답하여 이르되 욥이 어찌 까닭 없이 하나님을 경외하리이까 주께서 그와 그의 집과 그의 모든 소유물을 울타리로 두르심 때문이 아니니이까 주께서 그의 손으로 하는 바를 복되게 하사 그의 소유물이 땅에 넘치게 하셨음이니이다 이제 주의 손을 펴서 그의 모든 소유물을 치소서 그리하시면 틀림없이 주를 향하여 욕하지 않겠나이까 여호와께서 사탄에게 이르시되 내가 그의 소유물을 다 네 손에 맡기노라 다만 그의 몸에는 네 손을 대지 말지니라 사탄이 곧 여호와 앞에서 물러가니라"(욥1:8-12)

사탄의 목적은 욥이 하나님을 욕하는 것이었습니다. 사탄은 사람들이 하나님을 욕할 때 기쁨을 느낍니다. 그는 사람들이 원망하고 불평할 때 힘을 얻고 만족을 느낍니다. 하늘에서 떨어진 그는 하나님에 대한 분노와 원망을 가지고 있습니다. 그러므로 그의 목적은 사람들의 안에 불평과 원망을 일으키고 결국에는 하나님을 원망하고 대적하게 해서 그들을 사로잡는 것입니다.

기복신앙은 안전하지 않다

여기서 사탄의 참소는 합리적인 면이 있습니다. 그의 논지는 욥이 하나님을 경외하기는 하지만 그것은 순수한 경외가 아니며 그가 받은 복으로 인한 것이므로, 그가 진정 하나님을 경외하는지 확인하려면 그가 가진 모든 소유를 제거해보아야 알 수 있다는 것입니다. 그리고 이 논리를 하나님은 받아들이셨고 사탄에게 욥을 시험할 수 있는 부분적인 권세를 주셨습니다.

여기서 나타나는 것은 기복적인 신앙은 안전하지 않다는 것입니다. 하나님이 주신 외적인 복으로 인하여 즐거워하고 하나님 자신을 누리지 못할 때, 그것은 사탄에게 공격거리를 줄 수 있으며 하나님께서도 그것을 인정하신다는 사실입니다.

감사와 찬양의 근거가 자기가 받은 복으로 인한 것이라면, 거기에는 순수성이 적습니다. 거기에는 자아적이고 이기적인 요소가 포함됩니다.

항상 기도하면 응답을 받고 자기의 소원을 이룬 사람이 조금만 힘든 일을 겪게 되면 불평을 하며 하나님을 원망하는 일은 흔히 있는 일입니다. 광야에서의 이스라엘 백성이 그러했으며 오늘날의 많은 신자들이 그렇게 합니다.

이들은 기도에 응답하시는 하나님을 찬양하지만 기도에 침묵하시는 하나님에 대해서는 원망합니다. 그런데 이러한 태도는 안전하지 않으며 사탄에게 공격거리를 준다는 것입니다.

하나님은 순수성을 확인하기 위한 시험을 허용하신다

하나님께서는 욥의 경외함이 순수한 것인지를 시험하는 사탄의 제안을 허락하셨습니다. 오늘날에도 우리는 그러한 시험을 경험할 수 있습니다. 그러므로 우리는 우리의 감사 찬양이 자아적이고 이기적인 수준에 있는 것인지, 온전히 하나님 자신을 사랑하고 순복하는 감사인지.. 돌아보아야 할 필요가 있습니다. 사드락, 메삭, 아벳느고가 말한 것처럼 '그리 아니하실지라도' 하나님을 사랑하며 감사할 수 있는지를 점검해보아야 합니다.

악령의 역사가 없이 하나님을 원망할 수 있는 사람은 없다

과거에도 지금에도 사탄의 목적은 우리가 감사하지 않고 원망하고 불평하며 하나님을 욕하게 하는 것입니다. '하나님이 나에게 어떻게 이러실 수가 있을까?' 하고 시험 들게 하는 것입니다. 많은 신자들이 이런 생각을 하며 실족한 경험들을 많이 가지고 있는데, 그것은 배후에서 오늘날에도 열심히 활동하는 악령들의 장난이 있기 때문입니다.

악령의 역사가 없이 스스로 하나님을 원망하며 시험에 들 수 있는 사람은 없습니다. 항상 누군가가 함정을 파기 때문에 그 함정에 빠지는 것입니다. 물론 그 함정을 파는 이는 악령들이며 사탄의 졸개들입니다. 그렇게 함정에 빠지고 실족한 이들을 사탄은 부분적으로 지배하며 사로잡고 끌고 다닐 수 있습니다.

사탄은 에덴에서부터 이간질과 원망을 심었다

사탄의 전략은 에덴동산에서도 마찬가지입니다. 그는 하늘에서 쫓겨난 이후에 항상 같은 전략으로 사람과 하나님의 사이를 이간질하려고 합니다.

뱀은 먼저 여자를 유혹해서 하나님이 금하시는 선악과를 먹게 하였습니다. 그는 아담과 직접 부딪치는 것 보다는 아담의 약점인 하와를 먼저 공략하는 것이 전략적으로 유리하다고 생각했을 것입니다. 그의 작전은 맞아 떨어져서 아담도 하와의 권유를 받고 선악과를 먹게 됩니다.

그 후에 아담과 하와에게 두려움이 임했습니다. 그들의 상태는 뱀의 말대로 좋아지지 않았습니다. 오히려 불안감과 죄책감이 찾아왔습니다. 동산을 거니시는 하나님의 음성이 전에는 즐겁게 여겨졌지만, 이제는 두렵게 느껴졌습니다. 왜 금지하는 행동을 하였느냐는 하나님의 질문에 아담은 이렇게 대답합니다.

"하나님이 주셔서 나와 함께 있게 하신 여자 그가 그 나무 열매를 내게 주므로 내가 먹었나이다" (창3:12)

아담에게 이미 뱀의 독이 퍼졌다

아담의 대답을 보면 이미 그의 안에 뱀의 독이 퍼졌음을 알 수 있습니다. 뱀의 독이란, 자신이 잘못해놓고도 하나님께 책임을 전가하며 원망하는 속성을 말합니다. 사탄은 그들이 범죄하고 스스로 높여서 하늘에서 쫓겨났음에도 오히려 하나님을 향하여 대적하고 원망합니다. 사탄의 영향을 받을 때, 사람에게도 그와 같은 증상이 작용하게 되는 것입니다.

아담의 대답은 자신이 하나님의 명령을 어긴 것은 사실이지만, 그 선악과를 먹도록 유혹한 사람은 아내였으며 그 아내는 하나님이 주셔서 자신과 함께 있게 되었기 때문에 결국 자기의 잘못의 근원은 하나님이라는 것입니다. 결국 교묘하게 자기의 잘못을 변호하고 있으며 책임을 하나님께 돌리는 것입니다.

아담은 분명히 잘못을 하였습니다. 그는 하나님의 명령을 어겼습니다. 그는 자신을 지으신 하나님보다 하나님의 선물, 하나님이 허락하신 관계를 더 중시하였습니다. 그가 하나님의 명령을 거절하고 하와의 제안을 받아들이기로 선택한 것은 분명히 잘못된 일이었습니다. 그런데 그렇게 자기가 잘못하고도, 피조물로서 하나님의 명령을 거역하고도, 잘못된 선택을 하고도 책임을 하나님께 돌립니다. 손가락이 자신을 향하지 않고 하나님을 향합니다.

그것이 바로 사탄의 술책입니다. 그 원망을 거두지 않을 때, 사단은 떠나지 않습니다. 자기의 잘못과 책임을 인정하고 공격의 화살을 자신에게 돌려서 반성하며 또한 그 잘못을 십자가에서 처리하신 그리스도의 구속을 받아들이기 전까지 사탄은 떠나지 않습니다. 그는 책임을 전가하고 하나님을 원망하는 이들을 포로로 사로잡을 수 있는 권세가 있습니다.

욥은 원망을 거절하고 승리했다

이 유혹의 전쟁에서 욥은 승리하였습니다. 그러나 욥의 아내는 승리하지 못했습니다. 그녀는 욥의 불행에 대하여 원망하며 이렇게 욥에게 충동했습니다.

"그의 아내가 그에게 이르되 당신이 그래도 자기의 온전함을 굳게 지키느냐 하나님을 욕하고 죽으라" (욥2:9)

이것은 진정 어리석은 제안입니다. 아무 이득도 없고 지혜롭지도 않은, 그저 악이 받쳐서 쏟아대는 어리석은 푸념에 불과한 것입니다.

그러나 욥은 아내의 말에 흔들려 넘어간 아담과 같지 않았습니다. 그는 아내를 통한 사탄의 충동질에 넘어가지 않았습니다.

"그가 이르되 그대의 말이 한 어리석은 여자의 말 같도다 우리가 하나님께 복을 받았은즉 화도 받지 아니하겠느냐 하고 이 모든 일에 욥이 입술로 범죄하지 아니하니라" (욥2:10)

욥의 말은 너무나 신실하고 당당한 것이었습니다. 아내를 향한 이 대답이 욥이 아니라 아담의 것이었다면 인류는 멸망하지 않았을 것입니다. 그의 말은 그가 승리하였음을 보여줍니다.

그의 논지는 모든 주권이 하나님께 있으며 자신은 피조물일 뿐이므로 권리가 없다는 것입니다. 모든 주권과 영광을 하나님께 돌리고 있습니다. 이것이 바로 승리입니다. 기쁠 때도 슬플 때도, 건강할 때도 아플 때도, 좋을 때도 어려울 때도 항상 감사하며 하나님을 의지하는 것이 곧 승리의 삶이며 성숙한 삶입니다. 그것이 곧 진정한 찬양입니다.

어려울 때 원망치 않고 좋을 때 마음이 높아지지 않음

어떤 이들은 좋은 상황에서는 감사합니다. 그러나 나쁜 상황이 오면 원망합니다. 그리하여 실족합니다. 어떤 이들은 반대로 나쁜 상황에서 하나님께 나아가 매달립니다. 이들에게는 나쁜 상황이 은혜의 통로입니다. 그런데 이들 중 많은 사람들이 상황이 좋아지면 하나님께 대한 갈망을 잃어버리고 세상의 즐거움을 좇으며 하나님이 아닌 피조물을 숭배합니다. 이들에게는 좋은 상황이 재앙의 통로가 되는 것입니다.

욥은 어려울 때도 원망하지 않고 하나님을 신뢰하며, 좋은 상황에서도 마음이 높아지지 않고 하나님을 경외하는 사람이었습니다.

"그의 아들들이 자기 생일에 각각 자기의 집에서 잔치를 베풀고 그의 누이 세 명도 청하여 함께 먹고 마시더라 그들이 차례대로 잔치를 끝내면 욥이 그들을 불러다가 성결하게 하되 아침에 일어나서 그들의 명수대로 번제를 드렸으니 이는 욥이 말하기를 혹시 내 아들들이 죄를 범하여 마음으로 하나님을 욕되게 하였을까 함이라 욥의 행위가 항상 이러하였더라"(욥1:4-5)

잔치는 사람의 마음을 높아지게 합니다. 성공도 명예도 흔히 사람들을 실족시킵니다. 어려운 처지에 있던 사람이 어느 정도 상황이 좋아지자 교만하고 으스대는 일은 흔하게 일어나는 일입니다. 그러나 욥은 잔치의 자리에서 마음이 높아지지 않도록 조심하며 예배를 드렸습니다. 이렇게 욥은 힘들 때나 좋을 때나 하나님을 경외하고 감사하는 사람이었습니다. 이것이 곧 승리의 삶입니다.

마귀는 항상 원망을 심는다

마귀는 항상 사람에게 감사를 빼앗고 원망하게 만듭니다. 하나님의 은혜와 자비와 행하신 일을 잊게 하고 원망의 마음, 불평의 마음을 일으킵니다.

욥의 승리는 그가 자기의 위치를 분명하게 지키고 있었음을 보여 줍니다. 복도 자신이 만든 것이 아니니 자기에게 권리가 없으며, 복을 받았다면 어려움이 오는 것도 자기에게는 불평하고 원망할 권리가 없다는 것입니다. 이것은 모든 권세와 의지가 하나님께 있으며 피조물은 인생의 주인이 아닌 것을 분명히 인식하고 있는 것입니다.

오늘날 세상 사람들은 어디서나 쉽게 원망 불평을 합니다. 조금만 자기 뜻대로 되지 않고 어려움을 겪으면 하나님을 원망합니다. 마치 자신에게 그러한 권리가 있는 것처럼 하나님을 비난하며 원망합니다. 그리고 그 배후에는 어두움의 세력들의 장난이 있습니다. 그들은 이미 어두움의 영들에게 속고 있는 것입니다.

불평하는 순간 마귀에게 잡힌다

마귀는 항상 사람들에게 스스로 인생의 주인이 되라고 가르치며 높은 곳에 서라고 가르칩니다. 그렇게 속아서 마음이 높아진 이들은 쉽게 분노하고 판단하고 미워하고 원망합니다. 일단 불평하고 원망하게 만드는 데에 성공하면 그의 마음은 완악해져서 주님의 은총을 받아들이기가 어려워집니다.

오늘날 적지 않은 신자들도 이러한 높은 마음과 완악한 마음에 빠져서 필요할 때만 주를 찾으며 하나님이 자신의 소원을 들어주지 않고 어려움을 허락하시면 마치 욥의 아내처럼 원망과 불평을 쏟아놓으며 그것이 죄인 줄 모릅니다. 그러한 영혼들은 이미 깊은 어두움의 영들 가운데 사로잡혀 있는 것입니다.

불평하는 순간 그들은 마귀에게서 벗어나기 어렵습니다. 왜냐하면 처음에는 환경에 대해서, 다른 사람에 대해서 불평하고 원망하는 이들은 결국은 하나님을 원망하게 되기 때문입니다.

아담도 자기의 넘어짐에 대해서 결국 하나님께 책임을 돌렸고 한 달란트 받은 종도 자기의 악함과 게으름에 대해서 주인에게 책임을 돌렸습니다. 불평하고 원망하는 이들은 지옥에 가까우며 결국 그들은 하나님을 원망하고 대적하게 됩니다.

그들은 하나님이 그들의 비위를 맞추어주기를 기대합니다. 그러다가 하나님이 그들의 비위를 거스르면 그들은 분노하며 원망합니다. 그것은 피조물이 가질 합당한 자세가 아닙니다. 그리고 그러한 완악함과 거스름의 배후에는 악령들의 역사가 있습니다.

마귀는 하나님에 대한 적개심을 일으킨다

복음을 전할 때 신자들에 대하여 비난을 하면서 거절하는 이들이 있습니다. 실제로 신자들에게 상처를 받아서 복음에 대하여 마음이 닫힌 이들이 많이 있습니다. 그러나 또한 적지 않은 이들이 하나님 자신에 대한 적개심을 가지고 있습니다.

이상하게도 그들은 복음을 듣거나 하나님에 대해서 들으면 분노가 올라옵니다. 그 배후에는 악령들이 있습니다. 하나님에 대한 증오는 오직 악한 영들이 일으킬 수 있습니다. 악한 영들은 사람들의 마음속에 하나님에 대한 비난과 정죄를 심음으로써 그들의 영혼을 장악하여 지옥으로 끌고 가려고 합니다.

세상의 쾌락을 사랑할수록 그 사람의 안에서는 하나님에 대한 증오가 일어납니다. 악하고 게으른 종이 주인을 비난하는 것은 술 먹고 취하고 즐기며 사는 삶이 즐겁기 때문입니다. 그렇게 세상을 사랑할수록 하나님에 대해서는 분노와 원망이 올라옵니다. 하나님에 대하여 분노하고 원망할수록 그들은 지옥에 가까우며 지옥의 쾌락, 사악한 쾌락을 즐겁게 느끼게 됩니다. 마귀는 세상 사람들에게 이른

바 빅딜을 하는데, 하나님에 대한 증오와 원망을 심어주는 대신에 세상의 쾌락을 제공해주는 것입니다.

하나님에 대한 원망과 불평은 마귀의 유력한 무기이며 사람을 사로잡는 도구이기 때문에 그것은 지옥의 권세를 강건하게 합니다. 불평과 원망과 푸념을 하면서 얼굴이 환한 사람은 아무도 없는데, 그것은 그 순간부터 지옥의 기운이 그 사람을 사로잡기 때문입니다.

순수한 찬양은 천국의 영광과 능력을 임하게 한다

그러므로 진리는 분명합니다. 원망과 불평이 지옥의 세계를 강건하게 하는 것처럼 감사와 찬양과 경배는 지옥의 역사를 무너뜨리며 순수하고 깊은 찬양일수록 천국의 영광과 능력이 임하게 하는 도구라는 것입니다.

원망 불평을 통해서 악령들이 가까이 오는 것처럼 찬양과 경배를 통해서 주의 거룩한 임재가 가까이 옵니다. 주님이 받으시기에 합당한 경배와 영광을 돌리는 곳에 거룩하고 순결한 주의 임재가 옵니다. 사람을 높이는 곳에는 악한 영들이 오지만, 하나님을 높이고 영광을 드러내는 곳에, 그 공간에는 거룩한 영의 임재가 가득합니다. 순결한 경배와 찬양이 있는 곳은 곧 천국의 영광이 임하는 공간입니다. 그곳은 곧 천국입니다.

그러므로 감사하는 것, 찬양을 드리는 것은 놀라운 은총의 시작입니다. 찬양의 영을 받고 감사와 찬양의 마음이 충만한 것은 원수의 진을 파괴하는 것이며 지옥의 세력을 멸절시키는 것으로 마귀를 아주 고통스럽게 합니다.

깊은 찬양이 있고 경배가 있는 곳에 지옥의 세력은 무너지고 쫓겨나며 영혼은 고양되어 영계의 놀라운 곳으로 이끌려 올라가게 됩니다. 천사들은 춤을 추며 마귀들은 초토화되고 낙담합니다. 그것이 감사와 찬양의 능력입니다.

악한 영의 역사를 잠잠케 하는 찬양

청년시절 어느 날 나는 지금의 아내와 데이트를 하면서 어느 교회에 기도하러 들어갔습니다. 우리는 데이트 중에 광화문에 있는 이 유래 깊은 교회에 자주 들러서 기도를 하곤 했습니다.

그날 우리는 각자 떨어져서 자리를 잡고 기도를 하고 있었는데, 나는 내가 기도하던 주위에 어떤 청년이 이상한 모습으로 기도를 하고 있는 것을 보았습니다. 그는 묘한 동작으로 발작을 하기도 하고 욕설을 중얼거리기도 했는데, 나는 그가 귀신들림의 상태인 것을 느꼈습니다.

나는 한참 방언으로 많이 기도하던 때였기 때문에 자신감이 있었고, 그를 돕고 싶은 마음도 있었습니다. 그래서 나는 그에게 가까이 다가가서 등에 손을 얹고 기도를 하였습니다. 악한 영을 꾸짖으며 예수의 이름으로 나가라고, 이 영혼이 자유롭게 되기를 나는 기도하였습니다.

그러나 나의 기도는 효과가 없었습니다. 그는 눈을 들어 나를 바라보더니 나를 비웃었습니다. '너는 내가 볼 때 아직 약해. 아직 멀었어..' 그런 식의 이야기를 했습니다.

겉으로는 드러내지 않았지만 나는 속으로 기가 죽었습니다. '내가 능력이 부족하구나.' 하고 생각했습니다. 난처한 지경에 빠져 있었는데, 근처에서 기도하시던 어느 할머니가 가까이 다가왔습니다.

그녀는 기도의 용사같이 보였습니다. 체구는 작았지만 눈매는 날카로웠습니다. 그녀는 나의 기도를 중단시켰습니다.

나는 쩔쩔매면서도 악한 영을 대적하고 있었는데 그녀의 제지를 받자 해방된 느낌이었습니다. 그녀는 기도를 중단시키더니 갑자기 찬송을 부르자고 하는 것이었습니다.

그녀는 이 청년과 안면이 있는 모양인지 그의 이름을 부르며 그에게 찬송을 부르라고 명령하듯이 말했습니다. 그러면서 먼저 찬송가를 부르기 시작했습니다. 그러자 어처구니없게도 조금 전까지 사납던 청년의 기세가 죽어 버렸습니다. 그는 얌전해져서 시키는 대로 찬송을 따라하는 것이었습니다.

그것은 몹시 인상적인 경험이었습니다. 악한 영을 대적하는 나의 기도와 선언에 그는 끄떡도 하지 않고 비웃으며 오히려 나를 위협했지만 찬송을 부르는 노인 앞에서 그는 아주 순한 양이 되었습니다. 나는 어렴풋이 찬양이 악한 영을 결박하고 꼼짝 못하게 하는 힘이 있다는 것을 깨닫게 되었습니다.

찬양의 가치는 숨겨져 있다

악한 영을 대적하는 것은 전쟁입니다. 그러나 찬양은 전쟁의 승리에 대한 선언입니다. 하나님의 영광을 찬송하는 것은 악령의 기세를 꺾어 버립니다.

찬양은 마귀의 세력을 무너뜨리며 천국의 영광이 임하게 하는 아름답고 놀라운 도구입니다. 이것은 예배의 핵심입니다. 오늘날 드려지는 예배에서 설교와 가르침이 가장 중요시되고 있지만 예배의 중심은 찬양이며 헌신입니다. 자신을 온전하게 하나님께 제물로 드리고 찬송하는 것이 예배의 중심이며 그 제물을 받으시고 찬양을 받으실 때에 하나님의 영광과 임재가 나타납니다. 그것이 살아있는 예배이며 하나님이 받으시는 예배입니다.

그러나 이 놀라운 감사와 찬양과 경배의 가치는 타락한 인간들에게 숨겨져 있습니다. 우리는 우리의 필요에 대하여 간구하고 하나님의 도우심을 갈망하지만 찬양이 그 지름길이라는 사실을 잘 이해하지 못합니다. 타락한 인간의 시각은 영적인 필요보다 물질적이고 현실적인 필요에 대해서 주로 인지하기 때문입니다.

영적인 세계를 이해하고 깨달은 이들은 끝없이 감사하고 감사하며 찬양하고 찬양하며 또 경배합니다. 이들은 그것이 천상의 영광으로 가는 길인 것을 알기 때문입니다. 그러므로 영적인 어린이들은 자기의 이익과 입장을 구하지만 성장할수록 자신의 입장과 이익을 초월하여 하나님의 이익과 영광을 구하며 높이게 됩니다. 그것이 곧 천국의 행복과 향취가 가득한 천국적인 삶인 것입니다.

주기도문은 찬양에서 시작하여 찬양으로 끝난다

주기도문은 하나님의 나라가 이 땅에 이루어지도록 기도하라고 가르쳐주신 기도의 모범입니다. 하나님 나라, 천국의 이루어짐을 위한 이 기도는 찬양에서부터 시작하여 찬양으로 끝납니다. 왜냐하면 천국은 하나님의 통치가 이루어지는 곳이며 천국에는 하나님께 대한 경배와 찬양이 끊이지 않기 때문입니다.

"그러므로 너희는 이렇게 기도하라 하늘에 계신 우리 아버지여 이름이 거룩히 여김을 받으시오며" (마6:9)

이것은 주님이 가르치신 기도의 시작입니다. 하나님의 나라, 천국
은 하나님의 이름을 높이는 데서 시작됩니다.

"우리를 시험에 들게 하지 마시옵고 다만 악에서 구하시옵소서 **나라와
권세와 영광이 아버지께 영원히 있사옵나이다 아멘**" (마6:13)

이것은 주님이 가르치신 기도의 끝부분입니다. 하나님의 나라, 천국은 시작에서 끝까지 오직 하나님을 높이며 그의 영광을 구하는 곳입니다. 그러므로 영적 어린이들은 물질적인 필요, 세상 근심 걱정으로 가득하여 무엇을 입을까 먹을까 살아갈까 걱정하지만 성장할수록 오직 주님을 높이고 그를 기쁘시게 하며 그의 영광을 사모하고 찬양하게 되는 것입니다.

하나님은 진정으로 하나님의 나라를 갈망하는 자, 진정으로 예배하고 찬양하는 자를 찾으십니다. 그러한 이들에게 하늘의 충만한 영광을 상속하시며 은총을 베풀기 원하시기 때문입니다.

주님은 생수에서 시작하여 참된 예배를 가르치셨다

주님은 사마리아의 한 우물가에서 물을 길으러 온, 방황하고 있는 여인을 불쌍히 여기시고 친절을 베푸시며 진리에 대하여 말씀하셨습니다.

처음에 생수에 대해서 이야기를 시작하여 그녀의 죄 문제를 다루고 자신의 메시야이심을 말씀하셨습니다. 종교적인 호기심을 가지고 있었으나 답을 얻지 못하고 죄 중에서 방황하며 헤매던 여인에게 주님이 주신 말씀은 참된 예배에 대한 것이었습니다.

"아버지께 참되게 예배하는 자들은 영과 진리로 예배할 때가 오나니 곧 이 때라 아버지께서는 자기에게 이렇게 예배하는 자들을 찾으시느니라 하나님은 영이시니 예배하는 자가 영과 진리로 예배할지니라"(요4:23-24)

참된 예배, 영과 진리로 하나님을 높이고 예배하는 것, 그것은 방황하는 자에게 그 방황의 종식이 되는 길입니다. 하나님은 하나님의 영광을 구하며 높이는 이들에게 은총을 베푸십니다. 영 안에서 순결한 마음으로 드리는 감사와 찬양과 경배, 그것은 천국이 이 땅에 임하는 놀라운 비밀이며 비결입니다.

성령께서 순결한 찬양의 언어를 주신다

그렇다면 우리는 어떻게 하면 순결한 찬양을 드릴 수 있을까요? 어떻게 하면 신령과 진정으로, 온전한 마음으로 찬양을 드릴 수 있을까요? 감사와 찬양과 경배가 천국에 이르는 놀라운 길이라는 것을 알았지만, 어떻게 그렇게 할 수 있을까요?

우리가 우리의 이기심과 계산과 입장과 상황을 초월해서 찬양하는 것은 쉬운 일이 아닙니다. 우리의 머리는 '그리 아니하실지라도..' 하고 생각하고 있을지 모르지만 우리의 가슴은 '그리 하셔야 하는데..' 하고 생각할 수도 있습니다. 머리는 따르게 할 수 있지만 가슴을 따르게 하는 것은 쉬운 일이 아닙니다.

우리의 육은 환경을 초월하기 어렵습니다. 눈앞의 여러 산적한 문제를 앞에 두고 천상의 영광을 구하고 찬양한다는 것은 마음처럼 쉽게 되는 일이 아닙니다. 우리의 육은 순결한 찬양의 가치를 모릅니다. 육은 보이는 것을 구하며 현실에 매어있을 뿐입니다. 어떻게 우리는 순결한 찬양으로 나아갈 수 있는 것일까요?

여기에 놀라운 소식이 있습니다. 우리 안에서 성령께서 찬송을 주신다는 것입니다. 우리 안에 거하시는 성령께서 우리에게 이성과 육을 초월한 찬양의 영을 주신다는 것입니다. 찬양의 영과 함께 찬양의 멜로디, 음, 가사도 같이 주신다는 것입니다. 그것이 바로 방언으로 드리는 영의 찬송입니다. 할렐루야.

영의 찬양, 방언으로 드리는 찬양이 아름다운 이유는 그것이 성령으로부터 온 것이기 때문입니다. 승리와 영광의 비결은 항상 우리의 내면에 있습니다. 내면에 거하시는 그리스도, 그리스도의 영인 성령으로부터 옵니다.

방언기도는 성령께서 주시는 영의 기도이며 방언으로 드리는 찬양은 성령께서 주시는 영의 찬양입니다. 이 영의 찬양은 우리의 영을 그리스도에게로, 하나님께로 가까이 이끕니다.

깊은 영에서 몸과 마음을 초월하는 찬양이 나온다

진정으로 순결한 교류, 순결한 찬양은 동류를 통해서만 올 수 있는 것입니다. 우리는 마음으로 몸으로 주를 찬양하여야 합니다. 그러나 우리의 이성은 하나님의 은혜와 자비와 그 영광에 대하여 피상적으로 알 수 있을 뿐입니다.

이성과 마음을 초월하여 하나님의 그 놀라운 영광과 긍휼과 섭리에 대한 끝없는 찬양은 우리의 깊은 곳에서 영으로부터 나오는 것입니다. 성령께서 우리의 영 안에 놀라운 감동과 찬양의 영을 일으키십니다.

"시와 찬송과 신령한 노래들로 서로 화답하며 너희의 마음으로 주께 노래하며 찬송하며"(엡5:19)

우리는 여러 가지 문제와 기도 제목을 가지고 주님께 나아갑니다. 그래서 주님 앞에서 간구하고 부르짖고 토하며 우리의 사정을 아룁니다. 그러다 어느 순간 우리는 하나님의 가까우심을 경험하게 됩니다. 그리고 그 임재 속에서 우리는 주님께 감사하며 찬양하게 됩니다. 그의 임재가 선명할수록 우리는 순수한 감사와 찬양을 드리게 됩니다.

주님의 임재가 가깝지 않을 때 우리는 여러 가지 상황이나 조건이나 환경으로 인하여 감사를 드리게 됩니다. 그러나 그의 임재가 가깝고 선명하면 우리는 더 이상 그러한 것으로 인하여 감사와 찬양을 드리지 않습니다. 그분의 선하심과 아름다우심과 거룩과 영광으로 인하여 찬양하게 됩니다.

그분이 곁에 가까이 임하심으로 우리의 심령은 꿀처럼 달고 천상의 행복감을 누리게 되기 때문에 우리는 더 이상 세상의 조건이나 환경에 따라서 기뻐하고 감사하게 되지 않습니다. 우리는 그의 얼굴 아래서 그 영광을 누리고 기뻐하며 찬양합니다.

우리의 영은 너무나 감격에 빠져 있습니다. 우리는 소리를 높여 그분을 찬송하기 시작합니다. 그런데 우리는 기존의 찬송으로 찬양을 드리는 것에 무엇인가 깊은 속에서 만족되지 않고 미흡한 느낌을 가지게 됩니다.

이미 결정되어 있는 곡조, 가사, 그 틀을 따라서 찬송하는 것으로는 우리 안의 깊은 감격과 사랑과 찬양의 마음이 만족스럽게 표현되지 못합니다. 그 제한된 곡들로 우리 안에 가득한 감동과 사랑과 찬양의 흐름을 표현하기에는 무언가 부족함을 느끼게 됩니다.

이 때 우리는 우리의 내부에서 새로운 노래, 새로운 찬양, 새로운 곡조가 올라오는 것을 느끼게 됩니다. 그것이 방언 찬양입니다. 우리의 깊은 속에서 하나님을 향한 말할 수 없는 감사와 기쁨과 사랑과 경외감으로 가득한 새 찬양이 올라옵니다.

이 찬양은 새로운 곡조입니다. 새로운 가사입니다. 우리는 그 가사의 내용을 모르지만 우리의 영이 감격하고 기뻐하는 것을 알 수 있습니다. 우리는 아무런 얽매임 없이 속에서 흘러나오는 대로 자유롭게 우리의 영과 입술을 주님께 맡깁니다. 우리는 이 새로운 찬양을 통해서 말할 수 없이 충만하고 감미로운 세계에 들어가게 되며 깊은 영혼의 만족을 경험하게 됩니다.

"새 노래로 여호와께 노래하라 온 땅이여 여호와께 노래할지어다" (시 96:1)

"할렐루야 새 노래로 여호와께 노래하며 성도의 모임 가운데에서 찬양할지어다" (시149:1)

"새 노래 곧 우리 하나님께 올릴 찬송을 내 입에 두셨으니 많은 사람이 보고 두려워하여 여호와를 의지하리로다" (시40:3)

주님을 경험할수록 우리는 기존에 알고 있던 찬양이 아닌 새로운 찬양으로 주님을 높이고 싶어 하게 됩니다. 우리는 날마다 더 새롭고 새로운 하나님의 긍휼과 은총을 경험하기 때문입니다. 영으로 드리는 이 새 찬양은 우리의 영을 충만하게 해줍니다. 성령의 기름부으심을 충만하게 합니다.

"그리스도의 말씀이 너희 속에 풍성히 거하여 모든 지혜로 피차 가르치며 권면하고 시와 찬송과 신령한 노래를 부르며 감사하는 마음으로 하나님을 찬양하고"(골3:16)

초대교회에서는 항상 신령한 영의 찬양이 있었다

성령의 임재와 역사가 충만하던 초대교회의 집회에는 항상 신령한 영의 찬양이 있었습니다. 하나님께서 성령으로 강하게 임재하시면 사람들은 항상 감사를 드리고 찬양을 드리게 됩니다. 영이 깨어날수록 그 은혜와 사랑이 감사하고 또 감사하며, 그렇게 찬양을 드리고 찬송을 고백할수록 심령에 기쁨이 가득해지기 때문입니다.

오늘날 신자들은 예배 시간 외에는 하나님에 대한 이야기를 거의 하지 않습니다. 교회를 떠나면 주님에 대해서 거의 이야기하지 않습니다. 그러나 성령이 임하시고 그 임재의 충만함을 경험하는 이들은 항상 하나님에 대해서 이야기하고 싶어 합니다. 예수에 대해서 이야기하고 싶어 합니다. 이들은 입만 벌리면 감사하고 또 감사하며 주님에 대해서 말하고 싶어집니다. 그것이 그의 안에 기름부음을 증가시키며 기쁨과 행복감을 증가시키기 때문입니다.

진정한 감사와 찬양은 삶의 모든 순간에 행해지는 것이다

이들은 순간적으로 불평하고 원망하는 이야기를 하게 되면 내면의 기름부음이 손상되며 심령에 고통스러운 충격이 오는 것을 느끼게 됩니다. 다른 사람들의 비난이나 비판이나 험담을 들어도 고통스럽게 느끼게 됩니다. 그렇기 때문에 바로 회개하고 다시 감사하고 찬양하는 이야기를 하게 됩니다. 그럴 때 다시 영의 충만함이 회복되고 주님과의 친밀한 교제가 회복되기 때문입니다.

진정한 감사와 찬양이란, 단지 개인기도 시간이나 예배시간에만 드려지는 것이 아니라 삶의 모든 순간에 행해지게 됩니다. 감사와 찬양의 삶은 삶 전체를 바꾸어놓는 것입니다. 그러한 깊고 충만한 감사 찬양의 삶에 있어서 방언으로 드리는 영의 찬양은 아주 중요한 동력이 됩니다.

마음의 찬양에서 영의 찬양으로 나아간다

그러면 어떻게 방언으로 찬양할 수 있을까요? 이런 깊은 감동과 찬양의 영이 솟구쳐 올라올 때에만 찬양할 수 있는 것일까요? 그렇지는 않습니다. 우리는 누구나, 언제 어떤 상황에서나 방언으로 찬양을 드릴 수 있습니다.

방언은 영의 기도이므로 그 내용을 우리 마음대로 할 수 있는 것은 아닙니다. 방언을 하는 기본 원리는 속에서 나오는 대로 인도를 받아 이끌려 가는 것이기 때문에 우리 마음대로 간구를 하고, 악한 영을 대적하고, 중보를 하고, 찬양을 할 수 있는 것은 아닙니다.

그러나 우리는 어느 정도는 그 기도의 흐름을 선택할 수 있습니다. 우리는 마음으로 찬양할 것을 선택할 수 있습니다. 그리고 우리의 마음으로 주님을 높이고 찬양합니다. 그리고 찬양을 하는 중에 우리의 안에서 더 깊은 찬양이 올라오는 것을 경험할 수 있습니다. 우리 마음의 찬양이 영의 찬양으로 바뀌며 우리의 영이 우리 마음의 찬양을 지원해주는 것을 경험하게 됩니다.

처음에는 우리에게 찬양의 영이 별로 없을 수 있습니다. 우리의 마음은 메마르고 답답합니다. 우리 안에 찬양의 마음과 영이 별로 흐르지 않습니다. 그때 우리는 믿음으로 찬양하기로 선택합니다. 그리고 믿음으로 찬양을 시작할 수 있습니다. 그리고 그의 선하심을 높이고 찬송합니다.

이 때 찬양은 반드시 노래가 포함되어야 하는 것은 아닙니다. 우리 입술의 고백만으로도 그것은 충분한 찬양입니다. 우리는 입술의 고백에서 조금씩 찬송의 노래를 사용합니다. 경배의 노래를 사용합니다. 그리고 어느 순간 우리의 깊은 속에서 찬양의 샘이 터지듯 올라오는 것을 경험하게 됩니다. 이 때 우리는 방언으로 영으로 찬양하며 그 놀라운 환희와 평화로움 속으로 나아가게 됩니다.

펌프에 물을 한 바가지 부으라

그것은 처음에 펌프에 물을 한 바가지 붓는 것과 같습니다. 처음에는 물이 별로 나오지 않지만 한 바가지를 부은 후에 조금 있으면 물이 콸콸 나오게 됩니다.

처음부터 방언 찬양을 할 수도 있습니다. 입술의 고백이나 일반적인 찬양곡을 사용하지 않고 방언으로 기도하는 중에 찬양의 감동이 오면 그대로 방언으로 찬양하면 됩니다. 속에서 흘러나오는 대로 방언에다 음을 입히면 됩니다. 그리고 속에서 감동이 오는 대로 곡과 멜로디와 화음을 만들어가게 됩니다.

음악적 재능이 있는 사람이나 찬양의 달란트가 있는 사람이 부르는 방언 찬양은 너무나 아름답습니다. 마치 오페라의 공연을 듣는 것 같이 아름답고 감동이 있으며 전율이 흐르게 됩니다.

영의 찬양이 잘 안 될 때도 있다

물론 방언찬양이 항상 원한다고 해서 다 되는 것은 아닙니다. 영으로 기도하는 것에 익숙할수록 내적인 감동을 따라 기도하게 되는데, 성령께서 찬양의 영을 전혀 주시지 않을 때도 있습니다. 예를 들어서, 주님이 아주 싫어하시는 것을 행한 후에 방언으로 찬양을 하려고 하면 잘 되지 않습니다. 속에서 답답하고 무기력해집니다. 그 때는 회개가 필요한 시점이어서 성령께서 찬양을 주시지 않습니다.

주님께서 무엇을 하라고 명백하게 명령하시는데, 거기에 전혀 반응하지 않고 순종하지 않는다면, 그러한 상황에서도 영으로 찬양하는 것은 어렵습니다. 그 때는 먼저 그 문제를 해결해야 합니다.

이것은 상식적으로도 이해할 수 있는 일입니다. 남편이 아내에게 깊은 상처를 준 언행을 했다고 합시다. 그로 인하여 아내는 많은 상처를 받고 있습니다. 이 때 남편이 아내에게 사랑한다고 말하면, 아내는 기뻐할까요? 그 때는 먼저 미안하다고 말해야 합니다. 이처럼 영의 기도, 영의 찬양은 그 감동과 흐름을 따라 드려져야 하며 일방적으로 억지로는 가능하지 않습니다.

처음부터 놀라운 황홀감을 기대하지 말라

내적인 감동과 흐름을 따라 방언으로 찬양을 드리는 것은 아름답고 행복한 경험입니다. 하지만 이 찬양을 드리면서 처음부터 놀라운 황홀감을 기대해서는 안 됩니다.

찬양이란 주님을 높이고 기쁘시게 하는 것에 초점을 두어야 합니다. 우리의 기분과 감각이 즐겁게 되는 것에 초점을 두어서는 안 됩니다. 행복한 느낌은 자연스럽게 얻어지는 것이지 그 자체가 목적이 되면 그것은 오히려 진정한 찬양에 방해가 될 수 있습니다.

감각의 만족이 우리의 목표라면 그것은 의식이 하나님을 향하지 않고 자신을 향하고 있는 것이기 때문에 그것은 이미 빗나가고 있는 것입니다.

그저 단순하게 주님을 바라보십시오. 내면에서 흘러나오는 대로 영의 찬양에 입을 맡기고 따라가십시오. 처음에는 찬양의 곡조와 흐름이 나오기는 하지만 그다지 감미로운 감각은 없이 밋밋하게 흘러갈 수 있습니다. 그러나 꾸준히 그 영의 흐름을 따라 주를 찬양하고 높이는 방언찬송을 하면 점점 우리의 영은 하늘을 향하기 시작합니다. 마치 처음에는 비행기가 이륙을 잘 못하고 땅 위를 달리다가 어느 정도 시간이 흐른 후에 하늘로 날아오르는 것과 같습니다.

찬양의 수준은 곧 헌신과 굴복의 수준이다

방언으로 찬양을 드리면서 느끼는 자유함과 풍성함에는 개인 차이가 있습니다. 그것은 무엇보다도 각 사람의 영의 발전과 관련이 있습니다. 각자의 마음과 의식이 얼마나 주님께 헌신되고 굴복되었으며 조화되었는가에 관련되어 있습니다.

어떤 이들은 수많은 생각들이 주님께 굴복되지 않고 제 멋대로 움직입니다. 어떤 이들은 감정이 너무 강하고 과다해서 그의 애정, 기쁨, 슬픔, 분노.. 등이 주님께 거의 드려지지 않고 독자적으로 움직입니다. 어떤 이들은 의지가 너무 강해서 고집이 주님께 전혀 굴복이 되어 있지 않거나 또는 너무 약해서 일관성이 없이 흔들립니다. 이런 식으로 마음과 의식이 주님께 충분히 드려지지 않고 조화되지 않은 상태에서는 그다지 깊은 찬양과 경배에 들어가기 어렵습니다. 거기에는 굴복이 필요하고 시간이 필요합니다.

그러나 충분히 성숙하지 않은 이들에게 있어서도 이 방언으로 드리는 찬양은 비교적 일시적일지 모르지만 꾸준히, 충분히 드려질 때 놀라운 해방감을 줍니다. 삶에서 좀 더 주님과 조화되고 굴복된 이들은 더 깊은 천상의 행복감과 만족감을 얻으며 그 상태를 꾸준히 유지할 수 있을 것입니다.

그러한 조화가 부족한 이들은 잠시 기쁨의 상태를 얻지만 그 상태를 유지하는 것이 쉽지 않을 것입니다. 그러나 그 천상의 상태를 유지하지 못하고 잠시만 하늘에 머물게 된다고 하더라도 그것은 몹시 아름답고 놀라운 경험입니다.

이러한 경험이 반복될수록 그는 차츰 주님께 요구하고 간구하고 주님을 설득하기 위하여 씨름하는 것보다, 주님을 신뢰하고 그 안에서 안식하고 감사하며 찬양하는 삶이 더 아름답고 행복한 것이라는 사실을 깨닫게 되어갑니다.

일상의 삶에서 감사와 찬양을 훈련하라

영으로 드리는 찬송이 더 아름답고 풍성한 것이 되기 위해서는 일상의 모든 삶에서 하나님을 찬송하는 것을 훈련하는 것이 필요합니다. 우리의 삶, 우리의 마음과 의식이 찬양하는 삶에 익숙해질수록 우리는 천국의 삶에 익숙해지며 우리의 마음과 영이 서로 조화될 수 있기 때문입니다.

성경은 우리의 삶이 항상 감사와 찬양으로 가득한 것이 되기를 권면하고 있습니다.

"범사에 우리 주 예수 그리스도의 이름으로 항상 아버지 하나님께 감사하며"(엡5:20)

"범사에 감사하라 이것이 그리스도 예수 안에서 **너희를 향하신 하나님의 뜻이니라**"(살전5:18)

"주의 의로운 규례들로 말미암아 내가 하루 일곱 번씩 주를 찬양하나이다"(시119:164)

항상 모든 일에 감사하며 찬양을 드리는 것은 그 의식 속에 항상 하나님을 바라보며 천국을 향하고 있는 삶입니다. 시편 기자는 하루에 일곱 번씩 찬양한다고 고백하고 있는데, 우리가 항상 주님을 의식하면서 감사하며 살아간다면, 하루에 일곱 번씩 주를 찬양하는 것은 그리 어려운 일이 아닙니다.

우리는 아침에 눈을 떴을 때 주님께 찬양을 드릴 수 있습니다. "할렐루야! 새로운 하루를 주신 것을 찬양합니다." 하고 찬양할 수 있습니다.

우리는 출근하면서 찬양을 드릴 수 있습니다. "주님, 감사합니다. 주를 찬양합니다. 늦지 않고 차를 타게 되어서 감사드립니다. 지금 이 공간에도 저와 함께 하시니 감사드립니다." 하고 찬양할 수 있습니다.

가정주부라면 집안을 청소하면서 찬양할 수 있습니다. "주님을 찬양합니다. 주님이 이 공간에 계심을 감사드립니다. 제가 청소하는 곳마다 주님의 거룩한 임재가 가득하기를 원합니다. 할렐루야!" 하고 찬양할 수 있습니다.

점심시간이 되었을 때 우리는 다시 찬양할 수 있습니다. "주님을 찬양합니다. 이제 다시 주님으로 충전할 수 있으니 감사하고 찬양드립니다!" 하고 찬양할 수 있습니다.

하루를 살다보면 속이 상할 때, 피곤할 때 화가 날 때, 지칠 때, 때로는 울고 싶을 때도 있습니다. 이 때 화장실이든.. 어디든 조용한 곳을 찾아서 찬양할 수 있습니다. "할렐루야, 주님을 찬양합니다. 주님은 저의 능력이십니다. 주님은 저의 주인이십니다. 저는 주님으로 인하여 치유되고 강건해질 수 있습니다. 주를 찬양합니다!" 하고 고백하며 찬양할 수 있습니다.

주부는 저녁 준비를 하면서, 직장인은 퇴근 준비를 하면서 주님을 찬양할 수 있습니다. "오, 주님.. 힘들었던 업무가 마무리되고 있습니다. 이 모든 것을 할 수 있는 힘을 주신 분은 주님이십니다. 주님을 찬양합니다. 할렐루야!" 하고 찬양을 드릴 수 있습니다.

가족들을 만나는 시간이 되었을 때, 또는 기다리면서 우리는 찬양할 수 있습니다. "오, 주님.. 이제 조금 있으면 사랑하는 아내를 만날 수 있습니다. 가족들을 다시 볼 수 있습니다. 즐거운 대화의 시간을 가질 수 있습니다. 이러한 만남의 기쁨과 그리움을 주신 주님을 찬양합니다. 감사드립니다. 할렐루야!" 하고 찬양할 수 있습니다.

우리는 잠자리에서 잠이 들기 전에 "주님, 감사합니다. 찬양합니다. 오늘 하루 종일 저의 힘이 되어주시고 가르쳐주시고 인도해주시고 많은 것들을 배울 수 있도록 인도하신 것을 감사합니다. 이제 저의 꿈자리에서도 함께 해 주십시오. 주님은 저의 모든 것입니다. 주님을 사랑합니다. 감사합니다. 찬양합니다. 할렐루야!" 하고 찬양을 드리며 잠이 들 수 있습니다.

일상의 찬양 훈련은 천국 삶의 훈련이다

이렇게 범사에 하나님을 의식하며 찬양을 드리는 습관은 우리의 의식과 영을 천국적인 것으로 조화되게 합니다. 잠시 기도할 때만 찬양을 드리는 것이 아니라 우리의 전 삶이 하나님을 기쁘시게 하고 영광을 돌리는 삶으로 나아가게 하는 것입니다.

이렇게 일상의 삶에서 찬양하는 훈련은 곧 하루 종일 천국에서 사는 훈련과 같은 것입니다. 그것은 우리를 마귀로부터, 각종 세상의 악한 문화와 죄악 된 삶으로부터 지켜줄 것입니다. 찬양하는 곳에는 항상 천사들이 따르기 때문입니다. 이러한 찬양의 습관에 익숙해질수록 우리는 영의 찬양에도 익숙해지며 더 깊고 아름다운 찬양을 드릴 수 있게 될 것입니다.

영의 찬양과 마음의 찬양을 병행하라

방언으로 찬양을 드릴 때, 그저 영으로만 찬양을 할 필요는 없습니다. 방언으로 기도를 하면서 중간 중간에 통역을 하고 마음의 기도를 섞어서 할 때 방언기도가 더 풍성해지는데, 방언으로 하는 찬양에도 그와 같이 중간 중간에 떠오르는 마음의 감동을 말로 고백할 필요가 있습니다.

방언찬양을 하면서 속에서 솟구치는 사랑의 고백과 감사의 고백, 헌신의 고백과 주를 높이는 고백을 마음으로 표현하는 것이 좋습니다. 영으로 찬양하다가 다시 마음으로 찬양하고, 영으로 기도하다가 다시 마음으로 기도하고.. 이러한 흐름은 파도치는 것같이 반복되면서 점점 더 깊고 아름답고 거룩한 임재의 세계로 우리를 이끌어가게 됩니다.

집회에서 같이 드리는 영의 찬양의 아름다움과 풍성함

방언으로 하는 영의 찬양은 혼자서 하는 것도 좋지만 집회에서 여럿이 같이 할 때 더 아름답고 풍성해집니다. 여러 사람들이 각자 자기 안에서 일어나는 감동을 따라 자연스럽게 음을 내고 멜로디를 표현할 때, 그것은 오케스트라와 같습니다. 어떤 이는 낮고 부드러운 음을 내며 어떤 이는 높은 음으로 바이브레이션을 하며 어떤 이는 동일한 음에 아름다운 방언을 실어서 찬양합니다. 이렇게 서로의 화음이 자연스럽게 어우러지고 조화되는 이 찬양은 마치 천국의 음악회가 열리는 것 같습니다.

그것은 너무나 멋지고 아름다운 것입니다. 그 연출자는 성령이십니다. 아무도 계획하지 않습니다. 다만 각자의 내부에 거하시는 성령께서 각자에게 아름다운 감동과 선율을 허락하시며 인도하십니다.

충분히 방언기도와 찬양을 경험한 사역자라면 집회에서 방언으로 찬양을 하도록 인도하는 것은 아름다운 일입니다.

나는 청년 시절에 많은 젊은이들이 참석하는 선교단체의 집회에서 방언으로 찬양을 하는 것을 여러 번 경험한 적이 있습니다. 인도자는 찬양을 계속 인도하고 있다가 처음의 경쾌하고 즐거운 찬양에서 점점 더 고요하고 조용한 경배곡을 사용하여 잔잔하게 찬양을 하다가 성령의 임재가 충만한 분위기에 이르자 방언찬양을 하도록 하였습니다.

아니, 뚜렷하게 방언으로 찬양하자고 한 것은 아니었습니다. 고요한 찬양이 점점 더 잦아들어가고 있을 때 그 고요한 분위기에서 누군가가 방언으로 찬양을 조그맣게 시작했으며 조금씩 거기에 참여하는 사람들이 많아지고 나중에는 전체의 사람들이 방언으로 찬양을 하였는데, 그것은 너무나 황홀하게 아름다웠습니다. 마치 천상의 음악회처럼 달콤하고 따뜻하고 행복한 것이었습니다. 하나님의 함께 하심이 마치 손에 잡히는 듯이 가깝게 느껴졌습니다. 이들은 이러한 찬양의 분위기에 익숙한 듯이 보였습니다.

집회에서 영의 찬양을 시도해보라

사역자가 이러한 찬양을 인도할 수 있다면 그것은 아름다운 일입니다. 물론 이러한 찬양은 일반적인 예배에서는 진행하기 어려울 것입니다. 현대의 예배는 너무나 구조적인 틀에 갇혀있고, 또 대다수의 사람들은 그러한 틀에서 벗어나는 것을 원하지 않기 때문에 이러한 자유롭게 성령이 임하실 수 있는 집회는 금요일 밤 기도회집회 같은 비교적 자유로운 분위기의 집회에서 시도할 수 있을 것입니다.

물론 이러한 시도는 교회의 분위기가 성령의 역사에 대하여 충분히 열려있고 성도들이 찬양과 하나님의 임재 경험에 익숙해있는 상태에서 하는 것이 바람직할 것입니다.

대체로 사역자가 이러한 부분에 열려 있으면 성도들도 그것을 사모하게 됩니다. 사역자가 이러한 것을 두려워하고 경계하면 성도들도 비슷한 반응을 보이게 됩니다. 대체로 교회의 영적인 분위기는 사역자에 의해서 좌우되므로 사역자가 어느 정도 경험이 있다면 이렇게 성령이 임재하시고 하늘의 기쁨이 함께 하는 신령한 찬양을 시도해보는 것이 좋을 것입니다.

성도들이 하나님의 가까우심, 달콤한 임재에 들어갈 수 있도록 인도하십시오. 평소에 성도들이 기도의 달콤함, 찬양의 향취, 주님과의 친밀한 교제가 얼마나 아름답고 행복한 것인지 맛볼 수 있도록 예배를 인도하고 격려해야 합니다.

사역자가 어느 정도 주님을 경험하면 그 예배에는 달콤하고 아름다운 주의 임재가 함께 합니다. 그러면 성도들은 주님과의 친밀한 교제의 기쁨을 알게 되고 점점 더 사모함이 증가됩니다.

사역자는 평소에 성도들이 주님을 더욱 더 사모하고 갈망하도록 이끌고 집회에서 부르짖어 기도하며 방언으로 기도하도록 격려하고 인도합니다. 집회에서 성령의 가까우신 임재를 기대하도록 권면하며 찬양을 인도합니다.

무거운 짐이 사라질 때까지 기도하고 찬양하라

충분히 기도하고 찬양을 드려야 합니다. 그렇게 기도하고 찬양하는 가운데 성도들이 가지고 있는 무거운 짐들이 사라지고 좌중에 평화로움과 자유로움이 임하기를 기다려야 합니다.

사역자는 충분히 방언으로 기도함으로써 영의 감각과 분별이 있어야 합니다. 충분히 방언으로 기도해서 영의 감각이 생기면 성도들의 영적 상태나 좌중의 영적 상태를 분별할 수 있습니다. 지금 이 분위기가 전체적으로 근심이 많다든지, 어두움이 많다든지, 악한 영의 역사와 억압이 있다든지, 이제 어느 정도 풀렸다든지, 그러한 것을 감지하고 처리할 수 있어야 합니다.

충분히 기도와 찬양을 드려서 성도들의 영들이 가벼워지고 무르익었다면 조용히, 아름답게 방언으로 찬양을 드리도록 인도할 수 있습니다. 사역자는 조용히 방언으로 찬양하면서 조용히 전체를 지켜보기만 하면 됩니다.

거기에는 아무런 연습이 필요 없습니다. 그 공간에는 성령이 임재하시며 성령께서 이 오케스트라를 지휘하십니다. 그러므로 많은 화음이 나타나고 멜로디가 나타나지만 거기에는 불협화음이 거의 없습니다.

만일 불협화음이 나타난다면 그것은 본인에게 고통을 줄 것입니다. 무엇인가 속에서 자유하지 않으며 영의 불편함을 느끼게 될 것입니다. 그것은 성령이 주신 것이기 보다는 자신이 스스로 만들어내었을 가능성이 많이 있기 때문입니다.

누구나 영으로 찬양할 수 있다

그렇다면 평소에 음치와 같은 사람들은 방언 찬양이 불가능한 것일까요? 그렇지는 않습니다. 물론 평소에 음악의 달란트를 받은 이들이 더 아름답고 자연스러운 화음으로 영의 찬양을 하는 것은 사실입니다. 그러나 음의 감각에 그리 민감하지 않은 이들도 평범하고 단순한 음으로, 단순히 하나의 음을 이어나가면서 방언으로 기도하고 찬양함으로 충만한 기쁨을 맛볼 수 있습니다.

집회에서 전체가 어우러져 드리는 방언 찬양.. 그것은 너무나 아름다운 것입니다. 그것은 천상의 음악회입니다. 기존의 찬양의 틀에서 멈추지 마십시오. 거기에는 한계가 있습니다.

오늘날 사람들이 많이 부르는 찬송가는 주로 백 여 년 전 당시의 영국, 미국인들의 정서와 관련이 있는 것입니다. 그들에게 그 당시에 성령께서는 역사하시고 은혜를 베푸시고 감동을 주셨지만, 오늘날에도 지금 이 순간에도 역사하시는 성령님이 있습니다. 지금 역사하시는 주님의 은총에 대한 새 노래, 새 곡조, 자유로운 영의 찬양을 통해서 제한 없는 은혜의 세계에 나아가야 합니다.

처음에는 충분히 부르짖고, 발성으로 기도하게 하십시오. 그리고 찬송을 부르게 하십시오. 처음에는 비교적 빠른 찬송을 부르고, 차츰 조용하고 잔잔한 경배와 사랑을 고백하는 찬양을 드리십시오.

조용하고 부드러운 찬양으로 들어갔는데 뭔가 조금 답답하고 눌리는 느낌이 있으면 그것은 아직 영적 전쟁에서 충분히 승리한 상태가 아니기 때문에 보혈에 대한 찬송이나 능력에 대한 조금 빠르고 강력한 찬송을 다시 불러야 합니다. 그렇게 해서 영적인 압박이나 어두움이 풀렸으면 다시 고요하고 깊은 찬양으로 나아갈 수 있습니다.

사실 한 번의 집회에서는 수도 없이 그 공간의 영적 분위기가 움직이며 변화됩니다. 수많은 전쟁이 있습니다. 민감한 사역자라면 그것을 분별하고 처방을 하며 성도의 영들을 회복과 자유함의 세계로 이끌 수 있을 것입니다.

처음부터 끝까지 침체된 형태의 집회도 있는데, 그것은 사역자의 영이나 사람들의 영들이 아예 눌려 있으며 전쟁 자체도 인식하지 못하고 있는 것입니다. 사역자의 영이 무력하면 성도의 눌린 영적 상태를 개선해줄 수 없습니다. 집회에서 사역자는 주님의 영을 공급하는 통로이기 때문입니다.

그러므로 그가 영적으로 눌려 있으면 아무리 합당하고 옳은 말씀을 전달해도 성도의 영을 회복시킬 수 없습니다. 머리에 지식을 줄 수는 있지만 기쁨과 해방과 승리를 줄 수는 없습니다.

조용하고 부드러운 찬양으로 진입했다면, 후렴구를 반복해서 부르는 것이 좋습니다. 그리고 부드럽고 잔잔한 상태에서 방언으로 찬양을 시작하도록 권면합니다.

처음에는 익숙하지 않을지 모르지만 차츰 천상의 성가대가 어떤 것인지 알게 될 것입니다. 평소에 노래를 잘 못하던 이들도, 아름다운 소리.. 사랑과 평화로움이 가득한 소리로 영의 찬양을 하게 됩니다.

다양한 방식으로 영의 찬양을 시도하라

나는 집회를 할 때 자주 방언으로 찬양을 하며 가끔씩 성도들에게도 방언으로 찬양을 하도록 훈련시킵니다. 거기에 특별한 방법이나 원리가 있는 것은 아닙니다. 사역자는 시계추를 한번 건드리듯이, 방향을 지정해주기만 하면 시계는 계속 움직이게 됩니다.

가장 쉬운 방법은 성도들에게 방언을 하게 한 후에, 각자의 방언에 음을 실어서 노래하듯이 방언찬양을 하게 하는 것입니다. 또는 사역자가 한 음을 지정해서 따라하게 하고 그 음에 각자의 방언을 하게 하는 것입니다. 그러면 사람들이 각자가 음을 내어 찬양을 하게 되는데, 그 순간 그 공간이 갑자기 천상의 분위기로 바뀌게 됩니다.

평소에 영이 맑고 아름다운 사람일수록, 영이 정화된 사람일수록 그 음의 소리는 아름답고 사랑스러우며 달콤합니다. 아직 육과 자아의 처리가 부족한 사람이면 음이 좀 거칠게 나옵니다. 아직 근심이나 두려움들이 덜 치유된 사람이라면 음이 어둡게 나옵니다. 그러나 충분히 정화되지 않았다고 하더라도 방언으로 드리는 찬양에는 본인의 수준에서는 어느 정도 기쁨이 있으며 정화에도 도움이 됩니다.

나는 평소에 일반적인 찬양을 인도할 때도 자주 방언으로 찬양합니다. 영의 감동이 있을 때, 그렇게 가사 대신에 방언을 사용하여 찬양을 드리면 내적인 충만함, 기름 부으심이 증가되는 것을 느끼게 됩니다.

성도들은 가사를 부르며 찬양하지만 나는 혼자서 그 찬송의 가사가 아닌 방언으로 찬양을 하곤 합니다. 그러다가 점점 곡조에 화음을 넣게 되고, 자연스럽게 속에서 일어나는 감동을 따라 다양한 곡조와 방언으로 찬양하곤 합니다. 성도들이 부르는 찬양의 음과 가사, 그리고 내가 하는 찬양의 음과 가사는 다르지만 그것은 절묘한 조화를 이루며 전체적인 영적 분위기를 고조시킵니다. 그것은 아름답고 사랑스러우며 감미로운 영의 흐름을 가져옵니다.

음을 지정해줄 수도 있다

나는 집회에서 전체를 좌석을 따라 세 부분으로 나누고 한 부분마다 음을 지정해주기도 합니다. 한 팀에게는 '도' 음을, 두 번째 팀에게는 '미' 음을, 세 번째 팀에게는 '솔' 음을 배정합니다. 그리고 각자가 받은 음에 맞추어서 방언으로 찬양을 하도록 시킵니다.

각자는 받은 음에 맞추어서 찬양을 하지만 엄격하게 그 음만을 내는 것은 아닙니다. 거기에 화음을 넣어서 어느 정도는 자유롭게 이동하면서 음을 냅니다.

그렇게 전체의 음이 어우러지는 찬양을 들으면 숨이 막힐 정도로 아름답습니다. 그 공간은 아름다움과 황홀함으로 가득하게 됩니다. 사람들의 얼굴에는 기쁨이 가득하고 사랑스러움과 감격의 눈물, 웃음으로 가득하게 됩니다.

찬양이 우리의 영을 따라 충만하게 드려질 때, 그것은 곧 천국입니다. 인간은 하나님을 온 맘을 다해 찬양할 때 가장 놀라운 행복과 기쁨을 경험하도록 창조되었습니다.

"이 백성은 내가 나를 위하여 지었나니 나를 찬송하게 하려 함이니라" (사43:21)

고요하고 부드럽게 드리는 깊은 찬양과 경배에는 아름답고 달콤한 주님의 임재가 가득합니다. 그러한 깊은 찬양과 경배를 위해서는 먼저 충분한 발성기도와 토함이 필요합니다.

집회에 참석한 사람들은 바깥에서 대체로 세상의 영과 기운을 많이 가지고 오기 때문에 처음에는 그러한 어두움의 요소들이 충분히 기도와 찬양을 통해서 처리되고 정화되어야 합니다. 충분히 정화되면 사람들의 영은 아주 맑아져서 주님의 임재에 예민해지게 되며 영의 흐름을 감지하게 되고 말씀을 깊이 흡수하고 누리게 됩니다.

각자가 가지고 있는 영적 어두움과 묶임을 충분히 토해내고 좌중에 고요함이 왔을 때, 그 잔잔한 주의 임재 속에서 아름다운 방언찬송이 울려 퍼지고 꿀과 같이 달콤한 그 사랑의 임재가 있을 때 그것은 곧 영광의 세계입니다. 그것은 너무나 아름다운 세계입니다. 누구나 그 아름답고 놀라운 주님의 임재를 경험하게 되면 주님을 갈망하고 사랑하게 됩니다.

찬양의 영광과 임재를 경험할수록 세상의 즐거움에서 벗어난다

오늘날 헌신되지 않은 신자들, 세상을 사랑하고 세상의 쾌락을 즐기는 이들은 그 주님의 임재가 무엇인지 모르는 사람들입니다.

그 놀라운 임재를 맛보게 되면 어떤 사람도 주님에 대하여 갈망하고 빠지지 않을 수가 없습니다. 그 행복감과 깊은 영에서 흐르는 평강의 강물은 결코 세상에서 경험하고 맛볼 수 없는 것이기 때문입니다.

세상에도 쾌락이 있지만, 그것은 영이 마비되고 감각이 죽어서 오직 육체와 자아의 감각만을 느낄 수 있는 사람들이 누리는 것입니다. 영의 감각이 깨어나고 민감해져서 그 영광의 즐거움, 평화를 경험하게 되면 아무도 그 거칠고 낮고 불안감으로 가득한 쾌락을 찾지 않습니다.

성도들이 너무 어리다면 시도하지 말라

집회에서 방언으로 다 같이 드리는 영의 찬양은 아름다움과 풍성함이 가득한 것이지만, 아직 전체적인 성도의 영들이 거칠고 어리다면 하는 것이 바람직하지 않습니다. 전체적으로 영의 감각이 둔하고 경직된 이들이 많다면 그것은 혼란을 가져올 수 있습니다.

전체적으로 주의 임재를 사모하는 분위기가 많고, 적어도 방언을 하는 사람들이 많이 있어야 합니다. 갈망하지 않는 이들이 많을 때 이러한 찬양과 경배의 세계로 인도하는 것은 좋지 않습니다.

대부분의 성도들이 구하는 것은 주님의 임재나 주님과의 친밀한 교제가 아니고 현실 문제의 해결입니다. 대부분의 성도들은 세상 근심으로 가득 차 있고 영이 눌려 있기 때문에 그들의 영을 회복시키는 것이 필요합니다.

그러므로 그러한 이들이 많은 곳에서는 위로의 메시지가 필요하며 강력한 능력의 터치가 필요합니다. 그러나 아직 주를 경배하는 수준으로 나아가는 것은 어렵습니다.

모든 사람들이 천상의 영광을 경험하는 것은 아닙니다. 오직 사모하고 갈망하는 이들이 그 은총을 얻고 누립니다. 얼굴의 표정이 어둡고 경직되어 있는 이들은 마음도 경직되어 있는 것이 보통입니다. 이들은 먼저 치유가 필요합니다.

깊은 경배 이전에 먼저 묶임에서 벗어남이 필요하다

깊은 찬양과 경배로 이끌기 전에 먼저 이들이 묶임에서 벗어날 수 있도록 도와야 합니다. 그들이 가지고 있는 분노나 상처나 두려움이나 문제들을 처리하고 영이 자유롭게 될 수 있도록 먼저 도와야 합니다.

굳어있는 사람들이 많이 있을 때 그 공간에는 깊은 주의 임재가 나타나기 어렵습니다. 그들은 불편함을 느낄 것이며 섣불리 사람들을 경배의 깊은 곳으로 이끌려고 하는 시도는 갈등을 일으킬 수 있습니다.

사역자는 사람들의 영적 상태, 헌신도, 순결함의 정도를 분별해야 하며 모든 것을 억지로 하지 말고 자연스럽고 편안하게 이끌어야 합니다. 잘 인도해서 성도들을 깊은 찬양의 세계로 이끌 수 있다면, 그것은 곧 천국의 임재와 같습니다. 사람들은 그 기쁨이 있는 예배의 시간을 기다리고 또 기다리게 됩니다.

이것을 이해해야 합니다. 찬양과 경배를 드리는 것은 문제 해결을 위한 간구나 전투의 상태보다 깊은 것입니다. 찬양과 경배의 집회는 일반적인 기도 집회보다 깊은 것입니다. 일반적인 집회나 기도회도 아름답고 귀한 것이지만 자신이나 문제를 넘어서서 주님 자신에게 집중하는 찬양과 경배의 집회에는 훨씬 더 높고 풍성한 은총이 임하게 됩니다. 그러므로 그리스도인들은 더 깊은 찬양을 드릴 수 있기를 사모해야하며 항상 감사와 찬양으로 살기를 힘써야 합니다.

찬양은 천국이 임하게 한다

찬양은 천국을 가져옵니다. 이것은 명백한 진리입니다. 찬양을 할 때, 영으로 찬양하고 경배할 때 우리의 영은 하늘에 있습니다. 우리의 몸은 여전히 이 세상에 있지만 우리의 영은 하늘의 은총을 누립니다.

"허물로 죽은 우리를 그리스도와 함께 살리셨고 (너희는 은혜로 구원을 받은 것이라)또 함께 일으키사 그리스도 예수 안에서 함께 하늘에 앉히시니 이는 그리스도 예수 안에서 우리에게 자비하심으로써 그 은혜의 지극히 풍성함을 오는 여러 세대에 나타내려 하심이라" (엡2:5-7)

우리의 영은 보이지는 않지만 그리스도와 함께 이미 살아났고 그리스도 예수 안에서 함께 하늘에 앉아 있습니다. 우리의 영적 위치는 지금 하늘입니다.

하지만 현실적으로 오늘날 많은 신자들의 상태는 하늘에 있는 것으로 보이지 않습니다. 많은 신자들이 굴속에 갇혀 있고 땅 위에서 힘겹게 전투를 벌이고 있습니다.

믿음으로 약속의 말씀을 주장해야 하지만 그들의 영은 너무 어둠고 눌리고 고통스럽습니다. 신자들은 죄에서 해방되지 못하며 세상의 근심 염려로 잠을 이루지 못하고 주님이 주시는 위로와 환희가 무엇인지 잘 알지 못합니다.

그러나 오늘날 어떤 이들은 천상에서 하늘을 날듯이 살아갑니다. 그들은 주님의 임재를 경험하며 승리의 삶을 누리며 영혼에 가득한 환희와 천국의 향취에 대해서 압니다. 그리고 그 중요한 원리와 비결이 바로 찬양입니다. 특히 영으로 드리는 찬양이 그러합니다.

지옥에는 슬피 움과 이를 갊이 있다

천국과 지옥의 가장 결정적인 차이는 이것입니다. 천국에는 하나님을 높이고 영광을 돌리며 감사와 찬양이 끊어지지 않습니다. 천사들은 온 힘을 다하여 하나님의 선하심과 위대하심을 찬양합니다. 지옥에서는 원망과 슬피 움과 이를 갊이 있습니다.

악령들은 항상 쫓겨나갈 때 이를 갈며 억울하다고 외치며 나갑니다. 분노에 차서 이를 갈고 원망하면서 나갑니다. 감사하다고 하면서 나가는 귀신들은 없습니다.

어두움의 영계에 속한 이들은 항상 원망하고 불평합니다. 자신의 모습을 돌아보고 반성하는 일은 없고 자신은 오직 운이 없었고 사람을 잘못 만났고 환경이 나빴고 자신은 오직 억울하고 원통하다고 불평합니다.

이들은 그러한 삶의 자세를 바꾸지 않으면 그 어두움의 영역에서 벗어날 수 없습니다. 그들은 이 땅에 살 때도 힘들고 영원한 곳에서도 그 영혼은 안전하지 않습니다.

빛의 세계에 속한 이들은 항상 자신의 잘못을 시인하고 반성하고 회개합니다. 이들은 책임을 남에게 돌리지 않고 자기에게 돌립니다. 이들은 사소한 일에도 감사하며 수시로 찬양과 영광을 하나님께 돌립니다. 이들은 모든 좋은 일에 대하여, 자신의 모든 것, 자신에게 주어진 모든 것이 다 하나님의 은혜라고 고백합니다. 그러므로 오직 감사와 찬양으로 살아가는 것입니다.

항상 모든 것이 억울해서 이를 갈며 사는 지옥의 사람들과 항상 모든 것이 감사해서 찬양으로 사는 천국인들의 삶은 너무나 선명하게 차이가 납니다.

지옥은 오직 자기를 높이는 자들이 있는 곳입니다. 천국은 오직 주를 높이는 이들이 있는 곳입니다. 우리는 사후에만 지옥이나 천국에 가는 것이 아니라 지금 이 순간 육이 살아있는 순간에도 천국과 지옥을 접하고 있습니다.

지옥의 거점을 찾아보라

우리는 자기를 높이고 드러내며 원망과 불평을 함으로써 지옥과 지옥의 영들을 접할 수 있으며 자기를 부인하고 오직 주를 높이고 감사와 찬양을 드림으로써 천국과 천국의 영들, 천사들의 보호 속에 살 수 있습니다.

지금 당신의 상태를 점검해보십시오. 당신 안에 평소에 항상 불만스럽게 생각하는 것이 있는지, 마음에 들지 않는 것이 있는지 점검해보십시오. 억울하다고 여기는 것이 있는지 찾아보십시오. 그리고 발견하였다면, 그것들을 결코 내버려두지 마십시오. 그 부분을 통해서 당신에게 지옥의 공격이 침투할 수 있음을 기억하십시오.

할 수 있는 한, 그 지옥의 거점을 제거하십시오. 당신 안에 지옥을 남겨두지 마십시오. 의식을 바꾸는 것은 쉬운 일이 아니지만, 반복적으로 그 지옥의 거점을 제거할 때 당신은 많은 고통과 재앙에서 벗어나며 전에 몰랐던 자유함의 세계로 들어가게 될 것입니다.

천국의 보증금

온전하게, 순결한 마음으로 감사하고 찬양을 드릴 때 그것은 곧 천국입니다. 우리는 지금 이 순간 천국의 향취를 맛보고 누릴 수 있습니다.

천국은 이 순간에 실재합니다. 우리는 사후에 천국에서 사랑하며 기뻐하며 찬양하며 영원히 살아가겠지만 또한 이 순간에도 부분적인 천국의 기쁨을 누려야 합니다.

야곱은 요셉을 잃어버린 후에 그가 죽었다고 믿고 통곡을 했습니다. 세월이 흘러 야곱의 형들이 애굽에 다녀와서 요셉의 살아있음을 말했으나 야곱은 믿지 않았습니다. 그러나 그들이 애굽에서 가져온 수레를 증거물로 보여주자 야곱은 비로소 믿으며 기운이 소생하였습니다. 야곱은 말했습니다.

"족하도다 내 아들 요셉이 지금까지 살아 있으니 내가 죽기 전에 가서 그를 보리라" (창45:28)

아들들의 말만으로는 믿을 수 없었습니다. 그러나 애굽에서 가져온 화려한 수레는 요셉의 존재에 대한 보증이었습니다.

우리는 집을 계약할 때 보증금을 겁니다. 보통 10%의 보증금을 걸고 이사 날에 나머지를 줄 것을 약속합니다. 요셉이 보낸 수레가 요셉의 존재를 입증하듯이, 그 보증금은 나머지 90%에 대한 약속입니다. 오늘날 우리는 보증으로 성령을 받았고 성령은 우리에게 천국을 보증하십니다. 성령의 임재와 역사를 통해 우리는 천국의 일부를 맛보며 나중에 온전히 입주하게 될 날을 기대합니다.

"그가 또한 우리에게 인치시고 보증으로 우리 마음에 성령을 주셨느니라" (고후1:22)

우리는 지금 이 땅에 살면서 성령의 임재를 통하여 천국의 일부를 경험합니다. 우리는 지금의 삶에서 천국을 선택하며 천국의 풍성함을 맛볼 수 있습니다.

지금의 삶에서 천국을 선택하십시오. 원망과 불평에서 지옥이 가까이 오며 감사와 찬양에서 천국이 가까이 옵니다. 부디 원망을 버리고 감사와 찬양을 선택하십시오. 이 찬양의 길에 방언으로 드리는 영의 찬양은 큰 도움이 됩니다. 이 귀한 은사를 통하여 아름답고 풍성한 삶, 영의 자유함, 천상의 영광에 나아가십시오. 아멘.. 할렐루야..

33. 더 깊은 경험이 필요한가?

　방언은 우리 안에 거하시는 성령이 외부에 표현되어 나타나는 하나의 통로입니다.
　성령은 우리 안에서 거듭나게 하시고 말씀을 깨닫게 하시고 감동하시고 다양한 역사를 일으키시며 그러한 작용들은 대부분 내면에서 보이지 않게 이루어지는 것입니다.
　그러나 방언은 그 성령의 역사가 보이고 나타나게 합니다. 방언을 속으로 하는 사람은 없을 것입니다. 방언은 겉으로, 입으로 하는 것이며 그러므로 방언하는 것을 누구나 보고 알 수 있습니다. 이것은 아주 단순한 은사이지만 이 은사를 사용하여 기도할 때 거기서부터 하나님은 우리에게 구체적인 실상으로 경험되기 시작합니다.
　이 장에서 살펴보고 싶은 문제는 이것입니다. 그렇다면, 체험의 영역에서 우리는 방언을 하는 것으로 충분한가? 아니면 더 새로운 체험을 구해야하는가 하는 것입니다.
　말씀의 영역에서는 '우리에게 더 이상 다른 계시가 필요한가?' 하는 문제에 대하여 이미 충분한 답들이 있기 때문에 언급할 필요가 없습니다.
　성경은 계시의 완성이며 그것으로 충분하기 때문에 우리는 다른 계시가 필요하지 않습니다. 우리에게 필요한 것은 새로운 계시가 아니라 이미 주어진 계시를 잘 이해하고 깨닫는 것입니다. 성령께서는 바른 해석과 가르침으로 우리를 깨닫게 하십니다.

경험은 발전해가지만,
별도의 새로운 체험이 필요한 것은 아니다

그러나 체험의 영역에서는 어떨까요? 우리는 성경에 계시된 하나님을 구체적으로 경험해야 합니다. 우리의 경험은 더 발전해가야 합니다. 우리는 주님을 좀 더 구체적으로, 삶의 모든 영역에서 경험해가야 합니다. 우리는 기도할 때마다, 말씀을 묵상할 때마다 어제와 다른 새로운 은혜를 경험합니다. 우리는 날마다 주님의 새로운 어떠한 측면을 맛보고 경험합니다.

방언은 그러한 하나님 체험의 한 부분입니다. 방언을 하면서 우리는 하나님 체험의 영역이 점점 더 깊어지는 것을 경험하게 됩니다. 그렇다면, 영적인 경험에 있어서 우리는 방언으로 충분할까요? 아니면 그것만으로는 부족하니 또 다른 새로운 경험이 필요한 것일까요?

이러한 질문은 '영적 경험' 이나 '하나님 체험' 에 대한 정의를 어떻게 내리느냐, 규정하느냐에 따라 답이 달라질 수 있습니다. 그러므로 어찌 보면 모호한 질문인지도 모르겠습니다.

나는 하나님 체험에 대해서 어떤 제한을 두고 싶은 것은 아닙니다. 다만 나는 이 장에서 방언을 할 수 있으며, 충분히 방언으로 기도하는 사람이라면 또 다른 특별한 새로운 경험을 추구할 필요는 없다는 것을 나누고 싶습니다.

우리는 다양한 방법으로 기도를 드리고 찬양을 하고 예배를 드리며 하나님께 나아갑니다. 그리고 주님께서는 다양한 방법으로 우리에게 임하시고 말씀하시고 감동하십니다. 방언은 주님께서 우리에게 말씀하시는 하나의 통로입니다. 우리는 방언을 통해서 주님의 임재를 좀 더 가까이 경험합니다. 주님이 우리 안에 거하시며 말씀하시고 역사하시는 것을 좀 더 구체적으로 경험하게 됩니다.

충분히 방언으로 말하면 말할수록 우리는 그 영에 사로잡히게 됩니다. 우리는 영감을 얻으며 주님의 마음을 느끼게 됩니다.

방언을 실용주의적으로 잘못 사용해서 방언으로 오래 기도하면서도 주님의 임재에 가까이 나아가지 못하는 이들이 적지 않은 것은 사실입니다.

그러나 방언은 바르게 사용하기만 하면 충분히 주님의 임재와 교제로 가까이 나아갈 수 있게 하는 도구이며 말씀의 깊은 의미와 능력을 깨닫고 체험하게 되는 도구입니다. 그러므로 나는 방언으로 충분히 기도하고 주님의 감동을 받는 사람이라면, 굳이 다른 경험이 또 필요하다고 생각하지 않습니다.

중요한 것은 능력이나 체험이 아니라 순종이다

성경을 읽고 묵상하기를 즐기며 충분히 방언으로 기도하는 사람이라면 지금 그에게 필요한 것은 순종입니다. 말씀하시고 감동하시는 주님께 대하여 순종하는 것이 필요합니다. 더 깊은 경험, 새로운 체험이 필요하지 않습니다.

지금 성경을 통하여 말씀하시고 방언을 통하여 감동하시는 주님께 순종하지 않고 그의 메시지에 귀를 기울이지 않은 상태에서 어떤 새로운 체험을 구하는 것은 그 동기에 있어서 다시 돌아볼 필요가 있습니다. 왜 새로운 경험을 구하는 것인지? 그 동기와 목적이 육신적이거나 자아적인 것은 아닌지? 살펴볼 필요가 있습니다.

자기의 영적 경험이 부족하다고 여기는 이들을 나는 많이 보았습니다. 기도원에서 만난 어떤 사역자는 자기의 영적 경험을 몇 가지 이야기하면서 자기는 아직 부족하다고, 멀었다고 하면서 더 깊은 능력을 받아야 한다고 겸손하게 말했습니다. 그는 방언도 하고 많이 기도하는 사람이고 신유의 은사도 나타났지만 자기는 아직 멀었으며 더 능력을 받을 것이라고 말했습니다.

그는 내가 가진 능력이 무엇인지 알고 싶어 했고 자기도 그것을 나누어 받고 싶다고 하였습니다. 그는 몹시 겸손한 사람으로 보였지만 그의 지향점이 나는 이해되지 않았습니다. 그는 기도하고 능력을 받는 것이 무협지에서 나오는 무림의 고수가 되는 것으로 여기는 것 같았습니다. 그것은 옳지 않은 관점입니다.

우리는 무림의 고수가 될 필요가 없습니다. 깊은 내공을 쌓을 필요가 없습니다. 우리는 다만 주를 따르는 사람일 뿐입니다. 주님이 만왕의 왕이시고 주인이시기 때문에 우리는 그분을 모시고 그분을 따르며 그분이 시키시는 것을 하기만 하면 됩니다.

우리는 도사가 될 필요도 고수가 될 필요도 없습니다. 우리에게 필요한 것은 순종입니다. 마지막 날에 주님은 우리에게 달란트를 잘 사용했느냐, 사명을 잘 감당했느냐 물으실 것입니다. 너, 깊은 내공을 쌓고 능력을 받았느냐 묻지 않으실 것입니다.

우리는 무림의 고수가 될 필요가 없다

우리는 능력이 많은 사람이 될 필요가 없습니다. 능력이 많으신 분이 우리 안에 거하십니다. 우리의 목표는 능력이 많은 사람이 되는 것이 아니라 능력이 많으신 그분을 따르며 순종하는 것입니다. 우리가 만일 무기력하다면 그것은 우리가 우리 안에 거하시는 능력이 많으신 분을 따르지 않기 때문입니다. 우리 마음대로 행하고 우리 스스로의 힘으로 무엇인가를 하려고 하기 때문입니다. 우리 안에서 역사하시는 분을 따라 움직인다면, 우리는 무기력하지 않을 것입니다.

나는 여러 기도원에서 영적인 권능을 얻고 무기를 얻으려고 애쓰는 사역자들을 많이 만났습니다. 나는 어떤 기도원에서 영안이 열려서 투시를 할 수 있기를 간절히 기도하시는 목사님들을 보았습니다. 나는 그들에게 왜 그 은사를 받으려고 하느냐고 물었습니다. 그들은 목회를 잘 하기 위해서 라고 하였습니다.

영안이 열려서 모든 것을 볼 수 있다면 그들은 목회를 잘 할 수 있다고 믿는 것 같았습니다. 그 기도원에는 영안이 열려서 투시가 된다고 하는 분들이 있었는데, 목사님들은 그러한 것을 몹시 부러워하였습니다.

정말 그들의 말대로 영안이 열리고 모든 것이 다 보이면 목회에 도움이 되고 신앙에 도움이 될까요? 하지만 나는 영안이 열렸다고 주장하는 그들을 보았을 때 너무 사납고 공격적이어서 별로 가까이 접근하고 싶은 마음이 들지 않았습니다.

신령함보다 중요한 것은 그리스도의 향취이다

아무리 영안이 열리고 자칭 신령한 사람이라고 하더라도 삶에서 그리스도의 향취가 나타나지 않는다면, 그러한 이들은 사람들을 돕고 그리스도에게로 인도하는 데에 별로 유능하지 않을 것입니다.

사람들은 마음에 아픔이 있을 때 마음이 거친 자칭 신령한 사람에게 가지 않고 비록 능력은 별로 없을지라도 마음이 따뜻한 사람에게 가고 싶어 합니다. 자기의 모든 약점을 다 보고 아는 사람이 무서운 사람이라면 그는 정말 피하고 싶은 사람일 것입니다.

우리가 힘들고 지칠 때 주님 앞에 나아가 그 안에서 위로와 힘을 얻는 것은 그분이 우리의 연약함과 잘못을 다 아시면서도 우리를 불쌍히 여기시고 받아주시며 이길 수 있는 힘을 주시기 때문입니다. 단순히 무기를 얻는 것으로 삶이나 사역이 성공적일 수는 없습니다.

나는 그들에게 방언을 하느냐고 물어보았는데, 그들은 그 정도는 기초가 아니냐고, 다 한다는 것입니다. 방언은 기본적으로 하지만, 그 정도를 가지고는 안 되고 더 깊은 은사와 능력을 받아야 한다고 그들은 믿고 있었습니다.

능력의 전수는 가능한가

언젠가 난처한 일을 겪은 적이 있었습니다. 여러 명의 사역자들이 갑자기 예고도 없이 나의 집에 방문을 하셨습니다. 우리 집은 문을 열면 바로 바깥이었기 때문에 문 바로 앞에서 그들이 노크를 할 때 마주치지 않을 방법도 없었습니다. 그리고 그 때 살던 집은 지도에도 안 나오는, 찾기도 몹시 어려운 곳이었기 때문에 그들이 어떻게 집 주소를 알게 되었는지, 어떻게 찾아온 것인지 참으로 신기했습니다.

나의 방에 다 같이 둘러앉아서 여러 대화들을 나누게 되었는데, 그분들 중에서 어떤 분이 한 말이 인상적이었습니다. 우리가 찾아오고 싶어서 찾아온 게 아니라고, 다시 찾아오지 않게 해달라고 하시면서 자기 영이 뻥 뚫리게 해달라는 것입니다.

하지만 나는 그들이 말하는 영이 뻥 뚫린다는 것이 무슨 의미인지 이해할 수 없었습니다. 그게 뭔지도 모르겠고, 내가 그런 상태에 있다고도 전혀 생각할 수 없었습니다. 설사 누군가가 그런 상태에 있다고 하더라도 그것이 나누어줄 수 있는 것인지 의문스러웠습니다. 나는 그들에게 방언을 하느냐고 물었는데, 모두가 다 한다고 하였습니다. 이들도 방언 정도는 기본이고, 더 깊고 강한 것이 있어야 한다고 믿는 것 같았습니다.

나는 어떤 유명한 저자의 책에서 그런 내용을 읽었습니다. 그 저자는 하나님과의 깊은 체험을 원했습니다. 그는 어느 날 방언을 하는 사람을 보았습니다. 그 이상의 것은 없느냐고 그는 물었습니다. 상대방은 이게 다라고 했습니다. 저자는 회의에 잠겼습니다. '이게 다 라고?' 그는 만족할 수 없었습니다. 그는 나중에 그가 원하는 깊은 경험을 하게 되었습니다. 주님의 개인적이고 구체적인 방문을 받았습니다. 그리고 그의 삶과 사역은 크게 변화되어 많은 사람들에게 영향을 끼치게 되었습니다.

이러한 경험을 듣고 많은 사역자들은 비슷한 꿈을 가지게 됩니다. '나도 저런 경험을 하고 싶어.. 그러면 나도 능력이 나타나게 되고 하나님께 크게 쓰임을 받게 될 거야..'

그래서 그들은 비행기를 타고 그러한 집회를 찾아다닙니다. 안수를 받고 자리에 드러누우면서 자기에게 그러한 능력이 나타나기를 기다립니다. 이들은 그러한 것을 '접목'이라고 하였습니다.

어떤 능력 있는 사역자에게 안수를 받는 것을 통해서 자기에게도 그 능력이 전달된다고 믿고 있었습니다. 그러다가 별로 효과가 나타나지 않으면 다른 집회, 다른 사역자에게 몰려가서 또 안수를 받고 자리에 누워 있는 것을 좋아하는 사역자들을 나는 많이 보았습니다. 내게도 더러 그러한 사람들이 있었습니다. 나의 능력을 그들에게 접목시켜달라는 것입니다. 나에게는 아무런 능력도 없는데 말입니다.

안수를 통해서 영적인 능력이나 어떤 전달이 있는 것은 분명합니다. 예수님도, 주의 제자들도 안수를 통하여 병을 고치곤 하였고 사역을 위임하거나 파송을 할 때 안수를 하였습니다. 손은 분명히 능력의 한 통로였고 권위를 전달하는 통로였습니다.

"사도들 앞에 세우니 사도들이 기도하고 그들에게 안수하니라" (행6:6)

"주를 섬겨 금식할 때에 성령이 이르시되 내가 불러 시키는 일을 위하여 바나바와 사울을 따로 세우라 하시니 이에 금식하며 기도하고 두 사람에게 안수하여 보내니라" (행13:2-3)

"사도들의 손으로 민간에 표적과 기사가 많이 일어나매 믿는 사람이 다 마음을 같이하여 솔로몬 행각에 모이고" (행5:12)

안수는 하나님의 섭리와 허락하심 안에서 효력이 있다

그러나 그러한 안수도 하나님의 뜻과 명령이 있을 때 사용될 수 있는 것입니다. 아무 때나 사람이 원할 때마다 안수를 한다고 해서 효과를 발휘할 수 있는 것이 아닙니다. 여기저기에 닥치는 대로 가서 안수를 많이 받는다고 해서 그가 기대하는 대로 신령한 능력이 온다고 보기는 어렵습니다.

성경의 경우를 보아도 먼저 주님의 말씀하심이 있고 그 후에 사람들이 기도하고 안수하였으며 주님이 원하실 때 능력과 역사가 이루어졌습니다. 주님이 원하시고 역사하실 때만 안수가 주님의 통로가 될 수 있는 것입니다.

이미 우리에게는 성령이 거하시며 우리 안에 능력이 있습니다. 그것이 어떻게 나타나는가 하는 것은 우리의 마음대로 되는 것이 아니며 우리 안에서 말씀하시고 역사하시는 주님의 인도하심을 우리가 듣고 따르며 순종하는 것에 있습니다. 그러므로 우리는 새로운 능력을 받는 것이 아니라 우리가 이미 받은 능력과 역사가 흘러나올 수 있는 사람이 되는 것이 필요합니다. 우리에게 필요한 것은 새로운 경험이 아니라 순종입니다.

이제 몇 가지 논점에 대하여 살펴보고 우리가 가져야할 관점에 대해서 나누어보겠습니다.

1. 영이 뻥 뚫리는 상태가 있는가?

첫째의 논점은 이른바 영이 뻥 뚫리는, 그러한 상태가 있는가? 하는 것입니다. 영적 경험을 갈구하는 사람들 가운데 그런 상태가 되기를 사모하는 이들을 나는 많이 보았습니다. 또한 자신을 그러한 사람으로 포장하는 이들도 더러 보곤 했습니다. 그러나 과연 그러한 상태가 있는 것일까요?

사람들은 에덴에서 뱀이 미혹한 것처럼 '하나님처럼' 되고 싶은 그러한 잠재적 욕망을 가지고 있는 것 같습니다. 하지만 그러한 상태는 존재하지 않습니다.

어떤 사람이 기도 중에, 또는 묵상 중에 주님의 은총을 경험하고 부분적인 통찰력이나 깨달음을 얻을 수는 있습니다. 갑자기 모든 것을 꿰뚫은 것 같은, 새로운 눈이 열린 것 같은 느낌이 들 수도 있습니다. 그러나 그러한 인식은 얼마 가지 않아서 사라집니다. 그리고 어떤 깨달음이나 통찰력이 있다고 하더라도 그것은 아주 부분적인 것에 불과합니다. 하나님께서는 결코 어떤 한 사람에게 모든 것을 밝히시고 알려주시지 않습니다.

하나님이 벗이라고까지 말한 아브라함의 경우, 그는 모든 것을 알고 있었을까요? 그는 하나님의 부르심을 받고 나아갈 때 갈 바를 모르고 나아갔습니다. 그는 하나님의 크신 은총을 입었지만 자기 인생이 어디로 가는지, 어떻게 되는지 전혀 몰랐습니다. 그가 나아감에 있어서 오직 하나님의 인도하심에 의존할 수밖에 없었습니다.

가장 많은 신약의 책을 기록하고 다양한 영적 경험을 했고 계시를 받았으며 삼층 천까지 다녀왔던 사도 바울은 이른바 뻥 뚫린 상태였을까요?

아닙니다. 그도 한치 앞을 볼 수 없었습니다. 어디로 가야할지 알지 못했기 때문에 아시아로 복음을 전하려가려고 했을 때 하나님으로부터 제지를 받았습니다. 그리고 그의 노선을 수정하였습니다. 모든 것을 알고 있다면 그런 식의 오류는 범하지 않았을 것입니다.

모세의 경우는 어떤가요? 그는 위대한 하나님의 사람이었지만 그도 역시 오류가 많은 사람이었습니다. 그렇지 않았다면 잘못을 범하여 가나안의 입성을 거부당하게 되지 않았을 것입니다.

모세도, 아브라함도, 모든 사람은 부분적으로 받을 뿐이다

하나님께서는 그 어떤 사람에게도 영적으로 온전한 상태를 허락하시지 않습니다. 완전한 지식을 허락하시지 않습니다. 그 어떤 위대한 하나님의 사람들도 부분적인 것을 알고 부분적인 능력을 받았으며 항상 오직 하나님의 능력에 의지하고 그의 인도하심을 구하고 살았습니다. 이것은 지금도, 우리에게도 마찬가지입니다. 인간에게는 한계가 있습니다. 한계가 주어졌습니다. 우리는 그 한계를 뛰어넘으려고 할 필요가 없습니다. 하나님만이 완전하십니다. 우리는 그 하나님을 경외하고 예배하는 것으로 충분합니다.

우리는 기도하는 중에 하나님의 메시지를 받을 것입니다. 그러나 그것은 우리에게 필요한 것, 주님이 우리에게 맡겨주신 것에 한해서입니다.

우리가 하나님의 음성을 듣는다고 해서 모든 것을 알 수 있는 것이 아닙니다. 하나님이 모든 것을 우리에게 보여주시지 않습니다. 우리는 필요한 것을 받을 것이며 하나님이 주시기 원하시는 것을 받을 것입니다. 그러나 하나님이 원하시지 않는 것을 우리가 받을 수 없으며 알 수 없습니다. 그리고 받을 필요도 없습니다. 우리는 하나님의 뜻 이상으로 나아갈 필요가 없습니다.

그러므로 영적으로 뻥 뚫리는, 모든 것을 알고 보는 그러한 상태는 없다는 것을 인식해야 합니다. 우리는 단지 주님께서 우리에게 주시고자 하는 것을 받고 우리를 통해서 이루고자 하시는 주님의 뜻을 제한하지 않도록 깨어 있는 것으로 충분합니다. 주님께서 주시려고 하는 것들에 대해서 마음을 닫고 있는 이들도 많이 있기 때문입니다. 주님이 우리에게 주시려고 하는 것은 완전한 상태가 아니고 풍성한 삶입니다. 우리는 이 차이를 이해해야 합니다.

2. 더 깊고 강한 새로운 무기가 필요한가?

둘째로, 방언을 받은 사람들에게 더 깊고 강한 새로운 능력이나 무기가 필요한가? 하는 의문에 대해서입니다. 나는 그렇지 않다고 생각합니다.

방언을 할 때 우리 안에 거하시는 성령의 기름 부으심이 증가됩니다. 그분이 우리 안에서 흘러나오십니다. 그러므로 방언을 계속 말하고 말할 때 우리에게는 새로운 은사나 역사들이 나타나게 됩니다. 그것들은 방언과 전혀 다른 별개의 것이라고 할 수 없습니다. 그것은 방언을 통해서 나타나는 것들입니다.

만약 어떤 사람이 방언을 받은 지 오래고, 방언을 지속적으로 사용해왔었는데 무기력이나 한계를 느끼고 있다면 그는 자신이 방언의 은사를 제대로 잘 사용해왔는지를 점검하는 것이 필요합니다. 방언을 그저 기계적으로 습관적으로 사용하지 않았는지 돌아보아야 합니다.

방언을 사용할수록 영적으로 변화가 일어나며 능력이 증가되지만, 그러나 그것은 우리가 원하는 방향으로만 나타나지는 않습니다. 적지 않은 경우 자신이 구하지 않은 은사가 나타나고 자신이 기대하는 것은 나타나지 않는 경우가 많이 있습니다. 그것은 은사와 부르심은 우리가 원하는 것이 아니고 하나님의 원하심이 나타나는 것이기 때문입니다.

새로 받는 것이 아니라 이미 받은 것을 발전시켜야 한다

중요한 것은 새로운 것을 받는 것이 아니고, 이미 받은 것을 바르게 사용하고 발전시키는 것입니다. 우리가 이미 받은 것을 제대로 사용하지 않으며 발전시키지 않고 계속하여 새로운 것을 찾는다면 그것은 바른 태도가 아닙니다.

자기의 받은 한 달란트를 숨겨두고 사용하지 않았던 종은 그 한 달란트를 빼앗겼습니다. 그러나 사용하여 이득을 남긴 다섯 달란트 받은 종은 더 달란트를 받았습니다. 이 이야기의 교훈은 명백합니다. 달란트는 잘 관리하고 사용할 때 더 발전하며 새로운 것을 받게 되어 늘어난다는 것입니다.

우리가 어떤 사람에게 귀한 선물을 주었는데, 그 사람이 그 선물을 제대로 사용하지 않고 관리하지도 않고 다시 새로운 선물을 달라고 계속 요구한다면 우리는 주고 싶겠습니까? 이미 받은 것에 충실하지 않은 사람은 새로운 것을 누릴 자격이 없습니다.

방언을 받은 사람은 많이 있지만 방언의 발전 상태는 다 다릅니다. 모든 사람이 칼을 가지고 있어도 그 칼의 상태는 다 같지 않습니다. 어떤 이의 칼은 녹이 슬었고 어떤 이의 칼은 날이 서 있습니다. 같은 칼이라고 해도 녹슨 칼은 전쟁에서 전혀 위협적이지 않습니다.

껍데기 뿐의 방언도 있다

청년 시절에 참여한 산상 부흥회에서 어떤 강사가 자기의 경험을 이야기하는 것을 들었습니다. 이 부흥사가 집회를 하고 있는데 집회에 역사하는 강력한 성령의 능력으로 인하여 어떤 청년에게서 귀신이 드러나게 되었습니다. 그는 발작을 하고 거품을 물고 난리를 꾸몄습니다.

부흥사 목사님은 악한 영을 쫓아내기 위해서 그에게 다가가 예수 이름으로 나가라고 명령했습니다. 그러나 귀신은 굴복하지 않고 오히려 대적하며 버텼습니다.

부흥사 목사님은 손으로 그를 향하게 하고 강력한 방언으로 내리치듯이 외쳤습니다. 대적하면서 노려보던 청년은 방언에 얻어맞은 것처럼 그 자리에 풀썩 쓰러졌습니다. 그는 다시 일어나 대적하려고 했지만 목사님이 방언을 외치자 다시 그 자리에 고꾸라졌습니다. 이 것을 구경하고 있던 어느 학생은 그 모습이 아주 신기하고 재미있게 보였던 모양입니다. 그는 목사님께 나아가 자기도 해보고 싶다고 말했습니다. 자기도 방언을 할 줄 안다는 것입니다. 목사님이 허락하자 학생은 두 손을 귀신들린 청년을 향하게 한 채 큰 소리로 방언을 퍼부어댔습니다.

그러나 귀신들린 청년에게 그것은 전혀 위협이 되지 않은 것 같았습니다. 귀신들린 청년은 오히려 학생에게 "넌 뭐야?" 하면서 덤벼들었습니다. 놀란 학생은 목사님께 도움을 청했고 목사님은 다시 귀신들린 청년을 제압하고 처리하였습니다.

이 이야기를 하면서 부흥사 목사님은 말하기를 껍데기만의 방언이 있다는 것이었습니다. 학생이 방언을 오래 전에 받기는 했지만 전혀 사용하지 않고 간직하고만 있다가 갑자기 사용하려고 하면 그것은 껍데기와 같아서 능력이 없다는 것이었습니다. 이 이야기는 녹이 슨 칼과 날선 칼의 차이를 보여주고 있는 것입니다.

많은 사람들이 방언을 받고 사용하고 있지만 그 수준과 정도는 많은 차이가 있습니다. 어떤 이의 방언은 아주 아름답고 신선하며 강력하고 능력이 있지만 어떤 이의 방언은 그저 밋밋하고 답답합니다. 방언을 하는 소리를 들으면 오히려 머리가 아파지고 불편하게 느껴지는 경우도 있습니다. 그러한 경우는 대체로 방언에 문제가 있는 것이 아니라 전혀 훈련되지 않고 정화되지 않은 그의 영적 상태에 문제가 있는 것입니다.

어떤 이가 집회에서 다른 이들이 아름다운 방언을 하는 것을 보았습니다. 그는 몹시 감동을 받았고 신선하게 느껴졌습니다. 그는 집에 와서 자기도 방언을 해봅니다. 그런데 이상하게도 자기가 하는 방언은 밋밋하고 평범하며 아무런 감동도 즐거움도 느껴지지 않습니다. 그러면 '에이 내 방언은 약하구나..나도 저런 멋진 방언을 받으면 좋을 텐데..' 하고 생각하고 중단하는 것이 보통입니다.

하지만 그것은 오해입니다. 모든 방언은 똑같이 성령께서 주십니다. 성령이 나타나시는 현상입니다. 거기에 자신이 어떻게 동참하고 나아갔는가에 따라 열매가 다릅니다.

똑같은 예수를 믿지만 겸손하고 아름답고 사랑스러우며 신선한 열매를 많이 맺는 사람도 있고, 믿지 않는 이와 별로 차이가 없는 열매를 맺는 사람들도 있습니다. 이 경우에 예수가 다른 것이 아닙니다. 그 예수와 맺는 관계가 다른 것입니다.

방언의 발전도 그와 같습니다. 어떤 이는 마당의 화원을 아름답게 가꿉니다. 그러나 어떤 이는 마당을 잡초와 쓰레기가 가득한 채로 내버려둡니다. 마당에는 아무 문제가 없습니다. 그것을 관리하는 사람의 문제입니다.

영적인 것의 발전에는 인내와 연단이 필요하다

방언을 잘 관리하고 사용해서 발전시켜나가는 것은 쉽지 않습니다. 거기에는 인내가 필요합니다. 그것은 어느 정도 발전하고 영적 감각이 일어나기 전까지는 그다지 재미있는 일이 아닙니다. 우리의 육은 세상적인 일에 쉽게 빠질 것입니다. 세상적인 즐거움에 쉽게 재미를 느낄 것입니다. 그러나 영적인 일에 즐거움을 느끼는 것은 인내와 연단이 필요합니다.

방언을 하는 것은 외적으로 보았을 때 그리 아름다운 모습이 아닙니다. 특히, 초기의 방언은 아주 우습게 보입니다. 단순한 발음들,

'라라라라.. 돌돌돌돌..' 하고 기도하는 모습을 보면 바보같이 보입니다. 그것은 전혀 지성적이고 세련되어 보이지 않습니다. 외면적으로 보았을 때 방언을 하는 것은 미련해보이며 어떻게 사도바울과 같은 지성인이 이 답답한 짓을 오래 많이 했다는 것이 이해가 가지 않을 것입니다.

오늘날 많은 그리스도인들이 뉴에이지에 미혹되고 있는데, 그것은 뉴에이지가 뭔가 멋지게 보이는 것을 사람들에게 제공하고 있기 때문입니다. 그들은 뭔가를 깨달았다고 합니다. 우주적인 평화를 느꼈다고 합니다. 거기에는 우아함이 있고 세련됨이 있고 잔잔함이 있다고 합니다.

그럴듯하고 멋지게 보이기 때문에 많은 사람들이 거기에 속아서 넘어갑니다. 엘리트 지성인들이 미혹되어 넘어갑니다. 이들은 고요함 속에서 깊은 평화를 체험했다고 합니다. 그에 비해서 방언을 하는 모습은 답답하고 어리석어 보입니다.

그러나 이것은 주님의 놀라운 도구입니다. 그 단순함 속에서 성령이 일하십니다. 세상의 영이 주는 미혹은 겉으로는 그럴듯하게 보이지만 가면 갈수록 그 내면의 영혼은 망가지고 비참해집니다.

그것은 겉으로 보기에 화려하고 아름답게 포장되어 있지만 속에는 온갖 더러운 것들, 벌레가 우글거리는 음식과 같습니다. 그러나 방언은 겉으로 보기에 단순하고 평범할 뿐이지만 속에는 놀라운 보화를 담고 있는 것입니다. 그것은 겉으로 어리석게 보이지만 가면 갈수록, 발전해 나아갈수록 깊은 내면에서 놀라운 기쁨과 자유가 임하게 됩니다.

방언을 받은 사람이 더 강하고 새로운 다른 체험을 계속 구해야하는가? 나는 이 물음에 대하여 별로 그럴 필요가 없다고 답하고 싶습니다. 주님은 이미 우리 안에 거하십니다. 그리고 이 단순한 방법을 통하여 우리에게 임하시고 역사하십니다.

우리가 충분히 방언으로 기도하고 발전시키면 우리는 새로운 영역, 새로운 역사가 계속 일어나는 것을 경험할 수 있습니다. 그러므로 새로운 것을 더 받기 위해서 애쓰는 것보다 이미 받은 것을 잘 사용함으로 더 깊은 곳으로 나아가는 것이 좋을 것입니다.

3. 한 번의 극적인 경험으로 모든 것이 달라지는가?

셋째로, 한 번의 극적이고 신령한 경험을 통하여 모든 것이 달라질 수 있는가? 하는 문제에 대해서입니다. 어떤 극적인 경험을 통하여 자기의 인생이 전혀 달라졌다고 주장하는 이들이 있습니다. 이런 주장을 접하게 되면 누구나 자기도 그러한 경험을 하게 되기를 기대하게 됩니다.

풍성한 삶을 살지 못하고 있는 이들, 특히 사역자의 경우에 자신도 특별하고 강력한 하나님 체험의 경험을 함으로써 사역에 많은 성공과 성취를 누리고 싶다는 생각을 하게 됩니다. 과연 이러한 시각은 옳은 것일까요?

강력한 경험이 강력한 변화를 일으킨다는 주장은 일리가 있습니다. 그러나 나는 이러한 주장을 하는 이들의 경우 많은 부분들이 과장되지 않았을까 생각합니다.

만약에 어떤 특정한 경험이 사람을 완전히 변화시키는 열쇠가 된다면 당연히 누구나 그러한 압도적인 경험을 할 수 있기를 원할 것입니다. 그렇다면 풍성한 삶을 누리지 못하는 사람들의 이유는 그러한 체험이 없어서라고 생각하게 됩니다. 그러한 인식은 과연 옳을까요?

유명한 영성인들의 간증이나 성경에 나타난 하나님이 사용하신 사람들의 경우를 보면 얼핏 보기에 그러한 논리가 옳은 것 같이 보입니다. 모세도, 기드온도, 바울도, 다들 개인적인 하나님 체험이 있었고 그 후에 놀라운 하나님의 도구로 쓰였기 때문입니다.

그러므로 사람들이 흔히 나도 떨기나무에서 나타나셨던 하나님을 경험했다면.. 나도 바울이 다메섹에서 경험했던 그 경험을 했다면.. 나도 썬다싱처럼 하나님을 개인적으로 경험했다면, 능력도 경험하고 놀라운 도구가 되었을 텐데.. 하고 생각하는 것도 무리는 아닙니다.

승리의 비결은 체험이 아니라 부르심과 순종과 동행이다

하지만 이해해야 할 것은 그들의 승리비결은 체험이 아니었으며 하나님의 부르심과 순종과 동행이라는 사실입니다. 그들에게는 하나님의 부르심이 먼저 있었습니다. 그리고 그 부르심에 대한 순종이 있었고 그들은 하나님과 동행하였습니다. 체험은 그러한 과정에서 나타난 것이지 단순하게 체험 하나가 그들을 완전히 바꾸어놓은 것이 아닙니다.

극적인 체험이 항상 승리와 변화를 가져온다면 사울의 경우를 납득하기 어려울 것입니다. 그는 몇 번 강력한 하나님의 임재를 경험했고 예언을 했으며 성령의 강력한 역사가 나타났을 때 하루 종일 황홀경의 상태에 있었습니다. 그러나 그는 결국 좋은 결실을 맺지 못했습니다.

"그들이 산에 이를 때에 선지자의 무리가 그를 영접하고 하나님의 영이 사울에게 크게 임하므로 그가 그들 중에서 예언을 하니 전에 사울을 알던 모든 사람들이 사울이 선지자들과 함께 예언함을 보고 서로 이르되 기스의 아들에게 무슨 일이 일어났느냐 사울도 선지자들 중에 있느냐 하고"(삼상10:10-11)

"사울이 라마 나욧으로 가니라 하나님의 영이 그에게도 임하시니 그가 라마 나욧에 이르기까지 걸어가며 예언을 하였으며 그가 또 그의 옷을 벗고 사무엘 앞에서 예언을 하며 하루 밤낮을 벗은 몸으로 누웠더라 그러므로 속담에 이르기를 사울도 선지자 중에 있느냐 하니라"(삼상19:23-24)

삼손에게도 놀라운 하나님의 능력이 임했습니다. 그러나 그는 그러한 능력을 받았음에도 불구하고 육적인 애정을 관리하지 못해서 커다란 대가를 지불하게 되었습니다.
미리암은 모세를 비방하며 말했습니다.

"여호와께서 모세와만 말씀하셨느냐 우리와도 말씀하지 아니하셨느냐"(민12:2)

그녀가 아무런 영적 경험이 없었다면 그렇게 말하지 않았을 것입니다. 그러나 그러한 특별한 경험으로 인하여 그녀는 오히려 실족할 뻔하였습니다. 그녀는 모세의 중보로 인하여 간신히 나병에서 회복되었습니다. 이처럼 어떤 체험이 사람에게 항상 긍정적으로만 작용하는 것은 아닙니다. 체험은 승리의 삶을 살게 하는 결정적인 요소가 아닙니다.

체험이란 부르심의 과정이다

체험이란 부르심이 나타나는 과정입니다. 하나님께서 떨기나무에서 모세에게 나타나신 것은 부르심을 위한 것입니다. 모세에게 지팡이를 주시며 표적을 보여주신 것은 애굽을 정복할 수 있는 신무기를 주신 것이 아니라 하나님의 임재와 권능을 상징하는 도구로써 주신 것입니다.

체험이란 부르심입니다. 그것은 우리가 기분이 좋으라고 구경을 시켜주시는 것이 아닙니다. 바울이 다메섹에서 성령에 사로잡혀 쓰러진 것은 멋지고 극적인 경험으로 보이지만 그것도 부르심이 나타나는 장면인 것입니다. 주님은 아나니아에게 사도바울에 대하여 그를 택하여 사용하실 것이라고 말씀하셨습니다.

"주께서 이르시되 가라 이 사람은 내 이름을 이방인과 임금들과 이스라엘 자손들에게 전하기 위하여 택한 나의 그릇이라" (행9:15)

그리고 사도 바울의 다메섹 경험은 때가 이르러 그 하나님의 부르심이 나타나는 장면이었습니다.

체험의 강력함, 극적인 면에 집중하지 말라

체험이란 단순히 그것이 얼마나 크고 강력한 것인가, 아름답고 황홀한 것인가에 집중되어서는 안 됩니다. 그 체험을 통한 하나님의 의도, 부르심의 목적은 무엇인가에 집중되어야 합니다. 체험이란 우리의 유익을 위한 것이 아니라 하나님의 원하심을 위한 것입니다.

그것은 부르심입니다.

당신에게도 부르심이 있습니다. 부르심이 없는 사람은 없습니다. 모든 사람은 주님이 목적을 가지고 지으셨으며 그 지으심에 합당한 부르심이 있습니다. 당신은 그것을 찾고 발견해야 합니다. 당신 자신의 소원이 아닌 하나님의 목적, 부르심이 무엇인지 찾아야 합니다. 그 과정에서 체험이 나타나게 됩니다.

그 체험은 극적일 필요가 없습니다. 바울처럼 꼭 삼층천에 가야하고 모세처럼 떨기나무의 불을 경험해야 할 이유는 없습니다. 체험의 성격은 부르심의 성격에 달려 있는 것입니다.

하나님은 모든 사람을 부르시지만 모두가 다 모세나 바울 같은 부르심을 받는 것은 아닙니다. 당신이 부르심을 찾을 때 하나님께서 당신에게 온 세상을 구원하거나 지구를 지키라는 명령, 세계 평화를 위하여 힘쓰라는 말씀을 받을 가능성은 별로 없을 것입니다.

대부분의 사람들은 소박하고 작은 사명을 받을 것입니다. 그리고 거기에 알맞은 체험을 하게 될 것입니다. 그것은 작은 일이라도 가치 있고 아름답고.귀한 것입니다.

하나의 극적인 체험이 인생을 바꾸지 않는다

하나의 극적인 체험이 인생을 바꾸지 않습니다. 극적인 체험을 한 사람은 누구나 극적으로 인생이 변화되지 않습니다. 승리의 비결은 체험에 있지 않고 체험을 통하여 나타나시고 부르신 하나님의 목적에 순종했느냐에 있습니다. 순종하고 동행했느냐에 있습니다.

아브라함에게 하나님이 나타나셨습니다. 그가 하나님과 직접 대면하는 체험을 하고 하나님과 친밀한 교제를 나눈 것은 정말 놀라운 일입니다. 그러나 더 중요한 것은 그가 하나님이 나타나서서 말씀하신 명령을 순종하고 하나님과 동행하였다는 것입니다.

모세가 하나님의 놀라우신 임재를 체험하였다는 것은 놀라운 일입니다. 그러나 더 중요한 것은 모세도 하나님의 명령에 순종하고 동행하여 가고 싶지 않았던 애굽으로 싸우러 돌아갔다는 것입니다. 모세의 성공적인 사역은 떨기나무의 체험이 아니라 하나님께 대한 순종과 동행에 있었습니다. 모세는 지팡이의 능력으로 승리한 것이 아니고 개인적인 권능으로 승리한 것도 아닙니다. 그는 오직 하나님께 순종하였습니다. 그것이 그의 승리의 비결입니다.

우리 모두에게 부르심이 있다

우리 모두에게도 그러한 부르심이 있습니다. 크든, 작든 우리 모든 사람에게 주어진 사명이 있습니다. 우리의 가정에, 주변에 복음과 하나님을 나타내고 승리의 삶을 살아야 하는 사명이 있습니다. 구체적인 개인적인 부르심이 있습니다. 승리의 삶은 구체적인 체험을 하는 것이 아니라 그 부르심을 발견하고 순종하며 동행하는 것입니다.

방언은 당신을 향한 하나님의 그 부르심을 발견하는 데 도움이 되는 것입니다. 방언은 당신이 그 음성을 듣고 말씀을 좀 더 구체적으로 입체적으로 경험하며 당신의 영을 하나님의 영으로 충만하게 하는 데 도움을 줍니다. 하나님의 의도를 분별하는 데 도움이 됩니다. 그러므로 당신은 방언을 통해서 하나님의 부르심과 의도에 더 깊이 나아갈 수 있습니다. 은사도 발전해가겠지만 또한 이 은사를 통해서 하나님께 친밀하게 나아감을 얻게 됩니다. 그러므로 한 번의 극적인 체험을 통해서 당신의 모든 문제가 사라지고 갑자기 놀라운 사람이 될 것이라는 마술적인 사고를 하지 마십시오.

당신은 체험 자체에 집중하지 말고 그것을 통해서 하나님의 뜻을 알고 부르심을 발견하며 주님께 순종하고 그분과 동행해야 합니다. 체험은 하나의 시작일 뿐이지 결말이 아닙니다. 승리는 주님께 있으며 주님께 대한 순복에 있지 체험 자체에 있지 않습니다. 승리란 주님과 같이 동행하는 것입니다. 주님이 우리 안에서 역사하시고 나타나실 때 승리와 열매가 있습니다.

한 번의 극적인 체험이 아니라 주님께 대한 지속적인 헌신과 순복과 동행으로 승리가 오며 주님의 뜻이 이루어지게 됩니다. 주님의 뜻의 이루어짐이 곧 승리이며 모든 아름다움과 풍성함입니다.

영적 경험을 추구하고 하나님 체험을 사모하는 것 자체는 당연한 일입니다. 그러나 하나님이 임하시고 선물을 주셨어도 거기에 만족하지 않고 순복하지 않고 지속적으로 새로운 체험을 찾아다니는 것은 건강하지 않은 일입니다.

체험을 추구하는 동기를 점검하라

자신이 체험을 추구하는 동기가 무엇인지 살펴보십시오. 우리는 왜 영적 체험을 원하는 것일까요? 그 의도와 목적은 무엇일까요? 우리의 의도는 자신의 유익을 위한 것입니까? 아니면 하나님의 유익을 위한 것입니까?

자신의 바른 동기를 점검하고 분명하게 하는 것은 중요한 일입니다. 그것은 많은 위험에서 우리를 보호해줄 것입니다.

영적 체험에는 감미로움과 달콤함, 나아가서는 황홀경과 같은 상태가 따르는 것이 보통입니다. 그래서 사람들은 오순절에 있었던 제

자들의 성령충만한 상태를 보고 새 술에 취하였다고 비난하기도 했습니다. (행2:13)

에베소서 5장 18절은 "술 취하지 말라 이는 방탕한 것이니 오직 성령으로 충만함을 받으라" 고 말합니다. 이처럼 성령충만한 상태, 영적으로 고양된 상태에는 일종의 취한 것 같은 달콤함과 즐거움이 있습니다. 그렇기 때문에 이 자체의 즐거움에 빠질 가능성이 누구에게나 존재합니다.

탐식이나 과식은 누구나 쉽게 빠질 수 있는 습관입니다. 왜냐하면 그것이 즐거움을 주기 때문입니다. 맛이 있는 음식을 먹는 것은 몸에 음식이 필요하지 않은 상황에서도 사람의 몸에 즐거움을 줍니다. 몸은 그 즐거움을 알기 때문에 계속적으로 자기가 좋아하는 음식을 요구합니다. 그래서 비만이나 질병과 같은 많은 문제들이 생깁니다.

영적 경험에 대한 탐닉도 비슷한 동기로 추구될 수 있습니다. 영적인 달콤함이나 황홀경과 같은 것은 신령해보이지만 역시 신체감각을 즐겁게 하는 것은 마찬가지입니다. 그러므로 몸의 감각이 주는 즐거움에 빠져서 그 즐거움 자체를 추구할 수도 있습니다.

영적 탐닉에 빠지지 말라

신체에 오는 즐거움에 자주 빠지는 경향의 사람들이 있습니다. 이들은 몸에 오는 짜릿한 전율이나 감각을 신령한 것으로 여기고 즐거워합니다.

이들은 황홀경을 신령한 것으로 여기고 즐거워합니다. 하지만 이러한 것들은 신령한 것이 아닙니다. 신령한 쾌락주의에 불과합니다. 그것은 과식을 즐기는 것과 별로 차이가 없는 것입니다. 기도의 목적이 하나님이 아닌 나의 즐거움을 위한 것이라면 그 기도는 한계가 있습니다. 하나님께 어느 정도 이상으로는 가까이 나아가지 못합니다.

그러므로 우리는 자신에게 이러한 동기가 있는지를 살펴야 합니다. 내가 좋아하는 것은 감각인가? 주님 자신과 그분의 뜻을 원하는가? 이것을 돌아보아야 합니다.

영적 체험에서 즐거움을 얻는 자체가 목적이 된다면 기도와 영적 체험은 도피의 도구가 될 수 있습니다. 이것은 하나님을 피난처로 삼는다는 의미와 다른 것입니다.

해야 할 일이 있고 직면해야 할 문제가 있는 상황에서 단순히 영적 쾌락을 즐기는 곳으로 도망가 버리는 것입니다. 잠시 문제를 잊어버리고 즐거움 속에 숨어있는 것입니다. 하지만 도피는 해결이 아닙니다. 학생이 밀린 숙제가 부담이 되어 잠시 그 부담을 잊고 싶어서 열심히 웹 서핑을 하고 게임을 해도 끝나고 돌아오면 숙제는 여전히 남아있습니다. 영적인 즐거운 체험으로 도피하는 것도 비슷한 것입니다.

달콤한 감각에 대한 집중은 영적성장을 방해한다

하나님의 임재가 달콤하고 감미로운 감각을 주는 것은 사실입니다. 그러나 그것은 하나님이 주시는 선물이며 하나님 자신은 아닙니다. 그러므로 선물을 주시는 분에게 집중하지 않고 선물 자체에 집중하게 될 때 그것은 깊은 인격적 관계로 나아가는 것을 방해합니다. 간단하게 비유하자면, 어떤 부유한 남자를 사랑할 때 그를 사랑하지 않고 그의 돈을 사랑한다면 그 관계가 깊어지기 어려운 것과 같은 것입니다.

이러한 식의 영적 즐거움에 대한 탐닉과 도피는 영적 성장에 방해가 됩니다. 그러한 이들은 자신을 아주 깊은 사람으로 여기며 자신의 체험을 자랑하지만 실상 그들이 맺는 열매는 아주 낮고 어리석고 육적인 것들입니다. 그들은 하나님의 실체와 친밀한 관계에 가까이 접근하지 못하므로 죄에서의 해방이 부족하며 삶에서 나타나는 아름다움과 향기도 부족합니다.

자아의 만족을 위하여 영적 체험을 구하지 말라

영적 체험을 갈망하는 동기가 자아적인 만족인 경우도 있습니다. 이것은 영적으로 보여 지고 싶은 동기, 자신을 드러내고 싶은 동기에서 나옵니다. 열등의식이 많은 사람들, 지적이나 환경이나 여러 면에서 내세울 만한 것이 없을 때 영적인 것들을 통해서 보상을 받고 싶어 하는 사람들이 이러한 동기에 빠질 수 있습니다.

이들은 자신의 경험을 과장하고 과시하며 사람들에게 인정을 받고 주목을 받고 싶어 합니다. 이들은 자신을 영적인 사람으로 여기며 다른 사람들에게 영적인 사람으로 인정받고 싶어 합니다. 그러나 이들은 영적인 어린아이들입니다. 이러한 과시에는 하나님의 뜻과 원하심에 대한 열망이 동반되지 않으며 오직 자아에 대한 집중만이 있을 뿐 입니다.

사람은 누구나 영적인 어린아이의 상태에서 자라가기 때문에 어느 누구도 이러한 자아적이고 육적인 동기에서 완전히 자유로울 수는 없을 것입니다. 성장할수록, 주님과의 친밀한 관계가 깊어질수록 성령께서는 우리 자아속의 육적이고 자아적인 동기를 밝혀내시고 순결하지 않은 부분을 지적하십니다. 그러므로 이러한 잘못된 동기에 대해서 지나치게 준엄하게 다룰 수만은 없습니다. 그러나 이러한 순수하지 않은 동기들이 처리되지 않으면 그것은 영적 성장에 방해가 될 뿐 아니라 마귀에게 많은 공격과 미혹거리를 줄 수 있습니다.

자아적 동기는 많은 육적인 열매를 맺게 한다

체험에 대한 갈망의 이유가 주님을 갈망하고 주님을 기쁘시게 하는 것이 아니라 자신의 즐거움, 육신적인 감각의 즐거움, 자기자아의 영광이라면 거기에는 많은 위험이 있습니다. 많은 육신적인 열매가 나타날 수 있습니다.

시기, 질투도 일어날 수 있을 것입니다. 자아적인 목적을 가지고 있는 이들은 다른 이들이 주님께 쓰임을 받을 때 그것에 대해서 순수하게 같이 주님의 기쁨에 동참할 수 없을 것입니다. 자신이 쓰임 받지 못하는 억울함, 상대방에 대한 비교의식과 시기, 분노가 생길 수 있습니다.

자아의 영광을 구하고 자랑하는 것을 좋아하는 사람이라면 자신의 경험을 과장하거나 거짓을 꾸며댈 수도 있을 것입니다. 사람들에게 대단한 존재로 보이기 위해서 말입니다.

미혹의 경험이 있을 수 있다

더 무서운 것은 마귀로부터 오는 직접적인 미혹입니다. 어떤 사람이 주님 자신에 집중하지 않고 체험 자체에 집중한다면, 주님의 영광에 집중하지 않고 자신이 얻고 싶은 영광에 집중한다면 그는 악령들에게 문을 열어주게 됩니다.

영적 세계는 그리 만만한 곳이 아닙니다. 악령들은 교활한 존재입니다. 마귀는 첫 사람 아담과 하와를 미혹하였으며 이 땅에 오신 구주 예수도 미혹하려 하였습니다. 마귀는 선악과를 먹으라고 유혹하며 그것이 하나님과 같이 될 수 있는 길이라고 하였습니다. 예수님께서는 천하 영광을 보여주면서 나에게 경배를 하기만 하면 이 모든 것을 주겠다고 유혹했습니다.

마귀는 멋지고 그럴 듯한 것을 보여주면서 그 영혼을 유혹하여 사로잡는 데에 천재입니다. 주님은 모든 영광을 하나님께 돌리며 아무런 개인적인 욕망이 없으셨기 때문에 마귀의 유혹이 통하지 않았습니다. 그러나 아담과 하와는 자기 욕망과 영광을 포기하지 않았기 때문에 마귀에게 넘어갔습니다.

자기 자랑과 영광을 원하는 이들은 안전하지 않다

그러므로 자기 자아의 영광을 숭배하고 남들 앞에서 드러나기를 원하며 모든 영적인 경험에 대해서 마음을 열고 있는 사람이 과연 안전할 것인지는 장담하기 어려운 문제입니다. 이 경험이 바른 것인가, 주님으로부터 오는 것인가를 묻지 않고 이 경험이 나에게 유익한가, 나를 높여주는가에 대해서만 생각한다면 그 영혼은 안전하지 않습니다.

아담과 하와도 마귀의 제안이 옳은가 틀린가를 생각하지 않았습니다. 자기에게 이익이 되는가만을 생각했습니다. 마귀의 제안은 하나님의 명령보다 그들에게 유리했습니다. 하나님은 먹으면 죽으리라고 말씀하셨고 마귀는 죽지 않는다, 오히려 하나님과 같이 되고 지혜롭게 된다고 말했습니다. 무릇 모든 사기꾼은 멋진 것을 약속합니다. 그렇기 때문에 허황된 꿈, 욕망을 가지고 있는 이들은 사기꾼들의 먹잇감입니다.

불교와 뉴에이지의 깨달음에 대한 속임을 주의하라

불교와 뉴에이지는 깨달음을 많이 강조합니다. 뉴에이지 계통의 베스트셀러들을 보면 갑자기 우주적인 깨달음을 얻고 마음의 평화를 얻게 되었다는 이야기들이 많이 등장합니다. 진리를 깨닫게 되었다고 그들이 경험한 깨달음을 이야기하는 사람들이 많이 있습니다. 그러나 그들이 얻었다는 깨달음은 진리가 아닙니다. 그것은 속이는 영들에게서 온 것입니다.

그러나 기독교에도 이러한 세상의 영들, 그 깨달음을 접목하는 이들이 적지 않은 것 같습니다. 이것은 두려운 일입니다.

기독교는 진리를 깨우치는 것이 아닙니다. 진리이신 주님을 아는 것입니다. 진리이신 주님과 관계를 맺고 순종하며 자라가는 것입니다. 진리이신 그분이 우리를 가르치시며 지배하시므로 우리는 자유하게 되고 승리를 경험합니다. 우리 스스로 진리를 터득하는 것이 아닙니다.

마음을 비우는 것을 조심하라

마음을 비우고, 생각을 비우고 깊은 묵상 중에서 평화를 경험하는 이들도 있습니다. 그것은 뉴에이지적인 것입니다. 그 평화는 주님으로부터 오는 것일까요? 그렇지 않습니다. 주님과의 관계는 인격적인 것입니다. 주님은 우리에게 말씀하시며 우리는 양으로서 그의 음성을 듣습니다. 그리고 우리는 변화되며 주님께 속한 열매를 맺습니다. 그러나 마음을 비웠을 때 나타나는 평화는 허공에서 옵니다. 그것은 공중의 권세 잡은 자에게서 오는 속이는 기운입니다.

오늘날 많은 신자들, 사역자들이 지치고 탈진한 상태에서 주님이 아닌 다른 것을 기웃거립니다. 세상의 심리학 의학 철학에서 도움을 얻으려고 합니다. 그것은 안전하지 않습니다. 몸의 필요를 세상에서 충족시킬 수 있지만 마음과 영혼이 병들었을 때, 그것은 주님께 나아가야 할 문제입니다.

순종과 헌신, 그리고 주님의 음성을 듣는 것이 회복과 기쁨의 원리입니다. 영적 전쟁 끝에 탈진한 엘리야도 천사의 도움을 얻고 하나님의 음성을 들으므로 회복되었습니다. 오직 주님만이 우리에게 기쁨과 만족과 치유를 주십니다.

깨달음과 평화, 그것은 좋은 것입니다. 그러나 그 깨달음과 평화가 어디에서 오는지 우리는 반드시 그 영적 근원을 살펴야합니다. 아무리 탁월한 사람이라고 해도, 박식하고 명성이 있는 사람이라고 해도 불신자, 무신론자들, 거듭나지 않은 사람들이 하는 말에 귀를 기울여서는 안 됩니다. 그래서는 영혼이 안전하지 않습니다.

우리의 몸에 오는 어떤 경험도 아무 거리낌 없이 다 받아들여서는 안 됩니다. 우리는 항상 그 근원에 대해서 분별해야 하며 이것이 주님께로부터 오는 것이 맞는지 살펴야 합니다.

잘 맞추는 것이 성령의 역사의 표증이 될 수 없다

나는 최근에 어떤 독자로부터 메일을 받았는데 아주 황당한 예언자로부터 온갖 학대를 겪는 내용이었습니다. 비인격적이고 폭력적이고 정말 말이 안 되는 언행을 하는 분이었는데 이 독자가 그래도 그것을 저항하지 못하는 이유는 한 가지였습니다. 자기 마음이 다 드러나고 너무 정확하게 맞기 때문에 성령의 역사가 맞다는 것이었습니다.

하지만 잘 들어맞는다는 것이 성령의 역사라는 표증이 될 수는 없습니다. 무당들도 귀신들린 상태에서 사람들의 사정을 잘 맞춥니다. 사도 바울이 빌립보에서 귀신들린 여인에게서 귀신을 쫓아냈는데, 그것을 보고 그 여인의 주인은 아주 화가 났습니다. 왜냐하면 자기의 종인 그 여인이 점을 잘 쳐서 주인에게 많은 돈을 벌어주었는데, 이제는 귀신이 나갔기 때문에 돈을 더 이상 벌 수 없게 되었기 때문입니다.

"우리가 기도하는 곳에 가다가 점치는 귀신 들린 여종 하나를 만나니 점으로 그 주인들에게 큰 이익을 주는 자라 그가 바울과 우리를 따라와 소리 질러 이르되 이 사람들은 지극히 높은 하나님의 종으로서 구원의 길을 너희에게 전하는 자라 하며 이같이 여러 날을 하는지라 바울이 심히 괴로워하여 돌이켜 그 귀신에게 이르되 예수 그리스도의 이름으로 내가 네게 명하노니 그에게서 나오라 하니 귀신이 즉시 나오니라 여종의 주인들은 자기 수익의 소망이 끊어진 것을 보고 바울과 실라를 붙잡아 장터로 관리들에게 끌어 갔다가"(행16:16-19)

여종의 주인은 돈을 못 벌게 되어서 화가 났지만 그 점치는 귀신이 나간 것이 여종에게는 다행한 일이었습니다. 그 여종은 귀신같이 잘 맞추다가 귀신이 나가자 이제는 아무 것도 보이지 않았고 맞출 수 없었습니다.

그러므로 맞추는 것이 중요한 것이 아닙니다. 무엇을 보게 하고 알게 한다면, 어떤 초자연적인 지식이 일어난다면 그것을 가능하게 하는 것은 어떤 영이냐 하는 것입니다.

영성이란 신기한 것이 아니라 주님께 속하는 것이다

우리나라의 심리적 배경에는 이런 샤머니즘적인 것을 영성으로 오해하는 경향이 있는 것 같습니다. 그래서 자신의 마음이 드러나고 상대방이 그것을 잘 맞추면 그것을 가지고 신령하다고 합니다.

하지만 영성이란 귀신같이 맞추는 것이 아닙니다. 영성이란 주님의 입장에 서며 주님의 마음을 대변하는 것이며 주님의 통로가 되는 것입니다.

주님은 아무 것이나 잘 알려주시지 않습니다. 주님은 우리를 사랑하시며 우리에게 필요한 것을 말씀하시며 인도하십니다.

그러므로 그러한 형태의 신령함을 조심하십시오. 그것은 성경이 이야기하고 있는 신령함이 아닙니다. 신령함의 기준은 그가 주님의 사람인가, 주님께 속했는가 입니다. 잘 맞추는 것이 아닙니다.

지식욕으로 인하여 아담과 하와는 범죄했다

그러므로 아무 것이나 알려고 하지 마십시오. 당신의 호기심을 만족시키려 마십시오. 호기심은 악한 영들에게 문을 열어줄 수 있습니다.

무엇이든 알려고 하지 마십시오. 하나님이 알려주시는 것만 아십시오. 우리에게는 모든 것이 무한정으로 허락되어 있지 않습니다. 지식욕으로 인하여 아담과 하와가 범죄하였고 그것으로 인류가 멸망에 이르게 된 것을 기억하십시오.

우리는 모든 지식이 필요한 것이 아니라 단순히 하나님을 신뢰하고 따르며 순종하는 것이 필요합니다. 하나님께는 금하시는 제한이 있으며 마귀에게는 제한이 없습니다. 그러므로 제한을 넘어서는 것은 위험합니다.

지식도 하나님이 허락하시는 것이 있고 허락되지 않은 것이 있습니다. 우리는 허락되지 않은 지식에 대하여, 내일 일에 대하여 미리 알 필요가 없습니다. 우리에게는 단순히 믿음과 순종이 필요하며 그것으로 충분합니다.

어떤 지식을 알게 되었는데, 그것은 자연적인 지식이 아니라고 합시다. 그래서 그 지식으로 인하여 도움을 얻고 유익을 얻었습니다. 자, 그것으로 끝일까요? 아닙니다.

만일 그 지식이 악한 영으로부터 온 것이라면 당신은 악한 영들에게 신세를 진 것입니다. 그것은 무슨 의미입니까? 마귀는 그만큼 당신에게 권리를 갖게 된다는 것입니다. 점치는 여종이 귀신에게 사로잡힌 것처럼 마귀는 당신을 일정부분 공격하고 지배할 수 있습니다. 영계에는 공짜가 없습니다.

그러므로 근원이 분명하지 않은 어떤 지식도 이익도 능력도 얻으려 하지 마십시오. 이것이 하나님으로부터, 성령으로부터 왔는지 철저하게 검증하십시오. 오직 순결함, 순수함, 섞이지 않음.. 그것만이 영적 전쟁에서 영혼을 지키는 안전한 길입니다. 이득이라고, 기분을 좋게 한다고 그것을 물고기가 미끼를 물듯이 덥석 물지 마십시오. 세상에도, 영계에도 많은 미끼들이 있습니다.

어두움의 능력에 대한 경각심을 가지라

주님으로부터 오지 않은 다른 능력의 위험에 대한 경각심을 위하여 한 가지 이야기를 하려고 합니다.

나는 어느 집회에서 연로하신 어느 목사님을 우연히 만났습니다. 영성에 대한 대화를 나누다가 다른 분과 같이 그 목사님과 차를 마시며 교제를 나누게 되었습니다. 그 목사님은 영성에 대하여 관심이 아주 많다고 하셨습니다. 그러면서 자신이 경험한 다양한 체험과 이야기를 하셨습니다.

그런데 이야기를 들을수록 이분이 말씀하시는 것이 이상했고, 기독교 영성과는 거리가 먼 이야기였습니다. 자신이 의식을 어떻게 해서 꽃 속에 들어가 보았다는 등.. 희한한 이야기를 계속 하시는 것이었습니다. 그리스도인이 주님을 사랑하면 되지 꽃 속에 왜 들어가야 하는지 이상했습니다.

더 나아가서는 자신이 귀신들을 부르고 죽은 자를 부르며 대화를 나누었다는 것이었습니다. 나는 기가 막혀서 그에게 성경이 명백하게 금하고 있는 것을 왜 하느냐고 물었습니다. 목사님은 내 항의에 별로 개의치 않고 빙긋이 웃으며 온갖 것을 다 경험해보고 싶었다는 것이었습니다. 나는 머리가 아프고 더 이상 이야기하고 싶지 않아서 곧 그와 헤어졌습니다.

그 이후로 그 일은 잊어버렸는데 나는 몇 년 후에 어느 영성집회에서 그 목사님을 보았습니다. 많은 사람들이 참석한 비교적 규모가 있는 집회였는데 그 목사님이 단상에 서 있었습니다. 나는 그 분이 거기에 있는 것을 보고 놀랐습니다. 그 분이 기도하실 때 많은 사람들이 자리에서 넘어졌습니다. 나는 넘어진 이들이 걱정되었습니다.

과연 어떤 영, 어떤 영향력이 그들에게 들어갔을까요?

영적 현상을 다 받아들이지 말라

성령이 임하시고 역사하실 때 육체의 힘이 약해지며 그 자리에 쓰러지는 것은 흔히 일어날 수 있는 일입니다. 성경에도 다니엘이나 요한이 비슷한 경험을 하기도 했습니다. 나의 경우도 성령이 강력하게 임재하시면 힘을 잃고 그 자리에서 꼼짝하지 못할 때가 많이 있습니다. 그러나 모든 쓰러짐에 대해서 그 모든 것이 다 성령의 역사라고 단정해서는 안 됩니다. 악한 영들은 얼마든지 비슷한 모조품을 만들어내고 속여서 역사할 수 있습니다.

그렇다고 모든 쓰러짐을 다 악한 영의 역사로 보아서는 안 됩니다. 다만 어떤 영적 현상이 있을 때 그것을 무조건 받아들여서는 안 되며 조심하는 것이 필요하다는 것입니다. 어떤 사역자가 있을 때 그에게서 나타나는 현상보다 그가 어떤 열매를 맺는 사람인지 분별되어야 합니다. 그가 진정 주님을 사랑하는 아름다운 열매를 맺는 사람인가를 분별해야 합니다.

그 목사님이 일시적인 호기심으로 잠시 이상한 영의 세계에 관심을 가졌다가 나중에 그것이 잘못된 것임을 알고 회개하고 그러한 영들과의 관련을 끊었다면 그것은 다행입니다. 그러나 그렇지 않고 그러한 영들과 접촉하는 것의 위험성을 모른다면, 그 자신에게도, 그의 영향을 받는 신자들에게도 그것은 불행한 일입니다.

세상에는 뉴에이지의 영향으로 초능력, 투시.. 그런 데에 관심이 있는 이들이 많이 있습니다. 신자나 사역자가 이런 것에 마음을 열면 그것은 정말 위험합니다.

모세가 애굽에 가서 영적 전쟁을 벌였을 때 바로왕의 측근에도 마술사들이 있었습니다. 그러나 모세와 함께 한 하나님의 능력으로 그들은 무력하게 패할 수밖에 없었습니다. 우리의 능력은 오직 하나님께로부터, 성령으로부터 오는 것이어야 합니다. 그래야 세상을 이길 수 있습니다. 세상의 영으로 세상과 싸워 이긴다는 것은 불가능한 일입니다.

동기의 순결함이 없으면 위험하다

부디 기억하십시오. 동기의 순결함이 없다면 그것은 위험합니다. 그것은 마귀에게 틈을 줍니다. 오직 겸손하고 사모하며 순결해야 하는데, 그렇게 되면 좋은 것이 아니라 그래야만 살아남을 수 있습니다. 잘못된 동기가 숨어있을 때의 위험성에 대해서 인지하고 오직 자신의 순수성을 돌아보아야 합니다. 그래야 안전합니다.

오늘날 많은 신자들과 사역자들이 무기 찾아 삼만 리의 여행을 하고 있습니다. 모세가 떨기나무에서 역사하시는 하나님을 체험하고 인생역전을 이루었다고 여기고 복권을 찾듯이 그러한 능력과 무기를 기대합니다. 하지만 이제 그럴 필요가 없습니다. 주님이 우리 안에 거하십니다.

우리는 구원의 길을 알고 있습니다. 그것은 이미 성경에 쓰여 있습니다. 우리가 그 길을 스스로 깨달아야 하거나 스스로 계시를 받아야 한다면 그것은 보통 일이 아닐 것입니다. 그러나 감사하게도 이미 우리를 위해서 모든 것이 기록되었고 주어졌습니다.

구약이 예언하는 대로 예수가 오셨고 성령의 부어주심에 대한 예언대로 그 영이 오셔서 구원의 실제를 이루어주셨습니다. 주님이 십자가에서 돌아가셔서 죄의 문제를 다 처리하시기 전에는 성령이 우리에게 오실 수 없었습니다.

"명절 끝날 곧 큰 날에 예수께서 서서 외쳐 이르시되 누구든지 목마르거든 내게로 와서 마시라 나를 믿는 자는 성경에 이름과 같이 그 배에서 생수의 강이 흘러나오리라 하시니 이는 그를 믿는 자들이 받을 성령을 가리켜 말씀하신 것이라 (예수께서 아직 영광을 받지 않으셨으므로 성령이 아직 그들에게 계시지 아니하시더라)" (요7:37-39)

성령의 넘쳐남을 사모하라

예수님이 죽으시고 부활하신 후에 오순절에 성령이 오셨습니다. 주님이 오신 후에 모든 사람이 주님을 믿고 영접할 수 있듯이 성령이 오신 후에 모두가 다 성령을 받을 수 있습니다.

하나님이 말씀으로 약속하신 것처럼 몸으로 오셨고 그 영을 보내셨습니다. 우리는 아직 또 다른 것을 받아야합니까? 우리는 이제 충분합니다. 주님께서 외치시기를 나를 믿는 자는 그 배에서 생수의 강이 흐를 것이라고 하셨습니다. 그것은 성령의 넘쳐남을 말하는 것입니다.

그 주님, 그 영이 우리 안에 있습니다. 우리는 방언을 말하고 외치고 찬양하고 기도함으로 그 영이 우리에게 넘치고 배에서 생수가 흐르는 것을 경험할 수 있습니다. 아직 부족합니까? 우리는 이제 충분합니다.

왜 부족하다고 느낄까요? 당신의 은사, 당신의 경험에는 아무 문제가 없습니다. 부족하다고 느낀다면 그것은 당신이 당신 안에 거하시는 분의 보화됨을 충분히 인식하지 못하는 것이며 당신이 바르게 은사를 사용하지 못하는 것이며 주님께 제대로 반응하지 못하는 것입니다. 그것을 고쳐야합니다.

성령이 우리의 삶을 이끄시게 해야 한다

당신이 주님을 믿는다면, 성령을 받고 방언을 말하는 사람이라면 이제는 다른 강력한 무기를 찾는 것보다 순종과 헌신이 필요합니다. 삶의 주도권이 더 이상 당신에게 있어서는 안 됩니다. 하나님께서, 성령께서 당신의 삶을 이끌고 가셔야 합니다. 당신은 그것을 허용해야 합니다.

에스겔 47장에서는 성전에서 흘러나오는 물이 나옵니다. 그것은 성령의 물결입니다. 처음에 우리는 발목에까지 차는 물을 경험합니다. 그리고 다음에는 물이 무릎까지 올라옵니다. 그 물은 허리에 차고 나중에는 헤엄을 쳐야 건널 수 있게 됩니다.

"그가 나를 데리고 성전 문에 이르시니 성전의 앞면이 동쪽을 향하였는데 그 문지방 밑에서 물이 나와 동쪽으로 흐르다가 성전 오른쪽 제단 남쪽으로 흘러 내리더라 그가 또 나를 데리고 북문으로 나가서 바깥 길로 꺾여 동쪽을 향한 바깥 문에 이르시기로 본즉 물이 그 오른쪽에서 스며 나오더라 그 사람이 손에 줄을 잡고 동쪽으로 나아가며 천 척을 측량한 후에 내게 그 물을 건너게 하시니 물이 발목에 오르더니 다시 천 척을 측량하고 내게 물을 건너게 하시니 물이 무릎에 오르고 다시 천 척을 측량하고 내게 물을 건너게 하시니 물이 허리에 오르고 다시 천 척을 측량하시니 물이 내가 건너지 못할 강이 될지라 그 물이 가득하여 헤엄칠 만한 물이요 사람이

능히 건너지 못할 강이더라" (겔47:1-5)

물이 우리 위에 점점 차오르는 과정은 성령이 우리를 사로 잡아가시는 과정입니다. 새로운 체험이 아니라 동일한 하나님의 영이 우리를 더 깊이, 충만하게 사로 잡아가시는 것입니다.

처음에 성령을 경험할 때 그 물은 발목에 멈춰있었습니다. 그래서 조금 불편하기는 하지만 우리는 우리 마음대로 걸을 수 있었습니다. 그러나 물이 점점 차오르면서 우리는 더 이상 마음대로 걸을 수 없습니다. 나중에 우리는 걷는 것을 포기하고 헤엄치는 법을 배워야 합니다. 처음에는 우리의 생각, 우리의 계획, 우리의 욕망, 우리의 꿈이 있습니다. 그러나 점점 우리는 작아지고 우리는 더 이상 우리 자신으로 살 수 없습니다.

더 이상 내가 살아서는 안 된다

이제는 우리가 아닌 성령이 우리를 사로 잡아가십니다. 우리의 삶을 이끄십니다. 이제는 더 이상 내가 사는 것이 아니요 그리스도가 사시는 것이 됩니다. 성령께서 오시는 것은 말씀을 이루시려고 오시는 것입니다. 우리를 그리스도의 사람으로, 하나님의 사람으로 만드시고 하나님의 원하심을 이루어드리려고 오시는 것입니다.

우리의 체험에는 문제가 없습니다. 다만 우리는 그 성령에 사로 잡혀야 합니다. 우리는 그분의 통치를 받아야합니다. 그것은 새로운 물이 아니고 동일한 물속에 깊이 잠기는 삶입니다.

우리의 삶이 힘든 이유는 우리가 물속에서 여전히 걸으려고 하기 때문입니다. 걷는 것을 포기하고 헤엄을 치는 것을 여전히 싫어하고 어려워하기 때문입니다.

하지만 우리는 전혀 다른 새로운 영역으로 들어가야 합니다. 땅 위에서 걷는 것이 아닌 물에서 헤엄치며 사는 삶에 익숙해져야 합니다. 내 뜻, 내 기질, 내 입장, 내 소원, 내 꿈을 더 이상 간직할 수 없습니다.

우리는 그리스도의 것이며 성령의 것입니다. 우리의 가치관을 버리고 하나님의 가치관을 얻어야 합니다. 우리가 주장하는 삶은 끝났고 이제 성령이 다스리십니다. 그것이 편안하고 진정한 만족이 있는 삶입니다. 우리에게 부족한 것은 더 깊은 체험이 아니라 자신에 대한 완전한 포기이며 하나님에 대한 순종입니다.

최고가 되려고 하지 말라

많은 사역자들이 유명해지고 싶어 합니다. 최고가 되려는 이들은 아주 많습니다. 그게 왜 중요할까요? 거기에는 자아가 있지 주가 없습니다. 그것은 아직 물속에서 헤엄치는 삶이 아니고 땅 위에서 걷고 있는 삶입니다. 그것은 주님께 사로잡힌 삶이 아니고 자기 마음대로 가는 삶입니다.

많은 성도들이 고난을 싫어합니다. 주님의 손 안에서 굴복되는 것을 싫어합니다. 많은 사역자들이 오해받고 버림받는 것을 싫어합니다. 그저 위대해지고 성공하며 영광 받고 싶어 합니다. 거기에는 아직 굴복이 없습니다.

주도권은 오직 주님께 있습니다. 순교자로, 희생자로 쓰실지 드러나게 하실지는 주님의 계획안에 있습니다. 우리는 그것을 알 수 없습니다. 주도권은 오직 성령께 있습니다. 우리는 오직 순복합니다.

꿈을 버리고 편안함을 버리고 권리를 버리고 순복합니다. 거기에 행복이 있습니다.

오늘날 능력을 받고 은사가 많다고 자랑하지만 그리스도의 형상이 나타나지 않는 이들이 많이 있습니다. 그것은 헌신과 굴복이 부족하기 때문입니다. 그들은 자신이 주인이 되어 성령을 부리듯이 이용하려고 합니다. 그들은 결코 내적인 깊은 만족감과 행복을 경험할 수 없습니다. 그들은 내면에서 주님과 친밀한 교제를 누리지 못합니다. 내면세계가 열린 이들은 아름답고 온유하며 사랑스럽습니다. 내적으로 막힌 이들은 바깥일에 몰두하며 외적인 성공과 외적인 사역에 집중하기 때문에 바깥에서는 어느 정도 성취가 있을 수 있지만 내적으로는 항상 공허하며 강퍅하고 사납습니다. 그것은 이들의 의식이 외부에 있고 내면에 있지 않기 때문입니다.

굴복에는 기쁨과 행복이 있다

굴복에는 기쁨이 있습니다. 순복에는 행복이 있습니다. 무조건 소극적인 삶이 굴복일까요? 아닙니다. 마귀에게 눌린 것과 주님께 굴복되는 것은 다릅니다. 그 차이는 열매의 차이입니다. 마귀에게 눌리면 어둡고 비참하지만 주님께 굴복된 이들에게는 기쁨이 있습니다.

편안한 환경이 기쁨을 주지 않습니다. 외적인 성취가 기쁨을 주지 않습니다. 완전한 평화와 기쁨은 오직 순종에서 옵니다. 성령께 사로잡힌 삶, 성령께 이끌리고 온전히 따르는 삶.. 그것이 곧 진정한 성공이며 행복입니다.

사도행전은 성령이 인도하시고 지배했던 내용으로 가득합니다.

주님의 제자들이 자기 마음대로 움직이지 않고 오직 성령이 이끄시는 대로 움직였습니다. 바울이 만약 자기가 하고 싶은 대로 했으면 죽을 길로 가지 않았을 것입니다. 그러나 그는 성령께 매여서 움직였습니다. 그것은 그의 육에는 고통스러운 일이었습니다. 그러나 그는 주님을 따르는 길에 있어서 자기의 목숨도 아끼지 않았습니다. 그것이 바로 행복입니다.

"보라 이제 나는 성령에 매여 예루살렘으로 가는데 거기서 무슨 일을 당할는지 알지 못하노라 오직 성령이 각 성에서 내게 증언하여 결박과 환난이 나를 기다린다 하시나 내가 달려갈 길과 주 예수께 받은 사명 곧 하나님의 은혜의 복음을 증언하는 일을 마치려 함에는 나의 생명조차 조금도 귀한 것으로 여기지 아니하노라" (행20:22-24)

이 꿈을 가지십시오. 이 아름다운 꿈을 가지십시오. 당신 안에서 당신이 사라지고 그리스도가 진정한 왕이 되는 것.. 이 꿈을 가지십시오. 그것이 참 기쁨을 주기 때문입니다.
순복을 위하여 헌신하십시오. 자신을 버리십시오. 그리고 주님께 항상 물으십시오. 주님께 묻고 주님이 말씀하시는 것을 기다리십시오. 들어야 순복할 수 있기 때문입니다.

방언을 하면서 주께 물으라

방언을 하면서 물으십시오. 방언을 할수록 영감이 생기고 충분히 할 때 주님의 메시지가 느껴지게 됩니다. 성경말씀이 떠오르게 됩니다.

힘들 때, 외로울 때, 지칠 때, 그 이유를 물으십시오. '주님.. 제가 주님을 아프시게 한 것이 있습니까?' 하고 물으십시오. 주님은 심장으로 말씀하십니다. 내면에 감동을 주십니다.

그분의 음성과 감동은 너무나 섬세하기 때문에 사람들은 그것을 잘 듣지 못합니다. 그분은 너무나 섬세하시고 인격적이시기 때문에 거칠고 일방적인 사람은 주님의 음성을 듣기 어려우며 주님과 동행하는 것이 어렵습니다. 그러므로 우리는 항상 조심스럽게 움직여야 하며 인격적으로 행동해야 합니다. 주님은 우리 안에서 아주 작은 일에 상처를 받고 소멸되십니다. 주님을 무시하고 함부로 행동하는 거칠고 완악한 언행에 의해서 주님은 상하시고 아파하시며 소멸되십니다.

충분히 방언을 하십시오. 그리고 물으십시오. 새로운 경험을 찾아다니지 말고 당신의 안에서 거하시며 말씀하시는 그분의 음성에 민감해지십시오. 그분의 인도하심과 감동에 예민해지십시오. 그분을 이용하지 말고 그분에게 쓰이십시오. 땅 위에서 걷지 말고 물 위에서 수영하십시오.

우리는 주인이 아니다

그것은 당신이 지금까지 살았던 것과 전혀 다른 방식으로 움직이는 것을 의미합니다. 당신은 지금까지 어떤 생각이 떠오르면 바로 움직였습니다. 주님께 묻지 않고 아무런 허락도 없이 말입니다. 그것은 지금까지 당신이 당신 삶의 주인이었기 때문입니다.

그것이 바로 땅 위에서 걷는 삶입니다. 그러나 물 위를 헤엄치는 것은 그것과 다릅니다. 그것은 다른 힘으로, 다른 생각으로, 다른 감동으로 사는 것입니다. 내가 사는 것이 아니고 성령께서 이끄시고 지도하시는 삶에 순복하는 것입니다.

방언을 하십시오. 그리고 감동을 받았으면 순종하십시오. 당신은 주님께 쓰이려고 은혜를 받은 것이지 당신의 목적을 이루려고 받은 것이 아닙니다.

성령이 당신을 사로잡아서 어떻게, 어디로 인도하실지 그것은 알 수 없는 일입니다. 그러나 분명한 것은 그것이 가슴 벅차고 설레는 아름답고 놀라운 여행이라는 것입니다. 내가 결정하지 않고 성령의 인도를 받아 사는 삶은 정말 흥미진진하고 멋진 삶입니다.

나는 영적경험에 대해서 많이 이야기하는 편입니다. 은혜를 사모하라는 이야기를 많이 합니다. 그런데 이번 장에서는 체험을 제한하는 측면의 이야기를 많이 하였습니다. 그것은 체험의 목적과 의미를 분명하게 하기위해서입니다.

영적 체험이란 우리의 육적, 자아적 즐거움과 야망을 위해서 필요한 것이 아니라 하나님의 뜻의 이루어짐을 위해서 필요하며 하나님을 알아가기 위해서 필요한 것입니다. 우리는 성경에서 하나님의 음성을 듣고 방언으로 확증을 얻으며 그것으로 충분합니다. 그 다음에는 순종으로 하나님의 뜻을 이루어가야 합니다. 거기에서 승리와 풍성함과 열매가 나타납니다.

체험에 머물지 말고 주님께 드려져 가라

그렇다고 방언 이후에 새로운 경험이 전혀 없다고 할 수는 없습니다. 우리는 부르짖고 기도하고 방언을 하며 하나님께 나아가 음성을 들으며 교제를 하는 가운데 새로운 경험들을 하게 됩니다. 방언을 하고 음성을 들으며 우리는 점점 더 깊은 영역을 경험하게 되고 누리게 됩니다.

그러나 그것은 별개의 경험이 아니며 더욱 더 주님이 우리를 사로잡으시며 이끌어가는 과정의 경험입니다. 그러므로 그러한 경험 자체에 그다지 주목할 필요가 없으며 체험이 주는 즐거움에 머물러있지 말고 주님을 기쁘시게 하는 것에 힘써야 합니다.

무디가 한참 활동하고 있던 시절 어느 목회자들의 모임에서 어떤 사역자가 말했습니다.

"왜 자꾸 무디, 무디 하는 거요? 무디만 성령을 받았단 말입니까? 우리에게는 성령이 없습니까?"

어느 사역자가 대답했습니다.

"맞습니다. 우리 모두가 성령을 받았습니다. 그러나 무디의 경우는 성령께서 그를 사로잡고 계시오."

우리에게 필요한 것은 이것입니다. 우리에게는 새로운 체험, 새로운 영이 아니라 이미 우리 안에 거하시는 그 분, 그 영이 우리를 사로잡는 것입니다. 그분이 우리를 지배해야 합니다.

우리는 새로운 체험을 구할 필요가 없습니다. 왜냐하면 주님과 동행하는 경험은 날마다 새로운 것이기 때문입니다. 그러므로 범사에 주님과 동행하며 주님의 원하심을 묻고 구하십시오. 그리고 주님의 원하심을 이루어드리십시오.

순종할 때 기쁨이 옵니다. 그 어떤 체험도, 황홀경이든 입신이든 그 기쁨은 오래 가지 않습니다. 그러나 순종하는 자에게는 놀라운 기쁨이 있습니다.

날마다 성령 안에서 약해지라

우리는 날마다 약해지고 우리를 사로잡으시는 성령은 날마다 우리 안에서 강하게 되어야 합니다. 사울의 집과 다윗의 집의 전쟁이 오래 되었을 때 사울의 집은 날마다 약하여지고 다윗의 집은 날마다 강하여졌습니다. 그처럼 우리는 약해지고 우리의 왕은 강해져야 합니다.

사무엘에게 처음 하나님의 음성이 들렸을 때 사무엘은 그 음성이 무엇인지, 어떻게 해야 하는지 몰랐습니다. 그 때 그는 엘리에게 이것을 배웠습니다.

"엘리가 사무엘에게 이르되 가서 누웠다가 그가 너를 부르시거든 네가 말하기를 여호와여 말씀하옵소서 주의 종이 듣겠나이다 하라 하니 이에 사무엘이 가서 자기 처소에 누우니라" (삼상3:9)

우리도 그렇게 대답해야 합니다. 우리는 수시로 주님께 물으며 인도하심을 구하며 이렇게 말해야 합니다.

"주님.. 저는 아무 것도 모릅니다. 무엇을 어떻게 해야 할지 모릅니다. 주님.. 당신의 원하심이 무엇입니까? 말씀하십시오. 주의 종이 듣겠습니다.."

주님과 동행하십시오. 기계적인 능력이나 무기를 얻으려하지 말고 그분과 인격적으로 사귀며 동행하십시오. 그분의 마음을 알아주십시오. 주님을 사랑할수록, 그분은 우리에게 가까이 임하시고 그분의 마음을 보여주십니다.

체험을 할 때 행복이 있지 않고 순복할수록, 드려질수록 행복이 있습니다. 진정한 행복은 오직 주님으로부터 옵니다. 주님이 우리 안에서 역사하시고 우리를 사로잡으실수록.. 우리의 모든 부분들이 주님 앞에 온전히 굴복되어 주님과 조화될수록 우리는 천국의 놀라운 기쁨 가운데 거하게 될 것입니다. 할렐루야.

　　* 제 2권을 마치며..

　우리를 향하신 주님의 은혜는 너무나 귀하고 아름답고 놀라운 것입니다. 방언을 하면서 계속적으로 주님과 동행할 때 우리는 그 풍성함을 더욱 더 충만하게 누릴 수 있습니다. 방언을 통하여 주님과 동행하고, 주님께 묻고 순종하며 주님과의 교제와 사로잡힘에 더 깊이 나아가십시오. 주님은 우리에게 한량없는 은총을 부어주시는 분이십니다.

　　　　방언기도의 은혜와 능력 제 2권 끝.

도서구입신청

도서 구입을 원하시는 분들을 위한 안내입니다.

1. 도서 목록 확인

페이지를 넘기시면 정원 목사님의 도서 전권이 안내되어있습니다.
도서 목록을 참조하셔서 필요로 하시는 책을 선택하십시오.
각 도서의 자세한 목차와 내용을 원하시면 정원목사 독자 모임 카페의 [저자 및 저서소개] 코너를 참조하십시오. (http://cafe.daum.net/garden500)

2. 책신청

구입하실 도서를 결정하신 후에, 영성의 숲 출판사로 전화를 주세요.
(02-355-7526 / 010-9176-7526. 통화시간: 월~금 오전 9시~저녁 7시)
신청 도서 목록을 알려주시면 입금하실 금액을 안내해 드립니다.
신청하실 때는 책을 받으실 주소와 전화번호를 함께 알려주세요.
책신청은 전화 외에도 영성의 숲 홈페이지의 [책신청] 코너,
출판사 이메일(spiritforest@hanmail.net)을 사용하실 수 있습니다.

3. 송금

안내 받으신 도서 대금을 아래 계좌로 입금해 주세요.
(국민은행: 461901-01-019724, 우체국: 013649-02-049367, 예금주: 이혜경)
신청자 성함과 입금자 성함이 일치하지 않는 경우에는 입금자 성함을
꼭 알려주셔야 확인이 가능합니다.

4. 배송

입금 확인 후에 바로 발송 작업을 하는데, 발송후 도착까지 보통 2-3일 정도가 소요 됩니다. 책을 급하게 필요로 하실 경우에는 일반 서점을 이용해 주세요. 해외 배송을 원하시는 분은 총판을 담당하고 있는 생명의 말씀사로 문의해주시기 바랍니다. (생명의 말씀사 080-022-1211 www.lifebook.co.kr)

<기도 시리즈>

1. 하늘의 권능이 임하는 부르짖는 기도 1
영성의 숲. 373쪽. 13,000원 / 핸디북 10,000원
부르짖는 기도는 모든 기도의 형태 중에서 가장 기본적이고 중요한 기도입니다. 이 기도를 바르게 배우고 적용한다면 하늘의 권능이 임하는 것을 경험하게 되며 모든 면에서 강건한 그리스도인이 될수 있을 것입니다.

2. 하늘의 권능이 임하는 부르짖는 기도 2
영성의 숲. 444쪽. 14,000원 / 핸디북 11,000원
부르짖는 기도 1권은 발성의 의미, 능력과 부르짖는 기도의 전체적인 원리를 다루 었으며 2권은 부르짖는 기도의 실제로서 구체적인 기도의 방법과 적용원리를 다루고 있습니다. 3부에 수록된 다양한 승리의 간증은 독자님들에게 좋은 도전이 될 것입니다.

3. 대적기도의 원리와 능력
영성의 숲. 400쪽. 14,000원 / 핸디북 11,000원
대적기도 시리즈 1편. 대적기도는 주님께 간구하는 기도가 아니며 우리에게 주어진 권세와 능력을 발견하고 사용하여 능력과 승리를 경험하는 기도입니다. 이 기도를 알게 될 때 당신의 삶은 진정 달라지게 될 것입니다.
휴대를 위한 작은 사이즈의 핸디북도 있습니다.

4. 대적기도의 적용 원리
영성의 숲. 424쪽. 14,000원 / 핸디북11,000원
대적기도 시리즈 2편. 대적기도에도 원리와 법칙이 있습니다. 그 원리와 법칙을 잘 익혀서 실제의 삶에 적용한다면 우리는 풍성한 삶을 살 수 있습니다. 이 책에서는 그 원리들을 구체적으로 제시해 주고 있습니다.
휴대를 위한 작은 사이즈의 핸디북도 있습니다.

5. 대적기도를 통한 승리의 삶
영성의 숲. 452쪽. 15,000원 / 핸디북 12,000원
대적기도 시리즈 3편. 대적기도를 인간관계, 가정에서의 삶, 복음 전도와 사역에 구체적으로 적용하는 방법을 제시하였습니다. 여기서 제시된 원리를 잘 읽고 적용한다면 삶과 사역에 있어서 많은 변화와 승리를 경험할 수 있게 될 것입니다.
휴대를 위한 작은 사이즈의 핸디북도 있습니다.

6. 대적기도의 근본적인 승리 비결
영성의 숲. 454쪽. 15,000원 / 핸디북 12,000원
대적기도 시리즈 4편. 완결편. 1부에서는 악한 영들을 근본적으로 완전하게 제압하고 승리할 수 있는 원리와 비결을 제시하고 있습니다. 2부에서는 대적기도를 적용하고 경험한 성도들의 사례가 실려 있는데 이것은 각 사람의 적용과 승리에 좋은 참고가 될 수 있을 것입니다. 휴대를 위한 작은 사이즈의 핸디북도 있습니다.

7. 아름답고 행복한 기도의 세계
영성의 숲. 279쪽. 9,000원
〈기도업데이트〉의 개정판. 자연스럽고 편안하게 기도의 아름다움과 행복에 잠길 수 있도록 돕는 책입니다. 기다리는 기도, 듣는 기도, 안식하는 기도 등 다양하고 풍성한 기도의 원리들을 일상의 예화들을 통하여 쉽게 정리하였습니다.

8. 주님의 마음에 이르는 기도
영성의 숲. 309쪽. 10,000원
기도의 원리와 방법에 대한 200개의 조언을 담았습니다. 주님의 마음을 향하여 가는 것. 그것이 기도의 방향이며 목적임을 보여주는 책입니다.

9. 주님의 임재를 경험하는 길
영성의 숲. 308쪽. 10,000원
〈주님을 경험하는 100가지 방법〉의 개정판. 주님의 살아계심과 임재를 경험하기 위한 100가지의 실제적인 방법을 제시하고 있습니다. 사모하는 마음으로 이 방법들을 시도한다면 누구나 쉽게 그분의 역사를 경험하게 될 것입니다.

10. 예수 호흡기도
영성의 숲. 460쪽. 15,000원 / 핸디북 11,000원
호흡을 통한 기도가 주님의 임재와 영적 실제에 들어가는 중요한 비밀이며 열쇠임을 보여주는 책입니다. 이 책에 제시된 원리와 방법을 충실히 시도해 본다면 누구나 놀라운 변화를 경험하게 될 것입니다.

11. 방언기도의 은혜와 능력 1
영성의 숲. 459쪽. 16,000원 / 핸디북 12,000원
방언기도 시리즈 1편. 방언에 대한 성경적이고 균형잡힌 설명 뿐 아니라, 저자의 개인적인 경험과 간증, 방언을 받는 과정과 통역을 시도하는 과정에 대한 구체적인 설명, 여러 경험자들의 실례가 풍성하게 실려있어, 방언의 은혜에 대해 이해하고 적용하는 데에 실제적인 도움을 주는 책입니다.

12. 방언기도의 은혜와 능력 2
영성의 숲 403쪽. 14,000원 / 핸디북 11,000원
방언기도 2편에서는 방언과 통역이 발전해 나가는 과정과 그 영적인 의미를 깊이있게 다루었습니다. 방언의 가치와 의미를 바르게 이해하고 적용하게 될 때, 오래동안 방언을 사용하면서도 주님의 은총를 누리지 못하던 이들이 주님의 가까우심과 아름다우심을 풍성히 경험하게 될 것입니다.

13. 방언기도의 은혜와 능력 3
영성의 숲 489쪽. 15,000원 / 핸디북 12,000원
방언 기도 시리즈의 결론적인 부분을 다룬 책입니다. 방언에 대한 부정적인 견해와 원인들, 방언을 통해 어떻게 부흥이 시작되는지, 은사의 바른 방향과 의미, 목적 등을 정리하였고, 전체적인 요약정리와 함께 경험자들의 구체적인 사례들을 첨부하여 실제적인 적용에 도움이 되도록 하였습니다.

\<영성 시리즈\>

1. 영성의 실제를 경험하는 길
영성의 숲. 357쪽. 12,000원
〈그리스도인의 아름다운 영성〉의 개정판.
많은 은혜의 도구들이 있지만 그것들이 다 주님을 접촉하는 것은 아닙니다. 참다운 영성과 주님을 경험하는 원리를 제시하는 책입니다.

2. 생각의 자유를 경험하는 길
영성의 숲. 228쪽. 8,000원
〈그리스도인의 생각 다스리기〉의 개정판. 우리가 겪는 삶의 대부분의 고통들은 스스로 만들어낸 생각의 감옥에 지나지 않으며 생각을 분별하고 관리함으로써 풍성하고 행복한 삶을 살 수 있다는 메시지를 다양한 예화와 함께 설득력 있게 제시하고 있습니다. 많은 교회에서 훈련 교재로 사용되기도 했습니다.

3. 영성의 중심은 사랑입니다
영성의 숲. 243쪽. 8,000원
하나님의 은혜를 받아들이고 누림으로써 진정한 사랑과 따뜻함의 세계를 경험할 수 있도록 돕는 책. 신앙의 따뜻함과 아름다움을 회복하고, 영혼들을 이해하고 도울 수 있는 관점을 제시하고 있습니다.

4. 영성의 원리
영성의 숲. 319쪽. 11,000원
영성에도 원리가 있습니다. 이 책은 영성의 발전을 위한 다양한 원리들, 영의 흐름, 영의 인식, 영적 승리를 위한 중보 등의 원리를 실제적인 예와 함께 잘 설명해 줍니다. 영적 부흥과 충만함을 사모하는 이들에게 좋은 참고서가 될 수 있을 것입니다.

5. 문제는 주님의 음성입니다
영성의 숲. 227쪽. 9,000원
우리의 삶에 다가오는 여러가지 어려움들, 문제들은 우연이 아닙니다. 거기에는 주님의 배려와 가르치심이 있으며 반드시 우리가 배워야 할 것이 있습니다. 이 책은 그 문제들에서 주님의 뜻과 음성을 발견하는 원리를 가르쳐 주고 있습니다.

6. 영성의 발전은 어떻게 이루어지는가
영성의 숲. 254쪽. 8,000원
〈영성의 상담〉의 증보 개정판. 영성에 대한 여러 질문과 답변을 통해 다양한 영적현상의 의미와 삶 속에서 영적 성장을 이루는 구체적인 방법들을 소개하고 있습니다.

7. 지금 이 공간에 임하시는 주님
영성의 숲. 340쪽. 12,000원
주님은 믿을수 없을만큼 가까이 계시지만 사람들은 흔히 그분을 무시함으로 그의 임재를 소멸시킵니다. 이책은 그분의 가까우심과 구체적인 공간을 통한 임재, 나타나심을 경험할수 있도록 실제적인 지침을 제시하고 있습니다.

8. 심령이 약한 자의 승리하는 삶
영성의 숲. 228쪽. 9,000원
영혼의 힘이 약하고 마음이 여리고 민감하여 고통을 겪고 있는 이들을 위한 책. 영혼의 원리 및 기질과 사명을 이해함으로써 이전에 알지 못했던 자유와 해방과 놀라운 행복감을 누리게 될 것입니다.

9. 천국의 중심원리
영성의 숲. 452쪽. 14,000원
천국은 사후에만 갈 수 있는 장소가 아닙니다. 이 땅에 살면서 천국의 임재, 그 천국의 빛과 영광을 경험할 수 있습니다. 이 책에서는 내면세계의 천국을 경험하기 위한 길과 원리를 제시해 주고 있습니다.

10. 행복한 신앙을 위한 28가지 조언
영성의 숲. 348쪽. 12,000원
〈자유롭고 행복한 그리스도인 1〉의 개정판. 묶여 있고 창백한 의식의 틀을 벗어나, 자유롭고 풍성한 믿음의 삶으로 나아가도록 돕는 책입니다. 28가지 조언속에 행복한 신앙을 위한 영적 원리들을 담고 있습니다.

11. 성숙한 신앙을 위한 30가지 조언
영성의 숲. 340쪽. 12,000원
〈자유롭고 행복한 그리스도인2〉의 개정판. 의식이 바뀔 때 천국의 자유와 기쁨을 누릴 수 있음을 보여주는 책입니다. 묶여있는 사고와 습관, 잘못된 의식에서 해방되는 원리를 제시해 주고 있습니다.

12. 의식의 깨어남을 사모하라
영성의 숲. 239쪽. 9,000원
잠과 꿈과 깨어남의 실체를 보여주며 진정한 깨어있음의 세계로 인도하는 책입니다.
의식과 영혼을 깨우기 위한 방법과 원리들을 제시해 주고 있습니다.

13. 주님의 마음, 주님의 임재 속으로
영성의 숲. 348쪽. 11,000원
오늘날 주님의 마음에 대한 많은 오해가 있어서 주님의 깊으신 임재에 들어가지 못합니다. 이 책은 그 오해를 풀어주며 우리를 향한 주님의 사랑을 보여주고 그 사랑의 임재 속에 들어가는 길을 안내해주고 있습니다.

14. 영성의 발전을 갈망하라
영성의 숲. 292쪽. 10,000원
영성의 진리 시리즈 1편. 영성을 깨우고 발전시킬 수 있는 다양한 이야기, 원리, 법칙들을 묶은 36가지의 메시지가 수록되어 있습니다. 영혼의 각성에 도움이 되는 지식과 도전을 얻게 될 것입니다.

15. 집회에서 흐르는 주님의 은혜
영성의 숲. 254쪽. 8,000원
이미 출간되었던 [집회 가운데 임하시는 주님]을 새롭게 개정하였습니다. 회원들의 간증을 줄이고 더 많은 분량을 추가하였습니다. 집회 가운데 나타나는 주님의 생생한 역사와 이에 관련된 여러 영적 원리를 기술하였습니다. 읽을수록 집회 현장에 있는 듯한 감동과 은혜를 얻을 수 있을 것입니다. 은혜를 사모하는 이들, 영성 사역에 관심이 있는 사역자들에게 좋은 참고가 될 것입니다.

16. 삶을 변화시키는 생명의 원리
영성의 숲. 348쪽. 값 12,000원
삶 속에서 열매를 맺을 수 있는 비결과 원리를 시편 1편의 말씀과 요한복음 15장의 말씀을 중심으로 제시하고 있습니다. 포도나무이신 주님과 가지로서 항상 연결되는 삶이 열매를 맺는 원리이며 은총의 비결인 것을 명쾌한 논지로 설명하고 있습니다. 신앙의 기초와 방향을 분명히 밝히는 책으로서 풍성한 삶과 승리하는 삶을 갈망하는 그리스도인들에게 귀한 도전이 될 것입니다.

17. 낮아짐의 은혜1
영성의 숲. 308쪽. 값 11,000원

쉽게 하나님의 임재를 경험하며 그 은혜 가운데 머무르는 사람이 있습니다. 그 은총의 비밀은 무엇일까요? 그것은 바로 낮아짐이며 이를 통하여 주의 무한한 은혜와 천국의 풍성함을 누릴 수 있음을 본서는 증명합니다. 사람을 파괴하는 높아짐의 시작과 타락, 은혜의 회복, 열매의 풍성함 등을 다루고 있으며 누구나 그 은혜의 세계에 쉽게 이르도록 길을 제시하고 있습니다.

18. 낮아짐의 은혜 2
영성의 숲. 388쪽. 값 14,000원

낮아짐은 감추어진 비밀이며 천국의 문을 여는 보화입니다. 마귀는 낮아짐을 빼앗을 때 그 영혼을 사로잡을 수 있으므로 온갖 유혹으로 이 보화를 가로챕니다. 하나님은 천국의 풍성함을 주시기 위하여 낮아짐을 훈련하시며 인도하십니다. 2권은 적용을 주로 다루며 구체적으로 풍성한 은총을 누릴 수 있도록 권면하고 있습니다.

19. 그리스도를 갈망하는 삶
영성의 숲. 268쪽. 값 10,000원

부흥과 영적 깨어남, 영성의 다양한 원리에 대한 이야기. 삶 속의 이야기와 함께 자연스럽게 풀어서 정리하였습니다. 일상의 사소한 삶에서 영적 원리를 발견하고 적용하도록 도우며 그리스도에 대한 갈망이 증가되도록 도전하고 있습니다.

20. 영이 깨어날수록 천국을 누린다
영성의 숲. 236쪽. 값 8,000원

독자들과 일대일로 마주 앉아서 대화를 하듯이 영적 성장과 풍성한 삶을 누리는 원리에 대해서 메시지를 전달하고 있습니다. 사랑하는 삶, 영성의 깨어남에 대한 새로운 통찰력을 제공해주며 기쁨으로 주님을 따르는 길을 제시해줍니다.

<생활 영성 시리즈>

1. 주님과 차 한잔을
영성의 숲. 220쪽. 6,000원
신앙의 귀한 진리들, 주님을 사모하고 가까이 나아가는 데 도움이 되는 원리들을 유머를 통해 밝고 즐겁게 전달해주는 책입니다.
주님과 같이 차를 한잔 마시는 기분으로 부담없이 읽다 보면 자연스럽게 영적 통찰을 얻을 수 있을 것입니다.

2. 일상의 삶에서 주님을 의식하기
영성의 숲. 280쪽. 8,000원
일상의 사소한 삶 속에서 주님을 의식하며 살아가는 이야기. 신앙과 영성은 기도할 때만이 아니라 일상의 모든 삶 속에서 나타나야 한다. 작고 사소한 모든 일에서 주님을 의식하는 것이 진정한 행복의 원리인 것을 이 책은 보여주고 있습니다.

3. 일상에서 경험하는 주님의 사랑
영성의 숲. 277쪽. 8,000원
일상의 묵상 시리즈 2편. 사소한 일상의 삶에서 주님의 임재와 사랑을 느끼고 주님의 메시지를 경험하는 이야기. 항상 모든 것에서 주님의 마음과 시선으로 삶과 사람을 보고 느껴야 하며 이를 통해서 날마다 천국을 경험할 수 있음을 사소한 삶의 이야기를 통하여 부드럽게 전달해주고 있습니다.

4. 삶이 가르치는 지혜
영성의 숲. 212쪽. 6,000원
〈아직 기회가 있을 때 사랑한다고 말하라〉의 개정판. 우리의 삶에서 경험하는 많은 즐거운 일, 힘든 일들이 결국 우리 영혼의 성장을 위하여 주어진 일임을 보여줍니다. 가슴을 따뜻하게 하는 소박한 이야기들을 통해서 사랑의 중요성을 다시 한번 깨닫게 합니다.

5. 사랑의 나라로 가는 여행
영성의 숲. 156쪽. 5,000원
〈사랑의 나라〉의 개정판. 어른들을 위한 우화로서 한 청년이 여행을 통하여 삶의 목적과 방향을 깨달아 가는 과정이 흥미진진하게 전개되고 있습니다. 즐겁게 이야기를 읽어나가다보면 영적 성장의 방향과 중심, 영적 세계의 에너지와 원리, 흐름을 이해하는데 도움이 될 것입니다.

6. 하나님의 뜻을 발견해 가는 여행
영성의 숲. 269쪽. 신국판 변형 8,000원
성경에 등장하는 입다, 다윗, 암논의 삶과 사건들을 통하여 하나님의 아버지 마음과 하나님의 의도와 훈련을 이해하고 발견하도록 안내하는 책입니다. 등장인물들의 마음과 정서가 드라마처럼 녹아있어 흥미와 감동을 전달해 줍니다.

7. 일상에서 경험하는 주님의 은혜
영성의 숲. 253쪽. 값 8,000원
일상시리즈 3편입니다.
가족 이야기, 모임 이야기, 일상에서 경험하는 여러 가지 일들을 통해서 영적 원리와 교훈을 정리하였습니다.
일기와 이야기 형식으로 기록되어 있어서 즐겁게 읽는 가운데 주님과 같이 걷는 삶의 흐름 속으로 들어갈 수 있게 될 것입니다.

<묵상 시리즈>

1. 맑고 깊은 영성의 세계를 향하여
영성의 숲. 140쪽. 5,000원.
잠언시리즈 1편. 내 영혼의 잠언1을 판형을 바꾸어 새롭게 만들었습니다. 순결하고 맑은 영혼으로 성장하기 위한 진리의 묵상들이 간결하게 정리되어 있습니다.

2. 주님은 생수의 근원 입니다
영성의 숲. 196쪽. 6,000원
〈내 영혼의 잠언2〉의 개정판. 맑고 투명한 영성의 세계로 안내하는 영성 잠언집. 새벽녘의 신선하고 향긋한 바람처럼 우리 영혼을 달콤하게 채워주는 묵상의 글들을 모아서 정리했습니다.

3. 묻지 않는 자에게 해답을 던지지 말라
영성의 숲. 156쪽. 5,000원
삶과 사랑과 영혼의 진리를 담은 잠언 시집.
인생의 의미와 진리, 영성의 발전과정을 예리하면서도 부드러운 시각으로 표현하고 있습니다. 불신자에 대한 전도용으로도 좋은 책입니다.

4. 영혼을 깨우는 지혜의 샘물
영성의 숲. 180쪽. 6,000원
〈영적 성숙으로 향하는 여행〉의 개정판
인생, 진리, 마음, 영성 등 중요한 8가지의 주제에 대한 짧은 묵상을 담았습니다. 맑은 샘물이 흐르듯이 간결한 지혜의 메시지가 영성을 일깨워주는 책입니다.

방언기도의 은혜와 능력 2

1판 1쇄 발행	2012년 3월 20일
1판 4쇄 발행	2016년 10월 20일
지은이	정원
펴낸이	이 혜경
펴낸곳	영성의 숲
등록번호	2001. 7. 19 제 8-341 호
전화	02 - 355 - 7526 (영성의숲)
핸드폰	010 - 9176 - 7526 (영성의숲)
E - mail	spiritforest@hanmail.net (영성의숲)
홈페이지	cafe.daum.net/garden500 (정원목사 독자 모임)
	cafe.naver.com/garden500 (정원목사 독자 모임)
국민은행	461901 - 01 - 019724
우체국	013649 - 02 - 049367
예금주	이 혜경
총판	생명의 말씀사
전화	02 - 3159 - 8211
팩스	080 - 022 - 8585,6

값 14,000원
ISBN 978 - 89 - 90200 - 87 - 7 04230
ISBN 978 - 89 - 90200 - 85 - 3 (세트)